荊木美行著

記紀と古代史料の研究

国書刊行会

『記紀と古代史料の研究』目次

第Ⅰ篇　記紀をめぐる諸問題

第一章　『日本書紀』「系図一巻」再論

はじめに　―『日本書紀』の撰進と「系図一巻」―

『日本書紀』は、『古事記』におくれること八年、養老四年（七二〇）五月、舎人親王が勅を奉じて撰進した歴史書であり、撰上のことは、『続日本紀』同年五月二十一日条に、

先レ是。一品舎人親王奉レ勅。修二日本紀一。至レ是功レ成奏上。紀卅巻。系図一巻。

とみえている。ここで、注目されることは、『日本書紀』には、書写や飜刻を経てほぼ全文が伝えられている三十巻の本文に加えて、べつに「系図一巻」がつけられていたことである。こんにち、『日本書紀』をみるひとの多くが、それを完本と信じているが、じつは、「系図一巻」を欠いたものである。

この「系図一巻」については、後述のように、すでにすぐれた研究があって、それがどのようなものであったか、ある程度のところまであきらかにされている。筆者も、そうした先行研究の驥尾に附し、系図散逸の時期やその理由について、若干の研究を発表してきた[1]。その際にのべた臆説については、いまも基本的にあらためる必要はないと考えているが、その後、見出した関聯史料によって、部分的に修正すべき点が生じている。また、「系図一巻」の性格については、その後、筆者とはことなる見解も発表されており、これらの所説に対する筆者の立場を明確にしておく必要もある。

そこで、ここに筆硯を新たにし、再び『日本書紀』の系図一巻について論じてみたいと思う。一部に既発表の拙論と重複する部分もあるが、それは論の展開上やむをえない部分もあるので、あらかじめご海容を乞う次第である。

一、「系図一巻」の内容

はじめに、『日本書紀』の「系図一巻」に関するこれまでの研究を、ややくわしく振り返っておきたい。

『日本書紀』の「系図一巻」のことは、すでに伴信友(2)や平田篤胤(3)も言及しているが、いずれも本格的な研究というにはほど遠い、きわめてかんたんなものであり、あまり参考にはならない。

こうしたなか、この「系図一巻」について、ややまとまった見解を示されたのが、岩橋小彌太(4)・坂本太郎(5)両氏であった。

岩橋氏は、弘仁十年（八一九）の年紀をもつ『弘仁私記』の序に、

清足姫天皇負扆之時。親王及安麻呂等。更撰二此日本書紀三十巻并帝王系図一巻一。今見二在図書寮及民間一。

とあるのを引用しつつ、まず、「系図一巻」が、「書紀中に見える所の諸家の系図まで網羅したものでなく、唯皇室のみの系図である」ことを指摘し、さらに進んで、つぎのようにのべておられる。

それよりも「今図書寮及び民間に見在す」といふ細註は何を意味するのであらうか。日本書紀を講述する私記の序に日本書紀の所在を註する事は甚だ滑稽であるから、此の細註は帝王系図一巻のみに係るものに相違ないが、而も系図一巻が当時民間に流布してゐたのならば、かういふ註は全く必要が無いので、これは却て民間に流布してゐない証拠である。（中略）元来此の弘仁私記序といふものは偽撰の疑十分であることは前にも述べ

たが、延喜の竟宴和歌序や延喜私記には此の序の影響を受けてゐるから、弘仁以後延喜以前に出来たものに相違ない。其の頃系図一巻の行先が不明になつて、かういふ細註が必要であつたといふのは、当時既に流布してゐなかつた事を示すものではなからうか。[6]

つぎに、坂本氏も、『弘仁私記』序の記述に注目し、「系図といえば、諸氏の系図も含まれてよいはずだが、書紀に附属した系図で、しかも一巻となると、まず皇室の系図だけと考えるのが穏当である」として、『弘仁私記』序が「系図一巻」を「帝王系図一巻」としるしているのは正しい、とのべておられる。

坂本氏は、また、平田篤胤が、『古史徴開題記』において、「釈紀に載せたる帝王系図、決めて其レ『日本書紀』の「系図一巻」なるべく所思たり」とのべている点について、[7]

①『釈日本紀』の系図は、天皇を漢風諡号であらわしている。

②『日本書紀』撰修以後の事実を多くのせていることである。

③系図の形式が、横系図である。

という三点から成立しがたいとして、「系図の古い形は縦系図であることは、丹後籠神社の海部氏系図、三井寺の円珍俗姓系図などの示す所であって、書紀の系図も当然縦系図であったと思う」とのべておられる。[8]

ところで、以上の二氏の研究が、「系図一巻」の形式や内容の概要を推定したのにとどまっているのに対し、その具体的な内容の復元にまで立ち入って、劃期的な成果をあげられたのが、薗田香融氏である。[9]

薗田氏によれば、『日本書紀』は、初出の人物には、

(1)某の子・女・妹・孫などの説明を加える。

(2)某の祖・遠祖・始祖などとしるす。

(3)(1)・(2)のいずれもが不可能な場合には、居地を具体的に示す。

などの方法によって、かならずその出自をあきらかにしているが、ときどきこうした記載のない例があるという。すなわち、武渟川別・狭穂姫・蘆髪蒲見別王・葛城高額媛の四人が、それである。

ところが、これら四人の出自は、『古事記』のほうにはしるされているのであって、薗田氏は、『日本書紀』がこれを抄略しているのは、撰者が、その説明を「紀卅巻」においてなさず、「系図一巻」にゆずった結果ではないかと考えられた。

また、氏によれば、記紀の系譜的記載を比較していくと、『古事記』にみえる大きな系譜群が、『日本書紀』では、まったく抄略されている場合があるという。すなわち、(a)建内宿禰系譜（孝元天皇記）、(b)日子坐王系譜（開化天皇記）、(c)倭建命系譜（景行天皇記）、(d)天之日矛系譜（応神天皇記）、(e)若野毛二俣王系譜（応神天皇記）、の五つの系譜群が、それである。これらは、いずれも、歴代天皇の系譜的記載に匹敵するほどの分量と独自性を備えたものであるが、氏によれば、さきにあげた武渟川別らの系譜的記載の缺落も、こうした系譜群を抄略したために生じた結果であるという。

薗田氏は、こうした、『日本書紀』本文が逸し、いっぽうで『古事記』が採録している系譜群を個別に検討していくことによって、『日本書紀』に附されていた「系図一巻」が、天皇を中心とする皇室系図であった、と指摘される。そして、その記載は、天皇の直接の子女はいうにおよばず、必要に応じて、四世、五世の孫にまでおよぼされるものであり、さらには、いわゆる皇別氏族（天皇を始祖とする氏族）の始祖分註も記入されていたのではないかと推測しておられる。

さらに、薗田氏は、この系図が現存しない点について、弘仁六年（八一五）に撰進された『新撰姓氏録』とのかかわりから、つぎのように考えておられる。

すなわち、氏は、『新撰姓氏録』の皇別のところに、しばしば「日本紀に合へり」とある注記に注目され、これこそ、「系図一巻」との一致を示したものではないかと推測される。そして、当時、新旧勢力の交替が進み、新しい氏族秩序に即応して『新撰姓氏録』が作られるようになると、古い氏族秩序にもとづいた『日本書紀』の「系図一巻」の存在が邪魔になり、それが、ひいては「系図一巻」の滅びる原因になったのではないか、とみておられる。

こうした薗田氏の見解のうち、とくに「系図一巻」の復元は、ひじょうに説得力に富む推論であって、これによって、われわれは、『日本書紀』の「系図一巻」の姿をかなり具体的に把握することができたのである。しかも、後述するように、たとえば、『日本書紀』が継体天皇を応神天皇の五世の孫とのべながら、その間の系譜をしるしていないのは、それを「系図一巻」のほうにゆずったからだとする同氏の説明によって、はじめて理解できることがらなのである。その意味で、薗田氏の論文は高く評価されるべきである。

筆者も、旧稿では、こうした薗田氏の復元案に立脚して論を進めたが、ただ、その後、新たな史料に接するにしたがって、「系図一巻」の内容は、薗田氏が推測されたような、系譜的記載にとどまるものではないのではないかと考えるに至った。そこで、つぎにその点について、少しく補足しておきたい。

筆者が「系図一巻」の記載内容について、考えをあらためるきっかけとなったのは、『八幡宇佐宮御託宣集』第一巻の「御因位部」に引かれたつぎのような一文である。(10)

・類聚国史巻廿一云、誉田天皇、応神天皇、足仲彦天皇第四子也。母曰二気長足姫尊一。天皇、以下皇后討二新羅一之年、歳次庚辰冬十二月上、生二於筑紫之蚊田一。幼而聡達、玄鑑深遠、動容進止。聖表有レ異焉。皇大《(マヽ)》后摂政之三年、立為二皇太子一。時年三初天皇在レ孕而、天神地祇授二三韓一。既産之完生二肸上一其形如レ鞆。是肯《(肖)》下皇太后為二雄装一之負上レ鞆。肯、此云二何（阿）叡一。故稱二其名一、謂二誉田一。上古恪（俗）、号レ鞆謂二褒武多一焉。摂政六十九年夏四月、皇太后崩。元年春正月丁亥朔、皇太子即位。是年也、太歳庚寅。四十一年春二月甲午朔戊申、天皇崩二于明宮一。時年一百一十歳。一云、崩二于大隅宮一。今案二帝王系図一云、軽嶋明宮、大和国高市郡、[11]

これは、冒頭に「類聚国史巻廿一云」とあることからもわかるように、『類聚国史』からの引用であって、同書の巻廿一が現存しないこんにちでは、『類聚国史』の逸文として貴重なものである。二宮正彦氏は、末尾近くの「時年一百一十歳。一云、崩二于大隅宮一。」までを『類聚国史』の逸文とみておられるが[12]、筆者は、野木邦夫氏のいわれるように、直後の「今案二帝王系図一云、軽嶋明宮、大和国高市郡」の部分も、『類聚国史』からの引用とすべきではないか思う。

周知のように、『類聚国史』は、寛平四年（八九二）に菅原道真が撰上したもので、本文二百巻・目録二巻とともに「帝王系図三巻」が附されていたというから（『菅家御伝記』寛平四年五月十日条）、ここにいう「帝王系図」とは、そのうちの一巻を指すと考えてよいと思う。

この『類聚国史』附録の「帝王系図三巻」については、『日本書紀』に附されていた「系図一巻」と、その後新たに書き加えられた系図二巻とをあわせて三巻としたものであるとする、伴信友の説がある[13]。『類聚国史』が、六国史の記事を分類・排列したものである以上、『日本書紀』の「系図一巻」もなんらかのかたちで同書に組み入れられるべきであるから、この推論はかなり説得力があると思う。そうなると、さきにあげた『類聚国史』「帝王系図」の逸文は、じつは『日本書紀』「系図一巻」の逸文でもある可能性が大きい。

もし、こうした推測が的を射たものであれば、『日本書紀』の「系図一巻」の内容を考えるうえで、一つのてがかりとすることができる。すなわち、右の『類聚国史』の「帝王系図」の逸文から判断すれば、「系図一巻」には、薗田氏の指摘されたような系譜的記載のほかに、歴代天皇の宮都の所在地などの情報もしるされていたと考えられるのである。

むろん、これはあくまで推論であるが、ただ、まったく根拠のないことではない。というのは、後世に作られた帝王系図のたぐいには、こうした情報も記載されていたからである。たとえば、『顕昭萬葉時代難事』の引く「帝皇系図」には、

又帝皇系図云。
高野姫天皇　宝亀元年八月四日崩。年五十三。同七日葬㆓大和国高野山陵㆒。
光仁天皇　延暦元年葬㆓広山岡陵㆒。同五年改㆓葬大和国田原陵㆒。又施基皇子。追㆓号田原天皇㆒云云。（久曾神昇編『日本歌学大系』別巻四〈風間書房、昭和五十五年四月〉所収、五〇頁）

とあって、崩年や山陵のことがしるされている。さらに、『河海抄』巻一・九所引の「帝王系図」には、

帝王系図云。欽明天皇御宇。参河国狐成㆓人妻㆒云々。（玉上琢彌編『紫明抄　河海抄』〈角川書店、昭和四十三年六月〉所収、二四二頁）

とか、

聖武天皇神亀五年始進士試。帝王在系図。（同右、三八〇頁）

とあり、また、『袖中抄』第八所引の「帝王系図」にも、

帝皇系図云。欽明天皇廿三年壬午八月。遣㆘伐㆓新羅㆒大使大伴狭手彦連㆖。領㆓数十万兵㆒。十一月新羅調貢。（久曾神昇編『日本歌学大系』別巻二〈風間書房、昭和三十三年十一月〉所収、一二九頁）

とか、

帝王系図云。白鳳九年十一月。依二皇后病一造二薬師寺一云々。（同右、五二頁）

などとある。こうした「帝王系図（帝皇系図）」の逸文をみるかぎりでは、[14] そこには、天皇の后妃・王子王女だけでなく、天皇の崩年・宝算・山陵の所在地などのほか、治世のおもな出来事についても記載が存在したようである。[15]もちろん、後世の帝王系図と『日本書紀』の「系図一巻」を単純に比較することはできないが、『本朝皇胤招運録』をはじめとして、各地の図書館や文庫に現存する帝王系図のたぐいでも、[16] 尻付のかたちで、系譜上の人物に関するさまざまな情報がしるされていることを思うと、こうした推測もあながち暴論とは思えない。

ところで、「系図一巻」の内容をそのように把握するならば、どうしても帝紀の内容との関聯に思いを致す必要がある。

周知のように、帝紀は、記紀の原資料となった重要な文献である。そこに記載された内容については、研究者によって多少とらえかたがことなるが、歴代天皇の諡号または称号、都の所在地、后妃の出自、王子王女、崩年、山陵の所在地をはじめ、治世における重要事項や皇位継承などにかかわる、かなり具体的な物語がしるされていたと考えてよいであろう。[17]

こうした帝紀の記載事項は、これまでいくつかの傍証から推定してきた「系図一巻」の内容と共通する点がきわめて多いのであって、系図とはいっても、あまり系譜的記載のみにこだわらず、いますこし広い範囲の記述をふくんだものを想定してもよいのではないだろうか。すなわち、『日本書紀』の「系図一巻」は、系譜的記載を中心としながらも、それ以外にも、帝紀の内容を適宜ダイジェストした記述をふくんでいたのではなかったかと想像するのである。

こうした「系図一巻」の内容の推定は、系図そのものが散逸した理由を考える際にも役に立つと思われるが、その点についてはのちにあらためてふれるとして、さきに、「系図一巻」と本文の記載との関係について考えておきたい。

二、「系図一巻」の記載と本文の関係

㈠『日本書紀』本文における「某の―世孫」の記載

『日本書紀』本文には、継体天皇を「誉田天皇五世孫」としるすのをはじめとして、某の玄孫、某の曽孫、某の孫、某の子、などというかたちで、天皇をはじめとする皇族の、ある人物の続柄を、何世代かまえにまで溯って、説明しているケースがある。

こうした筆法は、『古事記』にはほとんどみられない、『日本書紀』独自のものである。これらは、第一章で推測した「系図一巻」の記載内容を考えるうえで重要な意味をもつので、本節では、この「某の―世孫」という表記に注目しつつ、「系図一巻」について考えてみたい。

はじめに、『日本書紀』の巻三以降の部分で、「孫」という表現をもちいて皇族の系譜をしるしている箇所を、原文のまま引用しておく。

①大日本彦耜友天皇。磯城津彦玉手看天皇第二子也。母曰㆓渟名底仲媛命㆒。事代主神孫。鴨王女也。（巻第四、懿徳天皇）

②其丹波国有㆓五婦人㆒。志並貞潔。是丹波道主王之女也。道主王者。稚日本根子太日々天皇子孫。彦坐王子也。一云。彦湯産隅王之子也。（巻第六、垂仁天皇五年十月己卯朔条）

③五十五年春二月戊子朔壬辰。以㆓彦狭嶋王㆒。拝㆓東山道十五国都督㆒。是豊城命之孫也。（巻第七、景行天皇）
④気長足姫尊。稚日本根子彦大日々天皇曽孫。気長宿祢王之女也。（巻第九、神功皇后摂政前紀）
⑤大鷦鷯天皇。誉田天皇之第四子也。母曰㆓仲姫命㆒。五百城入彦皇子之孫也。（巻第十一、仁徳天皇即位前紀）
⑥十三年春三月。狭穂彦玄孫歯田根命。窃奸㆓采女山辺小嶋子㆒。（巻第十四、雄略天皇）
⑦弘計天皇更名来目稚子。大兄去来穂別天皇孫也。市辺押磐皇子子也。（巻第十五、顕宗天皇即位前紀）
⑧是月。立㆓皇后難波小野王㆒。赦㆓天下㆒。難波小野王。雄朝津間稚子宿祢天皇曽孫。磐城王孫。丘稚子王之女也。（巻第十五、顕宗天皇元年正月条）
⑨男大迹天皇更名彦太尊。誉田天皇五世孫。彦主人王之子也。（巻第十七、継体天皇即位前紀）
⑩男大迹天皇。（中略）母曰㆓振媛㆒。振媛。活目天皇七世之孫也。（巻第十七、継体天皇即位前紀）
⑪今足仲彦天皇五世孫倭彦王。在㆓丹波国桑田郡㆒。（巻第十七、継体天皇即位前紀）
⑫天豊財重日。重日此云㆓伊柯之比㆒。足姫天皇。渟中倉太珠敷天皇曽孫。押坂彦人大兄皇子孫。茅渟王女也。（巻第二十四、皇極天皇即位前紀）
⑬天豊財重日足姫天皇。初適㆓於橘豊日天皇之孫高向王㆒。而生㆓漢皇子㆒。（巻第二十六、斉明天皇即位前紀）

以上のほかにも、巻第六の垂仁天皇八十八年秋七月戊午条に、「天日槍之曽孫清彦」といった記述がでてくる。天日槍は、『古事記』の系譜的記載からもあきらかなように、神功皇后につらなる系譜をもっており（応神天皇記）、その意味ではこれも皇族の系譜にふくめてもよいのだが、㈠天日槍が新羅国王の子であること、㈡『日本書紀』のほうには清彦までの系譜しかしるされておらず、清彦から神功皇后にまで至る系譜的関係についてはまったく語られていないこと、の二点から、ひとまずここでは除外しておく。

そこで、あらためて、右にあげた「孫」の系譜的記載について検討してみたいが、これら十三例は、たんに某の孫という記載から、最高は七世孫まで、その記述はいろいろである。ただ、そのなかで、注目されるのは、ある人物から、叙述の直接の対象となっている本人に至るまでの中間の系譜が不明なケースが少なくないことである。すなわち、③・④・⑤・⑥・⑨・⑩・⑪・⑬の八例において、最低でも一人、中間の人物が省略されているのである。

すでに日本古典文学大系『日本書紀』上下（岩波書店、上は昭和四十二年三月、下は同四十年七月刊）の頭注などにおいて指摘されているように、これらの欠落部分のなかには、④・⑤のように、『古事記』の系譜的記載によって補うことのできるものがある。④については、『古事記』のほうでは五世孫になっているので、『日本書紀』の「曽孫」という記載とは二世代のちがいがあるが、少なくとも開化天皇記の日子坐王系譜によって、開化天皇から神功皇后に至る中間の系譜が知られる。また、⑤の場合も、やはり応神天皇記の記載によって、中日売命（『日本書紀』では仲津姫命）の父は品陀真若王であって、品陀真若王は五百木之入日子命と志理都紀斗売とのあいだに生まれた子であったことが判明する。

また、このほかにも、⑨・⑩の二例について、『釈日本紀』に引かれた「上宮記曰一云」の逸文のなかに、その中間の系譜がくわしくしるされていることは、よく知られている。

もっとも、「上宮記曰一云」の系譜的記載については、凡牟都和希王と乎非王とのあいだに、のちに附加された部分があるとする説[18]や、ここにみえる「凡牟都和希王」は、応神天皇のことではなく、垂仁天皇の皇子の「品牟都和気命」を指し、継体天皇は、元来、この「品牟都和気命五世の孫」と称していたとみる説[19]があるので、かんたんに継体天皇即位前紀の系譜的記載の闕を補うものとすることはできない。しかし、筆者は、ひとまず、これによって「誉田天皇五世孫」・「活目天皇七世孫」を補いうる具体的な系譜と考えてよいと思う[20]。

では、どうして、『日本書紀』は、こうした中間の系譜をしるしていないのであろうか。

この点に関して、まず、頭に泛ぶのが、さきに紹介した「系図一巻」の存在である。さきにあげた③・④・⑤・⑥・⑨・⑩・⑪・⑬の八例の書きぶりをみると、『日本書紀』本文は、故意にというか、自信をもって、中間の系譜を省略している。たとえば、最後の⑬にしても、高向王は、唯一この箇所にしか登場しない人物であるから、本来なら、もう少し用明天皇から本人に至る系譜をくわしく紹介してしかるべきである。にもかかわらず、それをおこなわないのは、なにか理由があったからではないだろうか。

そこで、思いあたるのが、「系図一巻」である。つまり、薗田氏が指摘された、武渟川別・狭穂姫・蘆髪蒲見別王・葛城高額媛といった人物の出自と同様に、こうした「―世孫」といった記載も、おそらくは「系図一巻」にゆずられたために、本文にはくわしくしるされなかったのではないだろうか。むろん、さきの十二例のなかには、たとえば、⑧の難波小野王の場合のように、その系譜が分注のかたちで注記されているところから判断して、系図とは関係なく、本文独自の系譜的記載であると考えられるものもあるが[21]、他の多くは、「系図一巻」に詳細な記載があったのではないかと思う。われわれは、こんにちでは本文三十巻しかみることができないが、本来、『日本書紀』は本文三十巻と系図とが内容的にも一体となっており、系図が本文を補完する役割をはたしていたと考えられるのである。

もっとも、さきにものべたように、系図がなくても、本文の即位前紀などの記載をもとにすれば、かなり克明な皇室の系譜が復元できる。しかし、それでも、個々のこまかい記載をていねいにみていくと、「系図一巻」の存在を前提としなければ、どうしても説明のつかないような系譜の省略がみつかるのである。

(二)仲哀天皇五世孫の倭彦王について

以上、『日本書紀』本文の「――世孫」の記載については、いちおうの解決がえられたが、そのなかで、⑨・⑩・⑪の三例については、いま少し考えておくべき問題がある。そこで、この機会に、あわせて考察しておきたいと思う。

これら三例は、記紀の天皇系譜のなかでも、もっとも問題とされてきた継体天皇の即位に関する叙述に登場する記載である。

すなわち、『日本書紀』継体天皇即位前紀によれば、悪逆無道の天皇として知られる武烈天皇には子どもがいなかった。そこで、大伴金村の発議によって、まず、仲哀天皇の五世孫で、当時丹波国の桑田郡にいた倭彦王を迎えようとしたが、王は迎えにきた兵を望見して色を失い、山壑に逃げ出してしまった。

そこで、金村は、ふたたび他の大連・大臣らとはかって、こんどは越前国にいる応神天皇の五世孫である男大迹王を迎え、天緒をつたえることにした。王は、これを容易に聞き入れなかったが、やがて河内馬飼首荒籠の助言によって承諾し、樟葉宮で即位した。しかし、その後もただちに大和に入ることはせず、山背の筒城・弟国と宮処を移し、即位後、じつに二十年（『日本書紀』は、七年という異説もしるす）ののち、ようやく磐余王穂宮で政治をおこなったのである。

ところで、以上のような『日本書紀』の記述には、きわめて不審な点が存在する。請われて即位した継体天皇が二十年ものあいだ大和にはいることができなかったというのも腑に落ちないが、それよりも、『古事記』・『日本書紀』ともに、継体天皇から応神天皇に至る中間の系譜をまったくしるしていないことは、継体天皇の出自に対して、大きな不審をいだかせる。

しかし、さきにもふれたように、『日本書紀』が継体天皇の出自を載せていないのは、失われた「系図一巻」のほうにしるされていたからだと考えることができる。げんに、『釈日本紀』に引かれた「上宮記日一云」には、『日本書紀』の系譜の空白を埋める可能性をもつ具体的な系譜が存在するのだから、継体天皇やその母振媛の系譜が「系図一巻」にしるされていたとみることは、あながち暴論ではないように思う。

またさらに、『古事記』が応神天皇から継体天皇に至る系譜を記載していないのも、継体天皇のように、五世孫というような遠い皇親が登極した例はほかにないから、この場合は、応神天皇五世孫としるすだけでことたりたのではないかと思う。そもそも「応神から継体に至る系譜は必ずしるされていなければならない」という前提そのものが、実はわれわれの先入観[22]にほかならないのである。

このように、継体天皇の系譜については、こんにちでは、いちおうの解決がえられているのだが、おなじ即位前紀のなかにしるされた仲哀天皇五世孫の倭彦王のことについては、いまだじゅうぶんに検討されていない点がある。

この王は、天皇に推されながらも、即位に至らなかったために、こんにちの古代史の研究においては、軽視されている傾向にあるが、むしろ、継体天皇（男大迹天皇）に先んじて、天皇に推されたところをみると、倭彦王のほうがより有力な皇位継承者であったと考えられる。

では、倭彦王が継体天皇よりも皇位継承者として上位にあったのは、どうしてであろうか。

これは、おそらく、倭彦王が仲哀天皇の五世孫であったことによるものと思われる。すなわち、仲哀天皇のつぎに即位した応神天皇の五世孫よりも、わずかであるが、天皇家の本流の血筋に近かったことが、最終的な決め手になったのではないかと思われる。

あまり適当なたとえではないかも知れないが、徳川将軍家において嫡子のない七代家継のあと、八代将軍の候補としては、尾張藩の継友、紀州藩の吉宗、水戸藩の継条がいた。家格において尾張や紀州に劣る水戸の継条が将軍になれなかったのはやむをえないとしても、継友ではなく、吉宗に決まったのは、かれが家康の曽孫で、玄孫の継友よりも一世代家康に近かったことが、決め手の一つになったといわれている。

筆者は、倭彦王に白羽の矢がたったのも、大伴金村を中心にこれに近い議論がおこなわれた結果のことではなかったかと想像する。

仲哀天皇から倭彦王に至る具体的な系譜的続柄は、こんにちではうかがうすべもないが、すでにみたような「大鷦鷯天皇。（中略）五百城入彦皇子之孫也」・「男大迹王。（中略）誉田天皇五世孫」といった系譜的記載の筆法から判断して、筆者は、この間の系譜も、おそらく『日本書紀』の「系図一巻」にしるされていたのではないかと思う。

さて、このように考えていくと、あらためて、仲哀天皇の存在というものが注目される。

よく知られているように、現在の学界の趨勢としては、仲哀天皇は、その前後の成務天皇・神功皇后とともに、きわめて実在性の乏しい人物であるとされる。むろん、そのような考えが主流を占めるには、そこにそれだけの根拠がある。たとえば、その代表的なものとして、これら三人の和風諡号の問題があげられる。塚口義信氏によれば、成務天皇・仲哀天皇・神功皇后の和風諡号の「ワカタラシヒコ」・「タラシナカツヒコ」・「オキナガタラシヒメ」にふくまれる「タラシ」の名辞は、記紀では、ほとんどが応神天皇以前か舒明天皇以降にしかみられないという。しかし、「応神以前の『記』『紀』の記載が頭から信用できないことは周知のとおりであるから」、この場合、応神天皇以前の「タラシ」や「タリ（タル）」は、こうした名辞が現実に名前に用いられるようになった、のちの時代につくられたものであり、したがって、こうした後代の名辞をふくむ成務天皇・仲哀天皇・神功皇后の実在性もはなはだ疑わしいというわけである。[23]

しかしながら、ひるがえって考えるに、それほど実在性の乏しい天皇の子孫が、継体天皇の時代（実年代でいえば、おそらく六世紀の初頭であろう）に生存し、その人物が皇位継承者にあげられることが、はたしてありえるだろうか。

仲哀天皇は、実在したとすれば、その活躍年代は、おおよそ四世紀末から五世紀初頭と推定されるから、それは継体天皇の時代からみて、たかだか百年あまりまえのことである。これは、けっして忘却されてしまうほど、遠い過去のことではない。武烈天皇の崩御のあと、つぎの天皇（大王）をだれにするかという問題がもちあがったとき、それを協議した大伴金村らの手元には、皇統譜をしるした書物が存在したはずである。そして、おそらく、その系譜には、仲哀天皇とその子孫についての、かなり詳しい記載があったはずで、倭彦王を推戴しようとした根拠は、そうした皇統譜にもとめられたのではあるまいか。そのように考えていくと、仲哀天皇の実在性を否定する見解にはかんたんにはしたがえないのである。

もっとも、継体天皇即位前紀にみえる倭彦王の話が虚構であるというのなら、話はべつである。事実、そのように考える研究者も存在している。

たとえば、水谷千秋氏は、「倭彦王という王の存在自体が、『書紀』編纂直前の新しい時期に造作された可能性が高い」としてその実在性について懐疑的な立場をとっておられる[24]。水谷氏がこのように考える根拠はきわめて単純で、倭彦王の「祖とされる「足仲彦天皇」すなわち仲哀天皇が、七世紀前半から後半頃に天皇系譜に書き加えられた、実在性の薄い天皇と考えられている」という点にある[25]。

さらに、水谷氏によれば、倭彦王が仲哀天皇の五世孫として位置づけられているのは、継体天皇が応神天皇の五世孫とされていることと関係があるという。すなわち、「いずれもかつての天皇の五世孫である点では互角だが、より近い天皇、すなわち応神の子孫である継体の方が血統上天皇にふさわしいことは明らか」であるとして、「このことをより効果的に打ち出すために、仲哀後裔の倭彦王という人物を引き合いに出し、継体が即位することの正当性を強調しようとしているに違いない」とされるのである。[26]

仲哀天皇の実在性をもとに倭彦王に関する記述の信憑性を論じる水谷氏と、継体天皇即位前紀にみえる倭彦王の話から溯って仲哀天皇の実在性を論じる筆者のあいだで、意見がことなるのは、当然といえば当然である。しかしながら、かりに水谷氏のいわれるように、仲哀天皇が実在性に乏しく、記紀編纂の時代からみてたかだか数十年まえに皇統譜に載せられた天皇だとすると、そのような心もとない天皇の五世孫を継体天皇の引き立てにしたところでリアリティに乏しく、『日本書紀』をひもとくものに対し説得力をもたないのではあるまいか。

そもそも、水谷氏は、継体天皇の即位記事は、その即位を正当化するため、『日本書紀』編者のおこなった机上の造作が大半を占め、信じがたいとされる。たしかに、『日本書紀』が、継体天皇の直接の子孫である天武天皇によって編纂されたという事情も考慮しておく必要があろう。[27] しかし、水谷氏も認めておられるように、継体天皇は、ヤマト王権の大王として正式に即位しており、その即位はけっして不当な政権奪取ではなかったから、『日本書紀』編者が継体天皇の即位をことさらに正当化するような造作をする必要性があったどうかは、いささか疑問である。[28]

そもそも、水谷氏は、おりにふれて『日本書紀』編者の造作ということをいわれるが、[29] はたして『日本書紀』編者が、同書編纂の段階で、それほど意図的な「創作」を書き加えたとは、筆者は信じられないのである。これは、結局のところ、筆者と水谷氏の日本書紀観の相違という点に収斂されるが、筆者の印象では、『日本書紀』編者は、原資料にきわめて忠実で、独自のフィクションを盛り込むなど、必要以上の「改作」はおこなっていないと思う。げんに、たとえば、継体天皇の崩御の年も、異説を正直に掲げて、「後勘校者知之」とわざわざしるしているほどである。これほど原資料に忠実な態度をとる『日本書紀』編者が、いっぽうで、小説家顔負けのフィクションを挿入するとはちょっと考えがたいのである。

なお、以上の点に関聯して、一二つけくわえておくと、継体天皇の系譜が『日本書紀』「系図一巻」に載っていたとしたら、倭彦王が仲哀天皇の五世孫というのも、おなじ系図に載っていたと考えてよいと思うのだが、水谷氏は、それも『日本書紀』編者の造作だといわれるのであろうか。(30)

また、さきに紹介したように、水谷氏は、継体天皇と倭彦王を比較し、より近い天皇の子孫（継体天皇は応神天皇の五世孫）のほうが、血統上王位にふさわしいといわれる。しかし、前述の徳川家における将軍の選定などの例を引くまでもなく、ふつうはより天皇の源流（初代の神武天皇）に近い人物のほうが王位に近いはずである。その伝でいけば、やはり、継体天皇に先んじて仲哀天皇五世孫の倭彦王に白羽の矢が立ったのは、きわめて自然な話であって、氏のいわれるように、「より近い天皇、すなわち応神の子孫である継体の方が血統上天皇にふさわしいことは明らかだ」とはいえないと思う。

このようにみていくと、倭彦王の実在性を否定する説も、それほど説得力があるとはいいがたいのであって、筆者がここでのべたことも、一つの仮説としてじゅうぶん成立の餘地がありそうである。

いまいちど繰り返しておくと、筆者は、『日本書紀』が本文中において、ある皇族を紹介するのに「某の─世孫」といった書きかたをし、その中間の系譜をしるさないのは、それを「系図一巻」のほうにゆずったからではないかと考えている。

もし、こうした推論が認められるならば、「足仲彦天皇五世孫倭彦王」という表記も、「系図一巻」のほうに詳しい記載があっての省筆で、そこに「足仲彦天皇」とみえることは、すでに六世紀初頭には、仲哀天皇が皇統譜上の人物としてひろく認識されていたことを示しているといえる。そして、このことは、当時のひとびとは仲哀天皇を実在の人物として認識していたことを示唆しているのであって、これまではどちらかというと軽視されてきたこの史料も、みかたをかえれば、仲哀天皇が六世紀初頭にはすでに歴代天皇のひとりとして、歴史的に認識されていたことを示す証左とすることができるのである。

三、「系図一巻」の散逸時期をめぐって

さて、これまでは、「系図一巻」の内容とそれに関聯する『日本書紀』本文の記載について考察してきたが、つぎに、その散逸の時期について考えてみたい。

さきに紹介したように、岩橋氏は、『弘仁私記』序の分註が「今図書寮及び民間に見在す」としるされている点について、

①『日本書紀』を講述する私記の序に、『日本書紀』の所在を註することは、はなはだ滑稽であるから、この分註は、「帝王系図一巻」のみにかかるものであろう。

②しかも、その系図一巻が、当時民間に流布していたならば、こういう分註は必要ないので、それをわざわざ注記しているのは、かえって民間に流布していなかった証拠である。

とのべ、『日本書紀』の「系図一巻」（すなわち、『弘仁私記』序にいう「帝王系図一巻」）は、『弘仁私記』序がしるされたころには、すでに散逸していたと推測しておられる。

ちなみに、薗田氏は、この点について、積極的に代案を示していないが、「私はこの〔岩橋氏の〕指摘に非常に興味を覚えます(31)」として、このころ「系図一巻」が失われたのではないかとのべておられるので、ひとまず岩橋氏の説

を支持しているとみてよいであろう。

しかしながら、筆者は、この岩橋氏の推論には、いささか無理があるのではないかと思う。

そこで、以下、岩橋氏が、論拠とされる点について検討してみたいが、はじめに、氏が、系図散逸の根拠とされた『弘仁私記』序[32]の当該部分を、新訂増補国史大系本によって引用しておく。

夫日本書紀者。一品舎人親王。従四位下勲五等太朝臣安麻呂等。奉レ勅所レ撰也。先レ是。浄御原天皇御宇之日。有二舎人一。姓稗田。名阿礼。年廿八。為レ人謹恪。聞見聴慧。天皇。勅阿礼。使レ習二帝王本記及先代旧事一。未レ令二撰録一。世運遷代。豊国成姫天皇臨軒之季。詔二正五位上安麻呂一。俾二撰阿礼所誦之言一。和銅五年正月廿八日。初上二彼書一。所謂古事記三巻者也。清足姫天皇負扆之時。親王及安麻呂等。更撰二此日本書紀三十巻并帝王系図一巻一。今見在二図書寮及民間一。養老四年五月廿一日。功夫甫就献二於有司一。上起二天地混淪之先一。下終二品彙甄成後一。神胤皇裔。指掌灼然。慕化古風。挙目明白。異端小説。怪力乱神。為レ備二多聞一。莫レ不二該博一。（後略）（「日本書紀私記」『新訂増補国史大系』第八巻〈吉川弘文館、昭和七年二月〉所収、三〜六頁。ただし、分注は原則として省略）

さて、岩橋氏があげられた二点のうち、まず、①に関していうと、『弘仁私記』序が『日本書紀』の所在を注記することは、それほど不自然なことであろうか。筆者は、かならずしもそのようには思わない。『日本書紀』の内容について、具体的に解説や注釈をほどこした部分であれば、このような注記は不要であろう。しかし、右の引用文からもわかるように、『弘仁私記』序は、『日本書紀』の成立からていねいに説き起こしているのであって、そのことをのべた箇所の分註に、『日本書紀』の所在を示す説明があっても、けっして不自然ではない。

そこで、つぎに問題となるのが、この分註が、『日本書紀』三十巻と「帝王系図一巻」の両方に対する説明か、それとも、「帝王系図一巻」にのみかかるのか、という点である。

そもそも、この『弘仁私記』序は、『日本書紀』以外にもいろいろな書目、とくに系譜や氏族志的なものをかかげ、それらの所在をかなり入念にしるしている。

たとえば、

自此之外。更㆓有帝王系図㆒。（前略）延暦年中。下㆓符諸国㆒。令㆑焚㆑之。而今猶在民間也。諸民雑姓記。諸蕃雑姓記。新撰姓氏目録者。（前略）但正書目録。今在㆓太政官㆒。

（後略）（前掲書、七〜八頁。ただし、分注は一部省略）

とあるのをはじめとして、諸書の所在を、「今猶ほ遺漏し、遍遍として民間に在り」、「永く秘府に蔵して、則ち出すを得ず。図書寮に存せしむるもの、是れなり」、「図書寮に蔵するなり」、などとしるす例が、それである。

こうした記載があることを考慮すると、さきの「今図書寮及び民間に見在す」という分註も、岩橋氏もいわれたように、本文中の「帝王系図一巻」の所在をしるしたものと解釈するほうがよさそうである。

しかし、この説明を、氏のように、「而も系図一巻が当時民間に流布してゐたのならば、かういふ註は全く必要が無いので、これは却て民間に流布してゐない証拠である」などと、あえて「深読み」する必要があるのだろうか。筆者は、その点を疑問に思う。むしろ、他の部分を参考にするかぎりでは、この部分も、「「帝王系図一巻」は、政府の書庫である図書寮と民間(33)とにいまも存在するのだ」といった、文字どおりの意味にとることが望ましいように思う。

ただし、このように考えた場合、『弘仁私記』が、その系図について、序以外のところでまったくふれていないことが問題とされよう。

『弘仁私記』は、新訂増補国史大系の第八巻に「日本書紀私記（甲本）」として、彰考館所蔵本が凸版印刷でおさめられているが、この巻頭には、「日本紀目録」として六国史の書名がかかげられている。

ところが、ここには「日本紀三十巻」とのみあって、系図のことはしるされていない。しかも、肝心の私記本文のなかに（全文が残っているわけではないが）、「系図一巻」そのものを注解した部分がまったくなく、また、本文の注解のなかでも、「系図一巻」を参照にしたと思われる形跡が存在しないのである。

してみると、『弘仁私記』では「系図一巻」はまったく問題にされていないのであって、このことは、当時、『日本書紀』の「系図一巻」がいまだ存在していた、とする筆者の主張にいちじるしく不利であるかのように思われる。

この点は、のちに取り上げる系図散逸の理由とも関聯するので、あらためてふれるが、『弘仁私記』が系図の存在を知りながら、あえてそれを参照しようとしなかったのは、『日本書紀』の講書が、本文を読むことに力点をおき、系図は強いて取り上げる気がなかったと考えれば、説明がつくのではないだろうか。

では、『弘仁私記』序が書かれたころ、『日本書紀』の「系図一巻」がまだ存在していたとすれば、それが実際に失われたのは、はたしていつごろのことであろうか。

散逸の時期を特定することは、きわめてむつかしく、それをあきらかにすることは、筆者の能力のおよぶところではないが、存在の下限を示唆するような史料も皆無ではない。

寛平四年（八九二）に菅原道真が撰上した『類聚国史』二百巻には、目録二巻とともに「帝王系図三巻」が附されていたことが、『菅家御伝記』同年五月十日条にかけてしるされている。この「帝王系図三巻」については、前述のように、『日本書紀』に附されていた「系図一巻」と、その後新たに書き加えられた系図二巻とをあわせて三巻としたものであるとする伴信友の説があるが、これにしたがえば、『類聚国史』の撰上時には、「系図一巻」は存在していたことになる。

ちなみに、鎌倉時代後期の成立とされる『本朝書籍目録』の「氏族」の部には、

帝王系図一巻　舎人親王撰。

とみえている〈和田英松『本朝書籍目録考證』〈明治書院、昭和十一年十一月、のち平成二年十二月にパルトス社より復刊〉三二五頁〉。ここに「舎人親王撰」としるされているところから判断すると、この「帝王系図」とは『日本書紀』の「系図一巻」のことではないかと考えられる。「系図一巻」のみが独立して記載されていることを不審に思うひともいるかも知れないが、同書の「氏族」の部には、「帝王系図一巻　菅為長卿撰」・「帝王広系図百巻　基親卿撰」・「帝王系図一巻　兼直宿禰抄」など、帝王系図がまとめてかかげられているので〈前掲書、三二五～三二六頁〉、『日本書紀』の「系図一巻」が「帝紀」の部の本文三十巻とはべつにあげられていることも、とくに怪しむに足りない。したがって、もし、『本朝書籍目録』の記載が信頼できるとすれば、同書成立のころまでは、『日本書紀』についていた系図が、なんらかのかたちで伝来していたと考えることも可能である。

四、「系図一巻」の散逸事情

つぎに、系図散逸の理由について考えてみよう。

さきにものべたように、『弘仁私記』序の書かれたころ、すでに『日本書紀』の「系図一巻」が失われていたとする岩橋氏の見解が容れがたいとすれば、系図の散逸を、おなじころにできた『新撰姓氏録』とのかかわりでとらえようとする薗田氏の見解もまた、再検討を要する。

薗田氏の考えは、さきにも紹介したとおり、氏が、『新撰姓氏録』皇別にみえる「日本紀に合へり」という記載は、失われた「系図一巻」の始祖注〈すなわち、氏族の出自〉との一致を指していったものである、といわれた点は支

持されてよいと思う。しかしながら、氏が、

新旧氏族の勢力交替がすすみ、新しい氏族秩序に即応して『新撰姓氏録』が作られてくると、古い氏族秩序にもとづいた『日本書紀』の系図一巻の存在は、むしろ邪魔になったかもしれません。皮肉ないい方をすれば、『姓氏録』の撰進が、『書紀』の系図一巻の滅びるべき原因をなしたことも充分に考えられるからであります。[34]

とのべておられる点には、いささか疑問を感じる。

なぜなら、まず、素朴な疑問として、『新撰姓氏録』が薗田氏のいわれるような意味をもって撰進されたものであれば、なぜ、古い氏族秩序にもとづいた『日本書紀』の「系図一巻」の始祖注との一致をわざわざ注記しているのか、その点が、筆者には理解できない。

しかも、このころは、高橋・安曇二氏が神事の日に御膳を供奉する次第の先後をめぐって争ったり、おなじく中臣・忌部二氏が幣帛使をめぐって争論をおこなうなど、氏族についての紛糾が多く噴出した時期であって、その裁定にあたって、『日本書紀』が大きなよりどころとされている。このことは、むしろ、当時、薗田氏の主張とはぎゃくの風潮が存在したことを示しているのではないだろうか。[35]

田中卓氏によれば、[36]当時は、こうした氏姓問題の解決のよりどころとして、『日本書紀』を中心とする国史が再認識されるようになり、そうした『日本書紀』に対する認識の高潮として、『日本書紀』弘仁講書や『新撰姓氏録』の撰進がおこなわれたのだという。だとすると、『日本書紀』と『新撰姓氏録』とは、むしろ密接な関係にあるのであって、『新撰姓氏録』の撰進が、『日本書紀』の滅びるきっかけをつくったとは考えがたいのである。

以上のような理由から、筆者は、「系図一巻」の散逸を平安時代初期とおさえ、しかも、それを『新撰姓氏録』の撰進とのかかわりで説明しようとする薗田氏の所説には、遺憾ながら、賛成することができない。

ところで、こうした薗田氏の研究とはべつに、「系図一巻」散逸の時期とその理由については、近年、内田正俊氏が新説を発表しておられるので[37]、この機会に、同氏の説にもふれておきたい。いま、その所説の要点を氏自身の要約によって示すと、つぎのとおりである。

①、「系図一巻」には、（『日本書紀』が）奏上された養老四年頃の実勢力や秩序を反映しつつ、(a)「皇親名籍」（未成熟の律令の権威）を支え「皇親」身分を得る人を確定する。(b)聖武即位（皇位継承）の一助となる。という内容があったが、②、「皇位名籍」の権威が確立し、聖武が即位すると「系図一巻」は役目を終え、③、光仁以降の天智系天皇の即位によって消滅することとなった[38]。

内田氏の説は、『日本書紀』の「系図一巻」と正親司の管理する初期の「皇親名籍」とが一部重複ののち連続していくと説く点に大きな特色がある。たしかに、『日本書紀』の「系図一巻」と皇親の名籍のあいだには、その記載内容において共通する点が存したであろうことは、筆者もこれを認めるに吝かでない。

しかし、だからといって、両者が連続するものであるとする保証は、どこにもない。さきにものべたように、筆者の推測では、「系図一巻」の記載内容は、たんに系譜的記載にとどまらず、歴代天皇に関するさらに詳しい情報をふくんでいたと推測されるので、かならずしもそれが皇親名籍に連続するような性格のものであったとは思わないのである。

また、内田氏によれば、「系図一巻」が天武・持統天皇の血脈を重んじ、聖武天皇の即位を一つの目的としていたとみ、聖武天皇の即位によってその目標が達成されると、「系図一巻」はその役目を終え、天智天皇系の光仁天皇が即位するにおよんで封印・消去されたという。興味深い推論だが、この点に関してもいくつか問題がある。

まず、『日本書紀』の「系図一巻」が、はたしてそのような政治的意味合いをもつものなのかは、「系図一巻」が現存せず、その内容を具体的に確認しえないこんにちでは、立証がむつかしく、あくまで臆測の域をでない。また、内田氏は、聖武天皇の即位が契機となり、その後、天智天皇系の光仁天皇の即位によって、「系図一巻」が消滅したとするが、さきにもみたように、筆者は、九世紀後半の、『類聚国史』が編纂・完成するころでも、依然として存在していたとみるので、その点でも、内田氏の推論は受け入れがたいのである。

では、「系図一巻」は、いったい、いつごろいかなる理由から散逸したのであろうか。

この点については、消極的な臆測との批判をうけるかも知れないが、筆者は、気がついてみると、いつのまにか書写されなくなっていた、というのが実情ではないかと思う。つまり、わざわざ手間隙かけて、本文とともに「系図一巻」を書写することが、次第におこなわれなくなっていったのではないかと推察するのである。

このように考える理由としては、まず、「系図一巻」のもつ情報の多くが、『日本書紀』本文にもしるされていたと考えられることがあげられる。

筆者は、べつに、『日本書紀』本文の記載をもとに皇統譜を縦系図のかたちに構成したことがあるが[39]、天皇の続柄や后妃・子女程度の情報であれば、『日本書紀』本文だけでもかなりの情報が得られる。また、さきに、「系図一巻」が帝紀の内容をダイジェストしたものではないかと推測したが、だとすれば、「系図一巻」は本文三十巻の抄本的性格を有するわけで、とくに系図のほうによらなければならない理由はない。

前節で、筆者は、『弘仁私記』が系図の存在を知りながら、あえてそれを参照しようとしなかったのは、『日本書紀』講書が、本文を読むことに力点をおいていたからではなかったか、とのべたが、このように、『日本書紀』本文だけからでもじゅうぶんな情報が得られること、いいかえれば、「系図一巻」独自の情報に乏しいことが、「系図一巻」を講書の対象から除外する原因となり、やがてはその散逸をまねく遠因になったといえるのではないだろうか。

また、薗田氏の研究を参考にすれば、「系図一巻」は、文章系譜の体裁をとっており、しかも、そうとうくわしいものであったと考えられるので[40]、手軽に利用するには不便だったのではないだろうか。『釈日本紀』の「帝皇系図」などの後世の系図をみればあきらかなように、時代がくだるにつれ、系図を図表化することがひろくおこなわれるようになる。こうした系図のほうが、はるかに利用しやすいのであって、このことも、「系図一巻」が書写されなくなった原因のひとつではないだろうか。

ただ、このように考えた場合、薗田氏が指摘された、『日本書紀』本文の系譜的記載の缺落が問題になろう。しかし、それは全体からみれば、かならずしも多いとはいえず、皇統譜をうかがううえで、それほど大きな支障になるとは思われない。とくに、『古事記』をみることのできる立場にあるひとであれば（『弘仁私記』序は、あきらかに『古事記』序をふまえてしるされているので、弘仁講書の際に、『古事記』が参照されたことは疑いない）、『日本書紀』の系譜的記載の缺落は、それによって、ある程度補足することができたはずである。

以上のような理由から、筆者は、『日本書紀』に附されていたという「系図一巻」は、本文にしるされていた情報との重複が多く、かつあまりに詳細であったがために、次第に写されなくなっていったと推測するのである。

なお、念のためにのべておくと、このことは、けっして皇統譜そのものの軽視を意味するものではない。むしろ、『釈日本紀』の「帝皇系図」をはじめ、さきの『本朝書籍目録』にも多数の帝王系図が掲げられているところをみると、帝王系図はかたちをかえて読み継がれたとみるべきであろう。

おわりに

以上、『日本書紀』に附されていた「系図一巻」について、先学諸賢の研究に導かれながら、筆者の見解をのべてきた。いささか推測を積み重ねすぎたが、ここでのべたことを要約すれば、つぎのとおりである。

①『日本書紀』の「系図一巻」は、皇室系譜を中心とするものであったと考えられるが、その内容はたんに系譜的記載にとどまらず、帝紀にしるされたことがらを適宜抜萃した記述もふくんでいたと推測される。

②『日本書紀』の「系図一巻」は、『弘仁私記』序がしるされたころには依然として存在し、それが散逸したのは、かなりのちのことであろうが、具体的な時期は不明とするほかない。

③散逸の理由としては、「系図一巻」のもつ情報が本文とかなり重複していたことが、第一にあげられる。

「系図一巻」に対する、こうした疑問は、どこかから実物が出現すれば、一挙に氷解するのだが、すでに遠い昔に書写されなくなってしまった「系図一巻」が、将来どこからか発見される可能性は、きわめて小さいであろう。

なお、小論は、田中卓先生の喜寿を記念する論文集に献呈すべく、一年ほどまえから用意・組稿していたものである。その後、論文集刊行の話が立ち消えになったため、小論もそのまま筺底で眠っていたが、このたび、金沢工業大学の日本学研究所の野木邦夫氏から、同研究所の発行する『日本学研究』に論文をもとめられたので、この機会に旧稿を補訂して発表させていただくことにした。

田中先生には、平成五年（一九九三）六月に皇學館大学でおこなわれた神道史学会の大会で、筆者がはじめて『日本書紀』の「系図一巻」について研究発表した際に、熱心にご質問いただいたのをはじめとして、以来、おりにふれて、古代の系譜に関してご指導を辱くしてきた。先生は、目下、少しく健康を損ねて療養しておられるが、一日も早いご快癒を祈念するとともに、ここに先生縁りの小論を献じて、ささやかながら先生の頌寿の微意をあらわす次第である。

〔補註〕

（１）『日本書紀』の「系図一巻」について、筆者がこれまで発表してきた論文は少なくないが、おもなものに、①「古代天皇系図の世界」（荊木美行編著『古代天皇系図』附録、燃焼社、平成六年九月）・②『日本書紀』における皇統譜の缺落について」（『皇學館論叢』二七―二、平成六年四月）・③「『日本書紀』「系図一巻」の散逸について」（『日本歴史』五五七、平成六年十月、のち改稿して、拙著『古代史研究と古典籍』〈皇學館大学出版部、平成八年九月〉所収）・④「散逸した『日本書紀』「系図一巻」の謎」（『歴史読本』四三―九〈通巻六九七号〉、平成十年九月）などがある。

（２）かんたんではあるが、伴信友『比古婆衣』六の巻「類聚国史」において『日本書紀』の「系図一巻」にふれ、「系図とは天皇系図なるべし、此系図今に伝はらず」（『伴信友全集』巻四〈国書刊行会、明治四十年四月、のち昭和五十二年八月にぺりかん社から覆刻〉所収、一三一頁）としるしている。

（３）平田篤胤『古史徴』一之巻春開題記に「さて今ノ本に、系図ノ巻は闕たれど、釈紀に載たる帝王系図、決めて其レなるべく所思たり。但し日本書紀は、持統天皇紀にて終たるに、彼ノ系図に、其ノ後の御系をも図せるは、後に書紹たる物と見ゆ」（『新修平田篤胤全集』第五巻〈名著出版、昭和五十二年八月〉所収、四九頁）とみえる。ただし、『釈日本紀』の帝王系図が『日本書紀』の「系図一巻」とは考えがたい。この点については、本文後述のように、坂本太郎『六国史』（吉川弘文館、昭和四十五年十一月、のち『坂本太郎著作集』第三巻〈吉川弘文館、昭和六十四年一月〉所収、引用頁は後者による）に反論がある。

（4）岩橋小彌太「日本書紀」（『増補上代史籍の研究』上巻〈吉川弘文館、初版は昭和三十一年一月、増補二版は昭和四十八年八月発行〉所収、以下、ここでの引用頁は後者による）。

（5）坂本氏補註（3）論著。なお、坂本氏の所説については、坂本太郎「日本書紀」（坂本太郎・黒板昌夫編『国史大系書目解題』上〈吉川弘文館、昭和四十六年三月〉所収）五〜六頁も参照。

（6）岩橋氏補註（4）論文、一五〇〜一五一頁。

（7）平田補註（3）論著、四九頁。

（8）薗田香融①「日本書紀の系図について」（末永先生古稀記念会編『末永先生古稀記念古代学論叢』〈末永先生古稀記念会、昭和四十二年十月〉所収、のち薗田氏『日本古代財政史の研究』〈塙書房、昭和五十六年六月〉所収、以下の引用頁数は後者による）、および②「消えた系図一巻」（上田正昭ほか『「古事記」と「日本書紀」の謎』〈学生社、平成四年九月〉所収）。

薗田氏の所説は、①論文だけでもじゅうぶん理解できるのだが、②のほうが論旨のより明快な部分もあるので、ここでは、二論文をあわせて利用することとした。

なお、薗田氏は、②論文のなかで、『弘仁私記』とするべきところを、ことごとく『弘仁格式』としておられる。誤記と考えられるので、小論では『弘仁私記』に読み替えて解釈している。

（9）坂本氏補註（3）論文、八七〜八八頁。

（10）野木邦夫「『八幡宇佐宮御託宣集』にみえる「帝王系図」について」（『皇學館大学史料編纂所報　史料』一四七、平成九年二月）。

（11）引用は、中野幡能校注『神道大系　神社編四十七　宇佐』（神道大系編纂会、平成元年三月）二〇〜二一頁による。

(12) 二宮正彦「類聚国史の逸文」(『日本上古史研究』七－一一、昭和三十八年十一月) 二四〇～二四一頁。
(13) 伴信友『比古婆衣』六の巻「類聚国史」(『伴信友全集』巻四〈前掲〉所収) 一三一～一三三頁。坂本氏も、この説を支持しておられる (坂本氏補註 (3) 論文、八七～八八頁参照)。
　なお、こうした伴信友の説を取り上げる際に、六国史のなかで、なにゆえ、『日本書紀』のみに系図が附されており、他の五国史にはそれがないのかという問題についても考えておく必要がある。この点について、筆者は、まったくの臆測ではあるが、以下のように、きわめて単純に考えている。すなわち、『古事記』の序にもあるように、天武天皇朝の段階では氏族の出自には異論が少なくなかったため、編者としても、数ある異説に対してどのようなスタンスで望むか、その立場を明確にしておく必要があったのであろう。そこで、「系図一巻」という、いわば本文のダイジェスト本というかたちで、帝紀の正説の萃を示したのではなかろうか。ぎゃくにいえば、『続日本紀』以下の五国史では、そうした配慮はほとんど必要なかったので、「系図一巻」的な書物はあえて附さなくてもよかったのではないだろうか。
(14) こうした逸文については、和田英松纂輯・森克己校訂『國書逸文』(森克己、昭和十五年四月) およびこれを増補した国書逸文研究会編『新訂増補國書逸文』(国書刊行会、平成七年二月) の増補の部にかなり網羅されている。ただ、『袖中抄』所引の「帝皇系図」逸文については、原本はもとより「新補」の部にも、巻第八に引かれた「帝皇系図には欽明御宇遣新羅」(『日本歌学大系』別巻二、一二九頁) という一条が洩れている。
(15) なお、平田俊春『私撰國史の批判的研究』(国書刊行会、昭和五十七年四月) は、ここにあげた「帝王系図」・「帝皇系図」は単なる系図ではなく、年代記のたぐいであるとして、それが『扶桑略記』前篇のもとになっていると推測しているが (二八五～二八九頁)、「系図」という名称から判断して、もとは系図が中心であったはずである。
(16) 前田育徳会尊経閣文庫や宮内庁書陵部などには、複数の帝王系図が所蔵されている。

(17) この点については、粕谷興紀「大草香皇子事件の虚と実」(『皇學館論叢』一一―四、昭和四十三年八月)・塚口義信「帝紀・旧辞とは何か」(白石太一郎・吉村武彦編『新視点　日本の歴史』第二巻古代編Ⅰ〈新人物往来社、平成五年三月〉所収)など参照。

(18) 川口勝康「五世紀の大王と王統譜を探る」(原島礼二・石部正志・今井堯・川口勝康『巨大古墳と倭の五王』〈青木書店、昭和五十六年十一月〉所収)一三六〜一四〇頁。

(19) この所説の代表的なものとしては、吉井巖「ホムツワケ王」(『萬葉』七四、昭和四十五年十月、のち同氏『天皇の系譜と神話』二〈塙書房、昭和五十一年六月〉所収)・岡田精司「継体天皇の出自とその背景」(『日本史研究』一二八、昭和四十七年九月)・和田萃「継体新王朝の成立」(同氏『大系日本の歴史』第二巻〈小学館、平成元年一月、のち平成四年八月小学館ライブラリーに収録〉所収)があるが、筆者はこれをとらない。なお、この点については、塚口義信「継体王朝」(『歴史と旅』二〇―一六、平成五年十月)七五〜七六頁参照。

(20) この点については、塚口義信『『釈日本紀』所載の「上宮記一云」について」(『堺女子短期大学紀要』一八、昭和五十七年十一月)参照。

(21) 難波小野王については、『古事記』には「天皇、石木王の女、難波王に娶ひまししも、子无りき」とあって、『日本書紀』とは若干ことなる系譜をかかげている。ちなみに、本居宣長は、『古事記傳』四十三之巻において、本文中にかかげた『日本書紀』の分注を「誤なるべし」として、「允恭天皇の御子に、磐城王と申すは、書紀にも此記にも見えざれば、雄略天皇の御子なるを、伝誤れるなるべし」とのべているが(『本居宣長全集』第十二巻〈筑摩書房、昭和四十九年三月〉所収、三六一頁)、これも確証はない。

(22) 塚口義信「継体天皇は新王朝の創始者か」(『歴史読本』二九―一〇、昭和五十九年六月のち平成六年六月臨時増刊号にも再録）一六五～一六六頁。

（23）塚口義信「四世紀後半における王権の所在」（末永先生米壽記念会編『末永先生米壽記念　獻呈論文集』坤〈奈良明新社、昭和六十年六月〉所収）一一七一～一一七五頁。なお、井上光貞『日本国家の起源』（岩波書店、昭和三十五年四月、のち『井上光貞著作集』第三巻〈岩波書店、昭和六十年十月〉所収、引用頁は後者による）一〇六～一〇八・一五二～一五四頁も参照されたい。

ただし、この点に関しては、田中卓氏の有力な反論がある（「稲荷山古墳出土の刀銘について」『田中卓著作集』第三巻〈国書刊行会、昭和六十年四月〉所収、三七三～三九七頁、「日本古代史の復権」『田中卓著作集』第二巻〈国書刊行会、昭和六十一年十月〉所収、二三七～二三九頁）。田中氏によれば、人名に附く「タラシ」の称呼は、むしろ四五世紀以前の古い時代に流行した名前であって、それが七世紀初頭の天皇名にみえるのは、天皇名として古風を踏襲したものであるという。なお、安本美典『新版・卑弥呼の謎』（講談社、平成元年七月）一四〇～一四七頁にも、やはり、同様の反論がみえているので、あわせて参照されたい。

（24）水谷千秋①『『日本書紀』継体天皇即位条の研究」（横田健一編『日本書紀研究』第十八冊〈塙書房、平成四年五月〉所収、のち水谷氏『継体天皇と古代の王権』〈和泉書院、平成十一年十月〉所収）・②『謎の大王　継体天皇』（文藝春秋社、平成十三年十月）。論旨は、どちらもほぼ同じだが、ここでの引用は、両者のうち、より新しい②の七九～八一頁によっている。なお、このほかにも、水谷氏には、「継体天皇の出自とその即位事情」（財団法人枚方市文化財研究調査会編『継体大王とその時代』〈和泉書院、平成十二年四月〉所収）があり、参考になる。

（25）水谷氏がこのように考えるのは、おもに井上氏補注（23）論著や和田氏補注（19）論著にもとづいている（水谷氏補註（24）－①論文、一一七頁）。

（26）ちなみにいえば、水谷氏が『日本書紀』継体天皇即位前紀における倭彦王の記述をとらえて、「倭彦王と継体の人物像は際立って対照的に描かれている」（七九頁）とか「人格的にも暗愚なさまが描写されている」（八一頁）とかしるされている点については、理解に苦しむ。迎えの行列をみて逃げ出したことが「暗愚」ならば、継体天皇は「意の裏に尚疑ひありて、久しく就かず」、河内馬飼荒籠の説得によってようやく決心したというから、みかたによっては、優柔不断な性格であったという解釈も成り立つ。

（27）この点に関しては、塚口義信「〝原帝紀〟成立の思想的背景」（『ヒストリア』一三三、平成三年十二月）を参照されたい。

（28）平林章仁「書評　水谷千秋著『継体天皇と古代の王権』」（『龍谷史壇』一一四、平成十二年三月）九七頁。

（29）たとえば、水谷氏が、仁賢天皇の子の真若王について、「あるいは『書紀』は仁徳系王統男子の絶滅を強調する意図から、意識的に女王に改竄したのかもしれない」（八六頁）とされるのは、ちょっと行き過ぎではないかと思う。

（30）ただし、水谷氏は、倭彦王に関する伝承の虚構性を強調するいっぽうで、五世紀の傍系の王族のなかには地方に土着化するものが多くいたことを認めつつ、「ただこの時期、継体のほかにも倭彦王に象徴されるような傍系の王族がいたこと、またそれが丹波国桑田郡に居住していたことなどは、むげに否定すべきではないかもしれない」（八一頁）とのべておられる。しかし、これはいささかご都合主義的な解釈ではないだろうか。そうした人物がいた可能性を認めるのであれば、皇統の危機にあたって、その人物が大王に推戴されることがあったとしても、なんら不思議ではないと思う。

（31）薗田氏補註（8）―②論文、一二七頁。

（32）『弘仁私記』序については、これを偽作とする説も存するが、粕谷興紀氏がくわしく考証されたように、弘仁末年からそれほどときを隔てずして、弘仁講書に通じた多人長が書いたと考えてよいと思われる。この点については、同氏の「日本書紀私記甲本の研究」（『藝林』一九―二、昭和四十三年四月）参照。

（33）薗田氏は、補註（8）―②論文の巻末の質疑応答において「民間というのは、どういうことをいっているのでしょうか」という問いに対して、「当時の民間というのは、もちろんいまの民間とは意味するところが違います。民間といっても、かぎられた知識階級というか、貴族でしょう。ですからこの注は、宮中の図書寮にもあるが、宮中以外の貴族の私邸にもあるということだと思いますが、くわしくはよくわかりません」とのべておられる（一三〇頁）。ちなみに、「民間」という語は、『家伝』下、武智麻呂伝にも「爰を以て、其の間、図書経籍を検校す。先の壬申の乱離より已来、官書或ひは巻軸零落し、或ひは部帙欠少す。公、爰に奏請し、民間を尋ね訪れ、写し取りて満足す」とみえている。

（34）薗田氏補註（8）―②論文、一二九頁。

（35）たとえば、高橋・安曇両氏の裁定では、延暦八年（七八九）に、「日本紀及び二氏私記を捜挍し、乃ち高橋氏の先とすべきを知る」（『本朝月令』六月十一日神今食祭事条）と定められているし、中臣・忌部両氏の争いでも、『日本後紀』大同元年（八〇六）八月庚午条に、「日本書紀に拠りて」、祈祷のことは両氏並びに預るべきことがみえている。

（36）田中卓「日本紀弘仁講書と新撰姓氏録の撰述」（『藝林』一―一、昭和二十五年四月、のち同氏『日本古典の研究』〈皇學館大学出版部、昭和四十八年〉所収、さらにのち『田中卓著作集』第九巻〈国書刊行会、平成八年九月〉所収）。

（37）内田正俊①「『日本書紀』系図一巻と皇親名籍」（横田健一編『日本書紀研究』第二十冊〈塙書房、平成八年十月〉所収）・②「『日本書紀』系図一巻と「皇親名籍」」（『歴史読本』四四―四〈通巻七〇五号〉、平成十一年四月）。

（38）内田氏補註（37）―②論文、一六五頁。

（39）拙編著『古代天皇系図』（燃焼社、平成六年九月）。

（40）『日本書紀』本文の天皇の系譜的記載が文章系図の体裁をとること、縦系図の出現が平安時代にくだることなどから、筆者は、これが文章系図の体裁ではなかったかと想像している。

ちなみに、本文一巻の分量を目安にして推測するならば、「系図一巻」もかなり長文であったと思われるので、一巻ということばだけから単純に短いものを想像すべきではないと思う。

第二章　継体天皇即位前紀にみえる倭彦王をめぐって

はじめに

『日本書紀』継体天皇即位前紀には、男大迹王（継体天皇）が天皇に擁立されるまえに、倭彦王という人物が皇位継承者の候補にあがったことがしるされている。[1]

戦後、男大迹王が即位に至る事情や、それをしるした『日本書紀』の史料批判は、飛躍的に進んだ。しかしながら、倭彦王については、結果的には即位に至らなかったという事情を反映してか、じゅうぶんな検討がおこなわれていない。この記事を取り扱った研究もあるにはあるが、どちらかというと、その虚構性を強調することに急で、史料のもつ意味を正しく把握しているとは思えない節がある。

筆者は、かつて、『日本書紀』の「系図一巻」について考察した際、この倭彦王に言及したことがある。[2]ただ、倭彦王を主眼とする論文ではなかったために、じゅうぶんな論を展開することができなかった。しかも、旧稿には、いまからみれば未熟な点もあり、重要な論点を見逃していた憾みがある。

そこで、小論では、旧稿の補訂の意味もふくめて、筆硯をあらたに、継体天皇即位前紀にみえる倭彦王の話について検討を加えてみたい。

はじめに、『日本書紀』継体天皇即位前紀の記事を引用しておく。

天皇年五十七歳、八年冬十二月己亥。小泊瀬天皇崩。元無二男女一。可レ絶二継嗣一。壬子。大伴金村大連議曰。方今絶無二継嗣一。天下何所繋レ心。自レ古迄レ今。禍由レ斯起。今足仲彦天皇五世孫倭彦王。在二丹波国桑田郡一。請。試設二兵仗一。夾二衛乗輿一。就而奉レ迎。立為二人主一。大臣大連等。一皆随焉。奉レ迎如レ計。於レ是。倭彦王。遥望二迎兵一。懼然失レ色。仍遁二山壑一。不レ知レ所レ詣。

この記事から、おおよそつぎのようなことが確認できる。

①武烈天皇には子どもがいなかった。そこで、大伴金村は、丹波国桑田郡（現京都府北桑田郡・亀岡市一帯）にいた倭彦王を迎え、皇位を嗣がせようと提案した。

②大臣（許勢男人）・大連（物部麁鹿火）らは、みなこの意見に賛成した。

③王は、仲哀天皇の五世孫であった。

④ところが、倭彦王は迎えにきた兵を望見して色を失い、山壑に逃げ出し、行方がわからなくなる。

⑤その結果、倭彦王の即位は実現しなかった。

記事から得られる情報は、以上の五点である[3]。

『日本書紀』では、このあと、金村が、再度、他の大連・大臣らとはかって、こんどは、越前国にいる応神天皇五世孫の男大迹王を迎え、天緒を伝えることにしたという話がつづく。男大迹王は、はじめこれを容易に聞き入れなかったが、河内馬飼荒籠の助言によってようやくこれを承諾し、樟葉宮で即位したという。

こうした、男大迹王即位の経緯については、ひとまず措くとして、ここでは、倭彦王に関する『日本書紀』の記述が、はたしてどこまで信じられるかを検証してみたい。さきに結論をのべておくと、筆者は、右の①〜⑤のうち、④に脚色のあとがみられるものの、そのほかの記述については、おおむね史実をありのままにのべたものではないかと考えている。

○

そこで、あらためて、『日本書紀』の記事について、順に検討を加えていきたい。

まず、武烈天皇崩御ののち、適当な皇位継承者が大和にいなかったという点から考えてみたい。

話はやや時代を溯るが、『日本書紀』のしるすところによれば、五世紀のなかごろから六世紀前半にかけては、ヤマト政権内部で皇位継承をめぐる骨肉の争いが、たえまなくつづいた時代であった。

仁徳天皇のあと、履中・反正・允恭の三天皇があいついで即位したが、三人はいずれも仁徳天皇の同母の兄弟であった。その後、こうした兄弟による皇位継承が習慣化していくが、それが、皇位をめぐる争いに拍車をかけることになる。

たとえば、履中天皇は、即位のまえに同母弟の住吉仲皇子を殺害している。また、允恭天皇のあとをついだ安康天皇も、ひとの讒言を信じて伯父の大草香皇子を殺し、その結果、みずからも、大草香皇子の子眉輪王に殺害されている。さらに、安康天皇のつぎに即位した雄略天皇は、同母兄の八釣白彦皇子・境黒彦皇子、従兄弟の眉輪王・市辺押磐皇子・御馬皇子をつぎつぎと殺している。

かかる殺戮が繰り返された結果、皇室は次第に弱体化し、最後は皇位継承者にもこと缺くありさまであった。『日本書紀』によれば、雄略天皇の子清寧天皇には皇子がなく、殺された市辺押磐皇子の子で、播磨国に身を隠していた億計王（顕宗天皇）・弘計王（仁賢天皇）の兄弟が都に迎えられ、いったんは皇位断絶の危機を脱する。しかし、仁賢天皇の子の武烈天皇にも皇子がなく、ここに至って、ついに仁徳天皇の皇統は杜絶えることになった。

そうした状況のもと、大伴金村が倭彦王を推したのは、まさに窮餘の一策であった。あとでもふれるように、倭彦王は、皇位継承者としてはまったくの傍流であったが、そうした遠縁のものをもとめねばならぬほど、当時は候補者が払底していたのである。

ただ、ここに至るまでの『日本書紀』の記述については、とくに疑問を挟む餘地はないと思う。問題となるのは、倭彦王なる人物とその出自である。

まず、倭彦王という王名であるが、和田萃氏は、これが「普通名詞的で、ヤマトタケルと類似」することから、「倭彦王という名であったかどうか、疑問である」とみておられる[4]。

しかしながら、こうした論法は、辛亥銘鉄剣の銘文が確認されたこんにちでは、もはや通用しないであろう。あらためていうまでもないが、銘文中の「獲加多支鹵大王」は、記紀にしるされた「大長谷若建命」・「大泊瀬幼武天皇」などといった雄略天皇の呼称と一致する。とくに、銘文が、「大泊瀬」という地名にあたる部分を省いている点は注目すべきであって、これによって、「ワカタケル（若く勇猛な）大王」という普通名詞的な通称が、雄略天皇在位中の五世紀後半に滲透していたことが確認されたのである[5]。

さて、そうなると、倭彦王の場合も、普通名詞的だからといって、これを疑うわけにはいくまい。事実、記紀には、倭彦王以外にも、崇神天皇皇子に倭彦命（倭日子命）という人物がいたことがみえている。また、奈良時代にも、倭王（和王）といった、よく似た王名が確認できるから、倭彦王も架空の王名とはいえないと思う。

そもそも、こんにち伝えられている王名だけから、その実在性を疑うのは邪推もはなはだしいのであって、筆者は、こうした所説には与しないのである。

○

そこで、つぎに問題となるのが、王の出自にかかわる『日本書紀』の記載である。継体天皇即位前紀は、倭彦王を「足仲彦天皇五世孫」、すなわち仲哀天皇の五世孫と紹介している。これは、おなじく継体天皇即位前紀に、継体天皇のことを、

男大迹天皇〈更名彦太尊。〉誉田天皇五世孫。彦主人王之子也。

とするすのと同様の筆法である。

ついでに紹介しておくと、継体天皇即位前紀は、継体天皇の母振媛の出自を、やはり、

男大迹天皇。（中略）母曰二振媛一。振媛。活目天皇七世之孫也。

とするしている。

では、こうした簡略な系譜的記載が、はたして、どこまで信頼できるのであろうか。

便宜上、男大迹王のほうから検討を加えていきたいが、男大迹王の系譜を後代の作為とみる説は、はやくからある。(6) なかでも、「五世孫」という記述は、皇親の範囲が四世王から五世王にまで拡大された慶雲三年（七〇六）二月以降に、男大迹王を皇親として取り扱う目的で捏造されたものではないかという所説は、よく知られている。

この説は、戦後の一時期、きわめて有力となり[7]、いまなおこれを積極的に支持する向きがある[8]。しかしながら、現在では、むしろ否定的な見解を示す研究者のほうが多い。なぜなら、『釈日本紀』の引く「上宮記曰一云」所引の継体天皇関係の系譜が、信頼に足るものであることが、しだいにあきらかになってきたからである[9]。

もっとも、川口勝康氏によれば、凡牟都和希王と乎非王とのあいだにのちに附加された部分があるという[10]。また、吉井巖氏によれば、ここにみえる「凡牟都和希王」は、応神天皇のことではなく、垂仁天皇の皇子の「品牟都和気命」を指すのであって、男大迹王は、元来、垂仁天皇五世孫と称していたのだという[11]。

このように、「上宮記曰一云」所引の系譜をめぐっては、なお議論があるが、筆者は、ひとまず、これを、「誉田天皇五世孫」・「活目天皇七世孫」を補いうる具体的な系譜と考えている[12]。『日本書紀』本文が中間の系譜を掲げていないのは、先学が指摘するように、「系図一巻」のほうに譲ったからであって[13]、継体天皇の系譜も、この「系図一巻」に詳しくしるされていたと判断してよいであろう[14]。

ちなみに、『古事記』が、やはり、「品太王五世之孫、袁本杼命」としか記載していないのは、かかる遠縁の皇親が登極した例はほかになく、応神天皇五世孫とするすだけでこと足りたからであろう。そもそも、「応神から継体に至る系譜は必ずしるされていなければならない、という前提そのものが、実はわれわれの先入観[15]」にほかならないのである。

○

さて、継体天皇やその母振媛の出自を「誉田天皇五世孫」・「活目天皇七世之孫」としるす記載をいちおう信じて

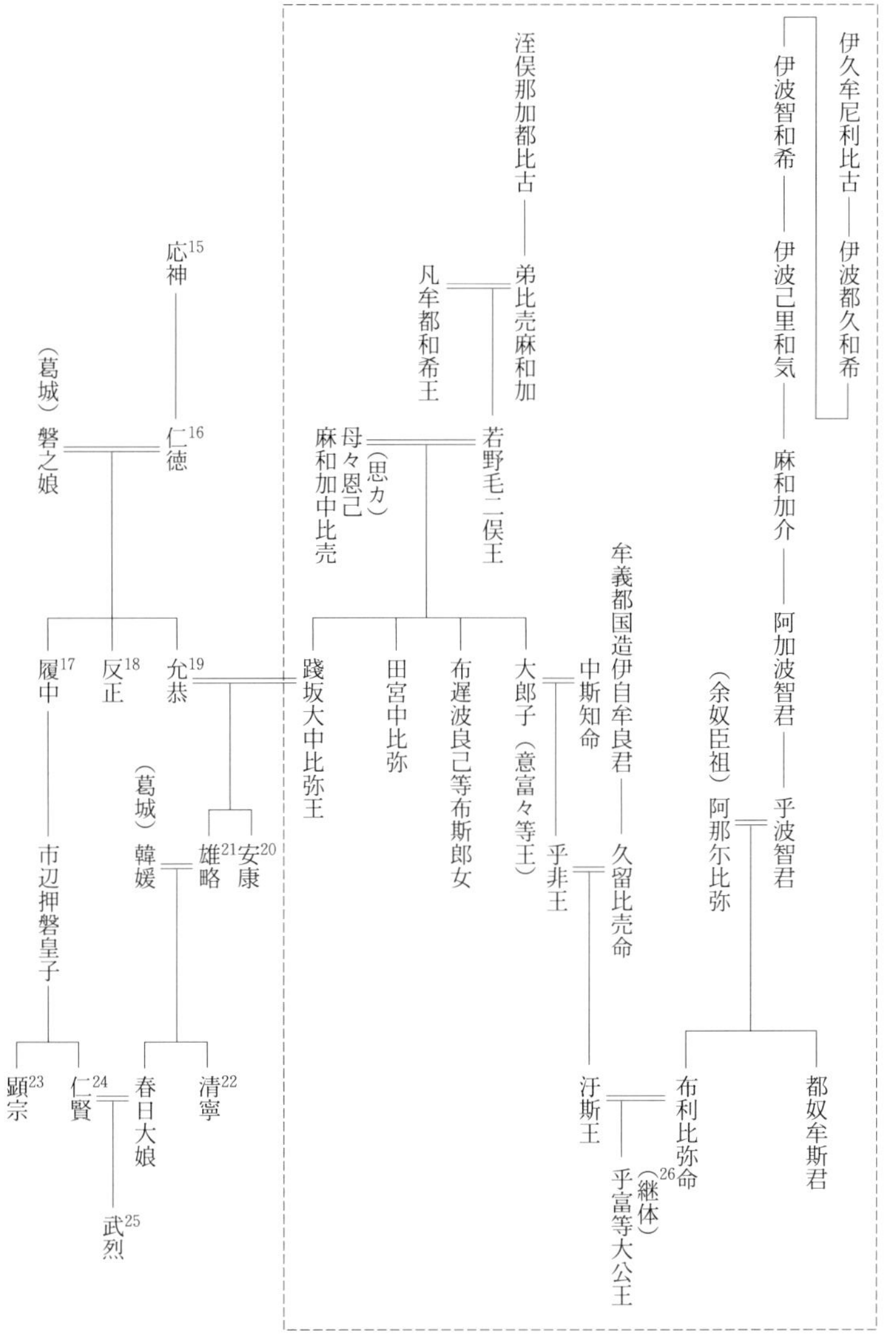

図１　継体天皇関係系譜（松尾光氏による。破線内は、「上宮記曰一云」にもとづく。右傍の数字は、記紀による代数を示す）

よいとすれば、おなじ継体天皇即位前紀の、倭彦王を仲哀天皇五世孫とする記述についても、強いてこれを疑う理由は見当たらない。

ただ、こちらは、継体天皇の場合とちがって、その中間の系譜をうかがうすべがない。卜部兼方は、『釈日本紀』巻十三、述義九、において、

兼方案レ之。仲哀天皇々子誉屋別皇子之後歟。祖考未レ詳。

とのべ、仲哀天皇皇子の誉屋別皇子かと推測し、最近でも、和田萃氏が、積極的にこの説を展開している。[16] たしかに、記紀をみても、他に適当な候補者もいないので、倭彦王を誉屋別皇子の系統とすることは妥当な気もするが、結局のところ、これは不可知論に属する。

倭彦王に関する系譜が残っていないのは、王の即位が実現しなかった以上、やむを得ないことであって（ただし、筆者は、仲哀天皇から倭彦王に至る中間の系譜も、継体天皇の場合と同様、『日本書紀』の「系図一巻」にはみえていたのではないかと推測している）[17]、ないこと自体、倭彦王の出自を疑う理由にはならない。しかし、それにもかかわらず、依然として、倭彦王の出自に対して疑いの目が向けられるのは、なぜであろうか。それは、仲哀天皇そのものの実在性が疑問視されているからにほかならない。

よく知られているように、井上光貞氏の研究[18]以来、仲哀天皇は、その前後の成務天皇・神功皇后とともに、きわめて実在性の乏しい人物であるとされている。

井上氏の論証を詳しく紹介する遑はないが、その要点を摘めば、つぎのとおりである。

まず、氏は、天皇の名前のつけ方に着目される。すなわち、神武天皇から元正天皇までの天皇（神功皇后をふくむ）四十五人をA～Gの七群にわけ、そのなかのD群にあたる景行天皇・成務天皇・仲哀天皇・神功皇后の和風諡号

「オオタラシヒコオシロワケ」・「ワカタラシヒコ」・「タラシナカツヒコ」・「オキナガタラシヒメ」が、

①七世紀初頭の天皇の名と「タラシヒコ」・「タラシヒメ」を共通している。

②とくに、成務天皇・仲哀天皇から「タラシヒコ」・「タラシヒコ」を除くと、「ワカ」とか「ナカツ」とかいった普通名詞だけが残って固有名詞をふくんでいない。

③神功皇后の「オキナガタラシヒメ」が舒明天皇の「オキナガタラシヒロヌカ」と「タラシ」を共有している。

という三点から、「七世紀もしばらくたって、これらの名が作られた」と推測しておられる。

以下のこまかい論証は省かざるをえないが、井上氏は、最終的に、記紀にしるされた景行天皇から応神・仁徳天皇に至る系図について、「〔ヤマトタケル・成務天皇・仲哀天皇・神功皇后は、〕七世紀的な名をもつか、まったく架空の人物で、それらを除き去ると、この系図は成立しない」として、成務天皇・仲哀天皇・神功皇后の実在性を否定しておられるのである[19]（復元系譜参照）。

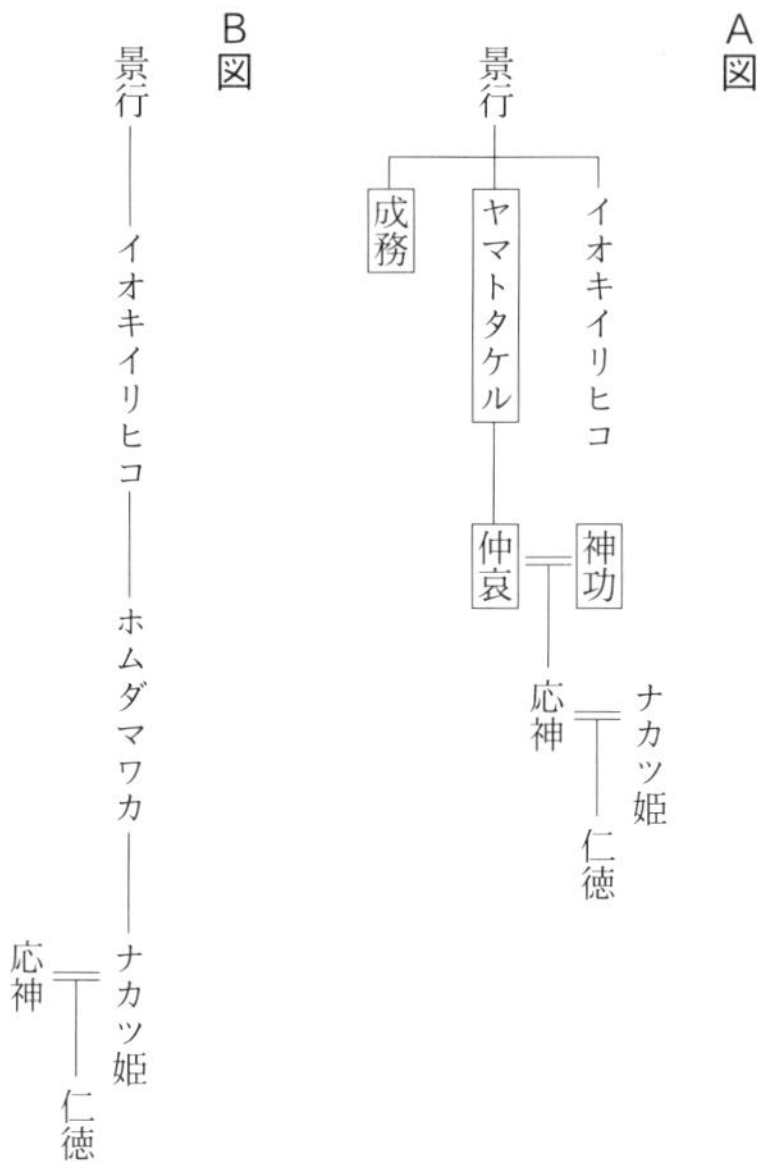

図２　景行天皇とイオキイリヒコ

（Ａ図の□は、井上光貞氏が「七世紀的な名をもつか、まったく架空」とされる人物。Ｂ図は、井上氏のいわれる改作以前の系譜〈『井上光貞著作集』３、153頁より引用〉）

井上氏の研究は、その後の学界に大きな影響を与えており、近年、倭彦王の問題を取り扱っておられる和田萃氏[20]や水谷千秋氏[21]が、倭彦王、もしくは、その出自に対し、いちじるしい不信感を抱いておられるのも、やはり、井上氏の所説に負うところが大きいようである。

もっとも、こうした井上説に関しては、田中卓氏の有力な反論がある。[22] 田中氏は、人名に附く「タラシ」の称呼は、むしろ四五世紀以前の古い時代に流行した名前であって、それが七世紀初頭の天皇名にみえるのは、古風を踏襲したからであるという。

筆者は、こうした田中氏の批判は、井上説にとって致命的ではないかとみているので、[23] 和田氏にしても、水谷氏にしても、この反論を克服することなく、井上氏の所説を利用することはできないはずである。

そもそも、それほど実在性の乏しい天皇の子孫が、継体天皇の時代（実年代でいえば、おそらく六世紀の初頭であろう）に生存し、その人物が皇位継承者にあげられることが、はたしてありえるだろうか。

仲哀天皇は、実在したとすれば、その活躍年代は、おおよそ四世紀末から五世紀初頭と推定されるが、それは、継体天皇の時代からみて、たかだか百年あまりまえのことである。これは、けっして忘却されてしまうほど、遠い過去のことではない。

武烈天皇崩御のあと、つぎの天皇をだれにするかという問題がもちあがったとき、それを協議した大伴金村らの手元には、皇統譜をしるした書物が存在したはずである。その系譜には、仲哀天皇とその子孫についての、かなりくわしい記載があったはずで、倭彦王を推戴しようとした根拠は、そうした皇統譜にもとめられたのではあるまいか。だとすれば、仲哀天皇の名は、はやくから皇統譜にみえていたわけで、その実在性もにわかに真実味を帯びてくる。

ところで、倭彦王が、男大迹王に先んじて皇位に推されたところをみると、倭彦王のほうが皇位継承者として優位な立場にあったと考えられる。では、倭彦王が第一候補にあがったのは、いかなる理由によるものであろうか。

筆者のみるところ、それは、倭彦王が仲哀天皇の五世孫であったことによると考えられる。すなわち、仲哀天皇のつぎに即位した応神天皇の五世孫よりも、わずかであるが、初代の神武天皇に近かったことが、一つの要因だったのではないだろうか（ただし、倭彦王が最初に天皇の位に推された背景には、ほかに大きな要因が存在したと思われるが、この点については、のちにあらためてふれる）。

和田氏は、「武烈のつぎの大王である継体は応神の五世の孫とされているから、血の濃さからいえば、ヤマトヒコ王よりも継体をこそ、最初に迎えるべきだろう」とのべておられる。[24] また、水谷氏も、同様の考えである。[25]

たしかに、前天皇の近親者のなかからえらぶのであれば、より血縁関係の濃いものを選択するだろうが、この場合は、そうした判断基準がもはや通用しないような遠縁のものしかいないのである。だとすれば、少しでも初代の神武天皇に近い人物のほうが優位なはずである。

あまり適当なたとえではないかも知れないが、徳川将軍家において嫡子のない七代家継のあと、八代将軍の候補としては、尾張藩の継友、紀州藩の吉宗、水戸藩の継条がいた。家格において尾張や紀州に劣る水戸の継条が将軍になれなかったのはやむをえないとしても、継友ではなく、吉宗に決まったのは、彼が家康の曽孫で、玄孫の継友よりも一世代家康に近かったからだといわれている。

筆者は、男大迹王に先んじて倭彦王の名が候補にあがったのも、大伴金村を中心にこれに近い議論がおこなわれた結果ではないかと想像している。

○

以上、継体天皇即位前紀がしるす倭彦王に関して検討を加えてきた。このようにみていくと、桑田郡を本拠とする人物が、武烈天皇崩御のあとを受け、男大迹王に先んじて、天皇に擁立されるという話は、史実にもとづくと考えてよい気がする。

さて、そうなると、当時、はたして、そのような人物が、実際に桑田郡にいたかどうかが、問題となろう。『日本書紀』の記述からそれをうかがうのはむつかしいが、べつの方面から、この問題にアプローチすることは可能である。

よく知られていることだが、かつての桑田郡にふくまれる現亀岡市千歳町には、亀岡盆地最大の規模を誇る千歳車塚古墳が存在する。この古墳は、墳丘長が約八〇メートルの大型の前方後円墳で、墳丘は三段に構築され、左のくびれの部分には造り出しの存在が確認できる。

千歳車塚古墳の築造年代については、考古学者によってかなり意見が異なり、五世紀後半から六世紀前半まで、ずいぶん幅がある。これは、ある程度止むを得ないことだが、出土した円筒埴輪の土の分析によって、この埴輪が、新池遺蹟（大阪府高槻市）の埴輪窯で焼かれたものであることが判明したのは、きわめて重要である。すなわち、この埴輪窯は、官営工房ともいうべき性格をもっており、ここで製造された埴輪は、千歳車塚古墳以外にも、継体天皇の陵墓として有力視される今城塚古墳をはじめ、西山塚古墳（奈良県、継体天皇皇后の手白香皇女の墓に比定される）・天王山三号墳（兵庫県）・母神ヒサゴ塚古墳（香川県）・新堂古墳（三重県）に供給されたと推測されるのである。[26]

こうした分析結果については、否定的な見解もあるが、[27]もし供給が事実なら、千歳車塚古墳の被葬者は、継体天皇ともきわめて親しい関係にあったことが考えられるし、[28]なにより、古墳そのものの築造年代をさらに絞り込むことができる。

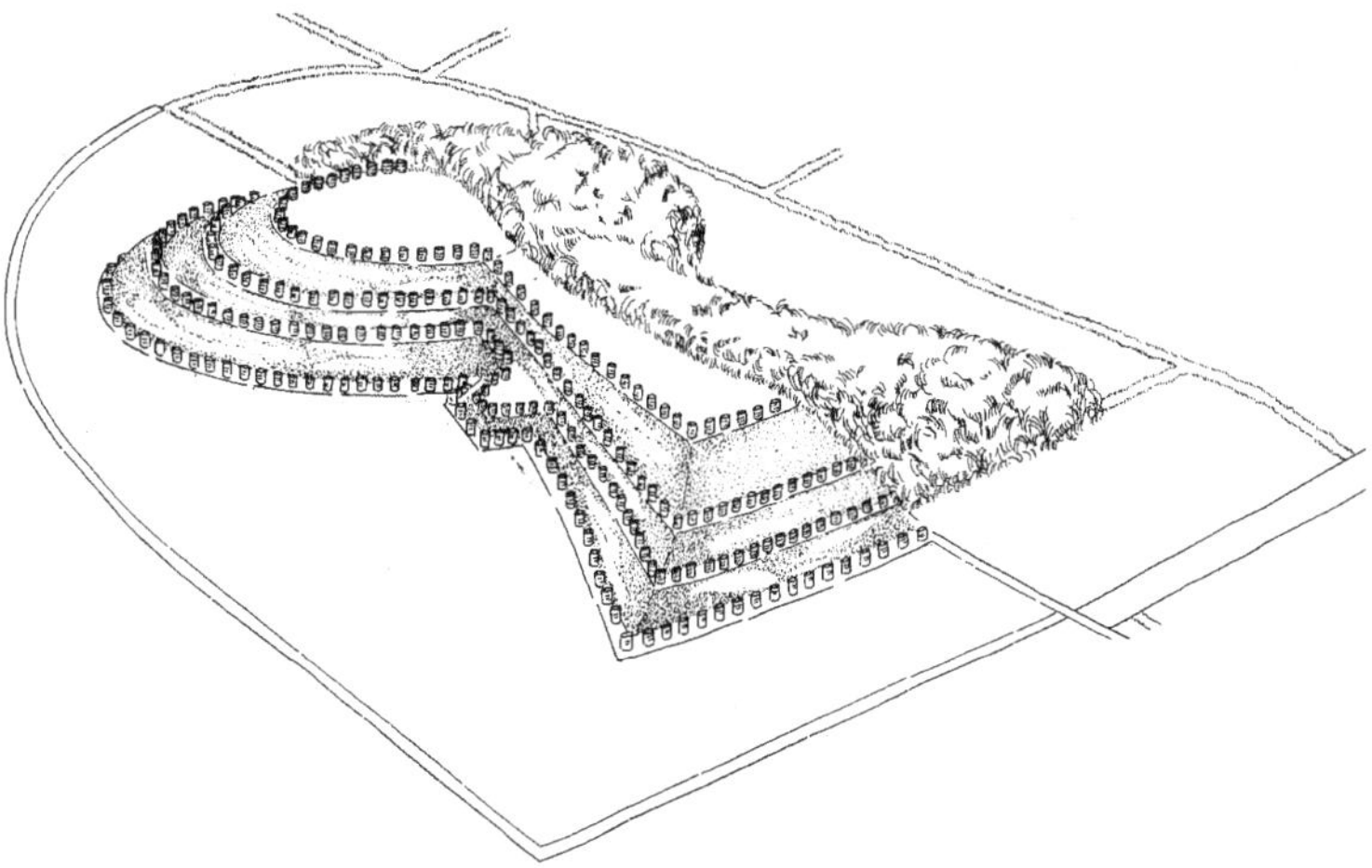

図３　千歳車塚古墳想像図

　いずれにしても、継体天皇とほぼ同時代に、これだけの規模の前方後円墳を築くだけの勢力を誇った人物が、丹波地方にいたことは動かしがたいのであって、千歳車塚古墳の被葬者は、期せずして、継体天皇即位前紀に登場する倭彦王像とオーバーラップするのである。

○

　ところで、こうした考古学的な知見をも視野にいれつつ、あらためて、倭彦王擁立の理由について考えてみると、そこに、あらたな展望が開けてくるように思う。

　さきに、倭彦王が推戴されたのは、王の五代まえの仲哀天皇が、男大迹王の五代まえの応神天皇よりも、神武天皇に近かったからだとのべた。これが、倭彦王が推されたーつの要因であることはまちがいないと思う。

　ただ、この程度の血統の人物なら、ほかにも多くいたはずである。[29]それを、あえて遠方から倭彦王を迎えようとしたのは、血統以外の、なにかべつの理由があったからではあるまいか。

そこで、あらためて、倭彦王と男大迹王の共通点を探すと、二人がともに在地の有力豪族であったという点が注目される。じつをいえば、こうした、彼らの政治力や経済力こそが、ヤマト政権のほんとうのねらいだったのではないだろうか。

塚口義信氏は、この点について、

継体が擁立される直前の5世紀後半という時代は、畿内の有力豪族層を巻き込んだ王位継承をめぐる争いで、ヤマト政権がいちじるしく弱体化した時代であった。継体が推戴される前に丹波の桑田郡にいた倭彦王が擁立されたと『紀』に伝えられているのも、同時代における丹波最大の前方後円墳である千歳車塚古墳（括弧内略）に象徴される巨大な政治集団が当地に存在していたからであって、ヤマト政権はこの勢力を取り込むことによって、その権力基盤の強化をもくろんでいたと考えられる。

と指摘しておられるが[30]、おそらくこれが真相であろう。

塚口氏は、さらにつづけて、次善の策として継体天皇が推されたことについて、「継体擁立の最大の理由は、その出自にあったのではなく、継体を盟主とする巨大な広域政治連合の勢力そのものにあった」とのべておられる[31]。継体天皇が、越前・近江・尾張といった広い範囲に勢力をたもち、さらには、山城南部から河内北部・摂津にかけての地域の勢力とも結んでいたことはよく知られているが、ヤマト政権による倭彦王や男大迹王の擁立は、そうした在地の政治集団のもつ政治力・経済的基盤を取り込もうとする目論みにほかならなかったのである。

では、奉迎の一行に恐れをなした倭彦王の逃亡によって、即位が実現しなかったとしるす話は、いったい、なにを意味しているのであろうか。

これは、ヤマト政権と丹波の政治集団とのあいだでおこなわれた交渉が不首尾に終わり、結果として、倭彦王が即位を辞退したことを語ったものではあるまいか。

筆者は、さきに、この部分にやや脚色の疑いがかけられると書いたが、ほんとうのところは、倭彦王のほうから即位を辞退したのであろう。それを、倭彦王の逃亡というかたちでしるすのは、ヤマト政権側が、みずからの威厳を守るために、都合よく話を改変した結果ではあるまいか。この点については、『日本書紀』が、継体天皇の直接の子孫である天武天皇によって編纂されたという事情も考慮しておく必要があろう(32)。

倭彦王が、皇位に即くことを拒んだ理由はあきらかでないが、これも推測するに、大和・河内の豪族が彼の即位に反対しているとの情報を得て、先を危ぶんだのではあるまいか。継体天皇は、これらの豪族の支持を得ることができず、周辺諸国を八年間（一説には二十年）ものあいだ転々とした。このことからもあきらかなように、仲哀天皇の末裔とはいえ、中央を離れて久しい地方の一豪族が、いきなり大和入りして、天皇として君臨することはむつかしいのである。男大迹王が即位を躊躇した理由もそこにあると思うのだが、倭彦王もまた、その点をじゅうぶん承知していたのであろう。

おわりに

以上、倭彦王擁立に関する『日本書紀』の記事を取り上げつつ、継体天皇即位直前のヤマト政権の動向についても考えてきた。史料の不足を強いて臆測で埋めた部分も多いが、こうした推論がみとめられるとするならば、継体天皇即位前紀の記述は、おおむね史実に即したものである可能性が大きい。

小論を読み返してみると、先学の指摘しないことにも多少は言及したものの、塚口氏の研究を祖述する点が多いことを痛感させられる。それだけ、氏の一連の研究が卓越しているということである。今回、小論の執筆にあたり、氏には、論文だけでなく、口頭でも、多くのご教示をたまわったが、この機会に深甚の謝意を表する次第である。そういえば、横田健一先生をはじめてご紹介くださったのも、同氏であって、回顧すれば、お二人の学恩には計り知れないものがある。その横田先生の米寿の賀に、お二人と由縁の深い小論を捧げることができたことを幸いとしつつ、拙い筆を擱く。

〔補註〕

（1）この時代のことを叙述するのに、「天皇」としるすことが適当でないことは、筆者も自認しているが、さりとて、近年よくみかける「継体大王」というような鵺的な表記もどうかと思う。ゆえに、ここでは、便宜的に「天皇」の称号を採用している。

（2）拙稿①「『日本書紀』における皇統譜の缺落について」（『皇學館論叢』二七―二、平成六年四月、のち改稿して拙著『『日本書紀』とその世界』〈燃焼社、平成六年十二月〉所収）・②「『日本書紀』「系図一巻」再論」（金沢工業大学日本学研究所『日本学研究』五、平成十四年六月、本書所収）など。

（3）たとえば、水野祐『古代王朝の謎を解く「68の鍵」』（KKベストセラーズ、平成四年七月）が、「金村は、まず仲哀天皇の五世の孫といわれる倭彦王を丹波からむかえようとした。しかし倭彦王は、むかえにきた軍勢をみて、おそろしさのあまり山中に逃げ、行方不明になってしまった。これでは、とうてい天皇になれる器量はないとみた金村は、つづいて越前三国の坂井にいた応神天皇の五世の孫と伝えられている男大迹王をむかえようとした」（九八～九九頁、傍点＝荊木）とのべているのは、あきらかに脚色をまじえた叙述であって、正確とはいえない。

（4）和田萃①「丹波と倭王権」（亀岡市史編纂委員会編『新修亀岡市史』本文編第一巻〈亀岡市、平成七年一月〉所収）三〇三頁。

ちなみに、和田氏が、この倭彦王にふれたものとしては、②「継体新王朝の成立」（同氏『大系日本の歴史』第二巻〈小学館、平成元年一月、のち平成四年八月小学館ライブラリーに収録〉所収、引用頁は後者による）がある。ただ、①では「丹波国桑田郡に仲哀天皇の五世孫にあたる倭彦王がいて、大伴金村大連が倭王権の大王に擁立せんとした記述にも、ある程度の史実性をうかがうことが出来る」（三〇九頁）としているのに対し、②では、「武烈の死後、まず王を迎えようとしたのは、記紀編纂にちかいころに成立した話であろう」（三〇九頁）と、むしろその虚構性を強調しておられる。執筆の年次からいえば、後出の①を採るべきであろうが、本文では、必要に応じて②の所説も紹介した。読者諸彦には、①・②を併読されることをお願いしたい。

（5）この点については、田中卓「稲荷山古墳出土の刀銘について」（同氏『古代天皇の秘密』〈太陽企画出版、昭和五十四年二月〉、のち『田中卓著作集』第三巻〈国書刊行会、昭和六十年四月〉所収、引用頁は後者による）三九五～三九六頁参照。

（6）「誉田天皇五世孫」の記載を疑う説としては、水野祐『日本古代王朝史論序説』（私家版、昭和二十七年十月、のち昭和二十九年十一月に増訂版が小宮山書店より刊行され、さらにのち『日本古代王朝史論序説〔新版〕』として『水野祐著作集』第一巻〈早稲田大学出版部、平成四年五月、引用頁は著作集版による〉所収）一三三頁、などが、そのはやい例である。

（7）上田正昭①『女帝』（講談社、昭和四十六年六月〈のち「日本の女帝」、さらには「古代の女帝」と改題〉、のち『上田正昭著作集』1〈小学館、平成十年七月〉に第一・四・五章を所収、引用頁は後者による）三七八頁・②『日本の歴史2　大王の世紀』〈小学館、昭和四十八年十二月、のち『上田正昭著作集』２〈小学館、平成十年十月〉に部分的に収録、引用頁は後者による〉一三一頁。

（8）たとえば、成清弘和「継体紀の「五世孫」について」〈横田健一編『日本書紀研究』第十三冊〈塙書房、昭和六十年三月〉所収、のち同氏『日本古代の王位継承と親族』〈岩田書院、平成十一年一月〉所収〉がある。なお、成清氏の所説に対する卑見は、拙稿「〈書評〉成清弘和著『日本古代の王位継承と親族』」〈『古代文化』五二－五、平成十二年五月〉でのべたので、参照されたい。

ちなみに、慶雲三年（七〇六）の皇親の範囲拡大については、ぎゃくの解釈も可能で、こうした改正案が出されるのは、それ以前から、五世王を皇親にふくめてもよいという認識があったことを示唆しているのではないだろうか。『古事記』の日子坐王系譜や倭健命系譜が、系譜の中心人物からみて五世孫、六世孫といった子孫までしるしているところをみると（ただし、倭健命系譜には、異世代婚がみられるなど、後世的な要素もふくまれているので、その取り扱いには注意が必要である）、このあたりまでを一つの血縁的なまとまりとみなす認識が、はやくから存在したようである。

（9）塚口義信①「継体天皇と息長氏」〈横田健一編『日本書紀研究』第九冊〈塙書房、昭和五十一年六月〉所収、のち塚口氏『神功皇后伝説の研究』〈創元社、昭和五十五年四月〉所収、引用頁は後者による〉・②「『釈日本紀』所載の「上宮記一云」について」〈『堺女子短期大学紀要』一八、昭和五十七年十一月〉など参照。

（10）川口勝康「五世紀の大王と王統譜を探る」〈原島礼二・石部正志・今井堯・川口勝康『巨大古墳と倭の五王』〈青木書店、昭和五十六年十一月〉所収〉一三六～一四〇頁。

（11）この所説の代表的なものとしては、吉井巖「ホムツワケ王」〈『萬葉』七四、昭和四十五年十月、のち同氏『天皇の系譜と神話』二〈塙書房、昭和五十一年六月〉所収〉、岡田精司「継体天皇の出自とその背景」〈『日本史研究』一二八、昭和四十七年九月）、和田氏補註（４）②論文があるが、筆者はこれを採らない。なお、この点については、塚口義信「継体王朝」（『歴史と旅』二〇―一六、平成五年十月）七五〜七六頁参照。

（12）この点については、塚口氏補註（９）②論文参照。

（13）この点については、本居宣長『古事記傳』四十四之巻（大野晋編『本居宣長全集』第十二巻〈筑摩書房、昭和四十九年三月〉所収、三八四頁）がはやくに指摘しているが、のちには、薗田香融「日本書紀の系図について」（末永先生古稀記念会編『末永先生古稀記念古代学論叢』〈末永先生古稀記念会、昭和四十二年十月〉所収、のち薗田氏『日本古代財政史の研究』〈塙書房、昭和五十六年六月〉所収、引用頁は後者による）三九七頁・黛弘道「継体天皇の系譜について」（『学習院史学』五、昭和四十三年十二月、のち原島礼二編『論集日本歴史』第二巻〈有精堂出版、昭和四十八年一月〉所収、さらに、のち黛氏『律令国家成立史の研究』〈吉川弘文館、昭和五十七年十二月、引用頁はこれによる）四七七頁、が詳しい論を展開しておられる。

（14）なお、筆者も、補註（２）①論文において、『日本書紀』本文の天皇の系譜的記載には、「系図一巻」を前提としたとみられる省略があることをのべたことがある。

（15）塚口義信「継体天皇は新王朝の創始者か」（『歴史読本』二九―一〇、昭和五十九年六月、のち同誌、平成六年六月臨時増刊号にも再録）一六五〜一六六頁。

（16）和田氏補註（４）①論文によれば、『新撰姓氏録』に、仲哀天皇の皇子誉屋別命の後裔とする氏族として、間人宿禰（左京皇別）・間人造（山城国皇別）・蘇宜部首（河内国皇別）の諸氏がみえるという。このうち、間人宿禰氏・間人造氏は、丹後国竹野郡間人郷の存在などから、もともと丹波と深い関わりを有していたことが想像されるという。また、蘇宜部首氏についても、丹波国桑田郡・多紀郡・天田郡に蘇我部の史料がみられ、これらの部民は蘇宜部首氏が管掌していた可能性が大きいので、彼らもまた、河内国の蘇宜部首氏と同様、誉屋別命の後裔とする系譜を伝えていたことが推測できるという。

しかしながら、和田氏があげる事例だけでは、誉屋別命の後裔氏族と倭彦王の関係を立証できないと思う。第一、倭彦王を誉屋別命の血統を引く五世孫とみること自体、推測にしか過ぎないのだから、氏の所説にはしたがいかねる。

ちなみに、和田氏によれば、「ヤマトタケル伝承が成立して後、誉屋別王が系譜の上で仲哀の子に位置づけられたため、倭彦王を仲哀五世孫とする『日本書紀』の記述になったと推定」（三〇九頁）されるという。しかし、ヤマトタケル伝承と誉屋別命がどのような関聯をもつのか、筆者にはよく理解できない。かりに、系譜の附会が事実だとしても、附会以前に、誉屋別命がどのような系譜をもつ人物だったのかという疑問が残る。

（17）この点については、荊木補註（2）①論文で詳しくのべたので、参照されたい。

（18）井上光貞『日本国家の起源』（岩波書店、昭和三十五年四月、のち『井上光貞著作集』第三巻〈岩波書店、昭和六十年十月〉所収、引用頁は後者による）

（19）井上氏補註（18）論文、一〇六～一〇八・一五二～一五四頁。

（20）和田氏補註（4）①論文。

（21）水谷千秋①「『日本書紀』縦体天皇即位条の研究」（横田健一編『日本書紀研究』第十八冊〈塙書房、平成四年五月〉所収、のち水谷氏『継体天皇と古代の王権』〈和泉書院、平成十一年十月〉所収）・同②『謎の大王　継体天皇』（文藝春秋社、平成十三年十月）。論旨は、どちらもほぼ同じだが、ここでの引用は、両者のうち、より新しい②の七九～八一頁によっている。水谷説については、荊木補註（2）②論文、四九～五一頁で詳しくのべたので、ここでは繰り返さない。

（22）田中氏補註（5）論文、三七三～三九七頁・同「日本古代史の復権」（『田中卓著作集』第二巻〈国書刊行会、昭和六十一年十月〉所収）二三七～二三九頁。

(23)なお、安本美典『新版・卑弥呼の謎』(講談社、平成元年七月)一四〇〜一四七頁、にも、やはり、同様の反論がみえているので、あわせて参照されたい。
(24)和田氏補註（４）②論文、三〇九頁。
(25)水谷氏補註（21）②論著にも、「より近い天皇、すなわち応神の子孫である継体のほうが血統上天皇にふさわしいことは明らかだ」(八〇頁)とみえている。
(26)大船孝弘「埴輪と古墳の築造集団について」(『大阪の埴輪窯』〈大阪文化財センター、平成元年七月〉所収)。
(27)中澤勝「前方後円墳の世界」(亀岡市史編纂委員会編『新修亀岡市史』本文編第一巻〈前掲〉所収)二三一頁。
(28)和田氏補註（４）①論文、三一二頁。

ちなみに、平良泰久「丹波の倭彦王」(中山修一先生喜寿記念事業会編『長岡京古文化論叢Ⅱ』〈三星出版、平成四年七月〉所収)は、千歳車塚古墳が、いわゆる「片直角型」の前方後円墳で、五世紀の大王墓にはじまる、前方後円墳の伝統的なオールド・タイプであるのに対し、継体天皇陵とみられる大阪府高槻市の今城塚古墳をはじめとして、京都府宇治市の木幡二子塚古墳・大阪府松原市の河内大塚古墳などは、「剣菱型」の前方後円墳であることを指摘される。そして、その分布が継体天皇の勢力基盤となった地域ときわめてよく符合することから、「剣菱型」は、新勢力であった継体天皇系のニュー・タイプの前方後円墳で、オールド・タイプの千歳車塚古墳の被葬者は、「大和政権の旧勢力の有力な構成員として新興勢力継体大王に対抗した」(四三六頁)と推測しておられる。しかし、新池遺蹟の埴輪窯からの円筒埴輪の供給が事実だとすれば、平良氏の仮説は成立しない。また、「ニュー・タイプ」であるはずの今城塚古墳や木幡二子塚古墳において、左のくびれ部分にのみ造り出しがみとめられることは、「オールド・タイプ」の千歳車塚古墳にも共通する特徴であって、平良氏は、こうした一致をどのように考えておられるのであろうか。

そもそも、前方後円墳自体が、大和の政治集団の首長を軸とした連合政権（拙稿でいう「ヤマト政権」）の共通のシンボルなのだから、わずかな墳丘の変化だけから、「対抗」云々という大きな結論が導き出せるか、いささか心もとない気がする。

(29) 当時の天皇は一夫多妻がふつうで、たとえば、応神天皇には、すくなくとも九人の后がいたことが知られている。したがって、皇子もまたたくさん生まれたであろうから、その皇子がさらに複数の女性と婚姻関係を結べば、そこにまた多くの子どもが生まれる。これを繰り返していけば、五世代目にはかなりの数の子孫がいたはずである。これは、仲哀天皇の場合もおなじであろう。なお、この点については、松尾光「継体天皇の故地を歩く」（『別冊歴史読本』四〇－二〇、平成七年九月、のち松尾氏『古代の王朝と人物』〈笠間書院、平成九年六月〉所収、引用頁は後者による）八四頁も参照。

(30) 塚口義信「継体天皇－謎につつまれた即位事情を探る－」（『ＡＥＲＡ　ＭＯＯＫ82　古代史がわかる。』〈朝日新聞社、平成十四年八月〉所収）一二五頁。

(31) 塚口氏補註（30）論文、一二五頁。

(32) この点に関しては、塚口義信「〝原帝紀〟成立の思想的背景」（『ヒストリア』一三三、平成三年十二月）を参照されたい。

第三章　大化前代における中臣氏の動向
―中臣烏賊津使主伝承を手がかりとして―

一、小論の課題

周知のように、中臣氏[1]が宮廷祭祀において中心的な地位を確立するのは、六世紀のことであり、史料のうえで中臣氏の動向を確実に把握できるようになるのは、西暦六百年前後からである。それ以前、すなわち五世紀代の中臣氏の動向については、史料が乏しいこともあって、不明な点が多い。

もとより小論でも、新しい材料を提供できるわけではないが、『日本書紀』にみえる中臣氏関係の伝承について、いますこしていねいに検討していくことによって、五世紀の中臣氏をさらに具体的に把握することができるのではないかと思う。大化前代の中臣氏に関する祖先伝承としては、垂仁天皇紀に中臣連遠祖として登場する大鹿嶋やおなじく垂仁天皇紀にみえる中臣連の祖探湯主の話もあるが、ここでは、分量的にもややまとまっており、その伝承の背後に、なんらかの史実の存在を読み取ることのできる可能性のある中臣烏賊津使主の伝承を取り上げてみたい。

この烏賊津使主伝承に関しては、すでに日野昭[2]・横田健一[3]・志田諄一[4]諸氏の研究もあるが、筆者は、これらの先行論文とは多少ことなる考えをもつ点がある。とくに、中臣烏賊津使主およびその伝承については、戦後のある時期に流行した、いわゆる「モデル論」、すなわち、氏族伝承上のある人物に、後世の実在の人物の事績が投影していると考える論法によって分析される傾向が強かったが、こうした方法はかならずしも伝承の正しい理解につながらないというのが、筆者の考えである。ゆえに、そうした視点のちがいをあきらかにするためにも、あえて一文を草した次第である。

二、『日本書紀』の烏賊津使主伝承

中臣烏賊津使主に関する記事は、『日本書紀』には、①仲哀天皇紀九年二月条、②神功皇后即位前紀九年三月条、③允恭天皇七年十二月条、の三カ所にみえている。以下、順を追ってみていきたい。

中臣烏賊津使主に関する最初の記事は、①『日本書紀』仲哀天皇九年二月条に、

九年春二月癸卯朔丁未、天皇忽有二痛身一、而明日崩。時年五十二。即知、不レ用二神言一而早崩。一云、天皇親伐二熊襲一、中二賊矢一而崩也。
於是、皇后及大臣武内宿禰、匿二天皇之喪一、不レ令レ知二天下一。則皇后詔二大臣及中臣烏賊津連・大三輪大友主君・物部胆咋連・大伴武以連一曰、今天下未レ知二天皇之崩一。若百姓知之、有二懈怠一者乎。則命二四大夫一、領二百寮一、令レ守二宮中一。窃収二天皇之屍一、付二武内宿禰一、以従二海路一遷二穴門一。而殯二于豊浦宮一、為二无火殯斂一。无火殯斂、此謂二褒那之阿餓利一。

とあるものである。ここで、神功皇后の命をうけて仲哀天皇崩御後の宮中を守る四大夫のひとりとして、大三輪大友主・物部胆咋・大伴武以とともに登場するのが、中臣烏賊津使主である。①では、「烏賊津連」とあって、のちにあげる②・③とはカバネがことなるが、だからといって、『日本書紀』の編者が中臣烏賊津連と中臣烏賊津使主をべつの人物と認識していたわけではあるまい。(5) むしろ、中臣烏賊津使主とは、「実在の人物というより、祖先

伝承にふさわしい象徴的人物」[6]と考えるべきであって、それが長期にわたる史料にあらわれるのは、複数の伝承が一人の象徴的人物の事績に集約された結果であろう（本章では、便宜上「中臣烏賊津使主」に統一して表記する）。

ところで、この中臣烏賊津使主は、中臣氏の系譜において、一般に「雷大臣命」・「伊賀都臣命（伊賀津臣命）」としてあらわれる人物とおなじひとを指すと考えられている。伊賀都臣命は、『中臣氏系図』や『尊卑分脈』に天児屋根命の五世孫とみえる人物で、雷大臣命については、たとえば、『新撰姓氏録』河内神別天神、中臣連条に「同神〈津速魂命〉十四世孫雷大臣命之後也」とあり、左京神別天神、中臣志斐連条にも「天児屋命十一世孫雷大臣命男弟子之後、六世孫意富乃古連」とあるほか、未定雑姓、右京の中臣栗原連、同河内の三間名公が、ともに雷大臣命の後とされている[7]。このように、雷大臣命に関しては、「―世孫」という代数もまちまちで、不確定な要素が多いが、いずれにしても、彼が、中臣氏の系譜のうえでは、ひじょうに重要な人物として認識されていたことは認めてよいであろう。

なお、この雷大臣命（伊賀都臣命）に関して、さらに注目すべきことは、この人物が卜部ともかかわりが深いと考えられる点である。卜部については、のちにもふれるが、この氏族も、中臣氏と同様、後世天児屋根命を祖神としていた。そして、その系譜のなかにも雷大臣命が登場するのである。たとえば、山城国へ移り住んだ壱岐の卜部の分派のことを伝えた『松尾社家系図』には、天児屋根命十二世孫である雷大臣命の尻附として「中臣・大中臣・卜部・伊伎・藤原等之初神也。（後略）」とあるし、『新撰姓氏録』右京神別上、壹岐直条および未定雑姓摂津国、津嶋直条には、それぞれ「天児屋命九世孫雷大臣命之後也」、「天児屋命十四世孫、雷大臣之後也」とある。さらに、『続日本紀』天応元年（七八一）七月十六日条に、

癸酉。右京人正六位上栗原勝子公言。子公等之先祖伊賀都臣。是中臣遠祖天御中主命廿世之孫。意美佐夜麻之

子也。伊賀郡臣。神功皇后御世。使二於百済一。便娶二彼土女一。生二二男一。名曰二本大臣・小大臣一。遥尋二本系一。帰二於聖朝一。時賜二美濃国不破郡栗原地一。以居焉。厥後因レ居命レ氏。遂負二栗原勝姓一。伏乞。蒙二賜中臣栗原連一。於レ是子公等男女十八人依レ請改賜レ之。

とあることなども参考になろう。

このように、中臣氏や卜部が、その系譜において、ともに雷大臣命（伊賀都臣命）を同祖としているところに、両氏のただならぬ関係をうかがうことができるが、この点については、すでに横田氏が詳しく考察されたように、中臣氏はもと卜部だったと考えられることによるところが大きいと思う。中臣氏の前姓が卜部であったことは、『尊卑分脈』や『大中臣系図』が「本系図曰。始而賜中臣連姓本者卜部也。」、「天児屋根命十九代。始賜中臣連姓。本者卜部也」などとしるしていることからも知られるが[8]、横田氏によれば、こうした主張は、のちに宮廷祭祀の数々の神事において中臣氏が卜部を率い、支配していた実態からもほぼ信頼できるという[9]。卜部とのかかわりは、中臣氏の本質を考えるうえで見逃すことのできない重要な視点であるが、この点については、のちにもふれる。

さて、ここで、さきの①に話を戻して考えてみたいが、その際に参考となるのが、垂仁天皇二十五年二月条にみえるつぎのような記事である。

廿五年春二月丁巳朔甲子、詔二阿倍臣遠祖武渟川別・和珥臣遠祖彦国葺・中臣連遠祖大鹿嶋・物部連遠祖十千根・大伴連遠祖武日、五大夫一曰、我先皇御間城入彦五十瓊殖天皇、惟叡作レ聖。欽明聡達。深執二謙損一、志懐二沖退一。綢二繆機衡一、礼二祭神祇一。剋レ己勤レ躬、日慎二一日一。是以人民富足、天下太平也。今当二朕世一、祭二祀神祇一、豈得レ有レ怠乎。

これは、垂仁天皇が阿倍臣遠祖である武渟川別をはじめとする五大夫に詔して、朕の世にあっても神祇の祭祀を怠ることができないという趣旨をのべたものである。ここに「五大夫」という語とともに、その一人に中臣連の遠祖とされる大鹿嶋があらわれる点は注目すべきである。

この記事について、横田氏は、「装飾的な抽象的文章できわめて新しい造作であると思われる」とのべておられる。そして、「この話は、阿部・和珥・中臣・物部・大伴の五つの有力氏族の遠祖としるされているので、後代、この五氏の勢力を有した時代を上代に投影作為した話であろう[10]」として、そうした作為のおこなわれた時期を大宝元年（七〇一）から同三年（七〇三）のころではないかと推定しておられる。筆者は、この垂仁天皇紀の記事に関しては、和珥氏など、すでに八世紀にはそれほど大きな勢力をもたない氏族もふくまれていることから判断して、かならずしも一時期に集中的に構想された話ではなく、しだいに整えられていった可能性が大きいのではないかと考えているが、それはともかく、横田氏が、これを比較的新しい時期の造作とみておられる点には賛意を表したい。

ところで、こうした垂仁天皇二十五年の記事について、直木孝次郎氏は、「大夫」という語が使用されるのが推古天皇朝からであることを理由に、「四大夫」「五大夫」の語のみえるこれらの記事は、推古天皇朝以降に造作されたものとみておられる[11]。筆者も、おそらくは大夫層による合議制が定着してからのちに、そうした知識にもとづいて、最終的に話が整えられたのではないかと思う。ゆえに、こうした大夫の用語一つを取り上げてみても、①には後世の改変のあとがうかがわれるので、①が伝えるやや抽象的な内容とも相俟って、その背後になにがしかの歴史的事実の存在を読み取ることは、むつかしいように思われる。

さて、つぎに、中臣烏賊津使主に関する二つ目の史料、すなわち、②『日本書紀』神功皇后摂政前紀三月一日条について考えてみたい。これは、当該記事に、

三月壬申朔、皇后選二吉日一、入二斎宮一、親為二神主一。則命二武内宿禰一令レ撫レ琴。喚二中臣烏賊津使主一、為二審神

者㆒。因以㆓千繒高繒㆒、置㆓琴頭尾㆒、而請曰、先日教㆓天皇㆒者誰神也。願欲㆑知㆓其名㆒。逮㆓于七日七夜㆒、乃答曰、神風伊勢国之百伝度逢県之拆鈴五十鈴宮所居神、名撞賢木厳之御魂天疎向津媛命焉。亦問之、除㆓是神㆒復有㆑神乎。答曰、幡荻穂出吾也、於尾田吾田節之淡郡所居神之有也。問、亦有耶。答曰、於天事代於虚事代玉籤入彦厳之事代神有之也。問、亦有耶。答曰、有無之不㆑知焉。於是、審神者曰、今不㆑答而更後有㆑言乎。則対曰、於㆓日向国橘小門之水底㆒所居、而水葉稚之出居神、名表筒男・中筒男・底筒男神之有也。問、亦有耶。答曰、有無之不㆑知焉。遂不㆑言㆓且有㆑神矣。時得㆓神語㆒、随㆑教而祭。然後、遣㆓吉備臣祖鴨別㆒、令㆑撃㆓熊襲国㆒。未㆑経㆓浹辰㆒、而自服焉。且荷持田村荷持、此云㆓能登利㆒。有㆓羽白熊鷲者㆒。其為人強健。亦身有㆑翼、能飛以高翔。是以、不㆑従㆓皇命㆒。毎略㆓盗人民㆒。

とあるもので、時間的・内容的な連続性からいっても、さきの①とあわせて考えるべき性格のものである。内容的には、神功皇后がみずから神主となり、武内宿禰に琴を弾かせて神託を乞うたとき、中臣烏賊津連が審神者となったことをしるしている。

さきの①に相当する記事は『古事記』にはみえないが、この②とおなじ話は『古事記』のほうにもみえている。ただ、両者のあいだには若干の異同があって、『古事記』では、武内宿禰が「沙庭」にいて神の命を請い祭ったとある。こうした記事の齟齬は、記紀がそれぞれ別系統の史料によったことに由来するのであろう。[12] なお、ちなみにいえば、①・②や後述の③のような、中臣氏の祖先伝承をふくむ記事は、本来中臣氏に伝えられたもので、これらが『日本書紀』に採用されているのは、『日本書紀』の編纂開始当時の有力スタッフに中臣大嶋が名を連ねていたことが、[13] 大きな原因ではないかと思う。

ただ、②の史料的性格については、横田氏も説かれているように、やはり、「後世、中臣氏が神官として、神祇官の有力な地位を占めるようになった事実を反映させたもの[14]であろう。ゆえに、ここに「審神者」中臣烏賊津使主が登場することも、やはり、後世の造作の可能性を考えなければならないのであって、②もどれだけ史実をふくんでいるかは疑わしい。

三、衣通郎姫伝承をめぐって

さて、つぎに残る③の記事について考えてみたいが、①・②が一連の話と考えてよいものであるのに対し、③は、おなじ中臣烏賊津連に関する話でありながら、かなり時代が隔絶している。そのことについては、のちに考えるとして、さきに、『日本書紀』允恭天皇紀の記事を掲げておく。

七年冬十二月壬戌朔、讌二于新室一。天皇親之撫レ琴。皇后起儛。々既終而、不レ言二礼事一。当時風俗、於二宴会一、儛者儛終、則自対二座長一曰、奉二娘子一也。時天皇謂二皇后一曰、何失二常礼一也。皇后惶之、復起儛。々竟言、奉二娘子一。天皇即問二皇后一曰、所奉娘子者誰也。欲レ知二姓字一。皇后不レ獲レ已而奏言、妾弟、名弟姫焉。弟姫容姿絶妙無レ比。其艶色徹レ衣而晃之。是以、時人号曰二衣通郎姫一也。天皇之志、存二于衣通郎姫一。故強二皇后一而令レ進。皇后知之、不三輙言二礼事一。爰天皇歓喜、則明日、遣二使者一喚二弟姫一。時弟姫随レ母、以在二於近江坂田一。弟姫畏二皇后之情一、而不二参向一。又重七喚。猶固辞以不レ至。於是、天皇不レ悦。而復勅二一舎人中臣烏賊津使主一曰、皇后所進之娘子弟姫、喚而不レ来。汝自往之、召二将弟姫一以来、必敦賞矣。爰烏賊津使主、承レ命退之。糒裹二裀中一、到二坂田一。伏二于弟姫庭中一言、天皇命以召之。弟姫対曰、豈非レ懼二天皇之命一。唯不レ欲レ傷二皇后之志一耳。妾雖二身亡一、不二参赴一。時烏賊津使主対言、臣既被二天皇命一、必召率来矣。若不二将来一必罪之。故返被二極刑一、寧伏レ庭而死耳。仍経二七日一、伏二於庭中一。与二飲食一而不レ飡。密食二懐中之糒一。於是、弟姫以為、妾因二皇后之嫉一、既拒二天皇命一。且亡二君之忠臣一、是亦妾罪、則従二烏賊津使主一而来之。到二倭春日一、食二于櫟井上一。弟姫親賜二酒于使主一、慰二其意一。使主、即日、至レ京。留二弟姫於倭直吾子籠之家一、復二命天皇一。天皇大歓之、美二烏賊津使主一、而敦寵焉。然皇后之色不レ平。是以、勿レ近二宮中一、則別構二殿屋於藤原一而居也。適下産二大泊瀬天皇一之夕上、天皇始幸二藤原宮一。皇后聞之恨曰、妾初自二結髪一、陪二於後宮一、既経二多年一。甚哉、天皇也、今妾産之、死生相半。何故、当二今夕一、必幸二藤原一、乃自出之、焼二産殿一而将レ死。天皇聞之、大驚曰、朕過也、因慰二喩皇后之意一焉。

八年春二月、幸二于藤原一。密察二衣通郎姫之消息一。是夕、衣通郎姫、恋二天皇一而独居。其不レ知二天皇之臨一、而歌曰、和餓勢故餓、勾倍枳予臂奈利、佐瑳餓泥能、区茂能於虚奈比、虚予比辞流辞毛。天皇聆二是歌一、則有二感情一。而歌之曰、佐瑳羅餓多、邇之枳能臂毛弘、等枳舎気帝、阿麻多絆泥受邇、多儴比等用能未。明旦、天皇見二井傍桜華一、而歌之曰、波那具波辞、佐区羅能梅涅、許等梅涅麼、波椰区波梅涅孺、和我梅豆留古羅。皇后聞之、且大恨也。於是、衣通郎姫奏言、妾常近二王宮一、而昼夜相続、欲レ視二陛下之威儀一。然皇后則妾之姉也。因レ妾以恆恨二陛下一。亦為レ妾苦。是以、冀離二王居一、而欲二遠居一。若皇后嫉意少息歟。天皇則更興二造宮室於河内茅渟一、而衣通郎姫令レ居。因レ此、以屢遊二猟于日根野一。

九年春二月、幸二茅渟宮一。

秋八月、幸二茅渟一。

冬十月、幸二茅渟一。

十年春正月、幸二茅渟一。於是、皇后奏言、妾如二毫毛一、非レ嫉二弟姫一。然恐陛下屢幸二於茅渟一。是百姓之苦歟。仰願宜除二車駕之数一也。是後、希有之幸焉。
十一年春三月癸卯朔丙午、幸二於茅渟宮一。衣通郎姫歌之曰、等虚辞陪邇、枳弥母阿閉挪毛、異舎儺等利、宇弥能波摩毛能、余留等枳等枳弘。時天皇謂二衣通郎姫一曰、是歌不レ可レ聆二他人一。皇后聞必大恨。故時人号二浜藻一、謂二奈能利曾毛一也。先レ是、衣通郎姫居二于藤原宮一。時天皇詔二大伴室屋連一曰、朕頃得二美麗嬢子一。是皇后母弟也。朕心異愛之。冀其名欲レ伝二于後葉一奈何。室屋連依レ勅而奏可。則科二諸国造等一、為二衣通郎姫一、定二藤原部一。

関聯する記事をすべて掲げたが、このなかで中臣烏賊津使主が登場するのは、允恭天皇七年二月のところである。衣通郎姫（弟姫）を迎えいれるにあたって、中臣烏賊津使主が活躍したとするこの話は、『古事記』にはみえない『日本書紀』独自の伝承である。しかも、『古事記』は、衣通郎姫を軽大郎のまたの名であるとし、允恭天皇太子木梨軽太子が犯したという、太子と同母妹の軽郎皇女とみているが、これは、衣通郎姫を允恭天皇の愛人とする『日本書紀』の所伝とは大きくことなる。おそらく『古事記』の所伝に錯乱があるのであろうが、いずれにしても、この伝承は『古事記』にはまったくみえない。

この話は、允恭天皇と衣通郎姫を中心としているが、全体として中臣烏賊津使主の活躍ぶりが目立つことが大きな特色である。文中、「天皇大歓之、美烏賊津使主、而敦寵焉」などと、かれの功績を特筆した箇所がみられることなどから判断すると、横田氏[15]や塚口義信氏[16]が指摘しておられるように、中臣氏が伝えてきた所伝である可能性が大きい。

ただ、おなじ中臣烏賊津使主に関する伝承でありながら、③は、さきにみた①・②とはいささかことなる趣きを呈している。なぜなら、さきの二つの所伝との時間的なへだたりもさることながら、③に関しては、たんなる伝承として片づけることのできない点がふくまれているからである。むろん、「允恭天皇七年冬十二月壬戌朔」という年紀が信頼できるとは筆者も思わないし、衣通郎姫の説得にあたった中臣烏賊津使主の行動にも、のちの脚色が加わっていることは否定できない（第一、彼が実在の人物で、ほんとうに衣通郎姫の召喚を実現させたのかも疑わしい）。しかし、つぎにあげる二点については、積極的に否定する理由がみあたらない。

まず、一つは、衣通郎姫が「時弟姫随母、以在於近江坂田」とある点である。

ここにいう母とは、『古事記』にみえる、いわゆる「若沼毛二俣王系譜」（これは、息長氏が伝えてきたものと考えられる）によれば、百師木伊呂弁（弟日売真若比命）のことである。彼女は、息長田別王の孫で、息長真若比売とは姉妹になり、あきらかに息長氏の血を引く人物である。この息長田別王の実在性についてはなお疑問が残るし、孫か妹かという点にも疑わしい部分がないわけではないが、息長氏との関係はうごかしがたいところである。

さて、そうなると、近江国の坂田が息長氏の本貫地であったという事実が俄然注目を引く。[17]すなわち、息長氏がこの地に勢力を張る地方豪族であれば、息長氏一族の衣通郎姫が母に随って坂田にいたという允恭天皇紀の伝承はかなり信憑性が高いといえるのであって、衣通郎姫が、允恭天皇に召されて近江から大和入りしたという③の記述には史実を伝えた部分があると考えられよう。

さて、つぎに、注目されるのは、③が藤原宮や藤原部の設置について語っている点である。

③の後段允恭天皇十一年三月条には、允恭天皇が大伴室屋大連に命じて、衣通郎姫のために諸国に部民を設置したことがみえている。すでに指摘されているように、[18]この藤原部が実際に設置されたことは、現存する養老五年（七二一）の「下総国倉麻郡意布郷戸籍」に八十数名の「藤原部」姓のものがいることや、この藤原部姓をあらためた「久須波良部」（改姓のことは、『続日本紀』天平宝字元年〈七五七〉三月乙亥条にみえる）を名乗るものがおなじ意布郷にいる

ことなどから、これを証することができる。

しかも、この話の主人公である衣通郎姫は、③とは別系統の史料と考えられる『古事記』の若沼毛二俣王系譜や、さらにそれとも別系統の史料であるとみられる[19]『釈日本紀』所引の『上宮記』「一云」の若野毛二俣王系譜に、それぞれ「藤原之琴節女」・「布遅波良己等布斯郎女」とある人物に比定することができる。ここにいう「藤原」・「布遅波良」は、いずれも、衣通郎姫が藤原宮に居住し、その宮号に因んで藤原部を置いたことと関係があろうが、こうした三つの別系統の史料が期せずして「藤原」の語を伝えていることは、「是以、勿近宮中、則別構殿屋於藤原而居也」という話が、たんなるのフィクションではないことをうかがわせる。しかも、宮の置かれた場所が大和における中臣氏の本拠地というのだから、衣通郎姫の召喚に中臣氏の祖先（③では中臣烏賊津使主）が深くかかわっていたという③の伝承もかなり信憑性が高いといえよう。

このようにみていくと、③の話の大筋、すなわち、近江の坂田にいた衣通郎姫が、中臣氏の手引きによって都にはいり、藤原の地に住んだという点に関しては、史実と認めてよいと思われるのだが、こうしたみかたとはべつに、『日本書紀』にみえる中臣烏賊津使主伝承は、七世紀に、中臣氏の一族や鎌足をモデルに、蘇我氏の祖とされる武内宿禰に対抗して構想されたものであるという所説がある。志田諄一氏の説[20]がそれである。志田氏は、まず、中臣烏賊津使主と武内宿禰の伝承につぎのような類似点があるという。

(a)成務天皇紀に武内宿禰がはじめて大臣となったことがみえるが、『尊卑分脈』・『松尾社家系図』・『新撰姓氏録』には中臣烏賊津使主が雷大臣としるされている。

(b)神功皇后紀に武内宿禰が神託に関係する話がみえ、『古事記』にも建内宿禰大臣が沙庭にいて神託を請うたとあるが、神功皇后紀では中臣烏賊津使主も審神者になっている。

(c)神功皇后紀には武内宿禰が百済王の朝貢に際して活躍した話がみえるが、『続日本紀』天応元年（七八一）七月十六日条の栗原勝子公の奏言では、伊賀都臣は神功皇后の御世に百済に遣わされたとある。
(d)記紀ともに、応神天皇の巻に、髪長媛を召すのに、武内宿禰が関係した話がみえるが、允恭天皇紀には衣通郎姫を召すために中臣烏賊津使主が遣わされている。
(e)武内宿禰も中臣烏賊津使主も、ともに長寿の人物である。
(f)武内宿禰は、『古事記』によれば、波多臣ほか複数の氏族の祖とされているが、中臣烏賊津連（雷大臣）も、『新撰姓氏録』では多くの氏族の祖とされている。

これらの指摘が正鵠を射ているかどうかはべつとして、[21]志田氏は、こうした「類似点」を踏まえつつ、武内宿禰伝承に対抗して中臣烏賊津使主の物語が構成されたとして、さらに、つぎのような諸点をあげて、中臣烏賊津使主が中臣氏一族をモデルとして構成されたことを主張しておられる。

①中臣烏賊津使主が審神者になったとあることは、欽明天皇紀の中臣勝海大夫・中臣余連など廃仏に活躍した祭官中臣氏の存在と関係がある。
②衣通郎姫召喚に尽力した中臣烏賊津使主は、蘇我倉山田麻呂に娘を与えた鎌足の事績と関係が深い。
③中臣烏賊津使主と中臣烏賊津連のように、同名の人物が『日本書紀』にあらわれてくるのは、欽明天皇紀と皇極天皇紀にみえる同名異人中臣鎌子連との関係が考えられる。
④中臣烏賊津使主が雷大臣とみえるのは、藤原内大臣鎌足の事績との関係が考えられる。
⑤『続日本紀』天応元年（七八一）七月十六日条の栗原勝子公の奏言では、伊賀都臣は神功皇后の御世に百済に遣わされたとあるが、これは、推古天皇紀に新羅征伐の大将軍としてみえる中臣連国、孝徳天皇紀に新羅に派

遺されたとみえる中臣連押熊などの事績と関係があろう。

しかし、いずれも、牽強附会というほかなく、志田氏が力説されるほどの説得力はないように思う。このなかで、①の中臣烏賊津使主が審神者になる話は、さきにもふれたように、後世の卜部・中臣氏の職掌が投影している可能性が考えられるが、それとて、中臣氏の特定の人物をモデルにしたという確証は、どこにもない。また、②にしても、中臣烏賊津使主と中臣鎌足の場合とではずいぶんストーリーがことなると思うし、③・④も強引なこじつけとの印象が強い。さらに、⑤にしても、この奏言は、あくまで百済からの帰化人である栗原勝氏の主張であって[22]、中臣氏とは直接関係がないと思われる。

いったい直木孝次郎氏[23]や岸俊男氏[24]のモデル論にしてもそうだが、予断をもってみれば、なにがしかの共通点をあげることはそれほど困難ではなく、それを根拠にモデル論を展開することは可能だが、それでは伝承を産んだ状況や背景は把握できないように思う。

四、衣通郎姫伝承と中臣氏の大和進出

さて、ここで、あらためて③の所伝について検討を加えてみたいが、そのまえに、大化前代における中臣氏の動向を、これまでの研究を踏まえつつ、整理しておく。

まず、中臣氏の発祥地である。これについては、これまでさまざまな説が出されているが、前之園亮一[25]・中村英重[26]両氏の研究を参照するかぎりでは、やはり河内国とみるのが適切であろう。いま中村氏の論文によって、その要点を摘出すると、河内説の根拠は、

(a)中臣氏の氏神社である枚岡社が河内にある。
(b)中臣氏の同系氏族が河内国に濃厚に分布する（とくに、中村氏は、中臣朝臣の前姓である中臣連が二氏、中臣が一氏分布すること をよりどころとする）。
(c)「中臣寿詞」は、二上山が舞台となっており、同山を天界との通路とみなす伝承を載せている。これは、中臣氏が同山を仰ぐ位置に出自地を有していた一証とすることができる。
(d)『中臣氏系図』によれば、中臣黒田・常盤の代には、河内の中小氏族と婚姻関係をもち、やがてそれが大和の氏族や大和朝廷の伴造氏族へと変化していく。

の四点に集約できるが、おおむね支持されるべき見解であろう。

そして、さらに、注目すべき点は、中臣氏が物部氏と関係が深く、もとはその支配下にあったと考えられることである。この点についても、すでに多くの研究者によって指摘されるところであるが[27]、いまそれらの要点を摘むと、中臣氏と物部氏については、

①中臣習宜朝臣氏・中臣熊凝朝臣氏・中臣葛野連氏のように、物部氏との同族関係を主張する中臣氏の複姓氏族の存在。
②両氏の祭神であるフツヌシ神とミカヅチ神の習合一体化。
③河内地方における勢力圏の重複。
④『中臣氏系図』の引く『新撰氏族本系帳』などで、中臣氏みずからが本姓を卜部と認識している事実。

などの点から、「おそらくは物部氏配下の卜部集団が六世紀の宮廷祭祀機構の整備に伴い、新たに祭官として独立したのが中臣連であったと推察される」[28]という。物部氏は、いうまでもなく、軍事（警察）と祭祀のことを職掌

とする伴造だが、横田氏によれば、物部氏の基本的性格は、「皇室に隷属して、神祭の所用の品々を造り、さらに武器をつくる工人の部の伴造であ」り、武器の製造と管理から祭祀へ、さらに軍事、警察司令官へと発展していったというが[29]、こうした推測は、おそらく事実に近いと思われる。要するに、中臣氏は、その前身の卜部の時代に、物部氏に属してその祭祀的職掌を掌る伴造だったのであり、物部守屋の滅亡による物部氏の没落のなかで、中央の祭祀を掌る祭官としての地位を確立していったと考えられるのである。

さて、六世紀における中臣連氏成立以前の同氏の実態を、このように把握したうえで、さきにみた允恭天皇紀の記事を検討してみると、興味深い点がいくつかある。

まず、③によれば、母に随って近江の坂田にいた衣通郎姫は、中臣烏賊津使主の熱心な説得に折れて、彼にしたがって大和へ来ることになるのだが、その際の足取りについて、『日本書紀』は「到倭春日、食于櫟井上」としている。

ここで注目されるのは、衣通郎姫が藤原宮にはいるまえに、春日の櫟井の上に至ったという点である。春日は、いうまでもなく、『和名抄』にいう大和国添上郡春日郷附近のことで、和珥氏の本拠地である。岸氏の研究によれば[30]、和珥氏の本拠地は、現在の天理市櫟本町大字和邇附近で、同氏は、奈良盆地東北部一帯に広く勢力を拡大し、やがて春日（奈良市白毫寺町附近）に移り、欽明天皇朝ごろ春日氏と改姓したのだという。

この和珥氏と中臣氏が結びついていたことは、中臣氏の同族のなかに中臣丸連氏が存在したことからもうかがうことができる。中臣丸連氏という姓氏は、『新撰姓氏録』にはみえないが、『続日本紀』天平神護二年（七六六）三月乙酉条・『政事要略』巻二十五、九月九日節会条などに「中臣丸連張弓」という人物がみえている。

また、中臣氏と和珥氏のかかわりはこれにとどまるものでなく、井上辰雄氏の指摘によれば[31]、

①中臣氏は、久慈真智命系の祭祀において卜占だけでなく、祝詞を奏する職掌があったが、「太祝詞事」を神格化した太詔戸命を祀る太祝詞神社が和珥氏の本拠地に近い太祝詞神社（現在の天理市森本町にある森野神社か）であると考えられる。

②この近くに斎王が禊をおこなう和邇川があるが、その禊に卜部がかかわっている。

などの点から、中臣氏は、その祭祀的職掌から、宗教色の強い大和の在地豪族である和珥氏と結びついていたと推測できるという。考えてみれば、物部氏と和珥氏とは、五世紀後半の雄略天皇朝以降、血縁的・政治的に親密な関係を維持していたから(32)、物部氏の支配下にあった中臣氏もまた、和珥氏とは近い関係にあることは、当然ともいえよう。

さて、そうなると、允恭天皇紀の衣通郎姫に関する伝承のなかに、彼女が春日の地を経由したという話がでてくることも、中臣氏と和珥氏の関係を反映していると理解することができるのではないだろうか。むろん、ここにみえる伝承をただちに史実だというのではない。しかし、こうした伝承が形成される背景には、それを生み出すだけの、なんらかの土壌が存在するはずで、それが話のなかに反映していると考えられる。第一、そうした裏づけがなければ、たとえ中臣氏の伝えた伝承とはいえ、中臣氏以外の人間に対して、説得力をもたないであろう。

日野氏は、春日や櫟井の地名のみえるこの中臣烏賊津使主の物語の成立過程について、①はじめ大伴氏の伝承のなかに大伴室屋による藤原部設定の物語があった、②それとはべつに、衣通郎姫なる美女の物語が存在した、③中臣氏（藤原氏）が抬頭すると、その祖先伝承の美化の傾向から、中臣烏賊津使主が衣通郎姫の召喚につとめた物語を、かつての和珥氏（春日氏）繁栄の故地を舞台として形成した、とみ(33)、さらに、②の原型は、和珥氏や息長氏の伝承を基盤とするものであったと考えておられる(34)。

しかし、これはあまりにも穿ち過ぎた考えである。そもそも、筆者は、さきにもふれたように、この伝承は、あくまで中臣氏が伝えてきたもので、直接和珥氏や息長氏とは関係がないと判断している。衣通郎姫の召喚にあたって、春日・櫟井といった地名がでてくることは、伝承の保持者である中臣氏が、それらの地を本拠とする和珥氏ら在地の豪族と関係を結んでいた結果であって、この伝承を和珥氏が保持していたこととはべつに考える必要があると思う。かりに一歩譲って、本来和珥氏や息長氏の伝えてきた伝承であるにしても、中臣氏にとって、和珥氏（春日氏）有縁の地をこの伝承の舞台とすることがどれほどメリットのあることかは疑問である。

ところで、中臣氏と在地豪族との結びつきを示唆する記述はこれにとどまるものでなく、中臣烏賊津使主が允恭天皇に復命するにあたって、一時衣通郎姫を倭吾子籠の家に留めたという点にも注意すべきである。倭氏は、いうまでもなく、倭国造の地位にあった家柄で、城下郡大和郷附近を本拠地とし、のちに磯城・十市郡を支配した。この氏族と中臣氏の直接の結びつきを語る史料はないが、倭氏の本拠地が、石上を中心とする物部氏の勢力圏と北接するという地理的条件からいっても、池田源太氏が推測されたように[35]、三輪君氏とともに、はやくから物部氏の傘下にあったことは想像にかたくない。

むろん、允恭天皇紀に名前のみえる倭吾子籠は、『日本書紀』では仁徳天皇紀から雄略天皇紀まで長期にわたって登場する伝承的性格の強い人物で、その実在性については問題がある。しかし、中臣烏賊津使主が、衣通郎姫を迎えいれるにあたって、皇后の機嫌を損ねることを懼れて一時的に倭吾子籠の家に彼女を留まらせたという伝承は、中臣氏と倭氏のあいだに実際に交流があってはじめて生じうる話であろう。したがって、さきの「到倭春日、食于櫟井上」という記事とともに、その背後に、中臣氏が和珥氏や倭氏と関係が深かったという歴史的事実を読み取ることは許されるのではないかと思う。

五、小　括

さて、こうして、允恭天皇紀の衣通郎姫召喚の伝承をあらためて検討してみると、そこにいくつかの事実を汲み取ることができるのではないだろうか。

まず、衣通郎姫の宮は、中臣氏の本拠地ともいえる藤原の地に定められている。さきにものべたように、その選定に中臣氏の祖先（中臣烏賊津使主）が関与していたとみられることから判断すると、かなりはやい段階から、中臣氏がここを大和における活動の拠点としていたことがうかがえる。

中臣氏が大和における拠点を天香具山周辺においていたことは、いろいろな史料から類推されている。藤原鎌足の伝記である『家伝』上には、鎌足の出自について、「内大臣、諱鎌足。字仲郎。大倭国高市郡人也」とか、「大臣以豊御炊天皇廿二年歳次甲戌、生於藤原之第」とかいった記事があるほか、不比等の長男武智麻呂もまた、「大原之第」で誕生したというし（『家伝』下）、『家伝』上に附された貞恵伝には、貞恵が「大原殿下」で歿したという記事もみえており、中臣氏がこの地とかかわりの深かったことは想像にかたくない。

また、これだけでなく、『萬葉集』巻二には、「天皇賜藤原夫人御歌一首」として、

吾里尓　大雪落有　大原乃　古尓之郷尓　落巻者後（一〇三）

とあり、さらにこれにつづいて、「藤原夫人奉和歌一首」として、

吾岡之　於可美尓言而　令落　雪之摧之　彼所尓塵家武（一〇四）

とある。ここで、天武天皇が藤原夫人（鎌足の娘五百重娘、べつな箇所に「明日香清御原〈宮〉御宇天皇之夫人也。字曰大原大刀自。

即新田部皇子之母也」とある）に対し、「大原の古りにし里」と詠み、これに対し、藤原夫人が「吾が岡」と答えていることは注目すべきであって、藤原氏一族にとって、この地が本拠地ともいえる場所であったという認識がよくうかがえる。

このほか、天香具山自体が中臣氏の職掌と密接な関係のあることも指摘されているし、(36)近年では、大原には藤原氏のヤケが複数存在したことも予想され、(37)この地がたんなる居住空間でなく、同氏の職掌や経済にもかかわる重要な場所であったことがあきらかになってきている。

もちろん、中臣氏の「産土」はあくまで河内国東部と考えていいだろうが、允恭天皇の時代にはすでにこの地に進出しており、それがこうした伝承の背景となっているのではないかと思う。允恭天皇の治世を、五世紀中葉を中心とした前後二十年ぐらいの時期と考えると、それよりまえに大和に移ってきていたのではないだろうか。さらに、こうした中臣氏の移動は、さきにみた同氏の氏族としての形成過程を考慮すると、単独ではなく、おそらくは物部氏に率いられるかたちで実現したものであることが想定されるのである。

また、いま一つ注意すべきこととして、大和に進出した中臣氏（卜部）が、物部氏を介するなどしながら、在地の豪族とも提携していたことがあげられる。このことは、小論で取り扱った衣通郎姫召喚のような、中臣氏が伝えてきたであろう所伝のなかに、物部・中臣両氏の本拠地に隣接する在地氏族との関係をうかがわせる記述があることからも、じゅうぶんからうかがうことができる。

直木孝次郎氏によれば、(38)『日本書紀』における物部連氏の記録や、物部の成立時期などから推して、同氏が朝廷で勢力を得るようになるのは五世紀中葉から後半にかけての時期であるという。おそらく中臣氏（卜部）の大和における活動もこれと軌を一にするものであって、その大和進出の時期もおおよそ五世紀前半にもとめられるのではないだろうか。その意味で、允恭天皇紀の中臣烏賊津使主による衣通郎姫召喚の伝承は、こうした、大和における中臣氏（卜部）の勢力圏や活動の実態を反映した貴重な史料であると評価しうる。

以上、本章では、こうした允恭天皇紀における烏賊津連伝承を、大化前代の中臣氏の動向のなかにどのように生かすことができるかを、先行研究の成果を踏まえつつ、一つの假説としてのべてみた。どれほどことの核心に迫ることができたかははなはだ心もとないが、ひとまずここで擱筆し、諸賢のご批正を乞う次第である。

〔補註〕

（1）「中臣（連）氏」という呼称をいつまで溯らせてもちいることができるかは、むつかしい問題である。とくに、中臣氏の場合は、後述のような物部氏・卜部との関聯もあって、こうした呼称の問題は複雑であるが、小論では、あえて時代による使い分けはせず、「中臣氏」で一括している。

（2）日野昭(a)「反正・允恭紀の考察」（『龍谷大学論集』三九四、昭和四十五年十二月、のち同氏『日本古代氏族伝承の研究』続編〈永田文昌堂、昭和五十七年三月〉所収）・(b)「中臣烏賊津使主の伝承」（『古代文化』二六―一〇、昭和四十九年十月、のち同氏『日本古代氏族伝承の研究』続編〈前掲〉所収）。

（3）横田健一「中臣氏と卜部」（三品彰英編『日本書紀研究』第五冊〈塙書房、昭和四十六年一月〉所収、のち同氏『日本古代神話と氏族伝承』〈塙書房、昭和五十七年四月〉所収）。

（4）志田諄一「中臣連」（同氏『古代氏族の性格と伝承〈増補〉』〈雄山閣出版、昭和四十九年六月、初版は昭和四十六年四月刊〉所収）。

（5）中臣烏賊津使主と中臣烏賊津連については、志田氏補註（4）論文、二六〇～二六二頁参照。
（6）井上辰雄「大化前代の中臣氏」（同氏『古代王権と宗教的部民』〈柏書房、昭和五十五年六月〉所収）一四三頁。
（7）このほか、管見のおよぶかぎりでは、中臣氏の同族では、『諸家譜』第十二冊所収の「暴代連系図」・『続群書類従』巻百八十三所収の「伊香氏系図」が雷大臣命（伊賀都臣命）を始祖としており、『百家系図』巻四十六所収の「恩智神主」も「御食津臣命――伊賀津臣命」としており、その尻附に「中臣連・藤原朝臣・伊香連・卜部朝臣・伊伎宿禰・荒木田神主・宮処連・殖栗連上祖」とある。
（8）ただし、中村英重「中臣氏の出自と形成」（佐伯有清編『日本古代中世史論考』〈吉川弘文館、昭和六十二年三月〉所収）は、『尊卑分脉』の「本卜部也」という注記が後世に附されたものであるとして、中臣氏の卜部出自説を批判しておられる。この注記については、なお考えるべき点があるが、かりに後世の追記だとしても、ただちにそれを虚偽と考えるのは早計で、それはそれで追筆者の認識を示しているともみることができる。なにより、それを割り引いても、横田氏補註（3）論文が説くように、『新撰姓氏録』などにみられる中臣氏と卜部の同祖意識や両氏の職掌上の関係はうごかしがたいと思うので、それらの点をもとに、中臣氏の出自を卜部にもとめる見解は依然として有効であると思う。ゆえに、ここでは中村氏の説は採らない。
（9）横田氏補註（3）論文、二二五頁。
（10）横田氏補註（3）論文、二五三～二五四頁。
（11）直木孝次郎「物部連に関する二、三の考察」（三品彰英編『日本書紀研究』第二冊〈塙書房、昭和四十一年一月〉所収）一六五頁。
（12）横田氏によれば、『日本書紀』が中臣氏の祖先伝承に、『古事記』が蘇我氏・葛城氏などのように武内宿禰を始祖とする系統の氏族の祖先伝承によったことに由来するという（補註（3）論文、二三九頁参照）。なお、この記事の分析に関しては、亀井輝一郎「中臣烏賊津使主と弟姫」（横田健一編『日本書紀研究』第十八冊〈塙書房、平成四年五月〉所収）六七〜七五頁も参照。

(13)『日本書紀』天武天皇十年（六八一）三月条には、「丙戌、天皇御于大極殿、以詔川嶋皇子・忍壁皇子・広瀬王・竹田王・桑田王・三野王・大錦下上毛野君三千・小錦中忌部連首・小錦下阿曇連稲敷・難波連大形・大山上中臣連大嶋・大山下平群臣子首、令記定帝紀及上古諸事。大嶋・子首、親執筆以録焉」とみえている。

(14)横田氏補註（3）論文、二四〇頁。

(15)横田氏補註（3）論文、二四一頁。

(16)塚口義信「『日本書紀』応神天皇即位前条の「一云」について」（『古代文化』二三―一一、昭和四十六年十一月、のち同氏『神功皇后伝説の研究』〈創元社、昭和五十五年四月〉所収、引用頁は後者による）一二七頁。

(17)塚口氏補註（16）論文、一二七頁。

(18)井上氏補註（6）論文、一九二頁。

(19)塚口義信「継体天皇と息長氏」（横田健一編『日本書紀研究』第九冊〈塙書房、昭和五十一年六月〉所収、のち同氏『神功皇后伝説の研究』〈創元社、昭和五十五年四月〉所収）一一七頁。

(20)志田氏補註（4）論文。

(21)ここであげた六点については、全体として、史料系統を明確にせずに、たんにべつの史料をあげて比較しているだけとの印象が強い。とくに、志田氏が、記紀のみを問題とした箇所にかぎって考えてみても、(b)で指摘された神託に関する話は、本文でもふれたように、おなじことがらを扱いながら、記紀で所伝がことなる例である。この場合は、類似点をみいだすことよりも、むしろ、なにゆえに記紀で所伝がことなるのかが問題となるところである。また、髪長媛の話にしても、允恭天皇紀の衣通郎姫召喚の伝承とどれだけ似ているかは、疑問である。まず、『日本書紀』では武内宿禰がこれに関与したことはみえないし、『古事記』の所伝にしても、武内宿禰が皇太子に依頼されて、彼の意向を応神天皇に伝えただけであって、共通点に乏しいように思う。まして、ともに長寿であるとか、両者にかけて語る始祖伝承が豊富だとかいうことは、あまりに漠然としていて、評価の下しようがない。

(22) なお、松前健「志斐嫗問答歌考」(『國學院雑誌』第六五巻第一号、昭和三十九年一月、のち同氏『日本神話と古代生活』〈有精堂出版、昭和四十五年十二月〉所収、さらにのち『松前健著作集』第一巻〈おうふう、平成九年十月〉所収、引用頁は著作集による)は、この点にふれ、「この氏は《ママ》、『新撰姓氏録』では右京の未定雑姓の部に入っているのは『新撰姓氏録』の編者たちが、その中立の真偽性をまだ疑っていたからであろう」(一九三頁)とのべている。

(23) 直木孝次郎「神功皇后伝説の成立」(『歴史評論』一〇三、昭和三十四年四月、のち同氏『日本古代の氏族と天皇』〈塙書房、昭和三十九年十二月〉所収)。

(24) 岸俊男「たまきはる内の朝臣」(日本歴史学会編『歴史と人物』〈吉川弘文館、昭和三十九年十一月〉所収、のち同氏『日本古代政治史研究』〈塙書房、昭和四十一年五月〉所収)。なお、この論文で、岸氏が展開される、武内宿禰は藤原鎌足をモデルとしているという説については、塚口義信「武内宿禰伝説の形成」(同氏『神功皇后伝説の研究』〈前掲〉所収)に的確な批判がある。

(25) 前之園亮一「中臣氏について」(『東アジアの古代文化』三六、昭和五十八年七月)。

(26) 中村氏補註(8)論文。

(27) 物部氏と中臣氏の関係を指摘した論文としては、丸山二郎「鹿島香取の神と中臣氏とに就いての疑」(『歴史地理』第五四巻第五号、昭和四年十一月、のち改題して同氏『日本古代史研究』〈大八洲出版、昭和二十三年一月〉所収）・横田氏補註（3）論文・池田源太「物部・中臣二氏の居地に依る友好関係の可能性」（横田健一編『日本書紀研究』第八冊、塙書房、昭和五十年一月）・井上氏補註（6）論文・前川明久「中臣氏に関する歴史地理的一考察」（『古代文化』三三―二、昭和五十五年二月、のち改題して同氏『日本古代氏族と王権の研究』〈法政大学出版局、昭和六十一年十二月〉所収）などがある。

（28）以上の整理は、加藤謙吉(a)『蘇我氏と大和王権』（吉川弘文館、昭和五十八年十二月）一九三頁による。なお、同氏の、中臣氏と物部氏の関係に関する所説、とくに本文にかかげた項目のうち②については、(b)「中臣氏と物部氏」（『共立女子第二高等学校研究論集』五・六合併号、昭和五十八年十一月）に詳しい。

（29）横田健一「物部氏祖先伝承の一考察」（横田健一編『日本書紀研究』第八冊〈前掲〉所収、のち同氏『日本古代神話と氏族伝承』〈前掲〉所収）。

（30）岸俊男「ワニ氏に関する基礎的考察」（大阪歴史学会編『律令国家の基礎構造』〈吉川弘文館、昭和三十五年十月〉所収、のち改稿して同氏『日本古代政治史研究』〈前掲〉所収）。

（31）井上氏補註（6）論文、一九六～一九七頁。

（32）加藤氏補註（28）(a)論著、一九三～一九六頁。

（33）日野氏補註（2）(b)論文、九二頁。

（34）この物語に対する和珥氏系統の伝承の影響を指摘した論文としては、高崎正秀「柿本人麻呂攷序説」（國學院大學編『古典の新研究』〈角川書店、昭和二十七年十月〉所収、のち『高崎正秀著作集』第三巻〈桜楓社、昭和四十六年五月〉所収）があり、また、息長氏の伝承からとられたものであるとする考えは、黒澤幸三「古代息長氏の系譜と伝承」（『文学』三三―一二、昭和四十年十二月、のち同氏『日本古代の伝承文学の研究』〈塙書房、昭和五十一年六月〉所収）などにもみえる。

（35）池田氏（27）論文、二四頁。
（36）井上氏補註（6）論文、一九二～一九四頁。
（37）澤田浩「七～八世紀における王臣家の〝初期荘園〟」（林陸朗・鈴木靖民編『日本古代の国家と祭儀』〈雄山閣出版、平成八年七月〉所収）五二九～五三〇頁。
（38）直木氏補註（11）論文、一六四～一六六頁。

第四章　倭の五王に関する一考察

―南朝冊封体制における「王」と「国王」をめぐって―

はじめに

『宋書』巻九十七列伝第五十七夷蛮伝倭国条（『宋書』倭国伝と略称する。以下、他の史書も巻数は省略する）によれば、五王のうち、讃はべっとして（後述のように、讃の封冊記事は存在しない）、珍・済・興の三王は「倭国王」に、武は「倭王」に封冊されている。

これは、どちらかが誤記なのであろうか。それとも、中国南朝の冊封体制のなかに外蛮夷の首長に与えるために、「王」と「国王」という二つの称号が存在したのであろうか。

この問題に関する研究はある。栗原朋信氏は、「漢委奴国王」印の研究のなかで、漢帝国の外蛮夷の朝貢国には「外臣」の国と「不臣」の国とが存在し、前者は「王」の称号を有し、後者は「国王」の称号を有することを指摘された。そして、「委奴国王」の国は漢の不臣の朝貢国であったことを論証するとともに、邪馬臺国の女王卑弥呼が「親魏倭王」に魏より封冊されたのは、卑弥呼の国が魏の外臣層に編入されたためである、と推測された(1)。

つぎに、坂元義種氏は、倭の五王に関する研究のなかで、右の栗原氏の研究をうけつつ、「国王」と「王」の違いについては、栗原朋信氏の研究から得た「漢委奴国王印」は「不臣」の朝貢国であるための特別印であろうという研究を参照すれば、(中略)従属度のひくいそれだけ独立性の高かった「倭国王」が武の時代に従属性の強い「倭王」にかわろうとしていた」[2]とのべられた。

眼につく研究は、この二つしかない。しかも、右の文章を読むかぎりでは、坂元氏は、秦漢帝国の時代を中心として論じられた栗原氏の説を、そのまま南朝の時代に流用しておられるようである。

しかしながら、栗原説を、そのまま南朝冊封体制のなかへもちこむことができるかどうかは、なお検討を要するのであって、南朝冊封体制における「国王」と「王」については、あくまで南朝の史料によって考える必要があると思う。

ゆえに、本章では、まず、こうした基本的な問題について考察を加えるとともに、それをもとに、「倭国王」と「倭王」という二つの称号のもつ意味を考えてみたい。

一、南朝諸史にみる「王」と「国王」

『宋書』倭国伝に「倭国王」と「倭王」の両方の用例がみられることは、さきにものべたとおりであるが、南朝の冊封体制を検討するためには、やはり、「王」と「国王」の用例について、南朝諸史(『宋書』・『南斉書』・『梁書』・『陳書』・『南史』)のなかに記載されるものをすべてピック・アップし、それをもとに、正史ごとの性質や各国の特徴を把握しておく必要がある。

そこで、小論では、まず、正史ごとに、本紀と列伝とにわけてその作業をおこなうことにしたが、そのデータはべつに表Ⅰ〜Ⅷとしてまとめたので、以下の部分では、これらの表を参照しながら、その調査結果をかんたんにし

るしておく。(3)

① 『宋書』

『宋書』は、梁代の撰で、南朝諸史のなかでは、その分量がもっとも多く、信憑性も高いとされるものである。

まず、本紀中の用例を整理・分類した表Ⅰからみていくと、用例は、武帝をはじめ、あわせて七帝の各本紀中にあり、九種（高〔句〕麗・百済・武都・河西〔西河〕(5)・倭・隴西・林邑・河南・宕昌）、四十四例におよぶ。この九種中、倭が「王」と「国王」の両方の表記をもち、残る八種は、「王」の称号を有するものである。倭に関しては、「倭国王」として表記される例が五例中四例を占め、「王」の称号をもちいたものは、巻五の文帝本紀中に、

（元嘉二十八年〔四五一〕）秋七月甲辰、安東将軍倭王倭済、進号安東大将軍。

とあるだけである。

つぎに、列伝の用例の合計は、七十。その種類は二十二種におよぶが、この二十二種中、「国王」の称号をもつものは、訶羅陁・呵（訶）羅単・盤（訶）皇・槃達・闍婆婆達・師子・天竺三国（迦毘黎・蘇摩黎・斤陁利）の九種ある。これに対し、「王」の称号をもつものは、本紀にも用例のあった隴西・河南・武都・河西・林

図表Ⅰ　宋書本紀

	A(4)	B	C	D
1．高（句）麗	2			
2．百　済	2	1		
3．武　都	6	4		
4．河西(西河)	3	3		
5．倭	1－1	2	1	
6．隴　西	1			
7．林　邑		1		
8．河　南	2	9		
9．宕　昌	3	2		
合　計	20－1	20－2	1	

図表Ⅱ　宋書列伝

	A	B	C	D	E	F	G
1．隴　　西	3						
2．河　　南	2		1				
3．百　頃　氏	（1）						
4．武　　都	9		1	1	2		
5．南　　泰	1						
6．大　　泰					1	1	
7．河西（西河）	4		2	3	1		
8．鄯　　善						2	
9．林　　邑		2					
10．扶　　南		1				1	
11．訶　羅　陁					1		
12．呵(訶)羅単		1			1		
13．盤（媻）皇	1	1					
14．盤　　達	1	1					
15．闍婆婆達		1					
16．師　　子		1					
17．迦　毗　黎		1			1		
18．蘇　摩　黎		1					
19．斤　陁　利		1					
20．高（句）麗	2	（1）		3			
21．百　　済	2			2			
22．　　倭	3・1	1	1		2		

邑・高（句）麗・百済の七種と、百頃氏・南秦・大秦・鄯善の四種、合計十一種ある。倭は、本紀の場合とおなじく、「王」と「国王」の両方の表記がみられるが、扶南も、「王」と「国王」の両方の表記がある。

さて、以上のデータを整理すると、『宋書』では、まず、「王」の称号は、百頃氏・南秦・大秦・武都、隴西・河南をそれぞれ同一国内の称号とみ、これに本紀のみに用例のある宕昌[6]を加えると、合計八国となる。これらの国々は、林邑をのぞいては、すべて中国の北東、または北西に位置し、しかも、前代から中国と関係をもっているのが特徴である。

これに対し、「国王」の称号九種は、それぞれ一種づつ九国によって有されている。これらの国々は、すべて中国の西南方面にあり、いずれも、宋代になってはじめて中国人の視野にはいってきたものである。その用例は、一国について一〜二例しかなく、「王」の称号を有する国の一国ごとの用例とくらべると、ひじょうに少ないが、「（元嘉二十年（四四三））太祖策命之、為盤達国王」・「（元嘉二十六年（四五〇））太祖策命之、為盤皇国王」というA型の用例が二例あることから推せば、おそらく他の七国も「―国王」に封冊されたと考えてよいであろう。

②『南斉書』

図表Ⅲ　南斉書本紀

	A	B	C	F
1．河　　西	4	1	2	
2．高（句）麗	1			
3．宕　　昌	2	1		
4．東　　羌	1			
5．陰　　平	1			1
6．武　　都	1			
合　　計	10	2	2	1

『南斉書』も、『宋書』とおなじく梁代の撰である。分量は少ないながらも、南朝諸史のなかではもっとも同時代に近い史書である。

本紀中の用例は、高帝・武帝・明帝各本紀にみえる。合計数は、十五。河南・高（句）麗・宕昌・東羌・陰平・武都の六種がみえ、すべて「王」の称号をもつものである（このうち、陰平王と東羌王とは、『宋書』にはみえず、『南斉書』にはじめて登場するものである）。

つぎに、列伝であるが、列伝のなかで外国のことを記載しているのは、巻五十八の蛮・東南夷伝と巻五十九の芮芮・河南氏羌伝である。これらの用例数は、十五種、四十四例におよぶ。本紀中にみえた河南・高（句）麗・宕昌・羌（本紀では「東羌王」）・陰平・武都の六種は列伝中にもあり、ほかに、建平夷・親晋・百済・加羅・倭・林邑・扶南・芮芮・（百頃）氏の九種がある。これら十五種

図表Ⅳ　南斉書列伝

	A	B	C	D	E	F	G
1. 建　平　夷		(1)					
2. 親　　　晋	(1)						
3. 高(句)麗	2(1)					1	
4. 百　　　済	2		1				
5. 加　　　羅	1	1		1			
6. 　　倭	1						
7. 林　　　邑	3						
8. 扶　　　南					1	(1)	2
9. 河　　　南	3(1)		1				
10. (百　頃)氏			1	2		(2)	
11. 芮　　　芮		1					
12. 武　　　都	4(1)			1			
13. 陰　　　平	1						
14. 宕　　　昌	3(1)		2	1			
15. 　　羌	2			1			

のなかでは、加羅と扶南が「王」と「国王」の両方の用例をもち、残りは「王」の用例のみである。「王」の用例のうち、あきらかに晋代のものである建平夷と親晋の用例は除き、『南斉書』にはじめてみえるものは、さきにのべた陰平・(東)羌、それに加羅・芮芮をあわせた四種である。このうち、陰平は(百頃)氏とともに武都王と同一国内における称号であり、(東)羌も、宕昌王と同一国内における称号なので、『南斉書』に「王」・「国王」の用例のみえる国は、十国ということになる。

なお、このなかで注目されるのは、加羅である。すなわち、加羅国伝には、

加羅国三韓種也。建元元年(四七九)、国王荷知使来献。詔曰、量広始登遠夷洽化。加羅王荷知款関海外、奉贄東遐。可授輔国将軍本国王。

とあって、加羅の最初で最後の遣使・封冊の記録がみえている。[7] 詔には「加羅王」としるされているが、書き出しに「国王」とあり、また、この詔によって、「輔国将軍本国王」を授けられてい

ることから判断して、「加羅王」はあやまりではないかと考えられる。おそらく、加羅国は、はじめての遣使によって「国王」の称号を受けたのであろう。

③『梁書』

『梁書』は、『宋書』や『南斉書』がはやく南朝梁代に成立していたのに対して、唐代になってから作られたものであり、いささか性格がことなっている。たとえば、前二正史が、北朝を「索虜」としるしているのに対し、『梁書』は「元魏」としるしており、こうした点に唐朝の考えが反映されているといえよう（以下の『陳書』・『南史』も、同様の性格をもつ）。

まず、本紀中の用例をみていくと（図表Ⅴ）、用例があるのは武帝本紀だけで、合計数は、三十八。その種類は、高（句）麗・百済・宕昌・倭・河南・武都・扶南・武興・滑・陰平・林邑の十一種におよぶ（『梁書』にはじめて登場するのは、滑と武興とであるが、武興は武都と同一国内のものである）。そのなかで、扶南と滑が「国王」の称号で、残りはすべて「王」の称号である。

ちなみに、「扶南国王」という用例が本紀中にでてくるのは、この『梁書』がはじめてである。

つぎに、列伝では、巻五十四の諸夷伝上・下が外国のこと

図表Ⅴ　梁書本紀

	A	B	C	F
1．高（句）麗	4		1	1
2．百　済	2			
3．宕　昌	4	1	3	
4．倭	1			
5．河　南	5	4	2	
6．武　都	1			
7．扶　南	1			
8．武　興	2			
9．滑		1		
10．陰　平	2			
11．林　邑				3
合　計	21－1	5－1	6	4

図表Ⅵ　梁書列伝

	A	B	C	D	E	F	G
1．林　邑	4（2）	1	1	1		(1)・1	（7）
2．扶　南	1	（2）		1		6（4）	2
3．毗　騫							5
4．盤　盤		1					
5．丹　丹		1					
6．干(斤)陁利		2（1）					
7．狼　牙						2（1）	（4）
8．婆　利		1					2
9．中天竺		1				（2）	1
10．師　子		2（1）					
11．高(句)麗	2（1）		1			（6）	（3）
12．百　済	3（1）	2（1）	1			（2）	
13．新　羅						1	
14．倭						4（3）	
15．親　魏	（1）						
16．文　身							1
17．扶　桑						（1）	2
18．河　南					（1）		
19．河　西					（1）		
20．高　昌	（1）				（1）	（1）	
21．滑		1				1	
22．亀　茲		1			（2）	（1）	（1）
23．莎　車						（3）	
24．于　闐		（1）				（2）	
25．末		1					
26．宕　昌	1	2（1）					
27．鄧　至	1	（1）					
28．秦					（1）		
29．陰　平	2（1）						
30．武　都	2（1）						
31．仇　池	1						
32．芮　芮						1	

を記載している。この諸夷伝は、ほとんどすべての国にわたって前時代のことにも記載がおよんでおり、風俗などについても、『三国志』をはじめとする前王朝の正史によって記載しているので、その処理には注意を要する。

列伝の用例数の合計は、百十四。そのうち、あきらかに前代のことを示しているとわかるものだけでも五十九例ある。その種類は、本紀中にもみえた林邑・扶南・高（句）麗・百済・倭・河南・滑・宕昌・陰平・武都の十種に加えて、毗騫・盤盤・丹丹・干陁利・狼牙・婆利・中天竺・師子・新羅・親魏・文身・扶桑・河西・高昌・亀茲・莎車・于闐・末・鄧至・秦・仇池・芮芮の二十二種があり、計三十二種にもおよんでいる。このうち、「国王」の称号をもつのは芮芮、「国王」と「王」の両方の称号があるのは林邑と扶桑、残りの二十九種は、すべて「王」の称号だけしかない。

表Ⅵを一覧して気がつくのは、「国王」の用例が全体を通してわずか四例（林邑国一、扶桑国二、芮芮国一）しかなく、しかも、それらはすべて信憑性のとぼしいF・G型にはいるものであるということである。

くわしい考察は、省略せざるをえないが、どうも『梁書』の列伝内にみられる「国王」の用例は、あやまりとはいわないまでも、特別かつ例外的な表記のような印象をうける。

筆者が、このように考えるのは、滑国・丹丹国・亀茲国・末国のように、梁代になってから通じた国を、「王」としるしているからである。たとえば、滑国については、巻三の武帝本紀下に、

①（大同元年（五三五））三月辛来、滑国王安楽薩𡋡遣使献方物。

とあり、「国王」の称号がみえているので、滑は、むしろ「国王」であった可能性は大きい。

さらに、このほかにも、列伝には、

②干陁利国（中略）、宋孝武世、王釈婆羅郍憐遣長史竺留陁献金銀宝器。

③師子国（中略）、宋元嘉六年（四二九）、十二年、其王利利摩訶梨那訶遣使貢献。

といった用例がある。①は、『宋書』夷蛮伝に「世祖孝建二年（四五五）、斤陁利国王釈婆那隣陁遣長史竺留陁及多献金銀宝器」とあるのを書き改めたものであり、③も、おなじく『宋書』夷蛮伝に「師子国、元嘉五年（四二八）、国王利利摩訶南遣使奉表曰（中略）。至十二年。又復遣使奉献」と一致しているから、『梁書』諸夷伝は、本来、「国王」とあったものを「王」に書き改めたのではないかと考えられる。

④『陳書』

『陳書』も、『梁書』とおなじく唐代の撰である。梁末の侯景の乱後に建った陳朝は、荒廃した江南地方をじゅうぶんに回復することができず、北からは北斉の圧力、西からは後梁とその宗主国である北周・隋の圧力があったために、外夷諸国との関係も少なかった。このような情勢を反映してか、『陳書』における用例は、巻三世祖本紀に、

（天嘉三年（五六二）閏二月己酉、以百済王餘明為撫東大将軍、高句麗王高湯為寧東将軍。

とある二例のみである。ゆえに、これだけでは、『陳書』の性格を判断することは不可能なので、『陳書』に関しては、表を作成していない。

⑤『南史』

『南史』も、唐代の撰である。しかも、断代史である前四史とはちがって、南朝（宋・南斉・梁・陳）の通史なので、その性格や傾向をみきわめることは、きわめて困難であるが、いちおうの総括をしるしておく。

図表Ⅶ　南史本紀

	A	B	C	F
1．高（句）麗	8			2
2．百　済	7		1	
3．武　都	8		1	
4．河西（西河）	4			
5．隴　西	2			1
6．河　南	8	1	4	
7．倭	2・2			
8．宕　昌	5		4	
9．蠕　蠕		1		
10．陰　平	1			1
11．仇　池	1			
12．扶　南	1			
13．林　邑				2
合　計	47－2	1－1	10	6

まず、本紀の用例（用例のみえている各本紀は、すべて前四史の説明のところで掲げた各本紀に等しい）は、合計六十七。種類は、高（句）麗・百済・武都・河西（西河）・隴西・河南・倭・宕昌・蠕蠕（芮芮の別名）・陰平・仇池・扶南・林邑の十三種である。この十三種のうち、蠕蠕を除いたすべてが前四史の本紀のいずれかに用例があり、それを『南史』が転用したものである。[8] 倭に「王」と「国王」の用例があるのも、『宋書』の各本紀からの転用であると考えられる。

したがって、図表Ⅶの整理・分類はあまり意味がないかも知れないが、㈠他に用例のない「蠕蠕国王」という称号がみえる、㈡扶南に関する天監三年（五〇四）の封冊記事が、『梁書』の本紀では「国王」であるのに、『南史』のこの箇所では「王」となっている、という二点は、注意すべきである（なお、これらの問題については、のちにあらためてふれる）。

つぎに、列伝に目をうつしてみよう。列伝のなかで外国関係の記事は、巻七十八（夷貊上）と巻七十九（夷貊下）とにみえているが、その記載は、『梁書』の諸夷伝に類似している。とくに、『梁書』にしか記載されていない国々の記述は、まったくおなじであるといってよい。

たとえば、林邑のFの「国王」の用例は、『梁書』諸夷伝上の「其国俗（中略）国王事尼乾道」と同一のもので

図表Ⅷ　南史列伝

	A	B	C	D	E	F	G
1．林　　邑	4	1	1			(3)・1	(5)
2．扶　　南	1	1				8(4)	(1)
3．毗　　騫						7	
4．呵　羅　単		1					
5．婆　　皇	1	1					
6．婆（盤）達	1	2					
7．槃　　槃		1					
8．丹　　丹		1					
9．干(斤)陁利		1・1				1	
10．狼　　牙						5(3)	1
11．婆　　利		1				2	
12．中　天　竺		1				(2)	
13．迦　毗　黎		1					
14．蘇　摩　黎		1					
15．師　　子		2					
16．高（句）麗	2(1)	(1)				1	
17．百　　済	4(3)	2				(1)	
18．　倭	4・1	1・1			1	1	
19．扶　　桑							2
20．河　　南					1	1	
21．宕　　昌	1	2					
22．鄧　　至	1	1					
23．武都（興）	3						
24．　秦					1		
25．陰　　平	1				1		
26．仇　　池	1						
27．高　　昌						(1)	(2)
28．　滑		1					
29．亀　　茲		1					
30．波　　斯							(1)

ある。また、斤陁利＝干陁利は、『南史』ではべつべつの国と考えられていたらしく、斤陁利は、『宋書』にのみ登場するので、同書によって「国王」とするし、干陁利は、『梁書』にのみ登場するので、同書によって「王」とするしている。さらに、『宋書』にしかでてこない呵羅単・婆（盤）皇・婆（盤達）・迦毗黎・蘇摩黎は、同書の用例にしたがって「国王」で表記されており、また、師子は、『梁書』の諸夷伝師子国条を転用して、「王」としるしている。

このようにみていくと、『南史』にオリジナリティはないのであって、『梁書』をベースとして、そこに『宋書』や『南斉書』の記事を、『梁書』に矛盾しない範囲内でアレンジしているにすぎないのである。ゆえに、『南史』の「王」と「国王」の用例は、参考にとどめるべきであろう。

二、芮芮と扶南の称号について

さて、以上の考察によって、㈠『宋書』列伝は、「王」と「国王」の称号の使いわけがおこなわれている、㈡『南斉書』列伝についても、用例はじゅうぶんではないが、『宋書』と同様の使いわけがおこなわれている、㈢『梁書』本紀には、「王」と「国王」の称号の使いわけがあると考えられるが、列伝には、ごく一部の例外的な記録をのぞいて、「王」の表記しか存在しない、などの諸点があきらかになった。こうした用例のなかでも、とくに注目されるのは、倭とならんで、芮芮（蠕蠕）・扶南が「王」と「国王」の両方の表記を有していた点である。そこで、倭の考察にはいるまえに、この二国について検討しておきたい。

①扶南

はじめに、扶南であるが、南朝諸史における扶南の「王」と「国王」の用例は、ひじょうに混乱している。こうした用例の混乱については、㈠宋・斉・梁を通じて一貫して「王」であった、㈡ぎゃくに、一貫して「国王」であった、㈢「国王」から「王」へ、ある時点で称号が変化した、という三つの考えかたができるが、いずれの見解が妥当であろうか。

そこで、『宋書』・『南斉書』・『梁書』の扶桑の用例を検討しながら、この点について考えてみたい。

まず、『宋書』では夷蛮伝に、

①扶南国、太祖十一（四三四）、十二、二十五年、国王持黎跋摩遣使奉献。（扶南国条）

②林邑欲伐交州、借兵於扶南王。扶南不従。（林邑国条）

という二例がみえるだけである。

一般的にいえば、扶南国条にみえる①の用例のほうが信頼度が高いといえる。しかも、こうした記述は、たとえば、盤皇国条に、「槃皇国、元嘉二十六年（四四八）、国王舎利盤羅跋摩遣使献方物四十一種」とあるのをはじめとして、『宋書』夷蛮伝に多く類型がみられるものである。

この『宋書』夷蛮伝では、南朝時代になってはじめて中国側に知られるようになった槃皇・盤達・闍槃槃達・師子・天竺迦毗黎の諸国と、『晋書』四夷伝にもみえ、古くから中国に知られている扶南とがひとしくにあつかわれている点に問題が残るが、いずれにしても、扶南が、元嘉年間（四二一〜四五二）に、「国王」であったことは疑いなかろう。

なお、その後、①にみえる「扶南国王」とはべつの人物が遣使しており、『南斉書』巻五十八、蛮・東南夷伝の

扶南の条には、

③宋末、扶南王姓僑陳如名闍耶跋摩遣商賈至広州。

とある（『宋書』には記載がない）。さらに同条には、

④永明二年（四八四）、闍耶跋摩遣天竺道人釈耶伽仙上表、称扶南国王臣僑陳如闍耶跋摩叩頭啓曰（後略）。

とあって、南斉代になって、①・③のいずれでもない人物が遣使朝貢したことを伝えているが、これらの史料によって、『南斉書』でも両方の称号が並立していたことが判明する。

こうした史料に依拠するかぎりでは、扶南が「王」国か「国王」国かをみきわめることはむつかしいが、扶南側が、みずから「扶南国王」を自称している点を重視すると、筆者は、元嘉年間以後も、扶南は「国王たること」を認識していたと考えてよいと思う。さらに、第一節で紹介したように、『南斉書』のおなじ蛮・東南夷伝の加羅国条において、「国王」の称号を与えられた加羅が詔中で「加羅王」と呼ばれていることも、南斉代の扶南が「国王」であったとする筆者の推測を裏づけていると思う。

ところで、『梁書』巻五十四、諸夷伝下扶南国条には、

⑤後、王持梨陁跋摩、宋文帝世、奉表献方物。斉永明中、王闍耶跋摩遣使貢献。天監二年（五〇三）、跋摩復遣使送珊瑚仏像并献方物。詔曰、扶南王憍陳如闍耶跋摩介居、世纂南服、厥誠遠著、重訳献橋。宜蒙酬納班以栄号。可安南将軍扶南王。

とあって、梁代になると、さきの憍陳如闍耶（邪）跋摩が、ふたたび遣使している。

この天監二年（五〇三）の憍陳如闍邪跋摩の遣使朝貢および封冊については、武帝本紀にも、

⑥（天監二年〔五〇三〕）秋七月、扶南亀茲中天竺国各遣使献方物。

⑦（天監三年〈五〇四〉）五月丁己、以扶南国王憍陳如闍耶跋摩為安南将軍。

とあって、列伝に「扶南王」とあるものが「扶南国王」としるされている。

しかし、第一節でみたように、『梁書』の諸夷伝では、原則として、「王」の表記しかなかったわけだから、⑦の用例こそが、宋・南斉両代にわたる扶南の称号を正しく表記したものと考えてよろしかろう。

ただ、『南史』の梁武帝本紀の同一箇所では、「（天監三年）五月丁己、以扶南王憍陳如闍耶跋摩為安南将軍」とあり、⑤の詔の最後の「可安南将軍扶南王」という箇所と一致している。この矛盾は、どのように考えればよいのであろうか。

この点について、筆者は、天監二年（五〇三）の秋七月に朝貢してきた時点で憍陳如闍邪（耶）跋摩は「扶南国王」であったが、翌三年（五〇四）五月の封冊によって「安南将軍扶南王」となり、以後は、梁代を通じて「王」の称号を維持しつづけたのではないか、と考えている。梁代にはいると、扶南の遣使朝貢数が激増しているが（それは、高句麗や河南にも匹敵している）、このように、梁代に中国への従属度を強めたことも、「扶桑国王」が「扶桑王」へと変化したひとつの原因であろう[9]。

②芮芮（蠕蠕）

芮芮・蠕蠕は、ともに「柔然」の音訳である。柔然は、四世紀の中頃から六世紀の中頃までモンゴリアを支配した遊牧民族の国家である。南朝の宋代はその極盛期であり、大号「可汗」を称するとともに、しばしば華北へ侵入していた。華北回復を願う南朝側がこれに目をつけないはずはないのであって、芮芮は、南朝の初期より重視されていた。そのことは、『宋書』索虜伝芮芮条に、

①芮芮（中略）、常南撃索虜〔北魏〕、世為仇讎、故朝庭毎羈縻之。

とあり、また、『南斉書』芮芮虜・河南氏羌伝の芮芮虜の条に、

②宋世、昇明二年（四七八）、太祖輔政、遣驍騎将軍王洪軌、使芮芮剋期共伐魏虜。建元元年（四七九）八月、芮芮主発三十万騎南侵。魏虜拒守不敢戦。芮芮主於燕然山下縦猟而帰。（中略）二年、三年、芮芮主頻遣使貢献貂皮雑物、与上書、欲伐魏虜、（後略）。

③（永明元年（四八三））芮芮王求医工等物。（後略）

とあることからもあきらかである。

芮芮と南朝との関係については、次節でのべるとして、ここでは、芮芮の首長を南朝側がどのように呼称していたのかを考えておきたい。

『南斉書』にみえる②と③の用例を比較してみて気がつくのは、芮芮の場合、「芮芮主」と「芮芮王」と二つの表記が存在することである。

しかしながら、これは、おそらく②のほうが正しいと思われる。なぜならば、北朝の正史である『魏書』蠕蠕・匈奴宇文莫槐・徒何段就六眷・高車伝には、「蠕蠕主」という表記がみえるからである（『北史』同伝もおなじ）。また、㈠①で省略した部分に「僭称大号」とある、㈡②・③の史料の後尾の賛に「芮芮、河南、同出胡種、称王僭帝」とある、などの点から判断すると、芮芮はたんなる「王」の称号ではなかったと考えられる。おそらく、おそくとも南斉代までは「主」であったのであろう。

では、どうして、芮芮にだけ、「主」という特殊な呼称がもちいられたのであろうか。

この点についても、次節であらためて考えてみたいが、ここで注意しておかなければならないのは、『梁書』諸

夷伝下や『南史』斉本紀上に「国王」の用例がみられることである。

前者は、第一節でものべたように、『梁書』の諸夷伝の例外的な表記だから、とくに問題とするには足りないが、『南史』斉本紀上に、「(建元二年〈四八〇〉)九月辛未、蠕蠕国王遣使欲倶攻魏献師子皮袴褶烏程」とあるのは、すこしく注意しておく必要があろう。

これは、『南斉書』芮芮虜・河南氏羌伝に、「(建元)二年(四八〇)、三年(四八一)、芮芮主頻使貢献貂皮雑物与上書、欲伐魏虜謂上足下。自称吾献師子皮袴褶皮(後略)」とある記述によったものであろうが、ここに「芮芮主」とあるものが、どうして『南史』では「蠕蠕国王」に書き換えられているのであろうか。

この点については、いろいろな解釈ができると思うが、ひとつには、梁代に「国王」に変化したために、『南史』がそれを採ったとみることができる。そうなると、芮芮の称号は、梁代に「主」から「国王」に変化したことになるのであって、称号の変化を考えるうえで、はなはだ興味深いものがある。

三、冊封体制下の「王」と「国王」国

さて、以上の考察によって、南朝の冊封体制下には、外蛮首長に対する称号としては、「王」と「国王」という二系統の称号のほかに、「主」という呼称が存在することがあきらかになった。つぎに、こうした称号をもつ外蛮国の対南朝外交の遣使朝貢や封冊の状況を調査し、はたして南朝に対する従属度に差があったのかどうか検討してみたい。

つぎの表Ⅸは、各国ごとの遣使朝貢回数プラス封冊回数の合計を、南朝各代(ただし、宋のみは宋初、文帝の元嘉年間、

図表Ⅸ　関係回数表

		宋初	元嘉	宋末	南斉	梁	陳	合計
王	1．林　邑	1	7	3	4	9	2	26
	2．高（句）麗	4	6	9	4	12	5	40
	3．百　済	2	5	4	3	7	5	26
	4．武都（興）	2	9	12	15	5		43
	5．河　南	1	13	10	5	14		43
	6．河西（西河）	2	9	1				12
	7．宕　昌			4	4	6		14
	8．鄧　至		1		2	2		5
特殊	9．倭	1	6	4	1	1		13
	10．扶　南		4	1	1	10	2	18
	11．芮芮（蠕蠕）		1	5	3	6		15
国王	12．訶羅陁		1					1
	13．訶羅単		7					7
	14．婆（盤）皇		3	5				8
	15．婆（盤）達		3					3
	16．闍婆婆達		1					1
	17．師　子		3					3
	18．迦毗黎		1	1				2
	19．蘇摩黎		1					1
	20．斤(干)陁利		1			3		4
	21．加　羅				1			1
	22．滑					4		4
不明	23．丹　丹					3	3	6
	24．中天竺					1	1	2
	25．婆利（黎）			1		2		3
	26．狼　牙					3	1	4
	27．新　羅					1	3	4
	28．粛慎（特）		1	1				2
	29．槃　槃			1		4	2	7
	30．亀　茲					2		2
	31．于　闐					3		3

宋末の三つに区分した）ごとに示し、さらに、南朝時代を通じての合計を表示したものである。ただし、これは、単純な遣使朝貢と封冊の合計ではなく、いわば、両者をあわせた「関係回数」の合計ともいうべきものである。すなわち、朝貢によっておこなわれたことがみとめられる封冊は一回と数え、また同年に朝貢や封冊が二回あった時にはそのまま二回と数えている。

なお、南朝に通じた国は、四十国以上におよぶが、ここでは、スペースの関係上、三十一国しか掲載せていない（省略した国は、そのほとんどが、南朝全時代の関係回数の合計が一回の国である）。

表Ⅸでは、㈠１～８までが「王」の称号を有する国、㈡９～11が特殊性をもっていると考えられる国、㈢12～22が「国王」の称号を有する国、㈣23～31の不明の国、の順に排列しているが、こうした分類が、第一・二節の考察にもとづくものであることはいうまでもない。

つぎに、図表Ⅸに示した数値について解説しておくと、まず、合計回数でいえば、「王」国は四十三～五（平均値二十五弱）、「国王」国は八～一（平均値三餘）、称号の変化した倭と扶南はそれぞれ十三と十八（平均値十五餘）となり、やはり、「王」国が密接に交渉していたことがわかる。

第二に、時期ごとにいうならば、「王」国の値は各時代を通じてほぼコンスタントにあらわれているのが、大きな特徴である。八国のうち、六つの時期区分のすべてに値のあらわれているものが三国（林邑・高〔句〕麗・百済）、六時期のうちの五時期まで値のあらわれている（陳代だけない）ものが二国（武都〔興〕・河南）あり、残りの三国（河西・宕昌・鄧至）も、六時期中三時期に値があらわれている。(10)

これに対して、「国王」国では六時期中一～二時期にしか値があらわれていない。この点、倭や扶南は、六時期中五時期に値があらわれているのであって、その回数は、「王」国に準ずるかのようである。

では、これらの数値から、いったいどのような事実が読み取れるのであろうか。以下、「王」国・「国王」国・特殊性を有する国、の順で考えていこう。

① 「王」国

「王」国の関係数合計が多いのは、その地理的環境によるところが大きいのであって、「王」国はすべて中国本部周辺に存在している。そして、それらの国々は、中国側からみても利用価値が大きかったのである。そのことは、これらの国々が、その封冊をうけるにあたって、「王」号のほかに、督諸軍事や将軍・刺史・牧・公など純中国的な官職まで授けられていることからもうかがうことができる。しかも、驚くべきことには、それらの官職名には実質をともなわないもの――ただし、これは現代のわれわれの解釈であり、当時の中国からみれば、なんらかの実質をもっているものではある――さえふくまれている。

たとえば、元嘉十九年（四四二）に封冊された河西王沮渠無諱の称号には、「持節散騎常持都督河涼沙三州諸軍事征西大将軍領護匈奴中郎将西夷校尉涼州刺史河西王」とみえている。

この封冊は、対北朝政策の一環と考えられるが、この時代には、すでに沮渠氏の河西地方の支配権は失われていた。しかし、それにもかかわらず、その地域における「都督諸軍事」や「刺史」の称号が無諱に与えられているところをみると、宋は、こうした称号を授与することによって、すでに北魏の実質支配下に移った「河西」の潜在的所有権とでもいうべきものを主張していたことがわかる。(11)

なお、これと同様の例として、「歴史的栄光」と表現すべき称号が授けられていることも、注目される。高句麗や百済に与えられた「楽浪公」という称号がその代表的な例であろう。(12)この称号によって、かつての漢帝国の栄光を夢みる江南漢人王朝の政治的意識が外夷の国にまでおよんでいたことがうかがえるのである。

さて、以上のことから、「王」国は、中国南朝に対して、ひじょうに従属性が強かったことがわかるが、こうした「王」国の特徴は、おおよそ、

①自然地理的に中国に近い。

②それゆえに中国に遣使朝貢回数が多い。

③歴史地理的にみて中国側に潜在的な主権の自覚がある。

④封冊においてたんに「―王」という称号だけの除正にとどまらない。

⑤南北朝の対立下にあって、軍事的に南朝が協力を求めることが可能である。

という五点に整理することができよう。そして、ぎゃくにいえば、こうした五つの条件をほぼ満たしていることが「王」国と認められる資格であるといえよう。

②「国王」国

では、つぎに、右の①～⑤の五つの条件を、「国王」国の場合にあてはめてみよう。ただし、その際、多少問題の残る加羅・滑両国は、ひとまず除外しておく。

まず、条件①でみると、これらの国々は、インドネシア諸島およびインド附近に存在しており、こうした遠隔地への往来には船を使わなければならない。船による往来は、わが国の遣唐使の例をひくまでもなく、気象条件に影響されやすく、回数も少なく、不定期におわってしまう可能性が高い。したがって、当然のことながら、条件②もあてはまらなくなる。

つぎの条件③も、「王」国の場合にはあてはまらないことが多い。そのことを端的に示しているのが、『宋書』夷蛮伝の序文の記載であって、ここには、

南夷西南夷大抵在交州南及西南居大海中洲上。相去或三五千里、遠者二三万里。乗船挙帆、道里不可詳知。外国諸夷雖言里数非定実也。

とみえるだけで、中国との歴史的なかかわりについては、いっさいふれられていない。そもそも、条件①のところでもみたように、自然地理的に近くない以上、条件③があてはまらないのは当然である。

つぎに、条件④もあてはまらない。たとえば、『宋書』夷蛮伝にみえている盤達・盤皇の封冊がたんなる「国王」のみにとどまったことは、すでに第二節でのべたとおりである。

最後の条件⑤も、まったくといってよいほど関係ない。これらの国々は、むしろ貿易・友誼・仏教的な交流を求めて朝貢していたのである。

ところで、ここで、さきに留保しておいた加羅・滑の二国について考えておこう。

まず、条件①・②についていえば、両国は、「王」国に準ずる位置――加羅は朝鮮半島、滑は西域――にあるといえる。ただ、それにもかかわらず、中国との関係回数はかならずしも多くないのであって、これは、この両国が「新興国家」であったことに原因があると思われる。

つぎに、条件④・⑤だが、これらの条件は、両国のあいだで、多少ことなる点がある。

まず、加羅であるが、注目されるのは、おなじ「国王」国である東南アジア・インド諸国は、たんに「―国王」の封冊しか受けていないのに対して、加羅が、「輔国将軍本国王」に封冊されている点である。おそらく、「輔国将軍」号が附加されたのは、条件⑤に関して、加羅が、ある程度条件を満たしていたからであろうが、関係回数の点

からいえば、加羅は「国王」国レベルであると評価できる。

では、滑はどうであろうか。

まず、「国王」という称号が与えられた理由は、加羅と同様であろう。しかし、将軍号が附与されなかったのは、加羅とはぎゃくの理由によるものであって、障碍の多い陸路を通じてくる西域諸国とくらべて、朝鮮半島のほうが、軍事的に重視されていたのは当然である。

ちなみに、条件③についていうと、この両国に関する一定した評価はなかったらしい。しかし、加羅は、一回の遣使朝貢で「輔国将軍本国王」を授けられているのであって、もし、その後もコンスタントに遣使をつづけられていたら、百済や倭のような称号をみとめられたと思われる。また、いっぽうの滑についても、西域諸国は、漢代以来の慣習により「王」と表記されていたと考えられるので、遣使をかさねていれば、やがては「滑王」となったかも知れないのである。

③特殊性を有する国㈠ ――倭と扶南――

つぎに、倭と扶南について、条件①〜⑤の五つの条件があてはまるかを考えてみる。

まず、条件①については、倭や扶南は、②でみた加羅や滑と類似している。つまり、「王」国と一般的な「国王」国の中間的な地域にあるのである。図表Ⅸにみえるように、条件②において、やはり中間的になっているのも、そのためである。

つぎに、条件③はあてはまらない。インドシナ半島を南から西へと回る位置にある扶南と、朝鮮半島と海を隔てて位置する倭の二国に対し、中国が潜在的主権を主張することは、まず考えられない。

また、条件④についても、両者の差異はあるけれども、ほぼ中間的形式をとっていたといえるのではないだろうか。なぜなら、扶南も、倭も、最終的には、それぞれ「安南将軍扶南王」・「使持節都督倭新羅任那加羅秦韓慕韓六国諸軍事征東将軍倭王」に封冊されているからである。

さらに、条件⑤であるが、扶南は、林邑の交州侵入を牽制するために、また、倭は、ときとして北魏へ通じる高句麗への牽制のために、それぞれ南朝の「遠交近攻」策に利用されていたと考えられる。したがって、倭と扶南は、やはり、「王」国と「国王」国の中間的――倭はやや「王」国に近い――状況にあったと考えられるのである。

④特殊性を有する国㈡――芮芮――

第二節でのべたように、芮芮の称号は、おそくとも南斉までは「主」という特殊なものであって、これは、「皇帝」、または「可汗」を呼びかえて称したものであると考えられる。[13] このことは、北魏の皇帝を「索虜主」とか「魏主」と呼んだのと軌を一にしているのであって、芮芮は、中国南朝の冊封体制において、「外夷」、すなわち、中国皇帝の徳を慕ってくる異民族としてのあつかいをうけていなかったのである。

図表Ⅸに示したように、十六回におよぶ芮芮と南朝の関係回数の中味は、すべて遣使朝貢であり、封冊がまったくない。宋の元嘉年間から梁代にかけて、コンスタントに朝貢をつづけていた芮芮に対して、南朝がなんの封冊もおこなわなかったことは、異例である。政治情勢的にみて、「王」国にまさるとも劣らぬ重要性をもつ芮芮がなんの封冊をもうけていないということは、きわめて不思議なことであるが、これは、結局のところ、宋・南斉時代の芮芮が外夷第一の強国であったことに起因すると思われる。

『南斉書』芮芮虜・河南氏羌伝芮芮条にみえる芮芮からの書状には、「謂上足下自称吾」とあって、南斉皇帝を

「足下」と呼んだ例があるが、これによれば、芮芮は、みずからを南斉以上に強大であると考えていたのであって、南斉側も、あえてそれを否定しなかったのである。

このようにみていくと、宋から南斉にかけての南斉・芮芮が北魏と対抗していたこの時代は、一種の三朝鼎立状態（あるいは、後世の北宋・遼・西夏の関係に近いかも知れない）にあったともいえるのであって、芮芮の「主」という称号は、そうした当時の政治情勢に支えられた称号であったといえるのである。

ただ、こうした状態は、四八〇年代に芮芮が丁零に圧迫されたために、破綻してしまう。さきに、第二節において、芮芮の称号が、梁代に、「主」から「国王」に変化したとみるべき徴証のあることをのべたが、これは、こうした芮芮の弱体化を考慮すれば、頷けることなのである。(14)

四、「倭国王」から「倭王」へ

さて、前節での考察によって、「王」と「国王」を比較した場合、いろいろな点で、「王」が「国王」よりも従属度が高いことが判明したが、これによって、冒頭に紹介した栗原氏の説が南朝冊封体制にもあてはまることが証明された。しかも、「国王」の称号は、けっして固定的なものではなく、従属度の変化に応じて、倭や扶南のように、「王」の称号へと変化することもあったのである。

そこで、つぎに、こうした事実をもとに、「倭国王」から「倭王」への称号の変化について考えていこう。

はじめに、『宋書』の対倭関係の記事をかかげておく。

①讃死弟珍立、遣使貢献。自称使持節都督倭百済新羅任那秦韓慕韓六国諸軍事安東大将軍倭国王、表求除正。詔

除安東将軍倭国王。珍又求除正倭隋等十三人平西征虜冠軍輔国将軍号。詔並聴。（倭国伝）

②（元嘉十五年〔四三八〕四月）己巳、以倭国王珍為安東将軍。（文帝本紀）

③（元嘉）二十年（四四三）、倭国王済遣使奉献。復以為安東将軍倭国王。（倭国伝）

④（元嘉）二十八年（四五一）、加使持節都督倭新羅任那加羅秦韓慕韓六国諸軍事、安東将軍如故。並除所上二十三人軍郡。（倭国伝）

⑤（元嘉二十八年〔四五一〕）秋七月甲辰、安東将軍倭王倭済進号安東大将軍。（文帝本紀）

⑥済死、世子興遣使貢献、世祖大明六年（四六二）、詔曰、倭王世子興（中略）可安東将軍倭国王。（倭国伝）

⑦（大明六年〔四六二〕三月）壬寅、以倭国王世子興為安東将軍。（孝武帝本紀）

このなかで、まず問題となるのは、④の元嘉二十八年（四五一）の済に対する授爵が「使持節都督倭新羅任那加羅秦韓慕韓六国諸軍事安東（大）将軍倭王」なのか、それとも「使持節都督倭新羅任那加羅秦韓慕韓六国諸軍事安東（大）将軍倭国王」なのかという点である。

これまでのべてきたことからもあきらかなように、「国王」の封冊は、たんに「―国王」にとどまっている。加羅国王荷知が「輔国将軍本国王」に封冊された例を考慮にいれても、せいぜい「将軍」号＋「国王」号どまりである。その意味では、「安東将軍倭国王」が「国王」国としての倭が授けられる称号の限界であって、倭が「使持節都督倭新羅任那加羅秦韓慕韓六国諸軍事安東（大）将軍」となるためには、「国王」ではなく、「王」の称号を有する必要があったはずである。ゆえに、この点から、筆者は、この元嘉二十八年（四五一）の済は、おそらく「倭王」ではなかったかと考えるのである。

さて、このことを踏まえたうえで、済関係の④・⑤・⑥の史料の関係を解釈すると、つぎのようになろう。

まず、元嘉二十八年（四五一）に「安東将軍倭国王」済の遣使があって、済は「使持節都督倭新羅任那加羅秦韓慕韓六国諸軍事安東将軍倭王」とされた（史料③→④）。そして、すでに「倭王」となっていた（倭）済に対して、おなじ年の秋七月にも将軍号の進号があって、（倭）済は「安東将軍」から「安東大将軍」へと進められたのである（史料④→⑤）。[15]

では、済が「倭王」に封冊されたことと、珍が「自ら使持節都督倭百済新羅任那秦韓慕韓六国諸軍事安東大将軍倭国王と称し」たこと（史料①）との矛盾は、いったいどのように理解すればいいのであろうか。

そこで、この問題を考えるために、あらためて、初代の讃から考えてみたい。

讃については、

⑧倭国在高驪東南大海中、世修貢職。高祖永初二年（四二一）、詔曰、倭讃万里修貢、遠誠宜甄、可賜除授。太祖元嘉二年（四二五）、讃又遣司馬曹達奉表献方物。（倭国伝）

とあって、永初二年（四二一）と元嘉二年（四二五）の二回宋に遣使したことは疑いがない。

さらに、元嘉七年（四三〇）にも、

⑨（元嘉七年〔四三〇〕春正月）是月、倭国王遣使献方物。

という記事がみえるが、筆者は、これも讃のこととみてよいと思う。[16]

では、讃は、この三回の遣使のあいだに、どのような爵号を得たのであろうか。

坂元氏は、讃は、⑧の永初二年（四二一）の遣使で「安東将軍倭国王」となったものと考えておられるが、[17]これは、したがうべき見解である。加羅が初遣使（南斉の建元元年〔四七九〕）で「輔国将軍本国王」となったことを思うと、すでに漢代や三国魏代、晋代に通じた倭が、宋代初遣使でこれぐらいの爵号を授けられるのは、当然である。

さらに、坂元氏は、讃は遣使をかさねるうちに、史料①のような珍の自称に近い爵号を得たと推定しておられる。もし、そうだとしたら、讃も、最終的には、「倭国王」から「倭王」へとその称号が変化しなければならなかったはずで、筆者は、おそらく、興をのぞく倭の四人の首長たちは、「安東将軍倭国王」→「使持節都督倭新羅任那加羅秦韓慕韓六国諸軍事安東（大）将軍倭王」というパタンで封冊・除正されてきたのだと思う。[18]

さて、以上のように考えると、「倭国王」から「倭王」への称号の変化は、「使持節都督倭新羅任那加羅秦韓慕韓六国諸軍事六国諸軍事」と連動しておこなわれたことがよくわかる。

たんに「使持節都督倭国諸軍事」とあるのならともかく、朝鮮半島の百済・新羅・秦（辰）韓・慕（馬）韓という地域での軍事権を獲得し軍事行動を起こす以上は、中国側の（潜在的）主権の発動にあうことはまぬかれない。中国王朝が認識している主権の一部を移譲してもらうためは、「国王」ではなく、「王」となる必要があったのであろう。その意味では、「使持節都督倭新羅任那加羅秦韓慕韓六国諸軍事」は、一部の研究者がいうような「修飾のための称号」などではなく、倭の実質的な軍事権を意味していたといえるのである。[19]

なお、『宋書』倭国伝によれば、

⑩興死、弟武立。自称使持節都督倭百済新羅任那加羅秦韓慕韓七国諸軍事安東大将軍倭国王。（倭国伝）

とあって、最後の武も、珍とおなじく（おそらく讃・済もそうしたであろう）、「使持節都督（中略）百済諸軍事（中略）倭国王」を自称している。

かれらが中国南朝冊体制の原則を無視した理由はわからない。しかし、倭側は、南朝の冊封体制の意義を知ったうえで、あえて「倭国王」を自称したと思われるのであって、倭としては、それだけ、朝鮮半島における軍事的支配権に固執していたのであろう。

しかし、こうした自称に対し、宋が許したのは、「使持節都督倭新羅任那加羅秦韓慕韓六国諸軍事安東大将軍倭王」であって、「都督百済諸軍事」・「倭国王」はついにみとめられなかった。

じつは、倭が、南斉初の建元元年（四七九）より以後、中国との交渉を断っているのも、こうした武の除正と関係があるといわれている。すなわち、四八〇年代以後の倭は、百済と結んで高句麗と戦うどころか、ぎゃくにその百済や新興の新羅と任那加羅の支配をめぐって争うことになるのであって[20]、そうした実際の軍事的行動において、いつまでも中国の権威を嵩に着ることができないということが、ここに至ってようやくわかってきたのである。したがって、建元元年（四七九）以降、中国との国交が杜絶えてしまったのも、倭が、中国の権威に見切りをつけた結果であると考えることができるのである。

おわりに

さて、これまで、南朝諸史をもとにして、その王と国王の用例の検討→南朝冊封体制の検討→扶南・芮芮・倭のそれぞれの特殊性の問題→「倭国王」と「倭王」、という順で論を進めてきた。ここで、前節にのべた倭の五王に関して、もういちどかんたんに結論を整理しておくと、つぎのとおりである。

(一)興以外の四王が、宋代に「安東将軍倭国王」から「使持節都督倭新羅任那加羅秦韓慕韓六国諸軍事安東（大）将軍倭王」へと進められた。

(二)その理由は、倭が中国の（潜在的）主権の一部を譲られるためには、「国王」国から「王」国へとその従属度がかわらなければならなかった、という点にもとめられる。

㈢しかし、倭は、こうした中国の処置を望まず、むしろ、独立性の強い「倭国王」を自称した。このことは、扶南とことなって、倭が強い自立性をもって外交をおこなっていたことを示すもので、それがひいては、南朝との国交断絶の原因にもなった。

なるべく史料に忠実に論をすすめてきたつもりだが、これによって、中国南朝の冊封体制下にあって、倭の五王が、異端かつ独立的な外交を展開していた理由を把握することができたのではないかと思う。小論の考察が、当時の日本の立場を国際的な見地から理解することにいくらかでも役立つならば、幸いである。

〔補註〕

（1）栗原朋信「漢帝国と印章」（石母田正他編『古代史講座』第四巻〈学生社、昭和三十七年七月〉所収）三二四〜三二五頁参照。

（2）坂元義種『古代東アジアの日本と朝鮮』（吉川弘文館、昭和五十三年十二月）二九頁。

（3）こうした調査の方法は、古田武彦『「邪馬台国」はなかった』（朝日新聞社、昭和四十六年十一月）・武田幸男「平西将軍・倭隋の解釈」（『朝鮮学報』七七輯、昭和五十年十月）に負う。

なお、表Ⅰ〜Ⅷについて、すこし説明をつけくわえておくと、これらの表では、個々の史料の信憑性が一覧できるように、記事の内容にもとづいて、A型（封冊・任命など）、B型（遣使朝貢関係）、C型（行職・世子など）、D型（詔中や朝廷での奏議のなかでの呼称）、E型（自称や外国人の書・会話中での呼称）、F型（その他）、G型（普通名詞的に使用されており分類不能のもの）という七つのタイプに分類している。

ただし、本紀では、南朝諸史をつうじてA型・B型・C型の三形態に用例が集中し、若干F型が存在する程度なので、D・

E・G型は、省略して図表を作成している。表中の数値のうち、▒の数字は「国王」の称号についての用例数であって、網掛けのない数字は、「王」の称号についてのそれである。

また、列伝のほうは、本紀にくらべて、その記事・内容が豊富でくわしく、その記事が、前代のことにまでおよんでいる場合も少なくない。そこで、あきらかに前代のことであると考えられる用例については、（　）に括って示すことにしている。たとえば、「(1)」とあれば、その項目の用例は前代のものが一例あるのみということを示し、「3（1）」とあれば、その項目の全用例数は三例で、そのうちの一例が前代のものであることを示している。

（4）厳密にいえば、A型は、さらに二つのタイプにわけられる。つまり「詔除武使持節都督倭新羅任那加羅秦韓慕韓六國諸軍事安東大将軍倭王」（『宋書倭国伝』）という記述法と、「安東将軍倭王倭済、進号安東大将軍」（『宋書』巻五、文帝本紀）という記述法の二つである。後者の記述法では「王公如故」などが省略されていることはいうまでもなく、したがって、両者を細分類するのは無意味であるように思われる。

（5）河西王と西河王が同一種のものであるかどうかは議論の対立するところであるが、ここでは、坂元説にしたがって、「西河王」は、「河西王」の誤記であるとする（補註（2）論著、二五五頁）。

（6）宕昌王の用例が、『宋書』の列伝中にみえていないのは、宋の元嘉・孝建年間（四二四～四五六）までは南朝に一度も朝貢していなかったために、列伝に記載できる内容がなかったためであろう。

（7）芮芮国は、「王」の用例のみに関していえば、『南斉書』に初登場であるが、この国のことは、『宋書』の本紀・列伝中にもみられる。

（8）転用の例は六十七で、前四史の合計九十九の約六割八分を占める程度である。しかしAの用例だけで比較すると、四十九例あって、前四史の合計五十五とそれほど差のあるものでない。

（9）なお、梁代の撰である『宋書』や『南斉書』のなかに「扶南王」の用例がみえるのは、梁代の扶南についての認識や考えかたが混入したからではないかとも思われる。

（10）「王」の称号を有する国のなかでも、河西・宕昌・鄧至の三国の値が小さいのは、周囲の情勢による。それぞれについていえば、河西は、大明六年（四六〇）、柔然（芮芮）の攻撃によって滅亡したために、以後の遣使朝貢及び封冊がなくなった。また、宕昌や鄧至は、武都を媒介としなければ、南朝に遣使朝貢できない位置にあったと考えられる。

（11）この点については、坂元氏補註（2）論著、二三八～二三九頁参照。

（12）「楽浪公」については、坂元氏補註（2）論著、一九二頁参照。

（13）『三国志』は、魏を正統の天子として扱っているので、呉帝を「呉主」、蜀帝を「蜀主」としるしている。これは「主」と皇帝との地位が接近していることを示すよい例であろう。

（14）なぜ、「王」ではなく「国王」に変化したのかということが問題になるが、これは、芮芮の国が地理的にみて塞外にあったことと、元来「不臣」の朝貢国であったためではなかろうか。中国の「外臣」としての冊封を受けない以上は、たとえ「主」と呼称されても、そのあつかいは「国王」国に類似していたものと思われる。

（15）坂元氏補註（2）論著、四七二～四七三頁参照。

（16）元嘉七年の遣使が讃であることについては、拙稿「元嘉七年遣使の「倭国王」をめぐって」（『史料』一四四、平成八年八月、本書所収）参照。

（17）坂元氏補註（2）論著、五七・三四五頁参照。

（18）坂元氏は、補註（2）論著において、「「自称」称号といえども、まったくでたらめに主張されているわけではなく（中略）大部分は前王らに授爵されていた」（三一〇頁）とのべておられる。筆者も、基本的にはこの立場に賛成であるが、讃・

珍・済・武の四王が宋代で昇りえた最高地位は、「使持節都督倭新羅任那加羅秦韓慕韓六国諸軍事安東（大）将軍倭王」であると考えている。

(19) このように考えると、「秦韓」や「慕韓」も、それなりに政治的に意味のあったと考えられるのであって、百済や新羅からなお独立的傾向にあった地域に目をつけた倭が、おそらくそれをも称号のなかにふくめて自称していったのであろう。とくに、「慕韓」の軍事権は、「百済」の軍事権をみとめられない状況下では、じゅうぶんな政略的効果があったのではなかろうか。

(20) 末松保和『任那興亡史〈増訂再版〉』（吉川弘文館、昭和三十一年九月）一〇三〜一四六頁。

第五章　元嘉七年遣使の「倭国王」をめぐって

一

南朝宋の歴史をつづった『宋書』の本紀ならびに列伝（倭国伝）には、永初二年（四二一）から昇明二年（四七八）にわたるおよそ五十八年のあいだに、倭国の王が遣使して、宋王朝の除正をうけたことが記録されている。これが、いわゆる「倭の五王」と呼ばれるものであるが、別表をみればあきらかなように、このうち、元嘉七年（四三〇）と大明四年（四六〇）・昇明元年（四七七）の遣使記事には、それぞれ「倭国王遣使献方物」・「倭国遣使献方物」とあるだけで、具体的にだれがおこなったものかはしるされていない。

この三回の遣使が、だれの手によっておこなわれたのかという問題に関しては、倭の五王をどの天皇に比定するかという議論とも相俟って、これまでいろいろな説が提出されている。そこで、本章では、そうした先行諸説の驥尾に附して、この問題を取り上げてみたいと思うが、ここでは、とくに、元嘉七年（四三〇）の缺名王を中心に考えることにしたい。

二

『宋書』巻九十七列伝第五十七夷蛮倭国条（以下、たんに「倭国伝」と称する）によれば、

①倭国在高驪東南大海中、世修貢職。高祖永初二年（四二一）、詔曰、倭讃万里修貢、遠誠宜甄、可賜除授。太祖元嘉二年（四二五）、

讃又遣司馬曹達奉表献方物。

とあって、讃が永初二年（四二一）と元嘉二年（四二五）の二回宋に遣使したことがみえている。問題の缺名王の記事は、年代的にこれにつづくもので、『宋書』巻五本紀第五文帝（以下は、たんに「文帝本紀」などと称する）には、つ

宋と倭の交渉年表

西暦	年号	倭王	記　事
421	永初2	讃	倭王讃、朝貢し、除授の詔を賜わる（文帝本紀）
425	元嘉2	讃	倭王讃、司馬曹達を遣わし、文帝に上表し、方物を献ず（倭国伝）
430	元嘉7	?	倭国王、使を遣わし、方物を献じる（文帝本紀）
438	元嘉15	珍	倭王讃死し、弟珍立って宋に朝貢する。珍は、「使持節都督倭新羅任那加羅秦韓慕韓六国諸軍事安東大将軍倭国王」を自称し、「安東将軍倭国王」に除正される。また、倭隋ら13人は将軍号を授けられる（文帝本紀）
443	元嘉20	済	倭国王済、遣使朝貢し、「安東将軍倭国王」を授けられる（倭国伝）
451	元嘉28	済	倭国王済、「使持節都督倭新羅任那加羅秦韓慕六国諸軍事」を加授される。「安東将軍」は故の如し（倭国伝）
451	元嘉28	済	倭王倭済、安東将軍から「安東大将軍」に進められる（文帝本紀）
460	大明4	?	倭国、使を遣わし、方物を献じる（武帝本紀）
462	大明6	興	倭王世子興、「安東将軍倭国王」を授けられる（倭国伝）
477	昇明元	?	倭国、使を遣わし、方物を献じる（順帝本紀）
478	昇明2	武	倭国王武、方物を献じ上表し、「使持節都督倭新羅任那加羅秦韓慕韓六国諸軍事安東大将軍倭王」を授けられる（倭国伝）

ぎのような記事がみえている。

②（元嘉七年春正月）是月、倭国王遣使献方物。

これが、問題の缺名王の史料であるが、このときの倭国王をだれにあてるかについては、大きくわけて、

㈠讃にあてる説。

㈡珍にあてる説。

㈢讃・珍以外の某王にあてる説。

という三つの考えが存在する。

㈠の讃とみる説は、もっとも一般的なもので、南朝冊封体制にくわしい坂元義種氏も、この説を支持されるおひとりである（「倭の五王」『古代東アジアの日本と朝鮮』〈吉川弘文館、昭和五十三年十二月〉所収、三四八頁）。

つぎに、㈡は、藤間生大氏が唱えられた説である。氏は、②を珍の初遣記事とみて、倭国伝に「讃死弟珍立。遣使貢献」とあるのとおなじことを記録したものと考え、文帝本紀に、

③（元嘉十五年〈四三八〉四月）己巳、以倭国王珍為安東将軍。

とあるのは、珍の「二度目の任官記事」であるとされている（『倭の五王』〈岩波書店、昭和四十三年七月〉二六〜二七頁）。

最後の㈢は、田中卓氏の新説である。氏は、讃と珍のあいだに、もうひとりの王がいて、②は、その某王の遣使の記録であると考えておられるのである（「古代天皇の系譜と年代」『神道史研究』二四―四、昭和五十一年七月、のち『田中卓著作集』第二巻〈国書刊行会、昭和六十一年十月〉所収、ここでの引用は後者による、一七八〜一八〇頁）。田中氏とおなじ結論は、はやく菅政人らののべるところであるが、田中氏は、のちに紹介するような独自の解釈から、いわゆる倭の六王説を展開したもので、一つの新説として扱ってよいかと思う。

右の諸説のうち、㈡の藤間氏の所論については、すでに坂元氏が、その論拠とするところをていねいに批判しておられるのであって（「中国史書対倭関係記事の検討」『古代東アジアの日本と朝鮮』〈前掲〉所収、四四四～四五〇頁）、それによれば、②の倭国王を珍とみる説はもはや成立の余地がないといってよい。

結論をさきにのべるようであるが、じつは、筆者も、これを讃とみてよいと考えているのだが、その際、検討しておかなくてはならないのが、㈢の田中説である。この田中説に対しては、坂元氏は、とくにコメントを加えておられないので、以下は、㈢の田中氏の説について詳しく検討してみたい。

三

田中氏の説は、前掲論文のほかに、「私の古代史像」（田中卓著作集完成祝賀会事務局編『私の古代史像―田中先生略歴並びに著述目録―』〈国書刊行会、平成六年十二月〉所収）でもくりかえしのべられているが、ここでは、より明快な同論文によって、氏の説の要点を紹介しておく。

田中氏によれば、倭国伝の元嘉十五年（四三八）の箇所に、

④讃死弟珍立、遣使貢献。自称使持節都督倭百済新羅任那秦韓慕韓六国諸軍事安東大将軍倭国王、表求除正。詔除安東将軍倭国王。珍又求除正倭隋等十三人平西征虜冠軍輔国将軍号。詔並聴。

とみえる記事の「讃死弟珍立」という部分は、そもそも「讃死、世子某立、某死、弟珍立」とあったのを、「印をつけた六字が、『宋書』編纂時に誤脱したか、伝写の間に欠脱したものではないか」（七二～七三頁）という。

氏は、右のように推測する根拠として、まず、さきの②の缺名王を「某」と措定すると、よく理解できるという

点をあげておられる。

　つぎに、珍と済の関係は、『宋書』でも不明だから、これを「倭国側の基本的史料である『日本書紀』・『古事記』を参照して、「弟」と解して差し支へあるまい」（七四頁）から、『宋書』に脱落があるとみて、倭国王の系譜を図のように修正することができるという。

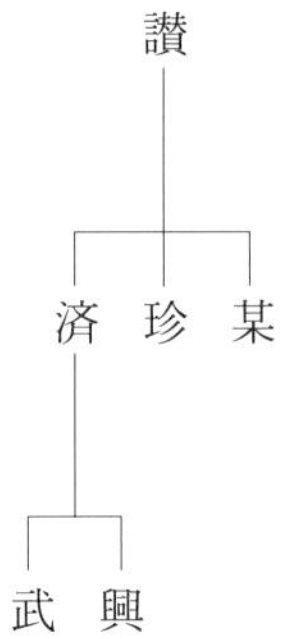

　そして、右のように倭国六王の系譜を想定すると、それが記紀にみえる天皇の実年代と適合するのであって、六王はそれぞれ、仁徳天皇―讃、履中天皇―某、反正天皇―珍、允恭天皇―済、安康天皇―興、雄略天皇―武、と明瞭に対比されるという。さらに、これを記紀の皇統譜にあてはめると、

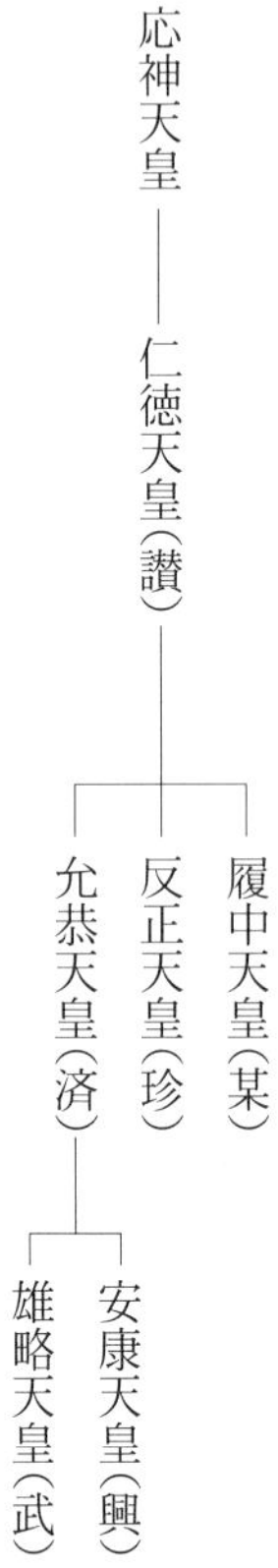

というふうに両者が整然と一致するというのである。

四

以上が、田中説の要点であるが、ひじょうに論理的である反面、中国側の史料の矛盾を日本側の記録にあうように解釈しようとして、いささか無理をかさねているとの印象をまぬかれない。

たとえば、氏は、②の倭国王を「某」とみたうえで、それを日本側の記録（記紀）によって、讃の子、珍の兄、と考えておられるのだが、はたして、このような恣意的な史料操作が許されるものであろうか。

じつをいえば、こうした解釈を裏づける記述は、中国側の史料のどこを探してもでてこないのであって（もっとも、「某」は、田中氏が想定された架空の王だから、その続柄が史書にみえないのは、当然といえば当然である）、中国史書に即していえば、田中氏の推測は、まったく根拠のない想像に過ぎないのである。

それゆえ、筆者は、まず、この点で、田中氏の所説に疑いをいだくのだが、しかし、田中氏は、日本側の記紀によって、中国側の史料をそう訂正できると信じておられるのだから、この点について、これ以上議論をかさねることは、ともすれば水掛け論になりかねない。

そこで、視点をかえて、『宋書』において、②の缺名王を讃・珍以外のもうひとりの王に比定することが、どれほど妥当性をもつのかという点について考えてみたい。

これも、結論からさきにのべると、『宋書』各本紀の缺名王の入貢記事から考えるかぎりでは、元嘉七年（四三〇）の倭国王を讃・珍以外の人物にあてて考えることは不可能であると思われる（このうち、珍にあてる説が成立しがたいことは、さきにのべたとおりである）。

『宋書』の各本紀のなかには、倭をふくめて、都合二十例の缺名王入貢記事が存在している。いま、労をいとわずに、それらをかかげると（ただし、倭ははぶく）、つぎのとおりである。

(a)（元嘉六年〔四二九〕七月）百済王遣使献方物。（文帝本紀）
(b)（元嘉六年十二月）河南国西河王遣使献方物。（文帝本紀）
(c)（元嘉九年七月）壬申、河南国西河王遣使献方物。（文帝本紀）
(d)（元嘉十年）五月、林邑王遣使献方物。（文帝本紀）
(e)（元嘉十三年）六月、高麗国武都王遣使献方物。（文帝本紀）
(f)（元嘉十四年十二月）河南国西河王訶羅単国並遣使献方物。（文帝本紀）
(g)（元嘉十五年）是歳、武都王（中略）林邑国並遣使献方物。（文帝本紀）
(h)（元嘉十六年）是歳、武都王河南王（中略）高麗国並遣使献方物。（文帝本紀）
(i)（元嘉十七年）是歳、武都王河南王百済国並遣使献方物。（文帝本紀）
(j)（元嘉二十八年）五月戊戌、河南王並遣使献方物。（文帝本紀）
(k)（大明二年〔四五八〕）八月乙酉、河南王遣使献方物。（孝武帝本紀）
(l)（大明四年春正月）甲戌、宕昌王遣使献方物。（孝武帝本紀）
(m)（大明四年八月）壬寅、宕昌王遣使献方物。（孝武帝本紀）
(n)（泰始四年〔四六八〕四月）辛丑、芮芮国及河南王並遣使献方物。（明帝本紀）
(o)（泰始五年四月）己巳、河南王遣使献方物。（明帝本紀）
(p)（元徽元年〔四七三〕五月）丙申、河南王遣使献方物。（後廃帝本紀）

(q)（元徽元年十二月）丙寅、河南王遣使献方物。（後廃帝本紀）
(r)（元徽三年三月）丙寅、河南王遣使献方物。（後廃帝本紀）

これらの缺名王は、各列伝中に記載されている内容を検討していけば、いずれも、その王名のわかるものである。たとえば、(a)の文帝本紀の元嘉六年（四二九）の「百済王遣使献方物」とある記事についていうと、百済国伝によれば、少帝の景平二年（四二四）に百済王餘映が長史張威を遣わして、闕に詣で貢献したことがみえており、そのあとに、「其後毎歳。遣使奉献方物。元嘉七年。百済王餘毗復修貢職。以爵号授之」としるされているので、(a)の「百済王」は餘毗であることが判明する。

他の(b)以下の事例についても、これとまったくおなじことがいえるのであって、ここにいちいちその名前をあげることは控えるが、右にピックアップした二十例の缺名王は、列伝と照合すれば、いずれもその名前が判明するものばかりなのである。

しかも、もし、これらが新王の初遣使であるならば、たとえば、百済の場合、餘毗についで即位した餘慶の初遣記事に「（大明元年十月）以百済王餘慶為鎮東大将軍」（孝武帝本紀）とあるように、封冊記事が記録されるのが、本紀一般の用例である。

そのように考えていくと、元嘉七年（四三〇）の缺名の倭国王の遣使を新王の初遣使とみることはむつかしいのであって、これは、むしろ、すでに二度にわたって遣使朝貢をおこなっていた讃のことと考えるべきであることがあきらかになってきた。したがって、②の倭国王について、『宋書』に登場する五王以外の人物の存在を想定し、さらに、それを論拠として、④の史料の「讃死弟珍立」という部分を、「讃死、世子某立、某死、弟珍立」と改める田中氏の説は、とうてい承服できるものではない。

『宋書』にかぎらず、そもそも、中国側の史書における日本の記述についてはあやまった伝聞が多いのであって、安本美典氏が指摘しておられるように、そうしたあやまりは、『明史』日本伝のようなあたらしい時代の史書でも例外ではない（同氏『「邪馬壹国」はなかった』〈新人物往来社、昭和五十五年一月〉七〇～七四頁）。しかし、それを、ただ、日本側の史料にこうある、というだけの理由であらためることができるのかどうかは、すこし考えれば容易に判断できることだと思う。その意味で、田中氏が、『宋書』のどの版本にもない六字を補って、『宋書』の本文を「意を以て改する」ことは、やはり、日本側の記録を偏重した「改竄」であるといわざるをえない。

われわれが中国側の史料を利用する際にこころがけなくてはならないのは、『宋書』なら『宋書』の、ある記事については、まず、『宋書』のなかで、どのように位置づけることができるのかを考えることである。

ここで取り上げた元嘉七年（四三〇）の缺名王も、『宋書』本紀では、㈠他の缺名王の記録はどのように解釈することができるのか、また、㈡新王の初遣記事は、どのように取り扱われているのか、という二点を点検してみれば、かんたんに解決できる問題なのであって田中氏の説は、そうした基本的な考察をおこたったために生じた史料の曲解であるといわざるをえない。

ちなみに、以上の考察の結果を応用すれば、大明四年（四六〇）・昇明元年（四七七）に遣使朝貢した倭国王は、それぞれ済・興であったと考えられるのであって、こちらの缺名王についても、他の王に比定する餘地はないといえよう（なお、この点については、坂元氏前掲「倭の五王」三六二・三六五頁参照）。

五

さて、以上のように考えることができるとするならば、讃は、宋王朝に対し、都合三回の遣使をおこなったことになるが、では、このあいだに、かれは、どのような爵号を得たのであろうか。

坂元氏は、讃は永初二年（四二一）の遣使で「安東将軍倭国王」となったと推測されているが（「倭の五王」前掲書所収、三四五頁）、おそらく、坂元氏のいわれるとおりであろう。加羅が初遣使（南斉の建元元年〔四七九〕）で「輔国将軍本国王」となったことを思うと、すでに漢代や三国魏代、晋代を通じて中国と交渉をもっていた倭が、宋代初遣使でこれぐらいの爵号を授けられるのは、当然である。

さらに、坂元氏は、讃は遣使を重ねるうちに、史料④にみえる珍の自称に近い爵号を得たと推定しておられる（前掲「倭の五王」三四六頁）。

しかし、元嘉二十年（四四三）の時点で「安東将軍倭国王」であった済が、元嘉二十八年（四五一）に「使持節都督倭新羅任那加羅秦韓慕韓六国諸軍事安東将軍倭王」とされ、さらに、同年の秋七月にも将軍号の進号があって、「安東大将軍」へと進められたと考えられることを参考にすると、讃も、「安東将軍倭国王」から「使持節都督倭百済新羅任那秦韓慕韓六国諸軍事安東大将軍倭王」へと封冊・除正されたのではないかと推測される。

済が「倭国王」ではなく「倭王」に除正されたと考える根拠については、稿をあらためて論じたいが、本章では、ひとまず、中国側の史料にはまったく記載のない讃の封冊について、右のような見通しをもっていることをのべるにとどめておきたい。

第六章　『古事記』崩年干支と年代論

一、『古事記』の崩年干支

記注干支とはなにか

『古事記』中・下巻には、神武天皇から推古天皇に至る三十三人の天皇のことがしるされているが、その約半数にあたる十五の天皇[1]について、たとえば、

乙卯年三月十五日。崩也。（成務天皇）

などと、崩御の年の干支と月日（崇神・反正天皇については日を缺く）が分註のかたちでしるされている（別表参照）。いわゆる、『古事記』崩年干支である（以下、これを「記注干支」と称する）。

『古事記』には、ほかに、記注干支とかかわりの深い「御年」（いわゆる「宝算」）や治世年数といった情報も記載されているが、それらは、すべて別表に示したとおりである。

記注干支については、最後の推古天皇の崩年干支「戊子」を西暦六二八年にあて、これを基点に、他の干支についても順次適当な西暦を配当していくことが可能である。

こうした西暦への換算は、現在では、おおむね別表に掲げた数字に落ち着いているが、崇神天皇の崩年については、戊寅年を西暦三一八年にあてる説と、さらに干支一運（六十年）さかのぼらせて二五八年にあてる説とがある。

これは、『古事記』では、崇神天皇につづく垂仁・景行天皇に崩年の記載がないことに原因がある。干支は、六十年で一巡するため、空白期間が長いと、確実な西暦年数への換算がむつかしいのである。

歴代天皇の崩年干支は、『日本書紀』にもしるされている（『古事記』が扱う神武天皇～推古天皇にかぎって別表に網羅した）。しかし、はやく那珂通世氏が指摘したように、[2]『日本書紀』は、いわゆる讖緯説にもとづいて、推古天皇九年（六〇一）から千二百六十年さかのぼった辛酉年を神武天皇元年（前六六〇年）に設定しているため、古いところでは相当紀年が延長されている。したがって、これをそのまま利用することは不可能である。

それゆえ、『日本書紀』とはべつの文献にみえる記注干支の存在は貴重だが、その信憑性はいまだ確定しているとはいえない。そこで、小論では、この記注干支を取り上げながら、年代論の問題について考えてみたい。

記注干支研究小史

記注干支については、本居宣長以来、多くの研究者がこれに取り組み、その成果を公にしている。とくに、明治以降にかぎっていえば、那珂氏が、『日本書紀』紀年には、応神天皇朝で百二十年、神武天皇朝で約六百年程度の延長があるという考証を発表して以来、『日本書紀』紀年に対するが疑念が高まり、それに反比例するかたちで、記注干支が高い評価をうけるようになった。

こうした傾向については、すでに大正八年の時点で、原勝郎氏が看破したとおりであるが、[3]三品彰英氏も、「紀年研究が本格的段階に入った明治期の学界に至って、『古事記』分注の崩年干支が新紀年構成の史料として高く評価され」るようになったことを指摘している。[4]

もっとも、三品氏は、戦前の研究を回顧して、「諸家の態度には可なりの不同が見られる」ことを指摘し、「必ずしもそれに対して絶対的には信頼しないけれど、他に依るべき史料に缺けてゐるが故に、假に記分注の干支によればと云ふ許容的態度に於てそれを採用してゐる論者も少くない」とのべている。

戦後も、紀年論やそれにかかわる記注干支の研究は盛んに発表されたが、そのほとんどは、終戦直後から昭和三十年代初頭に集中している。これは、敗戦によって、古代天皇に関する自由な発言が可能になったことと関係があろうが、それはともかく、当時の研究をみても、記注干支に対する評価は、研究者によってさまざまである。

ただ、多くの研究者が、記注干支の利用に対し、なんらかのためらいを感じているなかで、水野祐氏や田中卓氏のように、これに全面的な信頼を寄せる研究者がいることは、注目に値する。

たとえば、水野氏は、記注干支の原典は、「十五天皇の崩年干支の記載に特色づけられる帝紀の一本に見られた古説であった」とみて、「史料としての分註の価値は極めて重大と言わざるを得ない」としている。(5)また、田中氏は、戦後すぐに研究に取り組んだ『住吉大社神代記』の「船木等本記」に崇神・垂仁天皇の崩年干支を見出し、それとのかかわりで、記注干支の信憑性を確信したようだが、のちに、「〔記注干支は〕伝承の上での計らざるミスを生じた点はあるかもしれないが、しかしながら、できるだけ正しい崩年を伝へようとして記録された信ずべき史料である」と、その立場をあきらかにしている。(6)

もっとも、水野氏にしても田中氏にしても、記注干支が、暦にもとづく正確な記録であることを客観的に証明したわけではなく、両氏の研究によって、記注干支の問題点がことごとく解消されたわけではない（田中説については、後述参照）。

	日本書紀崩年月日		古事記崩年月日		治世年数		宝　算	
	干　支	西暦	干　支	西暦	日本書紀	古事記	日本書紀	古事記
1 神武天皇	丙子３月11日	−585			76		127	137
2 綏靖天皇	壬子５月10日	−549			33		84	45
3 安寧天皇	庚寅12月６日	−511			38		57 (67)	49
4 懿徳天皇	甲子９月８日	−477			34		(77)	45
5 孝昭天皇	戊子８月５日	−393			83		(114)	93
6 孝安天皇	庚午１月９日	−291			102		(137)	123
7 孝霊天皇	丙戌２月８日	−215			76		(128)	106
8 孝元天皇	癸未９月２日	−158			57		(116)	57
9 開化天皇	癸未４月９日	−98			60		115 (111)	63
10 崇神天皇	辛卯12月５日	−30	戊寅12月 〈戊寅〉	258 311	68		120 (119)	168
11 垂仁天皇	庚午７月14日	70	〈辛未〉		99	〔54〕	140	153
12 景行天皇	庚午11月７日	130			60		106 (143)	137
13 成務天皇	庚午６月11日	190	乙卯３月15日	355	60		107 (98)	95
14 仲哀天皇	庚辰２月６日	200	壬戌６月11日	362	9	〔8〕	52 (53)	52
神功皇后	己丑	269			摂政69		100	100
15 応神天皇	庚午２月15日	310	甲午９月９日	394	41	〔33〕	110 (111)	130
16 仁徳天皇	己亥１月16日	399	丁卯８月15日	427	87	〔34〕		83
17 履中天皇	乙巳３月15日	405	壬申１月３日	432	6	〔6〕	70 (77)	64
18 反正天皇	庚戌１月23日	410	丁丑７月	437	5	〔6〕		60
19 允恭天皇	癸巳１月14日	453	甲午１月15日	454	42	〔18〕		78
20 安康天皇	丙申８月９日	456			3			56
21 雄略天皇	己未８月７日	479	己巳８月９日	489	23		(62)	124
22 清寧天皇	甲子１月16日	484			5			
23 顕宗天皇	丁卯４月25日	487			3	8		38
24 仁賢天皇	戊寅８月８日	498			11			
25 武烈天皇	丙戌12月８日	506			8	8		
26 継体天皇	辛亥２月７日 (甲寅)	531 (534)	丁未４月９日	527	25		82	43
27 安閑天皇	乙卯12月17日	535	乙卯３月12日	535	2		70	
28 宣化天皇	己未２月10日	539			4		73	
29 欽明天皇	辛卯４月15日	571			32			
30 敏達天皇	乙巳８月15日	585	甲辰４月６日	594	14	14		
31 用明天皇	丁未４月９日	587	丁未４月15日	587	2	3		
32 崇峻天皇	壬子11月３日	592	壬子11月13日	592	5	4		
33 推古天皇	戊子３月７日	628	戊子３月15日	628	36	37	{73 {75	

※田中卓氏の表らをもとに作成。
治世年数の〔　〕内は崩年干支よりの推定。宝算の（　）内は、立太子または生誕よりの計算。古事記崩年干支の〈　〉内は、『住吉大社神代記』の崩年干支。

二、記注干支研究の新展開

ところが、戦後のはやい時期に、記注干支の史実性に関する新研究が登場する。笠井倭人氏の紀年論が、それである。(7)

笠井倭人氏の紀年論

笠井氏の研究は、『日本書紀』から記事のない空白年次（たとえば、崇神天皇の治世年数六十八年中、記事のあるのは十七年）を除くことによって、紀年延長以前の「原書紀」が復元できるとして、この「原書紀」の紀年が、記注干支ときわめて親縁な関係にあることを立証しようとした労作である。すなわち、氏によれば、仲哀天皇から仁徳天皇に至る治世年数の合計は、「原書紀」と記注干支から得た治世年数のあいだでわずか一年の差しかなく（同一の可能性も大きい）、しかも、「原書紀」によって復元された応神天皇の崩年（三九四）・仁徳天皇の即位年（三九五）と崩年（四二七）が、いずれも記注干支の年次と一致するという。

さらに、『日本書紀』に記事のある年紀数と、崇神・安閑天皇の記注干支から得られる垂仁～安閑天皇朝の治世年数をくらべると、その差は最大で十年に過ぎず、垂仁から雄略天皇朝の場合にも、その差は五年以内であるという。そこから、氏は、この期間にも連年記載を原則とする史料が存在したとみて、「原書紀」にふくまれる歴代の範囲を、崇神～雄略天皇朝ととらえるのである。

こうした笠井氏の所説は、記注干支の信憑性を『日本書紀』紀年とのかかわりで証明しようとした劃期的な研究であるが、意外にも、その後ながらく、賛否の声を聞くことはなかった。

ところが、近年になって、これを積極的に評価したのが、原秀三郎氏である。(8)原氏の説は、記注干支を紀年延長以前の崩年干支を伝えたものとみる笠井氏の所説を「不動の実証」として承認しつつ、田中氏が『住吉大社神代記』に見出した垂仁天皇の崩年干支「辛未」（西暦三一一年に比定）によって、崇神天皇の崩年「戊寅」を二五八年（笠井氏は三一八年を前提とする）とする修正を加えたものである。

鎌田元一氏の批判

こうした原氏の主張がみとめられるとすれば、われわれは、ためらうことなく記注干支を利用してよいのであって、同時に、『記』・『紀』における実年代の推定に大きなよりどころを得たことになる。

だが、はたして、手放しでこれを受け入れてもよいものであろうか。

筆者は、氏の所論を拝読し、いくつかの点で釈然としないものを感じたが、こうした疑念は、すでに鎌田元一氏の指摘するところである。(9)

鎌田氏は、まず、田中氏が、『古事記』以外の史料による独自の古伝と判断した『住吉大社神代記』の崩年干支を俎上にのせる。すなわち、氏は、

①『住吉大社神代記』に「六十八年以㆓戊寅年㆒崩」とみえる崇神天皇の治世年数六十八は、紀年の延長によって作り出された『日本書紀』のそれと一致しているので、崩年干支「戊寅」もまた、『古事記』から出た可能性を否定できない。

②「巻向玉木宮大八嶋国御宇五十三年辛未崩」という垂仁天皇の崩年干支も、天皇が壬子年に生まれ、百四十歳で崩じたとする垂仁天皇紀の記述から導かれたもので、治世年数の五十三も、この崩年干支から割り出された

数値にほかならない。[10]

という二点から、『住吉大社神代記』の崩年干支は、『記』・『紀』（もしくは『記』・『紀』から出た史料）をもとにした記載であると推測する。そして、これによって、記注干支の正しさが立証され、問題の「戊寅」が二五八年に確定したとはいえないとのべる。

つぎに、氏は、笠井氏の紀年論を取り上げる。

はじめに、笠井氏が、『日本書紀』における反正天皇の有記事年数が二年であるのに、「原書紀」における治世年数を「五年」として取り扱う点を批判し、

いかに「ただ一つ」と言え、例外を設けなければならないという点に、すでに氏の論証の弱点が露呈している。しかも、その理由が『古事記』崩年干支による反正の治世年数（履中崩年壬申－反正崩年丁丑）を参照してというのでは、立証しようとする結果を以て前提とするようなもので、恣意的との謗りを免れ難いのではあるまいか。

と、その根本的缺陥を鋭く指摘する。

また、記注干支から治世年数を算定する際に、当年称元法を用いることには「何ら正当な根拠がない」として、こうして算定した治世年数と、翌年称元法による「原書紀」の治世年数とを比較し、その歴代にわたる合計年数の一致もしくは近似を説くことには問題があるとする。

鎌田氏によれば、「翌年称元法による治世年数の合計が実年数を意味するのに対し、当年称元法によるそれは虚の年数に過ぎない」という。すなわち、成務天皇崩年「乙卯」（三五五）と仁徳天皇崩年「丁卯」（四二七）とによって得られる仲哀～仁徳天皇朝の治世年数の合計は、実年数で七十二年であり、「原書紀」の治世年数の合計（笠井氏によれば、七十六年）と一致しない。同様に、垂仁～安閑天皇朝、垂仁～雄略天皇朝の治世年数の合計についても、記

注干支による実年数（崇神天皇の崩年干支「戊寅」を三一八年として計算）は、それぞれ二百十七、百七十一であるが、これは、笠井氏が、『日本書紀』の有記事年数の合計に種々の考慮を加えて想定した、いずれの年数とも一致しないのである。

さらに、氏は、垂仁～成務天皇朝では、有記事年数によって復元される「原書紀」紀年と『古事記』崩年干支とがあまり一致せず、崇神天皇崩年に至って大差を生じるという点を問題にする。さきに紹介したように、笠井氏が、垂仁～安閑天皇朝、垂仁～雄略天皇朝の治世年数の合計を持ち出したのも、もっぱら、この難点を救わんがためなのだが、鎌田氏は、「氏の論考の目的が、復原される「原書紀」紀年と『古事記』崩年干支との親縁性を立証する点にある以上、このずれは氏説にとっての致命的な欠陥」であると手厳しい。

「船木等本記」の性格

こうした鎌田氏の批判は、田中・笠井説にとっては大きな打撃であって、当然のことながら、これらに立脚した原氏の所論も、再考を餘儀なくされる。それゆえ、これ以上の批判は不要とも思えるが、以下、一二三補足しておく。

まず、「船木等本記」の記載である。鎌田氏は、ここにみえる崇神・垂仁天皇の崩年干支は、『記』・『紀』を折衷したものであるとした。それは、おそらくそのとおりであろうが、そもそも、「船木等本記」は、津守家の古伝にのみよったものとは考えがたいのである。

たしかに、船木氏の系譜などは、独自の所伝であり、その用字や体裁は古色をおびている。しかし、崇神・垂仁天皇の崩年干支をふくむ、

此者。彌麻帰入〔日〕子之命止者。大日日命御子也。志貴御豆垣宮御字天皇。〈六十八年以二戊寅年一崩。葬二山辺上

陵一。〉此御時。天都社。国都社定始賜。山乃石門開香乃東日縦。南日横。男乃〔弓弭〕御調。女乃手末御調乎定賜。而初国所知食之天皇也。活目入彦命者。彌麻帰天皇子。巻向玉木宮大八嶋国御宇五十三年辛未崩。〔葬二〕菅原伏美野中陵一。天社者伊勢大神。住吉大神。

という最後の部分については、べつに考える必要があると思う。

田中氏によれば、この部分は、大宝二年（七〇二）の本縁起にしるされていたものであるという。すなわち、天皇号などの表記が、『記』・『紀』とは異なるところから、「未だ記・紀を披見せざる人の筆になる」ことが推測され、そこに崇神天皇の崩年を「戊寅」とする所伝が存することは、記注干支の傍証になるという。(11)

しかしながら、天社・国社を定めたこと、男の弓弭の御調・女の手末の御調のこと、初国所知食し天皇の称号、山陵など、いずれも、『記』・『紀』がともにしるす内容である。とくに、前述のように、崇神天皇の治世年数を六十八年とすることは、『日本書紀』を直接間接に参照した動かぬ証拠である。

そもそも、右に引用した箇所は、直前までの記述とは直接繋がりをもたず、いささか唐突である。住吉大神が天社であることをいうために、崇神天皇の時代に言及したのであろうが、そのために年代記的な史料を補綴した感が強い。しかも、そこに盛られた情報が、『記』・『紀』の範疇を出るものではないとすれば、これをもって、記注干支の正しさを立証するのはいささか安直であろう。

原説の限界

つぎに、笠井氏の所論についてもふれておく。

第一に、笠井氏は、「原書紀」が連年記載であったことを前提として考察を進めているが、ほんとうにそうなのだろうか。
氏自身も気づいているように、紀年の延長の影響を受けていない安康天皇紀以降においても、『日本書紀』には記事のない、空白年次をふくむ天皇紀があることを考慮すると、この前提はいささか心もとない。かりに一歩譲って、連年記載を認めるにしても、では、そうした「原書紀」の記事には、いったいどのような年紀が附されていたのであろう。

連年記載という以上は、治世年数分の記事が存在したことになるが、それらは、某天皇-年というふうに記載されていたのか、それとも、干支をもってしるされていたのか、そのあたりが、筆者にはよくわからない。

前者だとするなら、金石文などにみえる、天皇名+干支といった古い時代の年紀の記載方法にあわない。また、後者だというのであれば、『日本書紀』編者は、もともとあった干支を無視してあらためて年紀を組み立てたことになるが、だとしたら、かかる再構成の基準は、なんだったのであろうか。

そもそも、『日本書紀』の編者が、そこまで大胆に原史料に手を加えたかどうかは、疑わしいのであって、「原書紀」の存在を認めるにしても、そこにしるされた記事の多くは、『古事記』のように、年紀がなかったのではあるまいか。

ところで、原氏は、田中説と笠井説について、「互いにその存在を知り、相互批判を通じてそれぞれの成果を自説に組み入れていたならば、戦後の紀年論はむだな遠まわりをせず、より豊かなものとなっていた」とのべる。だが、両説は、ほんとうに補完関係にあるのだろうか。

記注干支をもとにした笠井氏の計算によれば、成務天皇の崩年「乙卯」を三五五年、崇神天皇の崩年「戊寅」を三一八年とした場合、垂仁～成務天皇朝は四十年（実質は三十七年）となる。これに対し、この間の『日本書紀』の有記事年数は五十二年、と両者の開きはあまりにも大きい。

鎌田氏もこの点を問題にしているが、かりに、原氏のいうように、垂仁天皇の崩年「辛未」を三一一年、崇神天皇の「戊寅」を二五八年とすると、垂仁天皇朝・景行〜成務天皇朝は、それぞれ五十三年と四十四年となる。これに対して、この間の『日本書紀』の有記事年数は、それぞれ二十二年と三十年であり、これこそ「絶望的」な数値である。

笠井氏は、自説の難点を克服するため、垂仁〜安閑天皇朝、垂仁〜雄略天皇朝といった長期にわたる治世年数の合計を援用したのだが、崇神天皇の崩年を二五八年とすると、記注干支からもとめた治世年数が、『日本書紀』の有記事年数をはるかに上回り、ここに至って両者の辻褄はまったくあわなくなる。おそらく、原氏をもってしても、これを整合的に解釈するのは不可能であろう。筆者が、田中説と笠井説とが相容れないものであると考える理由も、この点にある。

三、記注干支から新年代論へ

問題点の整理

さて、以上のように、原氏の所論が破綻を来すとなると、記注干支の信憑性は振り出しに戻る。

そこで、あらためて記注干支の問題点を整理しておく。

『古事記』の記載とはぎゃくに、もっともあたらしい推古天皇の「戊子」からみていくと、これは、『日本書紀』の崩年干支とまったくおなじである。さらに、崇峻・用明天皇の崩年も、『記』・『紀』のあいだで一致している。

この時期の『日本書紀』紀年には延長がないと考えられているから、両者が符合することは、記注干支の信憑性を裏づける、有力な証左となる。しかも、この三朝については、『記』・『紀』のあいだで崩御の月が一致しており、日も十日以内の差なので、かなり信頼がおけそうである。

しかしながら、これ以前の崩年干支を比較していくと、そこには、次第に大きな開きが生じる。『日本書紀』の紀年延長が、古い時代ほどはなはだしいことからすれば、むしろ、これは当然である。

それでも、敏達天皇の場合で九年、継体天皇の場合で四年（異説を採用すると、七年）、雄略天皇の場合で十年、允恭天皇の場合で一年、と、ここまではそれほど大きな差でない（安閑天皇の崩年は「乙卯」で一致）。とくに、四七八年に宋に遣使した倭王武が雄略天皇だとすると、雄略天皇の崩年を「己未」（四七九）とする『日本書紀』の記載とも矛盾することなく、記注干支「己巳」（四八九）とも辻褄があう。したがって、これらの崩年干支を、稲荷山古墳出土の辛亥銘鉄剣とともに、雄略天皇の年代を推測する一つの目安とすることは許されるであろう。

しかし、つづく反正・履中・仁徳天皇に目を移すと、『記』・『紀』の懸隔はいっそう大きくなる。ただ、興味深いことに、この三天皇に関しては、ずれの幅がいずれも二十七年前後（正確には、反正天皇で二十七年六ヶ月、履中天皇で二十六年十ヶ月、仁徳天皇で二十八年七ヶ月）である。その理由はあきらかにしがたいが、この期間の『日本書紀』紀年延長の程度をうかがう手がかりになるかも知れない。

なお、応神天皇以前の崩年干支についてもみておくと、ここにきて『古事記』と『日本書紀』における年代のずれは、目を覆うばかりである。すでに応神天皇で八十四年の差があり、仲哀天皇で百六十二年、成務天皇で百六十五年、と次第に広がり、崇神天皇に至っては、二五八年説でも二百八十五年、三一八年説では三百四十八年と、その差はいかんともしがたい。むろん、この場合、問題は『日本書紀』紀年のほうにあるのだが、さりとて、傍証が得られない以上、記注干支を安易に利用するわけにもいかない。

三品氏によれば、『記』・『紀』にしるされた干支の信頼度にしたがって、紀年研究の時代区分をおこなうと、①仲哀天皇朝以前（干支年次のまったく缺如した時代）、②神功皇后・応神天皇朝より雄略天皇朝まで（干支年次の史料価値甚だ低く、朝鮮側にのみ干支のあった時代）、③雄略天皇朝以後（干支年次の史料として使用し得る時代）、という三期にわけることができるという。(12) こうした区分は、辛亥銘鉄剣より古い、干支による紀年の実例が確認できない現状では、依然として有効だと思うが、(13) これをみても、崇神・成務・仲哀・応神天皇の記注干支に対する不安は拭えないのである。

記注干支の不自然さ

このほかにも、記注干支には、いくつかの心もとない点が存在する。

まず一つには、帝紀にそうしたものがしるされていたとしたならば、『日本書紀』がそれを採用していないのは不思議だし、干支を使わずに某月某日と数字で日をしるす略式の書法も落ち着かない。しかも、崩御の日を十五日とする例が、全体の三分の一もあってわざとらしいことも、記注干支を疑う理由になる。いったい、『古事記』は、元来年紀には無関心な書物であって、記注干支はきわめて異例の記載である。(14)

また、『古事記』にしるされた干支を西暦に換算した場合、崇神〜応神天皇間の天皇の平均在位年数が大きくなりすぎることも問題である。この点については、推理統計学の方面から、安本美典氏のくわしい考察があるが、(15) それによると、『古事記』の崩年干支にしたがって、仁徳天皇の崩年を四二七年、用明天皇のそれを五七八年とすれば、その間十五代百六十年となり、一代の平均在位年数は、一〇・六七年である。これは、五〜八世紀の天皇一代の平均在位年数が一〇・八八年であること（後述参照）とよく合致している。

ところが、崇神〜応神天皇のあいだでは、崩年干支を採用した場合、平均在位年数がかなり長くなる。すなわち、三一八年説をとって、崇神〜応神天皇間を七十六年とすると、平均在位年数は一五・二〇年になり、二五八年説をとるに至っては、五代で百三十六年となり、その平均在位年数は二七・二年となる。これは、統計から得られる平均値とはあまりにもかけはなれているのであって、これも、応神天皇以前の記注干支を疑う根拠の一つに数えることができる。

あたらしい年代論

このように、天皇の活躍期の実年代を考えるうえで、記注干支があまり有効でないとしたならば、『記』・『紀』の年代を推定するには、ほかにどのような途があるのだろうか。

そこで、注目されるのが、昭和四十年代ごろから盛んになる数理統計学的年代論である。

たとえば、右に紹介した安本氏は、即位、退位の時期などを歴史的事実として信頼できるのは、用明天皇ごろからであるとして、同天皇から大正天皇に至る九十八天皇（北朝をふくむ）について、その在位期間を算出。ついで、時代を五〜八世紀、九〜十二世紀、十三〜一六世紀、十七〜二十世紀の四つにわけ、おのおのの時代に即位した天皇の平均在位年数をもとめる。こうしたデータをもとに、五〜八世紀の天皇の平均在位年数が一〇・八八年であり、時代を溯るにつれ、平均在位年数が短くなっていることから、一〜四世紀の天皇の平均在位年数は一〇・八八年よりもやや短めであったと推測する。

さらに、氏は、『日本書紀』がしるす在位年数、『古事記』の「御年」、『記』・『紀』における記事の分量といったものを参考に、年数に増減を施し、最終的な在位年数を推定しているのだが、これによると、たとえば、崇神天皇は、西暦三四〇年代から三五〇年代にかけて在位したことになる。

もっとも、こうした推算にはなお問題が残るので[16]、ここで得られた数値が絶対であるという保証はない。しかし、少なくとも、『記』・『紀』の実年代を推定するうえで、それなりの目安とすることができるのではないかと思う。

右にみたように、天皇の平均在位年数を約十年とした場合、崇神天皇には四世紀中葉という絶対年代が与えられる。これは、崇神天皇陵に治定される行燈山古墳の築造年代を四世紀後半にもとめる考古学の立場（ただし、これについては異論もある）と一致し、興味深いものがある。同様に、神武天皇には、二八〇〜二九〇年代という絶対年代をあてることができるが、これは、大和盆地における前方後円墳の発生の時期と重なり、なにか意味のある数字ではないかと考えられる。

こうした数理統計学的年代論は、いわゆる「アマチュア」と呼ばれるひとびとによって積極的に進められてきたもので、古代史研究者は、どちらかといえば、その成果に冷淡であった。しかし、小論でみたように、『日本書紀』はもとより、記注干支さえもが、それほど信頼のおけぬものであるとするならば、こうした成果にも積極的に耳を傾ける必要があるのではないだろうか[17]。この機会に、専家の真摯な検討を期待しつつ、小論の結びとする。

〔補註〕
（1）以下、「大王」と称するのがふさわしいヤマト政権の最高首長についても、便宜上、『記』・『紀』にしたがって、「天皇」の表記をもちいている。
（2）那珂通世「上世年紀考」（『史学雑誌』八—八・九・十・十二、明治三十年八・九・十・十二月）。なお、那珂氏は、すでに明治十一年に『洋々社談』三八（明治十一年一月）に「上古年代考」を発表している。
（3）原勝郎「日本書紀々年考」（同氏『日本中世史の研究』〈同文舘、昭和四年十一月〉所収、のち辻善之助編『日本紀年論纂』〈前掲〉所収、引用頁は後者による）六一五頁。
（4）三品彰英「紀年論の展開」（那珂通世著・三品彰英増補『増補上世年紀考』〈養徳社、昭和二十三年四月〉所収）一二七～一二八頁。
（5）水野祐『日本古代王朝史論序説』（私家版、昭和二十七年十月、のち昭和二十九年十一月に増訂版が小宮山書店より刊行、引用頁は後者による）四五～六二頁。
（6）田中卓「古代天皇の系譜と年代」（『神道史研究』二四―四、昭和五十一年七月、のち『田中卓著作集』第二巻〈国書刊行会、昭和六十一年十月〉所収、引用頁は後者による）一六九頁。
（7）笠井倭人「上代紀年の新研究」（『史林』三六―四、昭和二十八年、のち同氏『古代の日朝関係と日本書紀』〈吉川弘文館、平成十二年一月〉所収）。
（8）原秀三郎『地域と王権の古代史学』（塙書房、平成十四年三月）の序説「古代地域研究の文明史的方法」のうちの「記・紀伝承読解の方法的基準をめぐって」参照。
（9）鎌田元一「『古事記』崩年干支に関する二・三の問題―原秀三郎「記・紀伝承読解の方法的基準をめぐって―」（『日本史研究』四九八、平成十六年二月）。
（10）垂仁天皇の崩年干支「辛未」については、つづく景行天皇が辛未年に即位していることから、あるいは、これを垂仁天皇の崩年と誤ったのかも知れない。『日本書紀』には、開化天皇・雄略天皇・用明天皇などのように、前天皇の崩年中に即位した例もあるので、『住吉大社神代記』の原史料が、景行天皇の即位年と垂仁天皇の崩年を混同した可能性も、じゅうぶん考えられる。

(11)　田中卓『住吉大社神代記の研究』(住吉大社住吉講、二十五年十月)八四頁。

(12)　三品彰英「紀年新考」(那珂通世著・三品彰英増補『増補上世年紀考』〈前掲〉所収)二二六～二二七頁。

(13)　原氏は、『日本古代国家の起源と邪馬台国―田中史学と新古典主義―』(國民會館、平成十六年一月)において、京都府弥栄町・峰山町(現京丹後市)の太田南五号墳から出土した青龍三年(二三五)の銘文をもつ方格規矩四神鏡などに子・丑・寅の文字が入っていることを、大和王権がすでに干支を承知していた証拠とみる。しかしながら、こうした鏡が、はたして年紀のとおり、青龍三年に作製されたものかどうかは検討の餘地が残るし、これらは、隅田八幡宮所蔵の人物画像鏡や稲荷山古墳出土の辛亥銘鉄剣のように、干支によって年をしるした例ではないから、これをもって暦の存在を立証するのはむつかしいと思う。

(14)　坂本太郎「古事記」(同氏『史書を読む』〈中央公論社、昭和五十六年十一月〉所収、のち『坂本太郎著作集』第五巻〈吉川弘文館、平成元年二月〉所収、引用頁は後者による)三〇七～三〇九頁。

(15)　安本美典『卑弥呼の謎』(講談社、昭和四十七年十月)一四一頁。

(16)　この点については、拙稿「『日本書紀』と年代論」(拙著『『日本書紀』とその世界』〈燃焼社、平成六年十二月〉所収)で詳述したので、参照されたい。

(17)　なお、このほか、『日本書紀』紀年の構成原理を解明し、そこから古代の実年代に迫ろうとする研究としては、栗原薫『日本上代の実年代』(木耳社、平成三年七月)・高城修三『紀年を解読する　古事記・日本書紀の真実』(ミネルヴァ書房、平成十二年三月)・倉西裕子『日本書紀の真実　紀年論を解く』(講談社、平成十五年五月)などがあるが、これらの検討は、べつの機会に譲りたい。

第七章　戦後の記紀批判をめぐる覚書
―最近の皇室典範改正問題に関聯して―

戦後、『古事記』・『日本書紀』の研究は飛躍的に進んだ。これは、敗戦によって、古代天皇に関する自由な発言が可能になったことと関係があろうが、戦後六十餘年の日本古代史の研究を振り返るとき、記紀の史料批判がきわめて緻密になったことを、あらためて痛感させられる。

戦後の記紀批判において、もっとも注目すべきことは、史料としての記紀の検討の結果、皇統譜の信憑性や天皇・皇后の実在性を疑う（否定する）学説が盛んに唱えられるようになったことであろう。[1]

たとえば、記紀がともに初代の天皇とするす神武天皇については、戦後は非実在論が主流であり、その東征伝承も、後世の造作であるとするみかたが有力であった。

一例をあげると、戦後ながらく東京大学で日本古代史を講じた井上光貞氏は、神武天皇は神話上の人物であって実在でないことを説いていた。[2]井上氏の見解は、神武天皇の東征伝承を天孫降臨につづく日本神話の一部であるとする津田左右吉氏の研究[3]を祖述したもので、それ自体は目新しいものではないが、これが戦後の古代史学界を代表する学説であったことは疑いない。

神武天皇の実在性を否定する見解は、ほかにも数多いが、昭和三十年代から四十年代の一時期に流行したのが、水野祐氏[4]や直木孝次郎氏[5]らに代表される「モデル論」である。これは、記紀にみえる神武天皇の行動は、天武天皇のそれをモデルにしたものであるとか、神武天皇東征の物語は、五世紀後半に起こった河内政権による大和進出や、六世紀前半に越前・近江を地盤とする継体天皇勢力が大和入りしたことがモデルとなっている、などというものである。(6)

つぎに、神武天皇につづく綏靖～応神天皇の十四代に目をやると、これらの天皇についても、「架空」とするみかたが大勢を占めていた。『古事記』に崩年干支（崩御の年の干支・月日をしるした注記）の記載を缺く天皇を悉く「抹殺」した水野祐氏の王朝交替論は、有名である。(7) 記紀に帝紀的記載しかない綏靖～開化天皇、いわゆる「闕史八代」の実在を否定する説もよく知られているし、「闕史八代」の存在を認める研究者のなかにも、これら八代をふくむ初期の天皇系譜にみえる父子による直系継承を疑問視する向きがある。(8)

さらに、前出の井上氏によれば、成務天皇・仲哀天皇・神功皇后なども、きわめて実在性の乏しい人物であるという。井上氏の論証を詳しく紹介する遑はないが、その要点を摘めば、つぎのとおりである。

まず、氏は、天皇の名前のつけ方に着目する。すなわち、神武天皇から元正天皇までの天皇（神功皇后をふくむ）四十五人をA～Gの七群にわけ、そのなかのD群にあたる景行天皇・成務天皇・仲哀天皇・神功皇后の和風諡号「オオタラシヒコオシロワケ」・「ワカタラシヒコ」・「タラシナカツヒコ」・「オキナガタラシヒメ」が、

①七世紀初頭の天皇の名と「タラシヒコ」・「タラシヒメ」を共通にしている

②とくに、成務天皇・仲哀天皇から「タラシヒコ」を除くと、「ワカ」とか「ナカツ」とかいった普通名詞だけが残って固有名詞をふくんでいない

③神功皇后の「オキナガタラシヒメ」が舒明天皇の「オキナガタラシヒロヌカ」と「タラシ」を共有している

という三点から、「七世紀もしばらくたって、これらの名が作られた」と推測する。途中のこまかい論証は省く

が、結局のところ、井上氏は、記紀にしるされた景行天皇から応神・仁徳天皇に至る系図について、「〔ヤマトタケル・成務天皇・仲哀天皇・神功皇后は〕七世紀的な名をもつか、まったく架空の人物で、それらを除き去ると、この系図は成立しない」とのべて、成務天皇・仲哀天皇・神功皇后の実在性を否定している[9]（Ｂ図参照）。

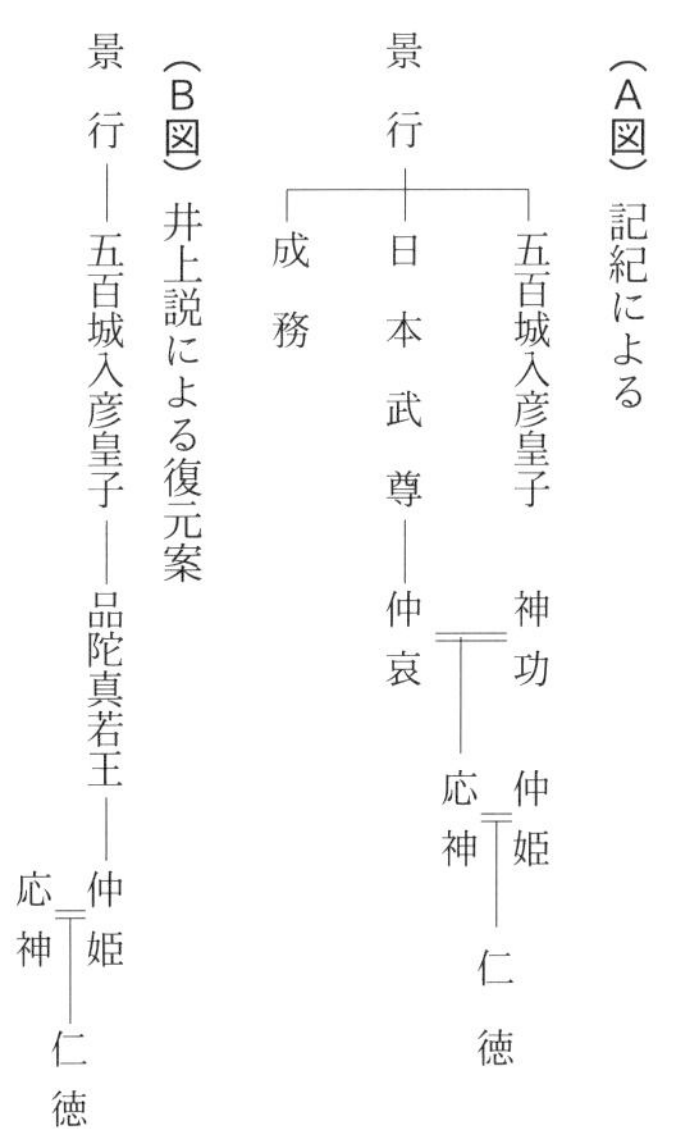

景行〜仁徳天皇の皇統譜

こうした井上氏の研究は、その後の学界に大きな影響を与えており、同氏の学説をそのまま踏襲する研究者も少なくない。しかしながら、いっぽうでは、田中卓氏らのように、井上氏の学説に批判的な態度を貫く研究者もいるので[10]、井上説が万人の承認を得ているというわけではない。

ちなみに、神功皇后については、モデル論の立場から、直木孝次郎氏が、推古・皇極（斉明）・持統三女帝をモデルとして構想された人物ではないかとする説を唱え[11]、のちに水野氏も、神功皇后は実在の人物ではなく、「息長系天皇としての皇極（斉明）天皇をモデルとして、その伝承は完形を整えた」とみている[12]。

こうした学説は、物語が推古天皇以降の史実と関係が深いことを指摘した点で有益であった。しかし、いっぽうでは、祖型となる伝承が古くからあり、それが語り手の都合で潤色・変改され、やがて記紀に定着したとするみかたも存在する。この説によれば、五世紀前半には宮廷で語られていた朝鮮半島南部平定の伝承に、民間で語られていた海の母神と御子神信仰から生まれてきたオホタラシヒメの伝承や、山城南部の息長氏の伝承が習合したのが、記紀の神功皇后伝説であるという[13]。

もっとも、こうした立場でも、神功皇后は、やはり伝承上の人物ということになる。

これら諸説については、いまなお学界の評価は一定しないが、概していえば、記紀の伝承を、後代の史実をモデルにして仮構されたものとみる説は、かつて一世を風靡したが、その後はしだいに廃れてきている。(14) 現状では、むしろ、伝承にはなにか核となるべきものが存在し、それが、長い歳月をかけて、伝承荷担者の願望や時代の要請に応じて、雪ダルマ式に形成されてきたものである、とするみかたに落ち着いている。

皇統譜にしても、擬制的な要素や、のちに附加された部分があることはたしかである。しかし、だからといって、系譜そのものを虚構とするのではなく、むしろ、現状では、そうした系譜が形成されていく過程や、それにかかわった氏族を探求していく方向に研究が進んでいるようにみえる。

いずれにせよ、記紀に語られた物語が、その伝承の過程で大きく変改や潤色を蒙っていることは、もはや疑いない。問題は、いったいだれがどのような目的で、かかる変改をおこなったのかを解明することである。その意味で、戦後の記紀研究が、こうした鋭い問題意識のもとに進められてきたことは、方法論的な進歩を示すものとして特筆すべきである。モデル論もふくめて、ここに戦後の古代史研究の大きな収穫があったといえよう。(15)

○

ところが、こうした戦後の研究成果を棚上げするような動きが、最近目立っている。皇室典範改正問題にかかわる議論がそれである。

昨年（平成十七年）十一月二十五日、小泉首相に「皇室典範に関する有識者会議」からの改正報告書が提出された。

これを参考にした政府案が今年の通常国会に提出されるというので、皇室典範改正問題は、さらに過熱の様相を呈している（ただし、秋篠宮妃殿下のご懐妊により、法案提出が見送られたことは、周知のとおりである）。

ここで、女性・女系（母系）天皇容認論の是非を論ずるつもりはないし、また、それだけの紙幅もない。

ただ、日本史、とくに古代史を専門とする筆者からみると、昨今の議論には不満な点が少なくない。天皇および皇室を語ることは、とりもなおさず、わが国の歴史を回顧することなのだが、それにしては、諸氏の発言には歴史に対する知識が不足している。

その顕著な例が、記紀にしるされた皇統譜の取り扱いである。男系男子限定主義論者、女性・女系（母系）天皇容認論者にかぎらず、この問題を論じる人々の多くが、神武天皇以来、百二十五代にわたって皇統が一貫して男系で継承されてきたことを前提としている。ということは、彼らは、記紀にしるされた歴代天皇の存在およびその系譜を信頼できるものと考えているのであろう。

しかし、事実は、それほど単純ではない。

すでにその一部を紹介したように、応神天皇以前の天皇の実在性とその皇統譜については、これを疑う説が少なからず提出されている。こうした学説を批判・克服することなく、記紀の皇統譜を利用することは、およそ学問的とはいえない。

たとえば、男系男子限定主義の立場をとる新田均氏は、「史実が教えるところは、（中略）神武天皇以来の皇位は一二五代一貫して男系によって受け継がれてきた、ということです」とのべる[16]。

「史実」とはずいぶん大きく出たものである。一瞬、わが目を疑ったが、同氏は、のちに、べつな論文でも、「皇位が百二十五代にわたって一度の例外もなく男系によって継承されてきたのが歴史事実です」とのべているから、[17]実際そう考えているようだ。しかしながら、いつから記紀の皇統譜は、史実と認定されたのであろう。同氏が、自身の研究の結果、そうした結論に達したのならそれは結構だが、そのような研究は寡聞にして知らない。

氏の論文は、田中卓氏が同誌に発表した女性・女系（母系）天皇容認論[18]に対する反論である。そのなかで、新田氏は、阿倍内親王の即位の経緯に関する瀧浪貞子氏の所論を紹介しつつ、「このような学説が存在する以上、それに対する反論もせずに、称徳天皇を弁護してみても、「女系で問題なし」を歴史学的に証明したことにはなりません」[19]と、田中氏を批判している。

瀧浪氏の孝謙天皇論は古代史学界でも評価が低く、これを論破しなければ、つぎに進めないというものではないのだが、それはともかく、天皇の存在や皇統譜の信憑性を否定する学説が存在する以上、新田氏自身も、それに対する反論を用意する必要があろう。そうした異論を無視し、「神武天皇以来の皇位は一二五代一貫して」云々と主張しても、それは「男系男子で問題なし」を歴史学的に証明したことにはならないであろう。

もっとも、こうした、戦後の記紀批判を軽視するかのような発言は、なにも同氏にかぎらない。以下、同様の事例を若干あげてみる。

一つは、継体天皇に関する議論である。

『日本書紀』によれば、武烈天皇には子供がいなかったので、応神天皇五世孫の男大迹王（継体天皇）がはるばる越前から迎えられたという。これは、男系男子限定主義論者、とりわけ旧皇族の皇籍復帰を主張する論者のあいだで、傍系継承の先例として、よく引き合いに出される話である。[20]

たとえば、百地章氏は、つぎのようにのべている。[21]

数えますと、武烈天皇と継体天皇とは、十親等の開きがあります。十親等と言ったら、われわれの感覚ではあかの他人です。そんな方を捜し出してまで男子に継承していただいたのです。もし女系でよかったら、武烈天皇の妹、手白香姫が天皇になられどなたか配偶者として迎えれば、これは女系天皇になるわけですが、それで簡単に済んだわけです。にもかかわらず、八方手を尽くして、苦労して男系男子の後継者を捜し回って、やっと継体天皇をお捜しして皇位を継いでいただいています。

『日本書紀』の記述では、たしかにそのとおりである。しかしながら、男大迹王擁立の真のねらいは、血統よりも、王のもつ政治力・経済的基盤にあった、というのが、近年の有力な学説である。[22] 男大迹王は、越前・近江・尾張など、広い範囲に勢力を有していたが、ヤマト政権は、これを取り込むことによって、弱体化した権力基盤の強化・再編成をもくろんでいた。だから、「応神天皇五世孫」という血統自体は、二の次なのである（この程度の血統の王族なら当時、ほかにもたくさんいたはずである）。

その証拠に、王が、名実ともに「大王」と認知されたのは、前王統の血を引く仁賢天皇皇女の手白香皇女との婚姻によってである。『古事記』下巻の「故、品太天皇の五世の孫、袁本杼命を、近淡海国より上り坐さしめて、手白髪命に合せて、天の下を授け奉りき」という叙述は、這般の事情をよく物語っている。

こうした視点を欠いては、傍系の男大迹王が即位に至った真相は、金輪際みえてこないのだが、百地氏は、どこまでそのことを理解しているのであろうか。さきの文章からは、なんだかおぼつかない印象をうける。

その点、女性・女系（母系）天皇容認論の所功氏は、さすがに古代史の専家だけある。氏が、継体天皇の事例について、「他面で先帝に最も近い女子が遠縁十親等の男子を婿に迎えたとみなすこともできよう」とのべているのは、的確な指摘である。[23]

ちなみに、入り婿的な要素をもつ天皇は、ほかにもいるのであって、応神天皇も、その一人である。以下、その即位の経緯を紹介すれば、つぎのとおりである。

そもそも、初期のヤマト政権は、大和とその周辺に盤踞していた複数の政治集団によって構成される連合組織であり、そのなかのもっとも有力な政治集団から最高首長が出る仕組みになっていたと考えられる。四世紀後半、この最高首長権を握っていたのは、大和東北部から山城南部の地域を勢力基盤とする政治集団である。神功皇后陵に治定される五社神古墳（墳丘長二七五㍍）など、当時としては、日本最大規模の前方後円墳が集中する佐紀盾列古墳群西群（現奈良市山陵町附近）を築造したのは、この集団である。その正統な後継者が、麛坂王・忍熊王であった。

ところが、四世紀末に、最高首長の座をめぐる内紛が生じ、反乱を起こした神功皇后・応神天皇（に象徴される）一派がそれに勝利した。記紀は、麛坂王・忍熊王を反逆者のように描くが、これは、記紀のもとになった「原帝紀」が、応神天皇を正統な後継者とする体制のなかでまとめられたことに原因があるらしい。(24)

この内乱において、応神天皇側の後ろ盾となった勢力の一つに、河内の政治集団があった。(25)

記紀の皇統譜によれば、応神天皇は、品陀真若王の娘仲津姫命に入り婿したことになっている（さきにみたように、井上氏は、独自の復元案を提示しているが、かかる復元が正鵠を射たものかどうかは、こんにちでは不可知論に属する）。品陀真若王は、「ホムタ」という名からもわかるように、河内国古市郡誉田附近を拠点とする政治集団の首長である。彼は、内乱のあと、佐紀の政治集団から応神天皇をむかえることによって、ヤマト政権の正統な後継者としての立場を確立したのである。五世紀にはいり、最大規模の前方後円墳が、佐紀盾列古墳群西群から古市古墳群に移動しているのも、応神天皇の「入り婿」を境に、最高首長の座が佐紀から河内に移ったことによると考えると、うまく説明できる。(26)

こうした事例をみれば、記紀の伝える皇統譜が、単純な「万世一系」ではないことがおわかりいただけると思うのだが、男系男子限定主義を奉ずる人々が、はたしてそこまで踏み込んで研究しているのであろうか。筆者は、その点が気がかりでならない。

なお、このほかにも、問題のある記事は少なくないが、最後にいま一つだけわかりやすい事例を紹介しておく。それは、顕宗・仁賢天皇の即位の物語である。

顕宗天皇は、諱を弘計といい（袁祁命とも書く）、雄略天皇によって殺害された履中天皇の皇子市辺押磐皇子の子で、顕宗天皇のあとに即位した億計王（意富祁命とも。仁賢天皇）はその同母兄である。

顕宗天皇即位前紀のしるすところによれば、父市辺押磐皇子が雄略天皇に射殺されたことを知った億計王・弘計王の兄弟は、播磨国赤石郡に逃れ、身分を隠して縮見屯倉首に仕える。清寧天皇のとき（『古事記』では崩御後のこととする）、播磨国司伊与来目部小楯が二王を発見する。小楯の報告を受けた清寧天皇はよろこび、二王を宮中に迎え入れる。そして、兄の億計王は皇太子となり、弟の弘計王も皇子とされたが、清寧天皇が崩御すると、二王はたがいに位を譲り合い、どちらも皇位に即こうとしない。そのため、空位の期間がつづき、一時的に姉の飯豊青皇女が政治をとるが、皇女が崩じたのち、億計王をはじめとする関係者の説得によって、ようやく弘計王が即位を承諾する。

こうした皇位の互譲は、仁徳天皇と菟道稚郎子がたがいに皇位を譲り合ったという話を彷彿させるものがあるが、記紀の叙述をみると、同母弟の顕宗天皇に皇位を譲った仁賢天皇は、きわめて有徳の人物として描かれている。とくに、『古事記』は、仁賢天皇を君子とする思想的立場が顕著である。顕宗天皇が父を殺した雄略天皇の御陵を破壊させようとしたとき、みずからこの役を買ってでて、御陵の傍らをすこし掘るだけにとどめたというエピソードも、『古事記』にしかみえないものである。

近年の研究によれば、[27]『古事記』下巻の皇位継承の伝承は、聖帝仁徳天皇にはじまり、仁賢天皇を経て、手白香皇女所生の欽明天皇の即位に終わる履中天皇系の立場によって書かれた物語であって、顕宗・仁賢天皇の人物像も、そうした思想にもとづくものであるという。

ところが、この伝承について、男系男子限定主義を主張する松浦光修氏は、つぎのようにのべる。[28]

いかに男系継承が護られてきたか。いかに先人たちがそのことに苦心惨憺してきたか。それを忘れた議論はまことに軽薄なものでしかないのです。たとえば第二十二代・清寧天皇には皇后も皇子もいらっしゃらなかった。その頃、播磨の国の長官として赴任をした朝臣が火を焚く少年二人と出会い、その生い立ちを尋ねたところ、履中天皇の孫であることがわかった。「これは大変だ」ということになり、その二人が第二十三代・顕宗天皇と第二十四代・仁賢天皇となられた。たとえ、そのとき火焚という境遇にあっても、男系であれば皇統を継ぐ資格があったということです。

記紀・『播磨国風土記』、いずれに依拠したのかよくわからない要約だが、いまそれは問わないとして、これはもう、記紀の物語をそのまま史実と受け止めたかのような書き振りである。

たしかに、これを史実と認める研究者もいるにはいるが、顕宗・仁賢天皇が播磨国に身を潜めていたという話は、口誦伝承の世界でいう王胤出現譚もしくは貴種流離譚に属するもので、やはり、そのまま事実とは信じがたい。[29]記紀が、このような物語をあえて掲げているのは、さきに紹介した、二王が皇位を譲り合ったとする記述と関係がある。すなわち、こうした行為は、有徳の表徴にほかならないのであって、それを実践した顕宗・仁賢天皇は、ともに有徳の天皇と考えられていた。だから、播磨への逃避譚も、その後、二人が相次いで即位したことを際立たせるために附加された話なのである。

こうした、顕宗・仁賢天皇を有徳の天皇とする思想は、記紀編纂の材料となった帝紀のもとになった書物、すなわち、欽明天皇朝に成書化された「原帝紀」に由来するといわれている。同書のねらいは、欽明天皇系皇統の正統性を説くことにあったから、そこで欽明天皇系皇統に属する人々がよく描かれるのは、当然である。『古事記』下巻は、天武天皇による帝紀の撰録が不徹底であったため、こうした「原帝紀」の思想がそのまま温存されているのであって、この点を考慮しなければ、顕宗・仁賢天皇即位の真相はみえてこないのである。

○

さて、こうした事例からもわかるように、一口に記紀の伝承といっても、皇位継承の物語は取り扱いがきわめてむつかしい。にもかかわらず、皇室典範改正問題を扱う人々、とりわけ男系男子限定主義論者は、こうした史料の吟味に慎重を欠いている。ありていにいえば、論証が雑なのである。ときとして行論が恣意的なのは、あるいはそのせいであろうか。以下、不本意ながら、目にとまった記述を取り上げてみよう。

たとえば、百地氏は、傍系継承の重要性を論じたくだりで、つぎのようにのべておられる。

インターネットで見つけたのですが、これについて面白いたとえがあります。それは聖火リレーを例にしたもので、（中略）「聖火ランナーが繋いできた火が今にも消えそうです。その時、あなたはどうしますか？　チャッカマンで火をつけますか？　それとも予備の火を持った伴走者から火を付けてもらいますか？」という非常にわかりやすいたとえです。傍系によって継承するというのはまさにこれなのです。(30)

このあと、比叡山延暦寺の「不滅の法灯」も比喩としてあげているが、ここに引用された第一の比喩を額面どおりに受け取れば、旧皇族＝聖火の予備、女系天皇＝チャッカマンということになろう。しかし、これはいくらなんでも失礼ではないか。百地氏が発案された比喩ではないにせよ、「面白いたとえ」として引用しているところをみれば、自身も愛子内親王とその配偶者をその程度にしか考えていないのはあきらかである。

前出の松浦氏は、自著のなかで、「〔有識者会議の〕報告書は、無礼なことに、あたかも皇族を意志のない〝機械〟のごとく見なしているかの感があ」る(31)とか「〔有識者会議の〕座長の吉川氏は、寛仁様のエッセイの内容を、「どうということはない」と言い放った不遜きわまりない人物」であるとか(32)書いているが、右の百地氏の発言を読めばわかるように、男系男子限定主義論者も似たり寄ったりである。どちらかといえば、チャッカマン扱いのほうが品位に缺ける。(33)

下品といえば、風聞に依拠した不確実な情報を盛り込むのも、男系男子限定主義論者に目立つ。

百地氏は、おなじ論文のなかで、

　それともう一人、皇學館大学の田中卓氏がとんでもない冊子を書かれ、『諸君《（ママ）》』にも論文を載せられました。これについては『神社新報』で逸早く、新田均皇學館大学教授が反論してくれています。所氏に輪をかけた、これがあの田中氏の論文かと疑うようなとんでもない議論か展開されています。皇學館大学では所氏と田中氏が発言したらみんな黙ってしまったらしいのですか、新田均氏、松浦光修氏という若いお二人が反論してくれたので、学長も喜んでいると聞きます。(34)

だれから聞いた話かは知らないが、新田・松浦両氏の反論を伴五十嗣郎学長がよろこんでいるというのは、筆者が確認したかぎりでは、事実に反する。(35)筆者も、皇學館大学の教職員の端くれだが、べつに田中・所両氏に遠慮しているわけではない。戦後の記紀研究に学ぼうとしないひとと学問的な議論ができるとは思わないから口を噤んでいるだけである。(36)それゆえ、百地氏の、かかる発言は、われわれに対する侮辱である。

また、松浦氏が、

世間には、「田中氏も所氏も、娘さんはいても息子さんはいない。だから、いまのロイヤル・ファミリーに、勝手に感情移入してるだけじゃないか」などという噂もあります。まさか、そんなバカなことはあるまい、とは思うのですが……。[37]

研究者なら論文の内容について議論すべきであって、かかる揣摩臆測などどうでもよいはずである。「噂」の発信源が松浦氏でないことを祈るが、よしんばこの「噂」があたっているにしても、「感情移入」は、別段悪いことではあるまい。

そもそも歴史学とは、過ぎ去った時代の実相を再構築する学問である。だから、時代の雰囲気をどこまで的確につかみうるか、また、過去の人物にどこまで感情移入できるかは、歴史の実像に迫るうえでたいせつな要件のはずである。

さらに、松浦氏は、

三人〔田中卓氏・所功氏・高森明勅氏〕とも、建国以来、皇統が男系で継承されてきたという歴史事実を、熟知している方々のはずです。それなのに、なぜ「女性天皇・女系天皇」に、あれほどの執念を燃やしているのか、その根本の動機が私にも、いまひとつわかりません。[38]

とのべる。理解しようとしないのは勝手だが、筆者などは、ぎゃくに、あれだけ歴史に造詣が深く、皇室に対する崇敬の念の強い研究者が、あえて女性・女系（母系）天皇容認の立場に立つことは、それだけの理由があってのことではないかと考えてしまう。

べつに女性・女系（母系）天皇容認論者に肩入れするつもりはないが、所氏や田中氏の論著からは、男子皇族が極端に少ない現状をふまえつつ、皇統の維持に心を痛める歴史学者の憂慮がよく伝わってくる。ゆえに、筆者は、かならずしも、両氏が「日本を虐げる人々」だとは思わないのである。

いずれにしても、最近の皇室典範改正問題には、史実の確認という、重要な前提を棚上げにした議論が横行しているようである。現状では、結論を急ぐ必要はないわけだし、いまたいせつなのは、それぞれがもっと歴史をよく研究することではあるまいか。

〔補註〕

（1）「大王」と称するのがふさわしいヤマト政権の最高首長についても、便宜上、記紀にしたがって、「天皇」の表記をもちいている。同様に、「皇后」という表記についても、あくまで便宜的なものであることを、あらかじめお断りしておく。

（2）井上光貞『日本の歴史1　神話から歴史へ』（中央公論社、昭和四十年二月）二四八〜二六六頁。

（3）津田左右吉『神代史のあたらしい研究』（二松堂書店、大正二年十月）・同氏『古事記及び日本書紀の新研究』（洛陽堂、大正八年八月）。なお、水野氏「神武天皇モデル論」（『歴史読本』三九－七、平成六年四月）は、一般向けに書かれた文章だが、水野説の論旨が簡潔・明快に語られている。

（4）水野祐「神武天皇東征伝説考」（『史観』三九、昭和二十八年六月）。

（5）直木孝次郎「継体朝の動乱と神武伝説」（『日本古代国家の構造』〈青木書店、昭和三十三年二月〉所収）・同「神武天皇と古代国家」（『紀元節問題－「建国記念の日」制定はなにをめざすか－』〈青木書店、昭和四十二年二月〉所収、のち直木氏『神話と歴史』〈吉川弘文館、昭和四十六年四月〉所収）など。なお、直木氏「神武天皇モデル論」（『歴史読本』三九－七〈前掲〉）は、一般向けの文章だが、直木説が簡明にのべられている。

（６）ただし、神武天皇非実在論に否定的な研究者もおられるのであって、植村清二『神武天皇　日本の建国』（至文堂、昭和三十二年十二月）・日本文化研究会編『神武天皇紀元論―紀元節の正しい見方―』（立花書房、昭和三十三年四月）などは、そうした立場にたつ研究書である。
（７）水野祐『日本古代王朝史論序説』（私家版、昭和二十七年十月、のち昭和二十九年十一月に増訂版が小宮山書店より刊行）。
（８）たとえば、安本美典『卑弥呼の謎』（講談社、昭和四十七年十月）など。
（９）井上光貞『日本国家の起源』（岩波書店、昭和三十五年四月、のち『井上光貞著作集』第三巻〈岩波書店、昭和六十年十月〉所収、引用頁は後者による）一〇六～一〇八・一五二～一五四頁。
（10）田中卓①「稲荷山古墳出土の刀銘について」（同氏『古代天皇の秘密』〈太陽企画出版、昭和五十四年二月〉、のち『田中卓著作集』第三巻〈国書刊行会、昭和六十年四月〉所収、引用頁は後者による）三七三～三九七頁・②「日本古代史の復権」（『田中卓著作集』第二巻〈国書刊行会、昭和六十一年十月〉所収）二三七～二三九頁など。
（11）直木孝次郎「神功皇后伝説の成立」（『歴史評論』一〇三、昭和三十四年四月、のち同氏『日本古代の氏族と天皇』〈塙書房、昭和三十九年十二月〉所収）。
（12）水野祐「神功皇后論」（『史観』七六、昭和四十二年十二月）三一頁。
（13）塚口義信『神功皇后伝説の研究』（創元社、昭和五十五年四月）。
（14）たとえば、直木孝次郎氏なども、同氏の「応神天皇と忍熊王の乱」（上田正昭ほか『日本古代王朝と内乱』〈学生社、平成元年十一月〉所収）などでは、塚口氏のそれに近い考えをとっている。
（15）ちなみに、記紀には、神武天皇以前に神代の巻がおかれている。いわゆる記紀神話である。研究者のなかには、この神話及びそこに登場する神々の系譜（神統譜）のなかにも史実の核がふくまれていると考えるひとがいる。具体的にいえば、神統譜の信憑性を認め、神武天皇は天照大神の五世孫であると考えるのである。こうした考えに立てば、記紀神話はたんなる神話ではなく、神武天皇以前のヤマト政権の実像を示すことになろう。このような神話のとらえかたは、実証レベルでむつかしい問題をかかえているが、筆者は、こうした假説も虚心に検証すべきではないかと考えている。

(16) 新田均「師・田中卓氏への諫言　女系天皇は、なりません」(『諸君！』三八－四、平成十八年四月) 五九頁。傍点は荊木。

(17) 新田均「まさしく「女系天皇論は〝君子の論争〟で」－田中卓博士への再反論－」(『神社新報』二八三三、平成十八年四月) 四頁。傍点は荊木。

(18) 「寛仁親王殿下へ－歴史学の泰斗からの諫言　女系天皇で問題ありません」(『諸君！』三八－三、平成十八年三月)。なお、この論文は、田中氏『女帝・女系反対論に対する批判と私見－原則、「有識者会議」報告に賛同し、政府案に要望す－』(國民會館、平成十八年一月) をベースに改稿したものである。

(19) 新田氏論文、六一頁。

(20) たとえば、八木秀次『「女性天皇容認論」を排す』(清流出版、平成十六年四月) 六七頁など。

(21) 百地章「皇統の危機と宮家の役割」(『鴬乃声』八一－四、平成十八年四月) 六八〜六九頁。

(22) 塚口義信「継体天皇－謎につつまれた即位事情を探る－」(『AERA　MOOK82　古代史がわかる。』〈朝日新聞社、平成十四年八月〉所収)・拙稿「継体天皇即位前紀にみえる倭彦王をめぐって」(横田健一先生米寿記念会編『日本書紀研究』第二十六冊〈塙書房、平成十七年十月〉所収) ほか。

(23) 所功「皇位継承のあり方に関する管見」(同氏『皇位継承のあり方　〝女性・母系天皇〟は可能か』〈PHP研究所、平成十八年一月〉所収) 八九頁。

(24) 塚口義信「佐紀盾列古墳群とその被葬者たち」(同氏『ヤマト政権の謎をとく』〈学生社、平成五年九月〉所収)。

（25）塚口氏補註（22）論文、一一八～一二二頁。
（26）ただ、筆者は、こうした盟主権の移動から、「王朝の交替」というような事実を引き出そうとするものではない。「前方後円墳それ自体や、その造営に反映している連合の秩序もスムーズに継承していて、断絶がみられないこと」（白石太一郎「巨大古墳の造営」同氏編『古代を考える　古墳』〈吉川弘文館、平成元年〉所収、一〇二頁）も、それを裏づけている。たしかに、ヤマト政権における盟主権は移動しうるものであった。巨大前方後円墳の変遷をたどれば、王朝の交替があったようにもみえる。しかし、記紀の系譜をみても、初期ヤマト政権の時代に生存したとされる天皇は、なんらかのかたちで前天皇ないしは、それ以前の皇統とつながりをもっているのである。おそらく、かなり早い時期から、ヤマト政権の最高首長は、それ以前の最高首長の血統を受け継ぐことが、王位継承の条件だったのではあるまいか。
（27）塚口義信「〝原帝紀〟成立の思想的背景」（『ヒストリア』一三三、平成三年十二月）。以下、「原帝紀」についての理解は、おおむねこの論文によっている。
（28）松浦光修他『日本を虐げる人々』（ＰＨＰ研究所、平成十八年五月）二一七頁。
（29）たとえば、岡田精司「古代の王朝交替」（亀田隆之編『古代の地方史』５畿内編〈朝倉書店、昭和五十四年九月〉所収）六〇頁参照。ただし、筆者は、この物語が説話的であるところから、顕宗・仁賢天皇の実在性まで否定しようとは思わない。この点については、塚口氏補註（27）論文、一二一～一二二頁に穏当な見解がしるされているので、参照を乞う。
（30）百地氏補註（21）論文、八二頁。
（31）松浦氏（28）著書、二〇九頁。
（32）松浦氏（28）著書、二一五頁。
（33）ほかにも、たとえは、中川八洋氏が「このご三方〔東久邇照彦氏のご子息と賀陽正憲氏の二人のご子息を指す＝荊木註〕

の中から、将来お一人を選ばれて、ご結婚して頂き、皇后陛下になっていただくのが、このような事態における、皇統護持の古来からの伝統です」（中川氏他『皇室消滅』、ビジネス社、平成十八年三月、五六頁）などと公言して憚らないのも、不遜というか人権無視以外のなにものでもない。
(34) 百地氏補註（21）論文、八九頁。ただし、この部分は、講演録に附された質疑に対する「応答」である。
(35) この百地氏の発言については、所功「百地章氏の「応答」発言を悲しむ」（『鴬乃声』八一－五、平成十八年五月）一一九頁も参照。
(36) ただし、小論で取り上げた、ヤマト政権の性格や皇統譜の信憑性については、筆者もまだ解明できない点が少なくない。この点に関する議論やご教示であれば、大いに歓迎したい。
(37) 松浦氏（28）著書、二三四頁。
(38) 松浦氏（28）著書、二三三～二三四頁。

附論　神武天皇と東征伝説

神に連なる系譜

記紀のしるすところによれば、神武天皇は初代の天皇であるという。世に「神武景気」や「神武以来」ということばがあるが、これらはいずれも、こんにちに至るまで絶えることのない天皇家の起源を、神武天皇にもとめることより生じた表現である。

もっとも、「神武」という漢風諡号は、奈良時代に学者の淡海三船がえらんだもので、記紀には、べつに「カムヤマトイワレヒコノミコト（神日本磐余彦命）」と称したことがみえている。「イワレヒコ」は磐余地方の男性という通称で、大和の地名（現在の奈良県桜井市）にちなんだものであろう。おそらく、これが神武天皇の本来の名だったのであろう。ただ、一般には、神武天皇のほうがよく知られているので、ここでは、こうした漢風諡号に統一して表記したい。

『日本書紀』では、巻第一・二が、神代の巻にあてられている。神代の話は、『古事記』上巻にもみえるが、両者のあいだにはいくらかの出入りがある。しかし、伊弉諾尊・伊弉冉尊が国土や天照大神を生み、やがてその孫の天津彦彦火瓊瓊杵尊が高天原より地上に降臨して、葦原中国を統治し、ついでその曾孫の神日本磐余彦火火出見尊（神武天皇）が日向から大和に移り、橿原宮で即位する、という大筋は一致している。初代の天皇が神に連なる系譜をもっていることの意味については、のちにあらためてふれたいが、右のような神話は、はたしてどのような意味をもつのであろう。

これについては、さまざまな考えかたができると思うが、筆者は、これをたんなる架空の物語として取り扱うのではなく、そこには、ある程度史実が反映されているのではないかとみている。そして、神代と人代とをつなぐ神武天皇が、日向を発って、やがて大和にはいるというストーリーも、皇室の祖先が、あるとき南九州地方から近畿地方に移動してきたことを語っているのではないかと思う。

こうした假説の当否についてはのちにふれるとして、まずは、神武天皇の東征伝承を紹介しておこう。『古事記』にも、ほぼおなじ話が載せられているが、ここでは、正史である『日本書紀』によって紹介する。

大和に向けて

神武天皇は、諱を彦火火出見といい、彦波瀲武鸕鷀草葺不合尊の第四子である。母は、海神の娘玉依姫。四十五歳のとき、高千穂宮にあって、兄弟や子たちと相談して、塩土老翁のいう、東方の美しい国に都を移す決意をする。そして、水軍をひきいて日向を出発する。潮流の急な豊予海峡で、釣りをしていた珍彦に水先案内を命じ、彼に椎根津彦という名を与える。彼は、倭の国造、倭直部の始祖である。

筑紫国の菟狭（宇佐）で、菟狭国造の祖先の歓迎をうけた一行は、宇佐から九州北岸に出て、遠賀川河口附近の岡水門にとどまる。ついで、瀬戸内海を東進、安藝国の埃宮から吉備国の高島宮に至り、ここに三年間とどまり、船舶や食料を準備する。

そして、一行は、さらに東へ進み、難波碕から寝屋川を遡及し、河内国の草香邑の青雲の白肩津に着く。草香邑は、いまの東大阪市日下附近だが、かつてはこのあたりまで海が迫っていた。

ここで行軍に切り替えた一行は、生駒山を越えて大和に入ろうとしたが、大和の豪族長髄彦の強い抵抗にあう。そこで、やむなく進路をかえて、大阪湾沿いに南下するが、紀伊国の竈山に至って、兄の五瀬命が、長髄彦との戦いで受けた傷のために亡くなる。現在も、和歌山市和田の竈山には五瀬命の墓と伝えられる場所があり、附近には命を祀った竈山神社がある。紀伊半島沿岸を航行する一行は、佐野（現在の新宮市佐野附近）を越える。熊野では暴風にあい、稲飯彦・三毛入野命の二人の兄を失うが、それでも、なんとか熊野の荒坂津（現在の三重県度会郡大紀町附近とする説が有力）に上陸する。

しかし、行く手を阻むものは後を絶たず、上陸直後、一行は土地の神の毒気にあたり、倒れてしまう。たまたま、熊野の高倉下というひとが、天照大神と武甕雷神が神武天皇を救うために韴霊という霊剣を自分に賜与する夢をみた。はたしてその夢のとおり、剣が倉にあるのを発見した高倉下は、さっそく天皇に献上し、これによって一行は回復する。しかし、大和入りの道はなおも険しく、道に迷ってしまう。このとき、ふたたび天照大神のお告げがあり八咫烏が道案内に立ち、これに導かれて、ついに大和の菟田の下県（現在の奈良県宇陀市菟田野区附近）に至る。

一行が到着した菟田には、土地の豪族兄猾・弟猾の兄弟がいた。弟の弟猾は、天皇に服従するが、兄の兄猾はしたがわないので、天皇は、道臣命を派遣してこれを討伐する。その後、天皇は、菟田の穿邑（菟田野区宇賀志）から吉野地方を巡行し、さらには磯城邑（奈良県桜井市附近）、高尾張邑（奈良県葛城地方）の土着の豪族を討つ。

そして、いよいよ宿敵長髄彦との対決に臨むが、いくたび戦っても勝利を手にすることはできない。すると、一天にわかにかき曇って雹が降りはじめ、そこに金色の鵄が飛来し、天皇の弓の先に止まった。鵄は、閃光のように光り輝き、長髄彦の兵士たちはそれに目が眩み、混乱し、戦意を喪失した。それでも、長髄彦は、「わたしはこの地に天降った天つ神の子饒速日命に仕えております」といって、服従しようとしない。

しかし、饒速日命は、天皇へ刃向かうことの無駄を悟り、長髄彦を殺して降伏する。天皇も、饒速日命が天降った神であることを承知しており、その忠誠心を愛でて彼を寵愛した。この饒速日命こそ、のちに股肱の臣として活躍する物部氏の先祖である。

餘勢をかって大和の多くの土蜘蛛を討伐して大和平定を完了した神武天皇は、畝傍山の東南の橿原の地に壮大な宮殿を造営して即位する。ときに辛酉の年の正月、庚辰の元日のことであった。

神武天皇は実在したか

では、こうした東征伝承は、はたして史実を伝えたものであろうか。そして、物語の主人公である神武天皇は、ほんとうに実在の人物なのであろうか。

この問題については議論が多いが、戦後は、とくに神武天皇の非実在論がさかんである。そして、それと同時に、天皇をめぐる伝承も、後世になって作られた虚構の物語であるとするみかたが有力になった。

なかでも、一世を風靡したのが、モデル論である。これは、記紀にみえる神武天皇の行動は、天武天皇のそれをモデルにしたものであるとか、神武天皇東征の物語は、五世紀後半に起こった河内政権による大和進出や、六世紀前半の越前・近江を地盤とした継体天皇勢力の大和進出がモデルとなっている、とかいうものである。

こうしたモデル論は、伝承の成立過程を考えるうえで重要な視点だとは思うが、だからといって、こうした理論から、ただちに神武天皇とその伝承の虚構性を導くことができるとは思わない。やはり、東征伝承の核心には、そのもとになるような事件があったとみるべきではないか。すくなくとも筆者はそう考えるのだが、いかなる立場をとるにしても、記紀の解釈だけでは、どうしても主観に流れやすい。そこで、視点をかえて、神武天皇が実在したとすれば、いったいいつごろの人物と考えられるか、ということを取り上げてみよう。

神武天皇の年代

さきに、神武天皇が、辛酉の年の正月に橿原宮で即位したという『日本書紀』の記述にふれたが、これは、西暦に換算すると、紀元前六六〇年にあたる。しかしながら、この年代に大幅な延長があることは、那珂通世氏以来の定説である。

もっとも、那珂氏は、天皇一世の平均年数を約三十年として、『古事記』にある崇神天皇の崩年干支戊寅（那珂氏は、これを西暦二五八年にあてる）から逆算して、崇神天皇の九世代まえの神武天皇の即位を紀元前一世紀である、と推測されている。しかしながら、べつにものべたように（拙稿「『日本書紀』と年代論」拙著『『日本書紀』とその世界』所収）、この推算には問題が多い。それよりも、むしろ、天皇一代の平均在位年数をもちいた推算のほうが、はるかに妥当である。すなわち、天皇の平均在位年数を約十年とみて、辛亥年（四七一）に大王であったことが確実な第二十一代の雄略天皇（これは、稲荷山古墳出土の辛亥銘鉄剣の存在から推定できる）あたりから二十代分の年数（約十年×二十代＝二百年）を溯ることによって、神武天皇を三世紀後半の人物と考えるのである（安本美典氏は、西暦二八〇年～二九〇年ごろに絞り込まれている）。

ところで、神武天皇の活躍した年代を、右のように推定した場合、おもしろいことに気がつく。それは、ちょうどそのころ、大和で突如として巨大前方後円墳が築造されるようになることである。しかも、それ以前には、おもに九州地方の弥生時代の墳墓の副葬品であった刀剣・矛・鏡・玉・鉄が、この時期を境に、のちに畿内と呼ばれる地域の古墳からも出土するようになるのである。刀剣・鏡・玉といった政治権力の象徴ともいうべきものが、九州地方から近畿地方に移動した背景には、それらを保有する政治集団の移動という事実が存在したのではないだろうか。

神武天皇と邪馬臺国東遷説

そこで、ふたたび記紀に目をやると、そこには、神武天皇は九州地方から大和を目指して進出してきたことが書かれている。この東征伝承こそ、右にのべた政治集団の東遷を伝えたものではないだろうか。そして、その政治集団とは、邪馬臺国の後継勢力だったのではないだろうか。

邪馬臺国の所在地については、現在も活発な議論がつづき、いまだに決着をみないが、筆者は、北九州地方、それも筑後川の中・上流域がもっとも有力な候補地であると確信している。ただ、邪馬臺国を北九州にもとめると、神武天皇の東征が日向の地からはじまったとする記紀の記述とはあわない。

しかし、卑弥呼の死後（卑弥呼は、西暦二四八年ごろ死んだと考えられる）、すなわち、三世紀後半のある時期、邪馬臺国は、その勢力を南九州地方にまで及ぼすことがあったのではないだろうか。記紀によれば、神武天皇の三代まえの天津彦彦火瓊瓊杵尊は、天上の高天原から筑紫の日向の高千穂峰に天下ったというが、こうした物語は、邪馬臺国勢力の南九州地方への進出を示唆している。

こう書くと、読者のかたから、「おまえは、神話に登場する高天原を邪馬臺国のことだと考えているのか。天照大神は卑弥呼だというのか」という、するどい質問が飛んできそうである。これについては、限られた紙幅で意を尽くすことは不可能だが、基本的には、そう考えてよいのではないかと思う。

冒頭でものべたように、筆者は、記紀の語る神話は、大和朝廷の前史を神代のこととして伝えたもので、その核心部分にはなんらかの史実が隠されているのではないかと睨んでいる。

さきに、神武天皇は、実在したとすれば、その活躍年代は三世紀後半であると書いたが、記紀のしるす神統譜によれば、天照大神は神武天皇から数えて五代まえの「先祖」である。古代天皇の平均在位年数が約十年であるという数値をここにもあてはめてみると、天照大神は三世紀前半の「人物」ということになり、まさに卑弥呼の活躍年代と一致する。これは、たんなる偶然とは思われないのであって、やはり、高天原における天照大神の物語には、邪馬臺国における卑弥呼の記憶が投影されているのではないだろうか。高天原＝邪馬臺国、天照大神＝卑弥呼、などというと、なにか荒唐無稽な珍説と受け取られかねないが、こうした假説も、かんたんに斬って捨てることはできないのである。

第Ⅱ篇　古代史料とその周辺

第一章　承和九年十二月十六日附広湍秋麻呂売地券について

―大和国広湍郡の条里と氏族―

はじめに

筆者は、最近、承和九年（八四二）十二月十六日附の「広湍郡夜水里廣湍秋麻呂解申常土賣買水田立券文事」という標題の文書の写しを入手した。京都の潮音堂から送られてきた目録[1]に出ていたものである。一見して、角田文衞先生旧蔵の古文書であることが知れたが、それは、かつて角田先生がこの古文書のことを紹介された一文[2]を、たまたま筆者が目にしていたことによる。

なにぶんにも高価だったので、いささか躊躇されたが、日頃から敬愛して止まない角田先生の旧蔵文書であったこと、『平安遺文』未収録の貴重な文書であること、かつて奈良県北葛城郡広陵町の委嘱をうけ、町史の編纂に携わり、広湍郡[3]に関心を抱いていたこと、などの理由から、購入を決めた。本文書の年紀が、承和の変の起きた年であったことも、気に入った理由の一つであった。

この古文書については、角田先生の紹介に、周到な考証が附されているので、いまさら筆者が附け加えるべきこともないのだが、角田論文では、わずかながら飜刻に誤字があることや、角田先生と筆者ではいささか解釈のことなる点もあるので、あえてここに一文を草した次第である。微意のほど、お汲み取りいただければ、幸いである。

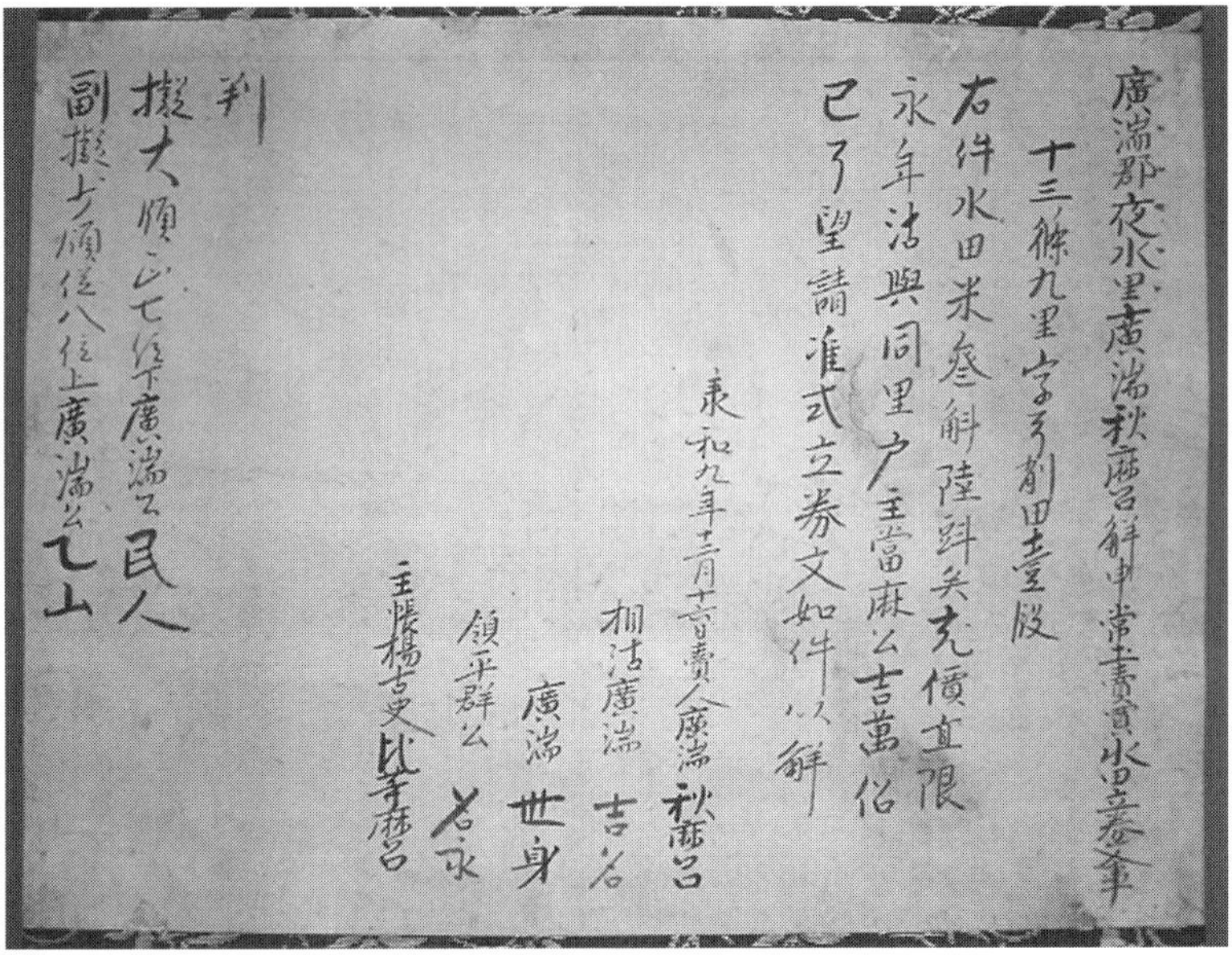

広湍秋麻呂売地券

一

この古文書は、楮紙に認められており、寸法は横四二・九センチ、縦三一・五センチ、角田先生の所蔵に帰した時点ですでに表装されていたようである。いま、この古文書の写真と全文の飜刻を掲げておくと、つぎのとおりである。(4)

1 廣湍郡夜水里廣湍秋麻呂解申常土賣買水田立券文事
2 　十三條ノ九里字弓削田壹段
3 右件水田米參斛陸㪷矣二充價直一限二
4 永年一沽三與同里戸主當麻公吉萬侶一
5 已了。望請准レ式立二券文一如レ件。以解。
6 　承和九年十二月十六日賣人廣湍。秋　麻　呂
7 　　　　　　　　　　相沽廣湍。吉　名
8 　　　　　　　　　　　　廣湍。世　身
9 　　　　　　　　　　領平群公。名　永
10 　　　　　　　　主帳楊古史。比等麻呂

11　判
12　擬大領正七位下廣湍公。　民人
13　副擬少領従八位上廣湍公。　乙山

二

はじめに、角田論文によって、先生がこの古文書を入手された経緯を紹介しておく。

本文書は、昭和五十年（一九七五）十一月の東京古典会主催の古典籍大入札会において出品されたものである。あらかじめ下見展でご覧になっていた角田先生は、村口書房の村口四郎氏に入札を依頼され、氏が落札に成功したため、本文書は角田先生の取得するところとなった。

本文書の伝来については明確ではなく、角田先生も「本文書の伝来については、一切が不明である。恐らく大和国の某社寺から流出したものであろう」とのべておられるだけである。

本文書は、原本ではなく、おそらくは江戸時代の写であろうが（角田先生は、「本文書は原本を臨写したものではなく、模本を更に写したものと想察される」とのべておられるが、筆者は、原本を模写したものではないかと考えている。この点については、後述）、角田先生が指摘されたとおり、「原文書が早く喪失してしまった現在では、その古さと、大和国の条里制の研究についての貴重さの故に、無視し難い史料」である。そこで、以下、その内容を検討しつつ、本文書の史料的価値について考えてみたい。

本文書は、土地の売買かかわる、いわゆる売地券で、その内容はきわめて明快である。すなわち、大和国広湍郡夜水里の人広湍公秋麻呂は、同じ里に住む戸主の當麻公吉萬侶に広湍郡十三条九里に存する弓削田と呼ばれる水田壹段を米三石六斗の価格をもって売却したので、式に準拠し、公認の手続を申請するという趣旨のもので、売人以下の署名につづいて、郡司の証判がある。

角田先生は、本文書には誤写・脱漏が多いとして、

① 第一行に広湍公の姓の公字が漏れている

② 第六〜八行についても、広湍公の姓の公字が漏れている

③ 第九・十行は、第十三行のつぎにあるべき郡司の名である

④ 第九行の「領」は、「擬少領」の三字と位階を省略している

⑤ 第十行では、位階が省かれている

と五点にわたって、本文書の誤脱を指摘し、「このように脱漏や転写の誤りから勘按すると、本文書は原本を臨写したものではなく、模本を更に写したものと想察される」とのべておられる（このほかにも、角田先生は、第九行の「平群公」を「平群臣」の誤写とされているが、これについてはべつにふれる）。

しかしながら、筆者は、これらの点をすべて誤脱・誤写で片づけるのはいかがかと思う。

まず、角田先生が①・②において指摘された「広湍公」の「公」が洩れている点だが、これはいちがいに転写の際の誤脱とはいえないのではあるまいか。ほぼおなじ時代の売地券でも、たとえば、『平安遺文』一二〇号「近江国大国郷墾田売券（吉田文書）」（一―一〇〇頁）には、つぎのようにみえている。

大国郷戸主依知秦公家主戸同姓年縄解　申依正税稲売買墾田立券文事

十二条九里十二桑原田弐段

右件墾田、所負正税稲七拾束充価直、切常土売与同郷戸主外従八位下依知秦副行既訖、仍立券文如件、以解、

斉衡二年九月廿五日墾田主依知秦公「年縄」

相売戸主依知秦公「弟縄」

依知秦公

依知秦公

保証　若湯坐「八十人」

依知秦公「寅継」

領

徴部　依知秦

依知秦公「吉直」

頭領　依知秦公

依知秦公

「判之

擬大領大初位下依知秦公　擬主帳依知秦公

副擬大領外従八位下依知秦公「永吉」

擬少領大初位下依知秦公」　○「愛知郡印」三十アリ。

この文書に出てくる「依知秦副行」は、おなじく『平安遺文』一一六号「近江国大国郷墾田売券（根岸文書）」（一一九七頁）に「依知秦公福行」とあるものと同一人物だが、一二〇号文書のほうには姓はない。

このように、原文書でも文字の誤脱はままあることであって、おなじく『平安遺文』九二号「山城国高田郷長解（柏木氏所蔵文書）」（一―八二頁）では、「高田郷戸主正六位秦忌寸殿主」・「史生大初位同永岑」などと位階の記載が二箇所も不正確なケースがある。それゆえ、本文書の「公」の字の場合も、かならずしも書写の過程での誤脱とはいえないのである。

つぎに、③だが、第九・十行の二行を第十三行のつぎにあるべき郡司名と断定するのは、いかがであろう。まず、第九行目の「領平群公　名永」だが、角田先生はこの「領」を「擬少領の三字と位階を省略し」たものとみて、

字姓の公字この種の立券文の通例からすれば、『□領・平群公』は、『副擬少領』の次ぎに記されるのが普通である。同じ擬少領でも、副擬少領の乙上の方が先に記されているのは、彼の位階（従八位上）が名永より上位にあったためであろう。その点を考慮すると、名永に冠した『領』は、『擬少領』を略し、更に位階を省いたものと考量される。

とのべておられる。

しかし、これは誤解であろう。

ここにいう領は、擬少領のことではなく、調・庸等の収取に直接あたる専当者のことであって、いわゆる郡雑任と呼ばれるものである。領は、さきに引いた『平安遺文』一二〇号「近江国大国郷墾田売券（吉田文書）」にも売人らとともに連署しているが、ほかにも、現存する延暦・承和・嘉祥年間の売地券にはしばしばその名がみえる。(5)この領の地位については、郷長より上位とみるか下位とみるか見解のわかれるところであるが、(6)それはともかく、領は擬少領の略ではないから、この一行はもとからここにあったとみて差し支えないと思う。

なお、第十行の「主帳楊古史　比等麻呂」の署名だが、これも、角田先生は、本来第十三行のあとにあったとされる。たしかに、主帳の署名がここにあるのは不審だが、これは、角田先生のいわれるように、第十三行のあとに存したものではなく、第十二行の「擬大領正七位下廣湍公　民人」の直下にあった署名が一行右にずれて写されたものであろう。

たとえば、『平安遺文』六五号「近江国大国郷墾田売券（吉田文書）」（一―五九頁）では、郡司が承認を与えたことを示す証判部分に、

郡判

擬大領従六位上依知秦公「福成」　　擬主帳服直

副擬大領外大初位下平羣

擬少領大初位下依知秦公

とあるように、売地券において、郡司の署名が二段にわたり、しかも、大領の直下に主帳の署名がくる例は多いのである。

さらに、角田先生は、主帳の楊古史比等麻呂の位階がしるされていないのも誤脱とみられるが、主帳の署名には位階をともなわない例がほかにもあり（おそらく无位なのであろう。「无位」としるしたものもある）、誤脱かどうかは、いちがいに判断できない。

以上、角田先生が、本文書の誤脱・誤写とされる点についての私見をのべてきたが、これを要するに、第十行にみえる主帳楊古史比等麻呂の署名が、本来は、擬大領の正七位下廣湍公民人の署名の直下にあったものが、誤って右側に写し取られていること以外は、明確に書写の際のミスとは断定しがたいのである。

角田先生は、脱漏や転写の誤りから、「本文書は原本を臨写したものではなく、模本を更に写したもの」と判断されたわけだが、それらがかならずしも誤写や誤記ではないとすれば、本文書を原本からの直接の臨模とみることも困難ではあるまい。第六行以下の署名において、個人名の部分が他の部分とはわざわざ書体を変え、自署風に写されていることも、この文書が原本を忠実に筆写しようとしたものであることの証しである。

そもそも、字数にして百六十字ほどの文書で、角田先生が指摘されるほど夥しい誤写が生じるとは考えがたいのであって、本文書はそれなりに原本の面影を伝えているとみてまちがいないであろう。

三

ところで、本文書は、大和国の条里をうかがううえで貴重な情報をふくんでいる。

この点については、すでに角田先生が書かれた論文のなかで綿密に考証しておられるが、これまた、先生とは考えのことなる点もあるので、ここではその点についてのべておきたい。

広湍郡の条里は、奈良盆地の京南路西の大条里区にふくまれ、隣接諸郡の条里と接続している。基本条里は、路西の諸郡と一連であり、条は、北の大和川に沿って十条にはじまり(7)、南は二十二条に及び、里は、曽我川の左岸を基準として東から西に数えたことがわかっている。

広湍郡条里のうち、十八条以南については、談山神社の「百済庄差図」によって比較的容易に復原できるが、それ以外については不明な点も多く、復原がむつかしいのだが、本文書には、条里制に関してこれまでの文献にはみられない記載がある。それは、「夜水里」と「十三条三里」という二つの里名である（ただし、後述のように、これらを同

条＼里	十条	十一条	十二条	十三条	十四条	十五条	十六条	十七条	十八条	十九条	二十条	二十一条	二十二条
一里	○寺岡里		○			○			○				
二里		○野井里	○長倉里	○石成里	○	○	○	○	○		○		○
三里	○久度里	○濁水里		○	○	○	○	○	○		○	○	
四里		○	○		○	○	○	○	○	○		○	○
五里		○									○	○	○
六里			○								○アベ谷	○	
七里													

○印は史料上から確認しうる条里である。

馬見丘陵周辺の条里（広湍郡）（『奈良県史』4、674頁より転載）

一の里と考える可能性も残されている）。

前者は、これまで知られていない広湍郡の里名である。広湍郡で文献上固有名の確認されている里には、寺岡里（十条一里）・久度里（十条三里）・野井里（十一条二里）・濁水里（十一条三里）・長倉里（十二条二里）・名成里（十三条二里）・成相里（真野条七里）・池上里（真野条八里）の八里があるが、[8] 夜水里はこれにつぐものである。ただし、これについては、関連地域の小字地名にも参考になるものが見当たらず、たしかな位置は不明とするほかない。

つぎに、売買の対象となった弓削田が存したという十三条九里である。

広湍郡十三条については、『鎌倉遺文』一九八九三号「大和西大寺田園目録（大和西大寺文書）」（二六―二五四頁）に「広瀬郡北郷十三条二里廿六七両坪内一段ナクラニアリ」、『平安遺文』二〇二五号「山村則房処分状案（尊経閣所蔵文書）」（五―一七六二頁）に「在広瀬郡北郷十三条三里卅坪〈字今池〉」などとあって、文献上は、二里と三里の存在が確認されているが、[9] 本文書によって、あらたに九里の存在が確認できたことになる。

ただ、それだけなら、広湍郡条里に関する新史料の追加ということで終わるのだが、その現在地比定がいささかやっかいである。

広湍郡条里の復原によれば、十二条と十三条では、後者が一里西にずれている。すなわち、十二条一里の直下が十三条二里（石成里）にあたるのである。

右にのべたように、十三条は四里以下を復原する史料に恵まれず、さらには西の葛下郡の条里とどのように隣接しているのかも明確ではないが、いまかりに、十二条の地割を参考に十三条九里の位置を推定すると、馬見丘陵のかなり西の、現在の地名でいうと王寺町畠田附近に比定される[10]。

しかしながら、この比定にはいささか無理がある。なぜなら、広湍郡と葛下郡の郡境は明確でなく、時代によって変動があったとみられるものの[11]、広湍郡の領域が葛下川を越えてその左岸（西岸）にまで及んでいたことは、のちの歴史的状況からみて考えがたいからである。

さて、そうなると、広湍郡十三条は、曾我川と葛下川に挟まれた地域内にもとめるしかないのだが、この間の距離はわずか四・五キロ弱、このなかに九里を納めるのは、まず不可能である。いささか強引だが、広湍郡十三条における里の東西幅が一坪分だったとすると、なんとか十三条九里を葛下川右岸辺に納めることができる。しかし、そのためには、『大和国条里復原図』の復原案より一里を若干東に寄せねばならず、これまた苦肉の復原案である。

そのように考えていくと、これまでの大和国の条里復原に沿って、いずれかの地に比定することは、かなり困難であることがわかる。文書にみえる「弓削田」という水田名は、地名比定の唯一の手がかりだが、これとて、関連地域の小字地名にも出てこないので、具体的な場所は不明とするほかない。

さて、以上のように、現在地比定がうまくいかないとすると、文書そのものについて偽作の可能性を疑う必要があろう。しかしながら、かかる売地券の場合、実在しない水田を記載した文書を偽造してもあまり意味がないであろうから、偽文書の可能性は小さいと思う。本文書に登場する人物名などをみても、とても偽文書とは思われないのである。

偽作でなければ、つぎに考えられるのは、条里数の誤写の可能性である。広湍郡十〜二十二条について、史料上確認しうる里は六里（十二条・二十一条・二十二条）までである。しかも、後述のように、馬見丘陵上に真野条・墓門条が存在したとすると、いずれの条においても九里の存在を想定するのはむつかしいので、この里数には疑いがかけられる。

「九」とまちがえやすいのは、五・六・七のいずれかだが、これを考えるうえで一つの手がかりとなるのは、広瀬郡十二条三里の固有里名である。すなわち、『平安遺文』一一四七号の「大和国大田犬丸負田検田帳（東大寺文書四ノ四十九）」（三―一一四五頁）には、

（前略）

広瀬北郷大田犬丸負田　承暦元年

（中略）

十二条二長蒼《マヽ》里十九坪二反三百歩　廿坪二反　廿

一坪一反半〈才半〉　三濁水里一坪一反　二坪一反

（後略）

とあって、広湍郡十二条三里が「濁水里」と呼ばれていたことが知られる。この里は、大和川本流南岸（河合町

泉台）に位置したと考えられるので、「濁水」は河川の流域に位置したことに因んだ名称と推測できるのだが、そうなると、本文書にみえる「夜水里」も、広湍郡内の河川流域にもとめることが可能である。

広瀬郡内を流れるおもな河川は、大和川本流の他に、その支流である曾我川・葛城川・高田川・佐味田川・滝川（上牧川。葛下川支流）・葛下川などがあり、いずれも北流している。現在の復原条里にあてはめると、広瀬郡十三条五里が佐味田川左岸、十三条七里が葛下川右岸にあたるが、もし、「夜水里」が「十三条九里」の固有里名であり、かつ、「九里」は五や七の誤写であったとすれば、こうした河川の流域を候補地とすることができよう。ただし、後述のように、真野条と墓門条が馬見丘陵の佐味田川と滝川の流域に、南北に長く伸びていたとするならば、東西方向の広湍郡の条里は、馬見丘陵にまでおよばなかったと考えられるので、こうした比定も通用しなくなるのである。

そこで、つぎに、問題の真野・墓門二条について考えておこう。

まず、真野条であるが、これは、墓門条とともに、馬見丘陵かその西方に存在したとみられる特殊な条里で、文献からその存在が確認できる。

しかしながら、文献の不足もあって、その復原については諸説ある。

たとえば、田村吉永氏は、馬見丘陵と葛城山脈の中間低地、葛下川に沿った狭長な地域にこれらの条里を比定された。具体的にいえば、葛下郡条里の十九条以北に、東側（下ツ道から通算して十三里に相当）を真野条、西側（十四里）を墓門条とし、それぞれの里は南から北に進行すると考えておられるのである。(12) これに対し、秋山日出雄氏は、二つの条里を馬見丘陵のなかに比定される。すなわち、香芝市下田の明星谷が真野条七・八里にみえる「字明坐谷」（『平安遺文』四四四号の寛弘三年「大和国弘福寺牒（天理図書館文書）」）の転訛であると考え、西側の滝川流域を真野条とし、東

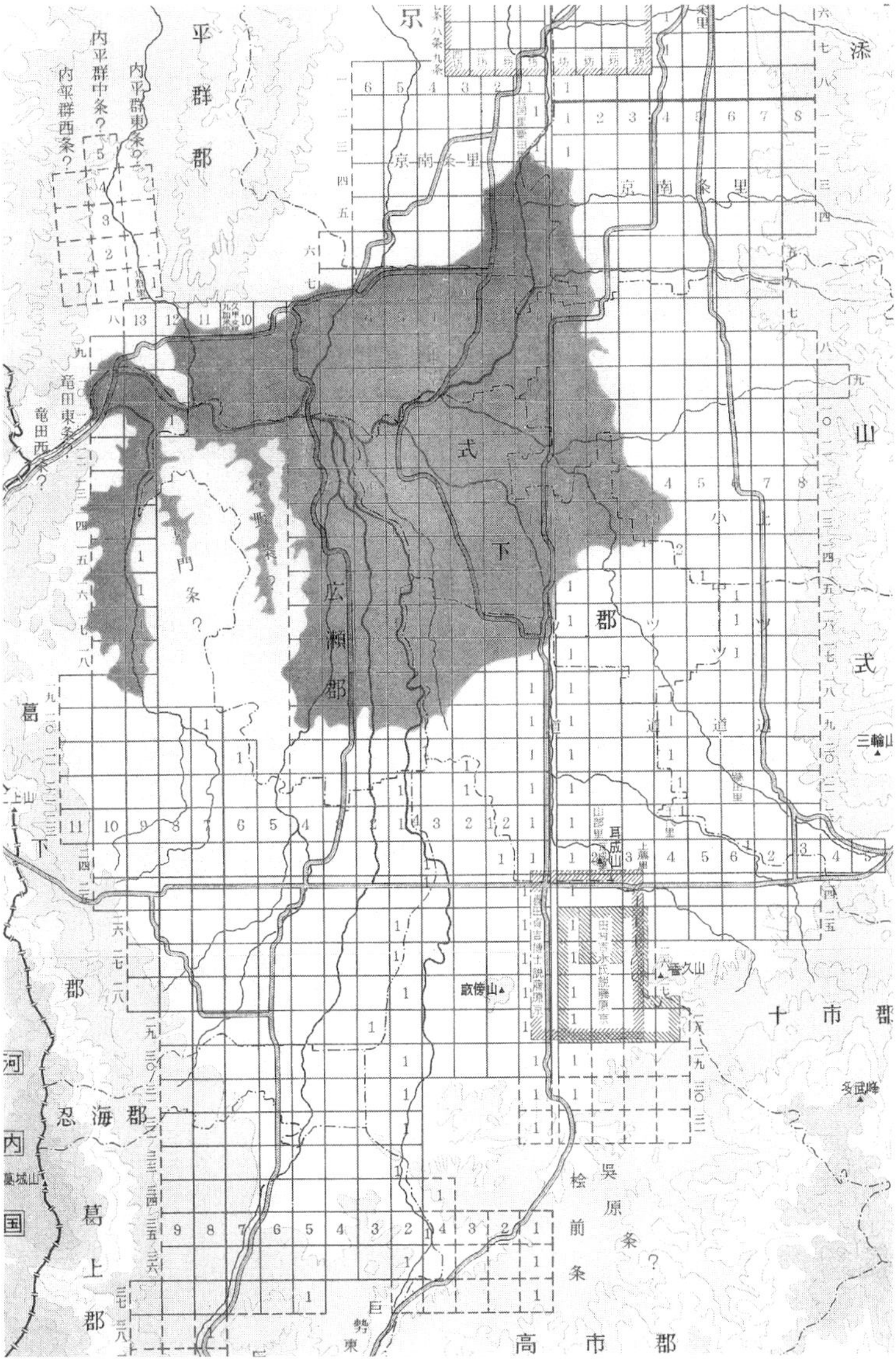

秋山日出雄編「大和国条里推定復原図（部分）」
（『図説日本文化史大系』３折込図より転載）

側の佐味田川流域を墓門条と推定し、それぞれの里は北から南に進行するとみるのである[13]。また、木村芳一氏は、秋山氏とおなじく馬見丘陵上に二つの条里の存在を考定しつつも、東側の佐味田川沿いを真野条、西側の滝川沿いを墓門条里と推定しておられる[14]。

香芝市下田の小字名「明星谷」は、真野条七里・八里にみえる「明坐谷」の転訛とみられるし、また大字上牧・下牧の「マキ」は、条名の真野に因む可能性が大きいので、真野条は、やはり、馬見丘陵上にもとめるのが妥当かと思われる。

ただ、そうなると、秋山氏が推定される真野条一・二里は、本文書にいう広瑞郡十三条九里と重複するわけで、その点からいっても、九里の存在はみとめがたい。

おなじことは木村氏の推定についてもいえる。広瑞郡十三条が九里まであったとなると、木村説にしたがって、広瑞郡十三条四里に相当する里を真野条一里として、佐味田川沿いに、山ノ坊・佐味田・新家・匹相の西・平尾の西へと順次八里まで設定されていたとみることは[15]まったく不可能となる。

いずれの復原案が妥当かはなお検討の餘地が残るが、確実なのは、真野条七里が「成相里」と称されていたことである。

この「成相」は、奈良井という小字名や延喜諸陵式に、

成相墓〈押坂彦人大兄皇子。在大和国広瀬郡。兆域東西十五町。南北廿町。守戸五烟。〉

としるされる陵墓（北葛城郡広陵町大字三吉字バクヤ、いまは宅地開発されて馬見北八丁目、にある牧野古墳に比定される）の呼称と一致するので、成相里がこの附近であることは、ほぼ確定している。ただ、里が北から南に向かって進行していたとすると、成相里（真野条七里）以北の一～六里が広瑞郡条里の東西方向の里とどのように接合していたのかが問題

となり、疑問は尽きないのである。

以上のべたように、現在地の比定においては、なお今後課題とすべき点も少なくないが、復原材料の不足とから復原図等でも空白のままだったこの地域の条里にかかわる情報をふくむだけに、本文書は貴重である。この一点を取り上げても、本文書の史料的価値は大きいといえよう。

四

ところで、本文書のいま一つの史料的価値は、古代の広湍郡における豪族の分布をうかがうことができる点にある。そこで、最後に、この点にふれておきたいが、まず、広湍郡に盤踞する氏族について、時代を奈良時代までにかぎってのべておく。

平林章仁氏によれば、広湍郡を本拠としたか、あるいは広湍郡所縁の氏族としては、広沸神麻續連・大原史・大豆造・大豆物部・内蔵忌寸・池上君・河合君・池上搖人・池上真人・成相真人・栗前・上毛野・山守・和・阿倍臣などがあるというが、(16)ほかにも於忌寸や讃岐公系氏族があげられる。

また、天平二年の「大和国正税帳」に「城上連真立」、『大日本古文書』所収の天平宝字四年の「奉写一切経所経師等召文」・同五年の「奉写一切経所解牒案等帳」・同年「奉写一切経所解案」などに「城上（連）神徳」、「城上人足」が確認できる。(17)「城上」のウヂ名が、広湍郡の城上郷に因むものであれば、彼らもまた広湍郡居住の氏族であろう。

これ以外に、井守徳男氏は、広湍郡安部の地名（現広陵町安部に比定）と安部山古墳群の存在から、阿倍臣氏の居住した可能性を想定されているし[18]（ただし、これについては、文献的な裏づけは得られない）、『日本霊異記』上巻第三十一縁（『今昔物語』巻十六第十四話にも同話がみえる）が、聖武天皇朝に三位粟田朝臣の娘が「広瀬の家」に居したという伝承がしるされているから、粟田朝臣氏が広湍郡となんらかのかかわりをもっていた可能性も考えられる[19]。ところで、こうした氏族に加えて、本文書によって、広湍公氏をはじめとする、従来あまり知られていなかった氏族の存在が判明したのは、まことに貴重である。

本文書には、広湍郡夜水里の人「廣湍秋麻呂」をはじめとして、「廣湍吉名」・「廣湍世身」・「廣湍公民人」・「廣湍公乙山」の広湍公氏の姓を名乗る四人の人名がみえている。とくに、民人と乙山はそれぞれ広湍郡の擬大領・擬少領であって、平安時代前期に彼らが広湍郡の郡司を独占していたのである。

同氏の広湍郡内における具体的な居住地はあきらかでないが、近年、広陵町寺戸の寺戸廃寺（広瀬寺）から出土した軒平瓦に「公」という刻名がある。これが、この広湍公氏に関聯するものであれば、同氏は、広湍郷に勢力をもっていた可能性が考えられよう。

なお、本文書には、広湍公氏以外にも「當麻公吉萬侶」・「平群公名永」・「楊古史比等麻呂」の三人が確認できる。平群公氏[20]は、広湍郡に隣接する平群郡に、當麻公氏は、葛城下郡にそれぞれ盤踞する氏族だが、その一部が広湍郡に移住していたのであろう。さらに、郡司の主帳としてその名をみせる楊古（楊胡）史氏は、百済の楊侯氏の後裔と伝えられている氏族で、彼らもまた広湍郡にいたことが確認しうるのである。

このように、広湍郡には複数の氏族が居住していたことがわかるのだが、全体として渡来系氏族をふくむ中小氏族が多く、広湍郡全体でも、葛城地方に隣接するという地理的条件にもかかわらず、葛城臣氏や蘇我臣氏に直接かかわる有力な氏族が存在しなかったのが大きな特徴である[21]。

では、広湍郡に、有力な氏族が居住していた痕跡がないのは、いかなる理由によるものであろうか。

それは、おそらく、広湍郡がはやくからヤマト政権と密接なかかわりをもつ土地だったことに原因があると考えられる。

平林氏によれば、広湍郡北部には、六世紀中葉以降、瀬戸内海を経て大和川を溯る海路によって、海外や西日本の各地から大和の王権に輸送されてきた貢献・徴収の品々を収納・加工する王権直属のクラ（ナガクラ）が置かれていたという。北部地域に、地縁的・共同体的性格の強い式内社がまったく存在しないのも、こうしたナガクラの存在によるところが大きいと考えられる。そして、六世紀後半になると、敏達天皇をはじめとし、その子・孫にあたる押坂彦人大兄皇子・舒明天皇ら後裔王統が広湍郡に進出してくるが、彼らは、この地を押さえることによって大和川に合流する奈良盆地南西部の諸河川の下流の管理権を手中におさめ、ナガクラの管理にも関与したとみられる。さらに、彼らは、広湍郡南部の地域開発にまで手を染め、広湍郡一帯に政治的・経済的基盤を築くことに成功したようである(22)。

ちなみに、聖徳太子・上宮王家が大和川対岸の平群郡斑鳩に進出したのも、こうした敏達天皇系王統の動きによって、従来ナガクラを管理してきた蘇我氏が劣勢に立たされたので、その巻き返しに出たものと推測される。

塚口義信氏が詳しくのべておられるように(23)、敏達天皇の系統の王族は、本来忍阪《おしさか》（桜井市忍坂《おつさか》附近）を本拠地としていたが、広湍郡を第二の拠点としていた。高市皇子の殯宮として知られる城上宮や、近年長屋王家木簡によって一躍脚光を浴びた木戸司にしても、この王統の所領が敏達天皇→押阪彦人大兄皇子→舒明天皇を経て、さらに舒明天皇の子天武天皇、その子高市皇子、さらにはその子の長屋王と伝領されてきたものである。こうした所領は、長屋王家木簡の記載から、相当広大なものであったと想像されるが、それを、敏達天皇系王族の拠点として押さえられていたために、他の有力氏族はこの地に介入しえなかったのではないだろうか。広端郡に後期古墳がきわめて少ないことも、当時ヤマト政権がこの地を押さえていたとみることによって、はじめて理解できる現象である。

　広端郡の特殊な環境が、ナガクラの設置や敏達天皇系王統の進出といった、同郡と王権とのかかわりにおいて解釈できるかについては、なお個別の検証を重ねる必要があるが、いずれにしても、有力氏族の存在しないことが、ぎゃくにこの地の氏族分布の大きな特徴になっているといえよう。

おわりに

　以上、きわめて粗雑ではあるが、筆者が近年入手した文書について考証してきた。本文書は、原本ではないものの、旧蔵者の角田先生がいわれたように、「原本が早く喪われた現在では、貴重な史料として評価されるのであって、それは承和九年十二月十六日現在における大和国広湍郡下倉《(マヽ)》郷の断面を明示している点で大いに尊重される」のである。

　しかも、角田先生は「誤脱の多い後世の写し」といわれるが、筆者が検討したかぎりでは、先生のご指摘にあった点は、かならずしも誤脱とはいえず、さきにものべたとおり、原本を比較的忠実に書写したものと判断して大過なさそうである。

　『平安遺文』にも洩れた史料で[24]、地元の自治体史でもこれを逸していることからすれば、本文書も、角田先生のご紹介があったとはいえ、まだまだ活用される機会の少ない文書であることは、事実である。所蔵者として今後の活用を期待する次第である。

〔補註〕

（1）『潮音堂書蹟典籍目録』九（潮音堂、平成十八年夏）五一頁、一六八番。

（2）角田文衞「承和九年十二月十六日付 広廣湍秋麻呂水田立券文写」（『古代文化』四五―一二、平成五年一二月）。以下、角田先生の所説の引用は、これによる。

（3）広瀬郡の「広瀬」は、「広湍」・「広背」などいくつかの表記があるが、小論では文書の記載を採用して「広湍」で統一したことを、お断りしておく。

（4）角田先生の翻刻中、第二行の「学」、第六行の「秋麻呂呂」は、それぞれ「字」・「秋麻呂」の誤植であろう。

（5）『平安遺文』七九号「紀伊国那賀郡司解（東寺古文書）」に郷長とともに署名している「田領丈部忌寸」もおなじものであろう。

（6）松岡久人「郷司の成立について」（『歴史学研究』二一五、昭和三十三年一月）は領や徴部を郷長より上位にあり、擬郡司と同等のものとみるが、米田雄介「郡司制の衰退」（米田氏『郡司の研究』〈法政大学出版局、昭和五十一年三月〉所収、三一三～三二〇頁）はこれを否定し、これらの郡雑任は、郷長より身分的に低く、擬郡司は郷長より身分的に上位にあるとしている。おそらく米田氏のいわれるとおりであろう。

（7）角田先生が、これを「北から数えて十一条から二十一条まであり」とするのは、誤記であろう。

（8）橿原考古学研究所編『大和国条里復原図　解説』（吉川弘文館、昭和五十六年三月）一一～一二頁の「里名称一覧表」参照。

（9）①橿原考古学研究所編『大和国条里復原図　解説』（前掲）二〇・九五頁・②木村芳一「大和盆地条里の復原史料」（奈良県史編集委員会編『奈良県史』4条里制〈名著出版、昭和六十二年三月〉所収）五八〇～六一一頁の広瀬郡の項参照。なお、

角田先生は、「文献史料の上では、二里、三里と四里の存在が確認されるだけ」とのべておられるが、これは、①二〇頁表中の広湍郡十四条の記載を見誤られたのではなかろうか。

(10)ちなみに、角田先生は、十三条九里を現在の奈良県北葛城郡河合《かわい》町穴闇《なぐら》附近に比定され、かつての広瀬郡下倉《しもつくら》郷（現在の河合町川合・穴闇・長楽を中心とする地）に属すると考えておられるが、これは地割の推定からいって、十三条九里をかなり東にもとめすぎているように思われる。

(11)なお、の「興福寺」によれば、『平安遺文』四六四〇号の延久二年「興福寺大和国雑役免坪付帳（興福寺・天理図書館文書）」（九―三六五三～三六五四頁）には、

葛下郡田畠七十二町廿歩

（中略）

片岡庄田畠十七町一段三百四十歩　本願田也

真野条五里十七坪百廿歩　十八坪一反大　十九坪九反三百歩　廿坪三反□歩　廿九坪六反五十歩　卅坪丁　卅一坪九段二百歩　卅二坪八反六里三坪二反四十歩　四坪二百廿歩　五坪四反小六坪一反　八坪三反小　九坪三反小　十六坪三反小　十七坪百五十歩　廿坪三反八十歩　廿一坪五反大　十七坪一反八十二歩　廿八坪二反二　百九十歩　廿九坪四十八歩　卅二坪四反小　卅三坪九反半　卅四坪一反小　七里三坪二反二百八十歩　四坪八反　五坪三反　七坪二反　八坪一丁　十坪四反　十五坪一反小　十八坪小　墓門条四里廿五坪一反　真野条七里廿坪八反大　廿一坪九反二百八十歩　廿二坪五反　十八坪一里廿四坪九反大　廿五坪九反二百六十歩

（後略）

とあって、真野条は葛下郡に属しているが、『平安遺文』四四四号の寛弘三年の「大和国弘福寺牒（天理図書館文書）」（二―

六〇一〜六〇二頁）では、

一瓦山一処

四至〈東従御立路至坂合郡（部カ）岡　南従坂合岡至佐富田　西従佐富船埼路社（至脱カ）　北従船埼路至成相不本〉

在瓦竈三口、

四至内田一町五段三百廿四歩〈『件四至内馬上帳無里、不注申、』〉

広瀬郡

真野条七成相里道副田二段

東辺里外卅一道副田一段

卅四牛屋谷今出田二段

十三池尻田一段四歩

卅六明坐谷今出田二段廿歩

とあって、広湍郡の所属である。広湍郡と葛下郡の郡境は、奈良時代から平安時代のあいだに、馬見丘陵上を西から東に移動したことが知られる。

（12）田村吉永「片岡条里に就いて」（『大和志』四－九、昭和十二年九月）・同「王寺附近の条里」（保井芳太郎編『大和王寺文化史論』〈大和史学会、昭和十二年十二月、のち昭和六十年一月に第一書房より復刻〉所収）。

（13）橿原考古学研究所編『大和国条里復原図　解説』（前掲）三〇頁と附図№五二・五九・六六参照

（14）木村氏執筆の奈良県史編集委員会『奈良県史』4条里制（前掲）第十章「一　真野・墓門の条里について」参照。

（15）木村氏補註（14）論文、九七八頁。

(16) 平林章仁「古代の大和国広瀬郡と広瀬神社」(『龍谷史壇』九五、平成元年十月)一〇～一七頁。
(17) 広陵町史編纂委員会編『広陵町史』史料編上巻(広陵町、平成十二年三月)二三～二九頁参照。
(18) 井守徳男「畿内周辺部における古墳の展開と終末」(日本史論叢会編『北山茂夫追悼日本史学論集 歴史における政治と民衆』〈日本史論叢会、昭和六十一年一月〉所収)八〇頁。
(19) なお、こうした氏族については、拙稿「広陵町の古代氏族」(広陵町史編纂委員会編『広陵町史』本文編〈広陵町、平成十三年五月〉所収)で詳しくのべたので、参照を乞う。
(20) 角田先生は、「平群公」は「平群臣」の誤写とされる。たしかに、「公」姓の平群氏は文献にみえないので、この点に関しては先生のご指摘のとおりであろう。「公」をくずした字体は「臣」のそれとよく似ており、見誤ったのかも知れない。
(21) 平林氏補註(16)論文、一七頁。
(22) 平林章仁「敏達天皇系王統の広瀬郡進出について」(横田健一編『日本書紀研究』一四〈塙書房、昭和六十二年二月〉所収)ほか。
(23) 塚口義信「広陵町と敏達天皇系王族」(広陵町史編纂委員会編『広陵町史』本文編〈前掲〉所収)。
(24) なお、東京大学史料編纂所の事件史年次史料グループでは、HP上で「平安遺文未収文書(既紹介分)」と「平安遺文未収文書(既紹介分)典拠一覧」を公開しているが、そのリストには本文書も入っている。

〔附記〕
小論で引用した『平安遺文』所収の文書については、CD版によって文字を整えたところがあることをお断りしておく。
なお、小稿の執筆にあたっては、広湍郡の古代史に詳しい平林章仁博士より多大なご教示をたまわった。末尾ながら、謝意を表する次第である。

第二章　九條家本『延喜式』紙背文書に関する一資料

―『九條家本延喜式裏文書』の紹介―

はじめに

近年、『延喜式』に関する関心が、これまでにない高まりをみせている。こうした背景には、延喜式研究会の発足や会誌『延喜式研究』の発行、虎尾俊哉校注神道大系古典編十一・十二『延喜式』上・下（神道大系編纂会、平成三年十月・同五年八月）や同氏編『弘仁式貞観式逸文集成』（国書刊行会、平成四年十二月）や同氏編訳注日本史料『延喜式』上（集英社、平成十二年五月）の刊行があることはいうを俟たない（『延喜式』に関する近年の研究動向については、拙稿「書評虎尾俊哉編『訳注日本史料　延喜式』上」『神道史研究』四九―一、平成十三年一月、でもふれたので、参照されたい。本書所収）。

これをうけて、『延喜式』の写本に対する研究も、一段と躍進し、近年、土御門本『延喜式』が、臨川書店の刊行する国立歴史民俗博物館館蔵史料編集会編『貴重典籍叢書』歴史篇第十二～十八巻に写真版で収録されたことや、『中院家本延喜式巻十』の複製本（ただし、この写本の原本はすでに焼失しているため、今回の複製は、昭和三年に神宮皇學館が作製した複製本によっている）が刊行されたことなどは、そうした方面の研究の高揚を示す格好の事例である。

ところで、こうした動向のなか、『延喜式』の古写本として、古くから知られる九條家本『延喜式』についても、再検討が加えられていることは、注目に値する。なかでも、鹿内浩胤氏による一連の労作は、九條家本『延喜式』

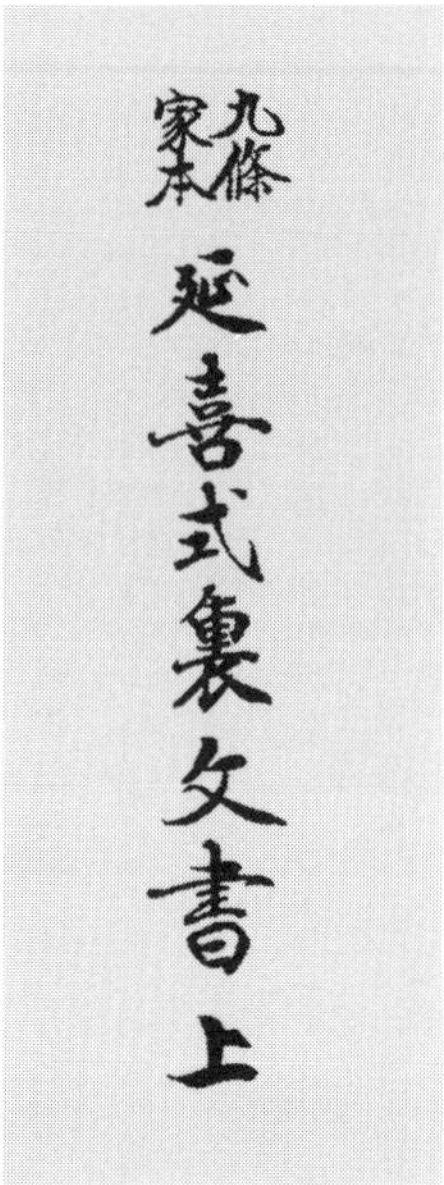

図1　上巻扉の題字

の来歴や書写年代をうかがううえで、貴重な研究である（①「九条家本『延喜式』小史」『日本歴史』六三四、平成十三年三月、②「九条家本『延喜式』覚書」『宮内庁書陵部紀要』五二、平成十三年三月）。

筆者は、これまで、九條家本『延喜式』については、とくに深い考察をこころみたこともなく、鹿内氏の研究をはじめとする、同写本に関する諸氏の研究を拝読した程度である。したがって、九條家本『延喜式』については、なんら発言する資格をもたない。ただ、これに関聯する私蔵の資料について、いちおう報告しておく責務があると思い、ここにかんたんながら、紹介の筆をとることとした。鹿内氏の「九条家本『延喜式』小史」（前掲）の落穂拾い的な覚書であるが、諸賢のご参考になる点があれば、幸いである。

一、『九條家本延喜式裏文書』の概要

ここに筆者が紹介する資料は、正確には、九條家本『延喜式』の紙背文書にかかわるもので、その名称を「九條家本延喜式裏文書」といい、上下二巻からなる。近年、故あって弊架に所蔵するところとなった。

本書は、その表題が示すように、九條家本『延喜式』に存在する紙背文書を写しとったものである。周知のように、九條家本『延喜式』は、『延喜式』五十巻中の巻一・二・四・六・七・八・九・十・十一・十二・十三・十五・

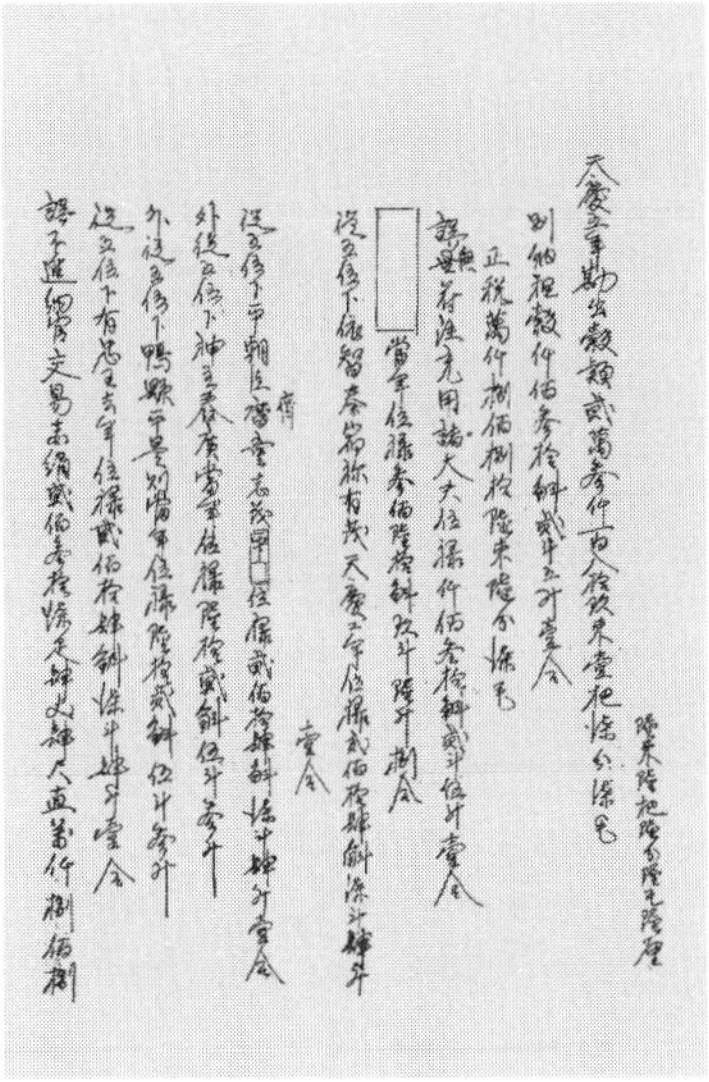

図２　巻第10の紙背文書「主税寮出雲国正税返却帳」の書写部分

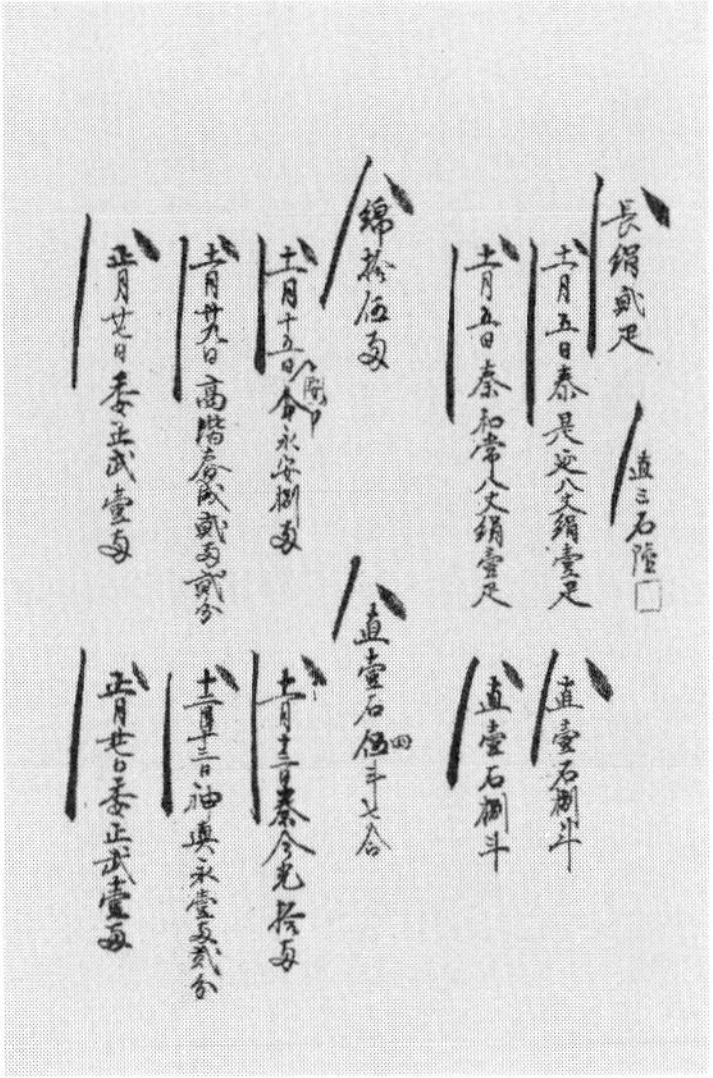

図３　筆による筆写部分（巻第２の紙背文書「丹波国高津郷司解」の一部）

十六・二十・二十一・二十二・二十六・二十七・二十八・二十九・三十・三十一・三十二・三十六・三十八・三十九・四十二の各巻、都合二十八巻が存在し（ただし、巻第七については、甲本・乙本の二種があり、実質的には二十七巻が残っていることになる）、その紙背には、『弘仁式』主税式上断簡やおなじく式部式下断簡をはじめとする、貴重な史料が多数ふくまれている。これらの紙背文書は、それ自体が貴重であるだけでなく、オモテの九條家本『延喜式』の各巻の書写年代を推定するうえでも有力な手がかりとなるので、学界でははやくから注目を集めてきた。

『九條家本延喜式裏文書』は、その紙背文書を、おそらくは九條家本『延喜式』から直接書し取ったものと考えられる。上製本された本の大きさはタテ二七・○センチ×ヨコ二二・二センチ、用紙にはタテ罫の罫紙、または白紙に枠線を引いたものを使用し、万年筆（一部、巻第三の分だけは筆）を用いて筆写している（図2・3参照）。上巻には、九條家本『延喜式』巻第一・巻第二・巻第四・巻第六・巻第七・巻第八・巻第十・巻第十一の紙背文書を、下巻には巻第十二・巻第二十六・巻第二十七・巻第二十八・巻第三十・巻第三十二・巻第三十六・巻第十六・巻第二十・巻第二十二・巻第三十八・巻第四十二を収める（巻数は、目次の順にしたがう。下巻で、巻第十六・巻第二十・巻第二十二・巻第三十八をまとめているのは、これらの諸巻に散見する『上野国交替実録帳』を一括して翻刻したからであろう）。

ちなみに、このうちの巻第四十二の紙背文書は、他のそれとはやや性格がことなる。すなわち、巻第四十二のオモテには、八省院図や内裏図など、本来、『延喜式』の式文ではないものが描かれており、紙背の字句はそれとの関聯でしるされたものである。『九條家本延喜式裏文書』を書写した人物は、紙背文書の書写にあたって、評言をまじえることはいっさいしていないが、唯一、この巻第四十二の紙背文書については、「本巻ノ裏文書ハ表ノ左右京職ト相関係スルモリナリ、而シテ筆蹟モ表ト同筆ナリ此点他ノ巻ト相異ル所ナリ」（下巻五一〇頁）とのべ、さらに、そのうちの八省院図裏書「内裏焼亡年々注記」の翻刻のあとに、「これによればこの図の書写の年代ハ白河院の永保年間より遠くない後に出来たものと思はる」（同五一二頁）とコメントしている。

ところで、別表「九條家本『延喜式』紙背利用状況一覧」を参照していただけばおわかりのように、本書は、九條家本『延喜式』のすべての紙背文書を網羅しているわけではないが、全体のかなりの部分を書写したものである。罫紙には、上部にナンバリングによる通し番号が附されており、それによると、上巻は本文二百七十六頁、下巻は本文二百三十八頁である。また、上巻の巻頭には、このノンブルによる目次も附されており、本書自体は、これでいちおう完結している（だからこそ、上製本され、「九條家本九條家本延喜式裏文書」という背文字まで施されているのであろう）。

なお、書写は、筆蹟によれば、複数の人間によっておこなわれたようで、巻第三の毛筆部分をふくめ、数人の手によって写し取られたものであると考えられる。そして、本書でさらに注目すべきことは、その万年筆書き（一部は毛筆）のうえから、朱筆で丹念に校正を加えている点である。この朱筆は、誤写はいうまでもなく、異体字などについても詳しい注記を施しており、おそらくは九條家本『延喜式』を座右に置いて校合を加えたものと判断できる。したがって、本書は、九條家本『延喜式』を閲覧する便宜の与えられた人物が、原本について親しく書写・校合したものであるということができよう。

二、『九條家本延喜式裏文書』の筆写とその時期

では、この『九條家本延喜式裏文書』は、いつだれの手によって作られたものであろうか。

この点については、あまり有力な手がかりもなく、はっきりしたことはわからない。

ただ、書写に用いた罫紙が「文部省」と印刷されたものであることは、本書の書写の場所と時期について、一つの示唆を与えてくれるように思う。

周知のように、九條家本『延喜式』は、本来、九條家に伝わるものであったが、昭和十六年（一九三二）十一月、東京帝室博物館が同家から一括購入した。東京帝室博物館は、戦後すぐの昭和二十二年（一九四七）五月、皇室から移管されて文部省所管の国立博物館となり、同二十五年（一九五〇）八月にはこのとき発足した文化財保護委員会の附属機関となり、さらに同二十七年（一九五二）四月には東京国立博物館と改称され、同四十三年（一九六八）六月からは文化財保護委員会と文部省文化局が廃合して設置された文化庁の所轄機関となった（鹿内氏前掲①論文、一九頁による）。

このように、九條家本『延喜式』が、昭和二十五（一九五〇）年から同四十三年（一九六八）までのあいだ、文部

省の所蔵するところであったことを考慮すると、文部省の罫紙を用いた、この『九條家本延喜式裏文書』も、国立博物館の仕事として、この期間に書写されたものではなかったかという推測が成り立つ。

ところで、こうした推測は、本書の書写にかかわったと目される人物からも傍証することができる。

本書は、さきにものべたように、複数の人物によって筆写されたものだが、筆写そのものにかかわった人物の名は、本書のなかにも記載がなく、特定は困難である。しかし、書写が終わった段階で全体に校合を加えた人物は、推定可能である。

じつは、本書の各巻の末尾には、ところどころ朱筆で校了の日附をしるした記載がある。年の記載がないのは惜しまれるが、校了の日附がしるされているのは貴重である。しかも、このなかに、一カ所ながら、「九月二十四日了　田山」（上巻、一五六頁）としるされたものが存在することは、きわめて重要である（図4参照）。これは、おそらく田山方南氏の署名であって、本書の作成に同氏が関与していたことを示す貴重な記載である（なお、ほかに上巻二七六頁には、花押の記載された箇所があるが、これは、一五六頁部分の筆蹟との一致から、おそらく田山氏のものと考えられる）。

田山氏は、周知のように、戦前戦後を通じて、文化財行政において手腕を振るった人物である。とくに、昭和二十二年（一九四七）には、国立博物館の発足にともなって、国立博物館調査課に勤務し、同二十五年（一九五〇）には文化財保護委員会美術工芸課文化財調査官となり、その後、同書跡主任を経て、同三十九年

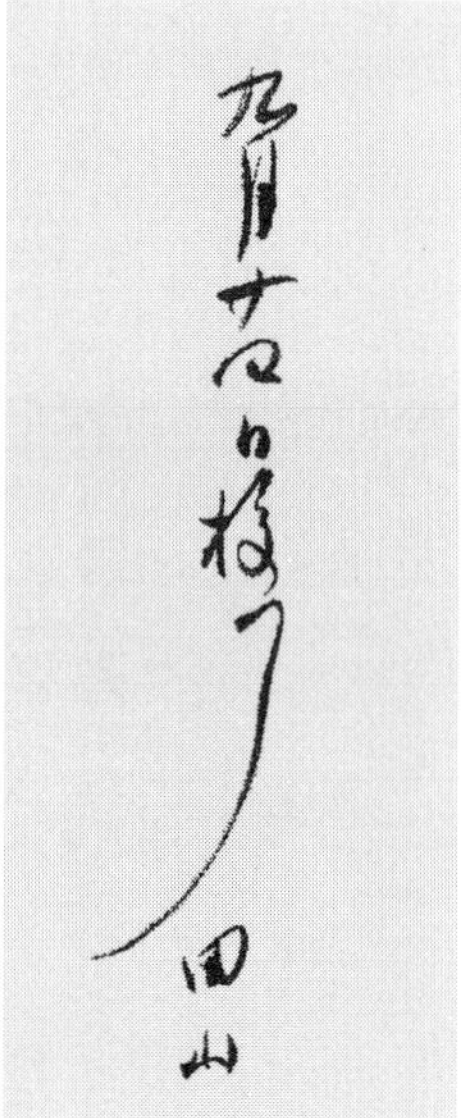

図4　校合の奥書（巻第8の巻末）

（一九六四）には主任文化財調査官となり、翌年退官している（田山氏の経歴については、『田山方南先生華甲記念論文集』〈田山方南先生華甲記念会、昭和三十六年十月〉附載の「年譜」、『目の眼』昭和五十八年十一月号特集「田山方南の眼」、日本歴史学会編『日本史研究者辞典』〈吉川弘文館、平成十一年六月〉二二一頁の「田山方南」の項、など参照）。

したがって、この『九條家本延喜式裏文書』の作成も、田山氏が国立博物館勤務の期間（さらに限定すれば、書跡主任時代か）におこなわれたことが推測できるのである。おそらく、国立博物館では、館所蔵の九條家本『延喜式』紙背文書の全貌を把握しておく必要が生じ、それをうけて紙背文書の全文を書写し（結果的には全文ではないが）、さらに校合を加えたものが、この『九條家本延喜式裏文書』だったのであろう。

本来なら、東京国立博物館に保管されるはずのこの『九條家本延喜式裏文書』が、坊間に流出した事情はあきらかにしがたい。田山氏の退官の際に私物にまぎれて、館外に持ち出された可能性も考えられるが、これはあくまで推測の域を出ないことなので、ここではこれ以上立ち入らないことにする。

おわりに

以上、きわめて粗雑な紹介ではあるが、筆者が所蔵する『九條家本延喜式裏文書』について知られる範囲のことをのべてきた。九條家本『延喜式』の紙背文書については、その多くが、現在、『平安遺文』などの活字本によって容易に披瀝でき、また、必要があれば、写真版や東京大学史料編纂所所蔵の影写本によって文字を確認することも可能である。

したがって、こんにちでは、『九條家本延喜式裏文書』の史料集としての価値は低いが、もし、ここでのべたような推測があたっているとしたならば、九條家本『延喜式』およびその紙背文書についての研究史を考えるうえで、それなりの価値をもつのではないだろうか。小稿が、あえて私蔵の『九條家本延喜式裏文書』を紹介した理由も、そこにある。とはいえ、本書については、なおあきらかにしがたい点も多々あるので、この機会に、ご教示をたまわりたい。

九條家本『延喜式』紙背利用状況一覧

巻数	紙数	年月日	文書名（備考）
1	１～３		白紙
	４	某年６月１６日	※書状（本文はあれども目次には洩れ、鉛筆にて追補）
	５	永延２年（９８８）閏5月１７日	※宮内史生某明法質問状
	６	永延２年（９８８）３月２５日	※大乗院十禅師聖野明法質問状
	７	某年８月１０日	※書状
	８	永延２年（９８８）６月８日	※栗□某明法質問状
	９	某年６月１３日	※右衛門少尉某書状
	１０	某年５月２日	※十禅師伝燈大法師位勝□勘申
	１１	永延元年（９８７）８月４日	※弾正少疏伴某書状
	１２	年月日不明	※書状
	１３	年月日不明	※書状
	１４	某年１０月７日	※書状
	１５・１６	某年１０月１７日	※書状
	１７	某年８月２８日	※書状
	１８	某年２月２日	※書状
	１９	某年５月１６日	※書状
	２０	某年４月８日	※右衛門少尉某書状
	２１	某年５月８日	※右衛門少尉某書状
	２２	正暦２年（９９１）正月１４日	※織部織手長葛井某明法質問状
	２３	正暦２年（９９１）正月９日	※散位源某明法質問状
2	１～９	年月日不明	※丹波国高津郷司解
	１０～１２	天喜６年（１０５８）８月日	※丹波国高津郷司解
	１３・１４	天喜６年（１０５８）３月12日	※丹波国高津郷司解
	１５	天喜５年（１０５７）１２月日	※丹波国高津郷司解
	１６	天喜６年（１０５８）３月１２日	※丹波国高津郷司解
	１７・１８	天喜５年（１０５７）１２月日	※丹波国高津郷司解
4	１	長元某年（年月日欠）	看督長見不注進状
	２	長元８年（１０３５）７月１日	看督長見不注進状
	３	長元８年（１０３５）８月１□日	看督長見不注進状
	４	長元８年（１０３５）９月１６日	※看督長見不注進状
	５	長元８年（１０３５）８月２５日	※秦則高解
	６	長元８年（１０３５）１０月１６日	※府掌津付永解
	７	長元９年（１０３６）正月１２日	左京保刀禰請文
	８	長元８年（１０３５）１０月２８日	看督長見不注進状
	９	長元８年（１０３５）９月１日	看督長見不注進状
	１０	長元８年（１０３５）７月１６日	看督長見不注進状
	１１	長元８年（１０３５）８月２日	※看督長見不注進状
	１２	長元９年（１０３６）正月９日	左京保刀禰請文
	１３	長元８（９カ）年（１０３５）正月１０日	※左京保刀禰請文
	１４	長元９年（１０３６）正月１２日	※左京保刀禰請文
	１５	長元９年（１０３６）某月（正月カ）１４日	左京保刀禰請文
	１６	長元９年（１０３６）正月１９日	左京保刀禰請文
	１７	長元９年（１０３６）正月２０日	左京保刀禰請文
	１８	長元９年（１０３６）正月２１日	※左京保刀禰請文
	１９	長元９年（１０３６）正月２３日	※左京保刀禰請文
	２０	長元９年（１０３６）４月９日	※明経生但波宣任解
	２１	某年８月２３日	※内舎人清原某状
	２２	長元８年（１０３５）１０月２日	※大中臣為政解の後半（前半は巻第３０の第８紙）
	２３	年月日不明	仮名消息
	２４	年月日不明	仮名消息
	２５	長元８年（１０３５）正月２０日	※山田荘司等解
	２６	長元７年（１０３４）２月８日	※播磨大掾播万貞成解
	２７	長元８年（１０３５）９月1日	※僧因万解
	２８	長元８年（１０３５）７月１１日	※國債永頼解

	29		白紙
6	1	某年正月5日	書状（「京極三位」宛）
	2	某年6月23日	書状
	3	年月日不明	書状
	4		白紙
	5	某年2月3日	書状
	6・7	年月日不明	書状
	8	某年11月29日	※右少弁某書状
	9	年月日不明	書状
	10	某年9月28日	※刑部権少輔某書状（「京極三位」宛）
	11	年月日不明	書状
	12	某年11月11日	※刑部権少輔某書状（「京極三位」宛）
7甲	1～15	永承3年（1048）	※具注暦
7乙	1	某年3月4日	書状
	2		白紙
	3	年月日不明	書状
	4		白紙
	5	年月日不明	書状
	6	年月日不明	書状
	7	某年3月9日	書状
	8	某年3月4日	書状
	9	年月日不明	書状
	10	年月日不明	書状
	11	某年2月29日	書状
	12	某年3月21日	書状
	13	某年3月15日	沙弥某書状（「京極三位」宛）
	14	某年3月14日	書状
	15	某年3月16日	書状
	16	某年3月1日	書状
	17	年月日不明	書状
	18		白紙
	19	某年3月21日	書状
	20	某年某月21日	書状
	21		白紙
8	1～2	永承4年（1049）カ	※永承三年紀伊国名草郡郡許院収納米帳
	3～4	永承4年（1049）カ	※永承三年紀伊国名草郡郡許院収納米帳進未勘文
	5	永承4年（1049）8月21日	※永承三年紀伊国名草郡郡許院収納米帳進未勘文
	6	永承4年（1049）8月21日	※永承三年紀伊国名草郡郡許院収納米帳進未勘文
	7～9	永承4年（1049）8月21日	※永承三年紀伊国名草郡郡許院収納米帳進未勘文
	10～11	永承4年（1049）カ	※永承三年紀伊国名草郡郡許院収納米帳進未勘文
	12～16	永承4年（1049）カ	※永承三年紀伊国名草郡郡許院収納米帳進未勘文
	17～18	永承4年（1049）8月21日	※永承三年紀伊国名草郡郡許院収納米帳進未勘文
	19～21	永承4年（1049）カ	※永承三年紀伊国名草郡郡許院収納米帳
9	1～6		白紙
	7～24	承暦2年（1078）12月30日カ	主税寮出雲国正税返却帳
	25～35	承暦2年（1078）12月30日	主税寮出雲国正税返却帳
10	1～5		白紙
	6～11	承暦2年（1078）12月30日カ	※主税寮出雲国正税返却帳
	12～17	承暦2年（1078）12月30日	※主税寮出雲国正税返却帳
	18～39	承暦2年（1078）12月30日	※主税寮出雲国正税返却帳
	40～49	承暦2年（1078）12月30日	※主税寮出雲国正税返却帳
11	1～22	寛弘元年（1004）	※讃岐国大内郡入野郷戸籍
	23～25	年次不明	※国郡郷未詳戸籍
	26～29	長徳4年（998）	※国郡郷未詳戸籍
12	1	長元4年（1031）7月13日	※右看督長水田某解
	2－3	年月日不明	※書状
	4	長元4年（1031）6月□日	※左看督長清原兼時解
	5～6	某年7月14日	※散位平某書状（「中志」宛」）
	7	某年8月22日	※書状
	8	某年8月11日	※書状（「右衛門中志」）
	9	某年7月30日	※書状

	１０～１２	治安４年（１０２４）２月１５日	※従儀師仁静解
	１３～１４	治安４年（１０２４）３月９日	※興福寺鞭摩会菓子園司解
	１５～１６	万寿３年（１０２６）８月２６日	左看督長紀延正等解
	１７～１８	治安４年（１０２４）３月７日	※多武峯妙楽寺解
	１９	某年４月１１日	※書状
	２０	治安４年（１０２４）３月７日	※多武峯妙楽寺解
	２１	長元４年（１０３１）正月２３日	※右衛門府解
	２２	長元４年（１０３１）５月３日	※藤原正遠解
	２３	長元４年（１０３１）５月３日	※僧念寛解
	２４	某年２月２０日	※安芸守紀宣明書状
	２５	某年８月１０日	※書状
	２６・２７	万寿３年（１０２６）２月２３日	※紀伊国粉河寺権別当僧寿肇解
１３	１１～２２		白紙
１５	１１～２５		白紙
１６	１～７	長元３年（１０３０）	※上野国交替実録帳
	８	年月日不明	主税寮下用注文
２０	１～１０	長元３年（１０３０）	※上野国交替実録帳
	１１	年月日不明	仮名消息
	１２	白紙	
	１３	某年２月１７日	書状（「右中志」宛）
	１４	年月日不明	書状（「右衛門中志」宛）
２１	１～３０		白紙
２２	１～１２	年月日不明	武蔵国大里郡坪付
２６	１～１５	（書写年代不明）	※弘仁式主税上断簡
	１６～１９	（書写年代不明）	後漢書列伝第二十一断簡
	２０・２１	（書写年代不明）	養老闘訟律断簡
	２２～２７	年月日不明	※国郡未詳坪付
２７	１～１１	（書写年代不明）	※弘仁式式部下断簡
	１２	永延２年（９８８）７月１５日	大膳少属秦某進上状
	１３	永延２年（９８８）７月１５日	大膳少属秦某進上状
	１４	某年７月１５日	文章得業生紀某書状
	１５	永延２年（９８８）７月１４日	尾張守藤原元命自署
２８	１～３	寛和３年（永延元年）（９８７）	具注暦
	４	年月日不明	清胤王書状
２８	５	年月日不明	※清胤王書状
	６～８		白紙
	９～１２	康保３年（９６６）５月３日	※清胤王書状
	１３	康保３年（９６６）５月２０日	※清胤王書状
	１４～１６	康保３年（９６６）６月１１日	※清胤王書状
	１７～１８	康保３年（９６６）５月１７日	※清胤王書状
	１９～２１	康保３年（９６６）閏８月カ	※清胤王書状
	２２	年月日不明	※清胤王書状
	２３	年月日不明	※清胤王書状
	２４・２５	康保３年（９６６）８月３日	※清胤王書状
	２６・２７	康保３年（９６６）９月１日	※清胤王書状
２９	１～６		白紙
３０	１	長元８年（１０３５）９月２日	佐伯寿命丸解
	２	長元５年（１０３２）８月９日	左史生秦某干鯛等送状
	３	長元５年（１０３２）５月1日	若江田所請文
	４	長元８年（１０３５）７月1日	栗田在与鯛送状
	５	某年４月晦日	書状（「右衛門志」宛）
	６	寛弘２年（１００５）７月１１日	浄福寺三階業伝燈満位僧勝圓書状
	７	長元８年（１０３５）１０月２６日	左近将監秦正近解
	８	長元８年（１０３５）１０月２日	大中臣為政解（後半は巻第４の第２２紙）
	９～１５	寛弘７年（１０１０）１０月３０日	※衛門府粮料下用注文
	１６～１９	寛弘７年（１０１０）２月３０日	※衛門府粮料下用注文
３１	１	某年□月４日	書状
	２	某年４月５日	左衛門□某書状
	３	年月日不明	仮名消息
	４	某年３月１６日	書状
	５	年月日不明	書状（「中志」宛）

	6	某年3月26日	書状（「右衛門中志」宛）
	7	某年3月20日	権少尉某書状（「後中志」宛）
	8	某年4月4日	玄蕃少属某書状（「右衛門中志」宛）
	9	某年4月3日	書状（「右衛門中志」宛）
	10	年月日不明	仮名消息
32	1〜7	長元3年（1030）	※上野国交替実録帳
	8	（書写年代不明）	※宝亀四年太政官符案
36	1〜6	（書写年代不明）	※宝亀四年太政官符案
38	1〜15	長元3年（1030）	※上野国交替実録帳
39	1	長元8年（1035）10月11日	某郷刀禰解
	2	長元9年（1036）正月11日	左京保刀禰請文
	3		白紙
	4	某年3月14日	前伊与守某書状
	5	年月日不明	書状
	6	長元8年（1035）12月27日	左京保刀禰請文
	7	年月日不明	書状
	8	長元9年（1036）正月11日	左京保刀禰請文
	9	長元9年（1036）正月10日	左京保刀禰請文
	10	長元9年（1036）正月17日	左京保刀禰請文
	11	長元9年（1036）正月16日	左京保刀禰請文
	12	長元9年（1036）4月カ	源兼行書状
	13	某年11月14日	左権□某書状
	14	年月日不明	書状
	15	長元8年（1035）10月8日	僧祈圓解
	16	年月日不明	書状
	17	長元8年（1035）12月26日	左京保刀禰請文
	18・19	長元8年（1035）11月5日	檀那院領衣川薗作田注文
	20	某年4月28日	番長文某書状
	21	某年5月2日	書状
	22	長元8年（1035）5月2日	小犬丸妻秦吉子解
	23	長元8年（1035）6月16日	看督長見不注進状
	24	某年4月15日	豊前介藤原某書状
	25	長元8年（1035）10月15日	府掌伴吉永解
	26	年月日不明	書状
42	1〜13		紙背文書なし
	附図		豊楽殿図裏書「豊楽殿元名云々」
	附図		八省院図裏書「造内国宛」
	附図		八省院図裏書「内裏焼亡年々注記」
	附図		八省院図裏書「南殿聖賢図」
	附図		内裏図裏書「凝華飛香二舎云々」
	附図		内裏図　清涼殿紫宸殿裏書
	附図		内裏図　貞観殿裏書
	附図		内裏図裏書「蔵人町屋云々」

【凡例】

一、本表は、九條家本『延喜式』紙背の利用状況について示したものである。文書名やその排列などについては、鹿内氏②論文掲載の「表　九條家本『延喜式』の紙背文書」によった。巻第42の紙背文書は、オモテの諸図に附されたもので、鹿内氏の表はこれを省略しているが、ここでは『九條家本延喜式裏文書』にしたがって掲載した。

一、『九條家本延喜式裏文書』における各巻の記載の順は、鹿内氏②論文の表とはぎゃくになるが、利用者の便宜を考慮し、鹿内氏の作成された表にあわせた。

一、巻第7の2本のうち、乙本の紙背文書は飜刻がない。

一、※を附したものが、『九條家本延喜式裏文書』に飜刻されている紙背文書であることを示す。文書の分類については、鹿内氏の表と『九條家本延喜式裏文書』とではことなる点も少なくないが、『九條家本延喜式裏文書』に当該箇所がある場合は、表のなかから該当する文書を探してそこに※を附した。

第三章　『延喜式』複製本覚書
―『諸神名書』をめぐって―

一

『延喜式』が、日本法制史の研究上、逸することのできない貴重な文献であることはいうを俟たないが、とりわけその本文研究についていえば、各地に残された古写本の存在は貴重である。『延喜式』の古写本としては、金剛寺本・一條家本・九條家本・中院家本・三條西家本・卜部兼永本・吉田家本などをあげることができるが、これらについては複製本も刊行されており、それを利用することによって原本の体裁や文字などをうかがうことが可能である。

こうした『延喜式』の複製本については、虎尾俊哉氏校注神道大系古典編十一『延喜式』上（神道大系編纂会、平成三年十月）に附された虎尾氏の「解説」や、さらには同氏編訳注日本史料『延喜式』上（集英社、平成十二年五月）「解説」の『延喜式』諸写本の解説の部分に詳しく注記されており、これによって、われわれは、いずれの写本に複製本が存するのか、容易にうかがうことができる（なお、古写本の複製本に関しては、『天理図書館善本叢書13　古代史籍続集』〈八木書店、昭和五十一月〉所収の田中卓氏の「解説」〈のち、「吉田家本延喜式、金勝院本扶桑略記の解題」と題して『田中卓著作集10　古典籍と史料』〈国書刊行会、平成五年八月〉所収、や西牟田嵩生「延喜式」國學院大學日本文化研究所編『神道用語集』宗教編二〈神道文化会、昭和六十一年四月〉所収、のち西牟田氏『延喜式神名帳の研究』〈国書刊行会、平成八年八月〉所収、にも克明にしるされているが、ここで取り上げている複製本のことはふれられていない）。

筆者は、虎尾氏の一連の写本解説にみえる複製本が、『延喜式』の複製本のすべてだと信じていたが、最近、これに洩れた複製本が一つ存在することを知った。それだけなら、とりたてていうほどのこともないのだが、これに関しては、いささか看過しがたい問題がある。そこで、小論では、この複製本を紹介しつつ、あわせてその問題点を指摘しておきたい。なにぶんにも、忽卒の間に調査した結果の報告なので、至らない点も多いが、あらかじめご海容を乞う次第である。

二

ここに筆者が紹介する『延喜式』の複製本は、『延喜式』のうち、巻九・十、すなわち、神名帳のそれである（図1参照）。巻子本二巻からなり、題箋には、それぞれ「諸神名書上」・「諸神名書下」とある。

この複製本は、御巫本『古事記』一冊と慶長勅板『日本書紀』二冊の複製本とあわせて作製されたもので、内部が二段に作られた桐箱の下段には巻子本の体裁をとる神名帳二巻が、上段には『古事記』・『日本書紀』が収納される。さらに、これらの複製本には『御巫本古事記　慶長勅板日本書紀　假名附延喜式神名帳　解題』と題する和装本の別冊が附されていたるが、この奥附によれば、発行は昭和七年（一九三二）十月十日、編輯兼発行者は、蒲田政治郎、印刷は京都の便利堂、であって、非売品である旨がしるされている。

この解題は、巻頭に蒲田氏の「弁言」を排し、以下、中村直勝氏の「解説」、安岡正篤氏の「跋」、とつづく。刊

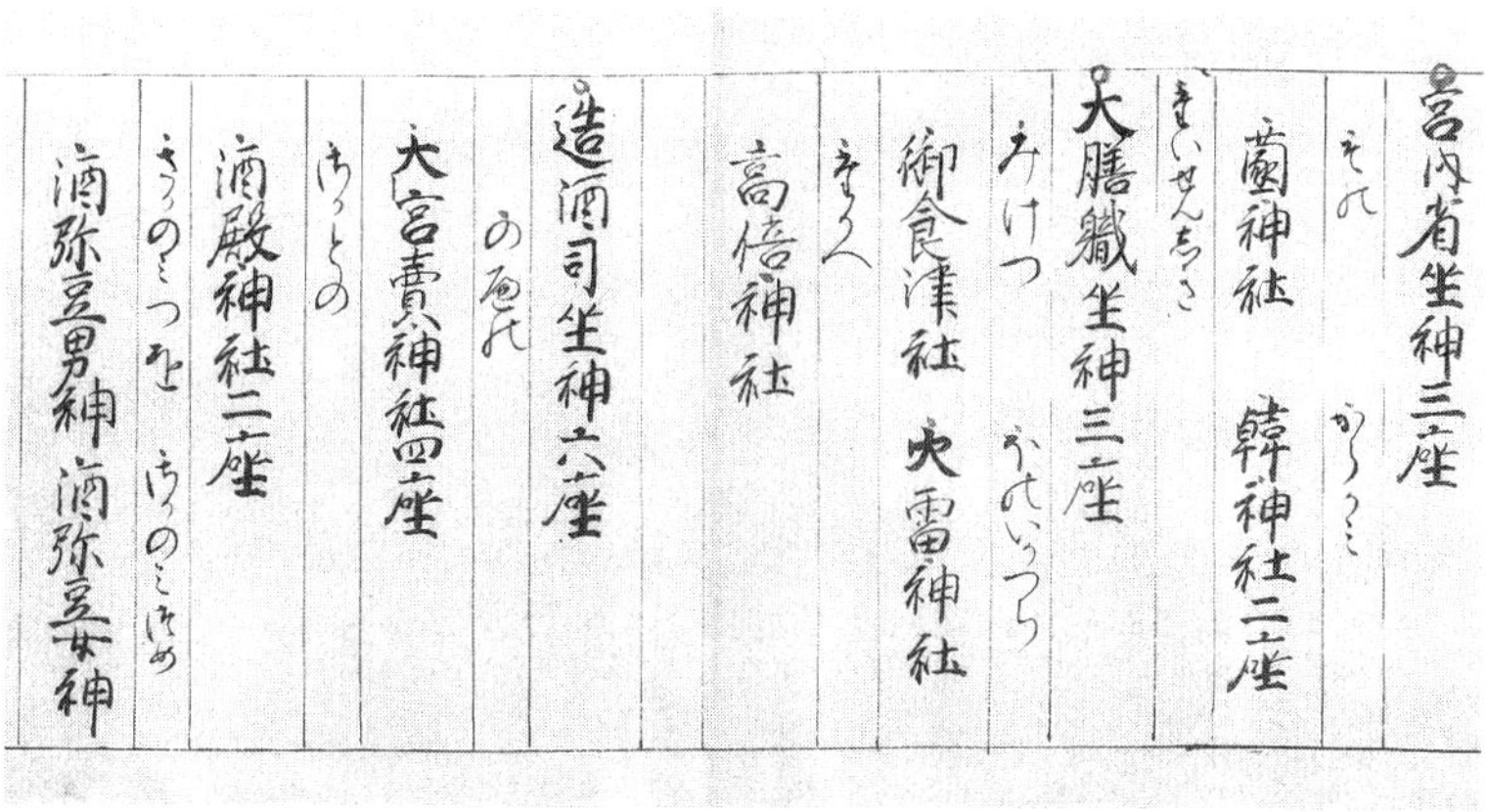

宮内省坐神三座
薗《その》神社　韓《からかみ》神社二座
大膳職坐神三座
御食津社　火雷神社
高倍神社
造酒司坐神六座
大宮賣神社四座
酒殿神社二座
酒弥豆男神　酒弥豆女神

図１　複製本『諸神名書』上の一部分

複製本は、ほぼ原本どおりの体裁に作製されているが、中村直勝氏の解説にもあるように、わずかながら、原本を縮小している。原本の上下の幅は17センチだが（中村氏は「５寸８分」と表記）、複製本のそれは、16.5センチ。

行の事情は、蒲田氏の「弁言」に詳しいので、以下に、まずそれを紹介する。

明治二年京都に呱々の声を挙げて茲に六十有四年既に還暦の齢も過ぎた。それを顧れば決して短い生涯であつたと思はぬ。しかも最近四十五年、生来あまり頑健な体質でもないに拘らず無病息災家内また安穏、従事する所の紡織の事業多少の迂餘はあつたにしても、終局に於ては常に伸展、何一の不平不足もなく無事に波濤を越え、近く重職の任を果して閑地に就く事を得るに至つたが、そのかかりし所以は何処にありやを憶ふに、之偏へに皇神の加護仏天の加被によるものに外ならないと信じ、其の恩沢の宏大無疆なる、到底言葉の尽し得べき所ではない。

此秋に当りて何をか一臂の力を致して神恩に報ひ皇国に酬ゆる所がなくてはならぬ。其一として国体観念の涵養に資すべき神典の複刻保存を、回縁者である京都帝国大学助教授中村直勝氏に胥つた所、中村氏大に欣びて図書撰定・印刷の交渉等の一切を引受けるべきを答へられ、之を諸方碩学に議られたが、特に内務省神社局考証官文学士宮地直一氏及び大谷大学教授鈴鹿三七氏の異常なる支援を得て、左の三書が撰に上った。

古写本　古事記上巻　　神宮禰宜御巫清白氏秘蔵
慶長勅板　日本書紀　　京都帝国大学附属図書館尚蔵
假名附延喜式神名帳　　内閣文庫尚蔵

即ち、其の種類と言ひ、また其の所蔵さるゝ秘庫といひ、全く不肖の主趣のある所を顕現するに合致するものがあったので、右の皇典三種を新に印梓する事とし、すべてを中村氏に委した。（後略）

蒲田氏は、大阪紡績・東洋紡績会長において要職を歴任された実業家で、引退ののち、この複製本の刊行を思い立たれたようである。

ところで、問題の『延喜式』であるが、この複製本がいったいいかなる写本を複製したものかは、中村氏の「解説」に詳しくしるされているので、つぎにそれを引く。

茲に複製印刷したる二巻は現在内閣文庫本として保存せられるが、もとは徳川幕府の文庫である楓山文庫に尚蔵せられ明治維新に際して政府が引継いだもので全五十巻のうち、巻第十三・十八・十九・廿四・四十一・五十の六巻を缺き、すべてに「紅葉山文庫」の朱印を押捺す。恐らく慶長を降らない古写本である。其中の神名帳二巻だけを撰んだ所以のものは、神名帳の全部に亘りて右傍に假名が附けてあるといふ他本に見られない特色があるからである。神名の訓み方に就いては古来非常に難かしいものがあつたらしく、古写本何れもみな難読と思はるゝ神名に假名を振つて居るが、本書の如く、悉くに假名を附したのは、たしかに異とせねばならぬ。この假名によりて近世初頭の訓み方が教へらるゝ事は言ふまでもなく、戦乱未だ戢らざる時代に此種古典の研究がよしや一部の学界に於てにしろ、看却されなかつた事を知り得て、我が国体と学問とが決して別個のものではないといふ鉄則を明瞭に示され、大に感激すべきであると思ふ。（中略）

本巻複製に際して体裁すべて原本に従ふべきであつたが、製版の都合上少しく寸法を縮少《ママ》した。即ち原本は上下の紙幅五寸八分、其間に上下四寸三分の界線を引き、其中に神名のために左右九分、振假名のために其右に四分の界線を引いて、其界の中に文字を記入してある。見返は一尺二寸八分の長さに達し、その上部と下部に金及び銀の砂子を以て雲形を描く。表紙は別にやゝ青味を帯びた鳥子を以てし、それにも金銀砂子を中央と下部とに加へて遠山雲を現はし荘重典雅なる気分を漂はせてある。紐は青にやゝ黒色を加へた絹平組紐を以てする。他の四十数巻の何れよりも汚れのある事は、如何に本巻が度重りて繙かれたかを雄辯に物語るものであらう。

これによれば、このとき御巫本『古事記』と慶長勅板『日本書紀』とともに作製された巻子本仕立ての神名帳は、内閣文庫所蔵の『延喜式』写本から巻九・十を抜き出したものであることがわかる。

内閣文庫には、現在二種の『延喜式』の写本が存在するが、これらについては、虎尾氏編訳注日本史料『延喜式』上（前掲）「解説」の『延喜式』諸写本の解説に、ともにしるされている。すなわち、それによれば、

一一　内閣文庫本　四五冊　国立公文書館内閣文庫蔵

一冊に一巻をあて、序・表・目録・歴運記を別冊とする。ただし、巻第十三・十八・十九・二十四・四十一・五十の六巻を欠く。いわゆる慶長写本と称せられるもので、紅葉山文庫旧蔵。恐らく巻第十三・二十四の二巻分は当初から欠けていたと思われる。

とあり（二三頁、以下、この写本を「内閣文庫本『延喜式』」と称する）、さらに、いま一つの写本についても、

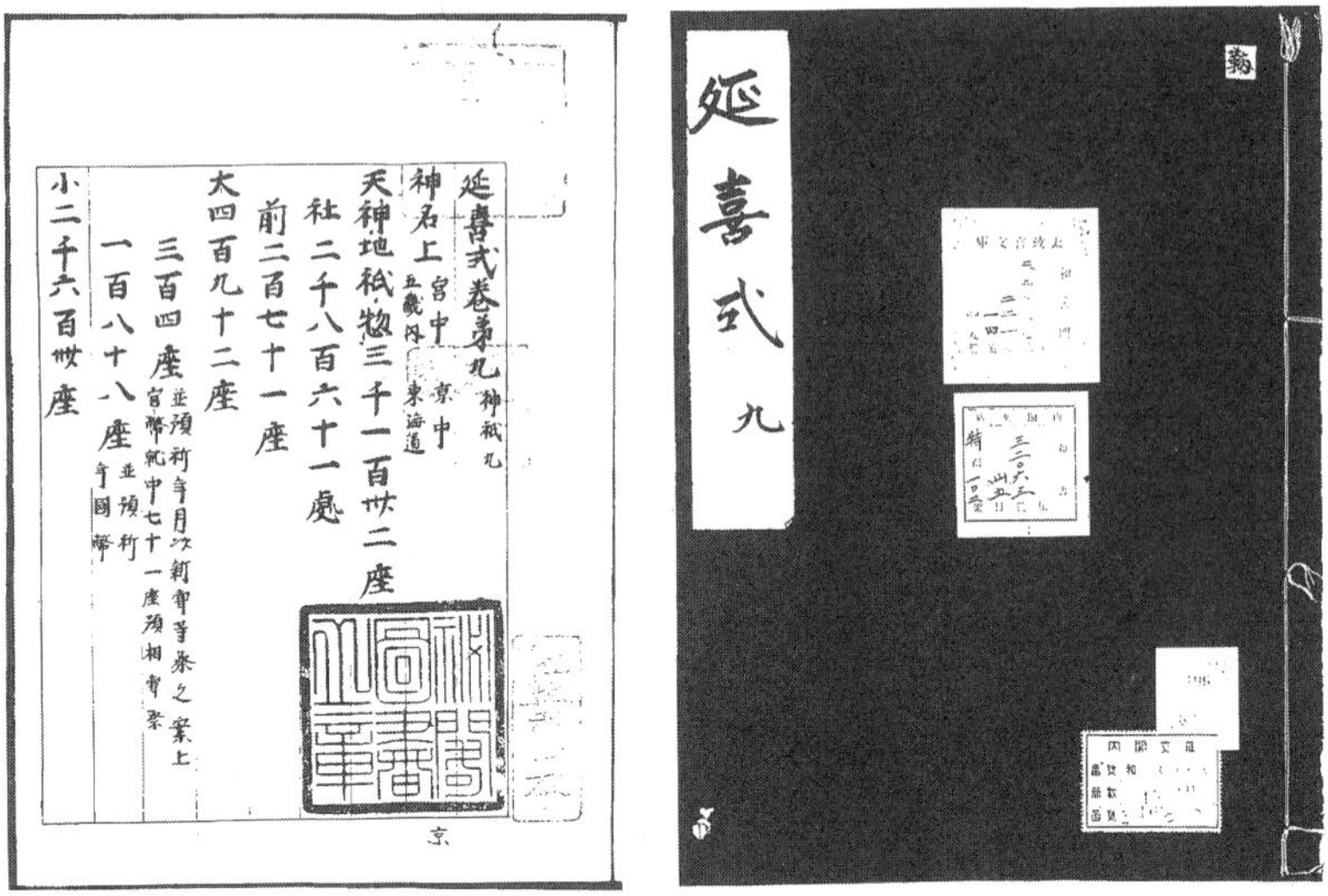

図２　内閣文庫本『延喜式』第九の巻頭部分

一五　内閣文庫別本　二〇冊　国立公文書館内閣文庫蔵

　二・三巻分を一冊とし、巻第十三・二十四の二巻を欠く。前掲一一慶長写本の写しか。林羅山・林述斎・昌平坂学問所の蔵書印があり、林家本とも言われる。

としるされている（二五頁）。

　この虎尾氏の解説とさきの中村氏の解説とを比較してみると、ここで取り上げている複製本は、虎尾氏のいう「一一内閣文庫本」のうちの巻九・十であることが知られる。ところが、虎尾氏は、内閣文庫本『延喜式』の解説において、こうした複製本があることには言及しておられないのであって、筆者は、当初、虎尾氏が記載を洩されたか、あるいは複製本の存在をご存じなかったか、のいずれかであろうと一人合点して、こうした巻子本仕立ての神名帳の複製本がある旨、氏に手紙でお知らせした。すると、ただちに虎尾氏からお返事を頂戴したが、それによると、内閣文庫本『延喜式』は冊子本で巻子本ではない、内閣文庫本『延喜式』のコピーを同封するから、もういちど手元の複製本と照合してほしいとのことであった。

迂闊なことであるが、筆者は、虎尾氏にお手紙を差し上げた時点では、まだみずから内閣文庫本『延喜式』を実見・調査したことはなく、中村氏の解説と虎尾氏の解説とから、くだんの複製本を内閣文庫本『延喜式』のそれと判断しただけであった。しかしながら、虎尾氏がお送りくださった写本の一部のコピーは、あきらかに複製本とはべつのもので（図2参照）、複製本が内閣文庫本『延喜式』のそれでないことは一目瞭然である。内閣文庫本『延喜式』の調査もじゅうぶんおこなわないままに、虎尾氏に軽率な報告をしたみずからの不明を恥じたが、ただ、原本を実見したことのあるひとならばともかく、中村氏の解説のみに依拠するかぎり、誰もがこの複製本を内閣文庫本のそれと信じて疑わないはずである。なにゆえ複製された写本と解説が齟齬するのか、これが内閣文庫本『延喜式』でないとすれば、その正体はいったいなにか、など、この複製本に関しては、あまりに不可解なことが多い。

もっとも、このとき、内閣文庫に所蔵されるべつな文献である可能性を想定し、同文庫の蔵書目録をもうすこし丹念に調査していたら、もっとはやく複製本の正体をつかむことができたはずである。しかしながら、当時は、『延喜式』の写本しか頭になく、内閣文庫にはさきに紹介した二本以外に『延喜式』の写本が存在しないから、これ以上の調査はむだであると思い、そのまま放置していた。

三

ところが、最近になって、しごく単純なことではあるが、複製本の正体を確認するてがかりのあることに気がついた。それは、くだんの複製本に附された題箋に「諸神名書」とある点である。『延喜式』の写本ということで当初はほとんど気にもとめなかったが、もし、これがこの巻子本の本来の書名であるとすれば、それをてがかりにこの複製本のもとになった写本を突き止めることができるのではないか。

おそまきながら、そのことに気がついたので、さっそく『補訂版国書総目録』第四巻（岩波書店、平成二年三月）で確認したところ、わずかに一本ではあるが、無窮会神習文庫に同名の書物が所蔵されていることが判明した。

ただし、『補訂版国書総目録』第四巻（前掲）には、

諸神名書《しょしんめいしょ》　三冊　類神祇　写無窮神習

とあるので（五八四頁）、くだんの複製本が上下二巻からなるのとはことなる。念のため、財団法人無窮会編『神習文庫図書目録』（名著出版、昭和五十七年六月）について確認したところ、同目録にも、やはり、

諸神名書（楓山文庫七巻本影写）　写　三冊　三二三番　井

とあって（九頁、「井」は井上頼囶氏の旧蔵書であることを示す）、巻数は、『補訂版国書総目録』第四巻（前掲）とおなじく「三冊」となっており、複製本の二巻とは一致しない。あるいは、同書名の、べつな書物かも知れないと思いつつも、念のため、神習文庫で原本を調査したが、これは、残念ながら、複製本とはべつの書物であった。

ここでいったんは捜索の糸が切れてしまったのだが、ただ、右の目録の記載によれば、神習文庫所蔵の「諸神名書」は、楓山文庫所蔵本の影写であるという。ここにいう「楓山文庫」とは紅葉山文庫の前身だから、内閣文庫にこの写本のもとになった写本（目録によれば、七巻本）の残されている可能性がある。神習文庫本の『諸神名書』とおなじものなら調査は無意味だが、ちがった体裁や内容の本である可能性も捨て切れないので、念のために、『内閣文庫国書分類目録』上（内閣文庫、昭和三十六年三月）で確認したところ、

〔諸神名書〕江戸初写　　楓　二冊　特五五函　一一号

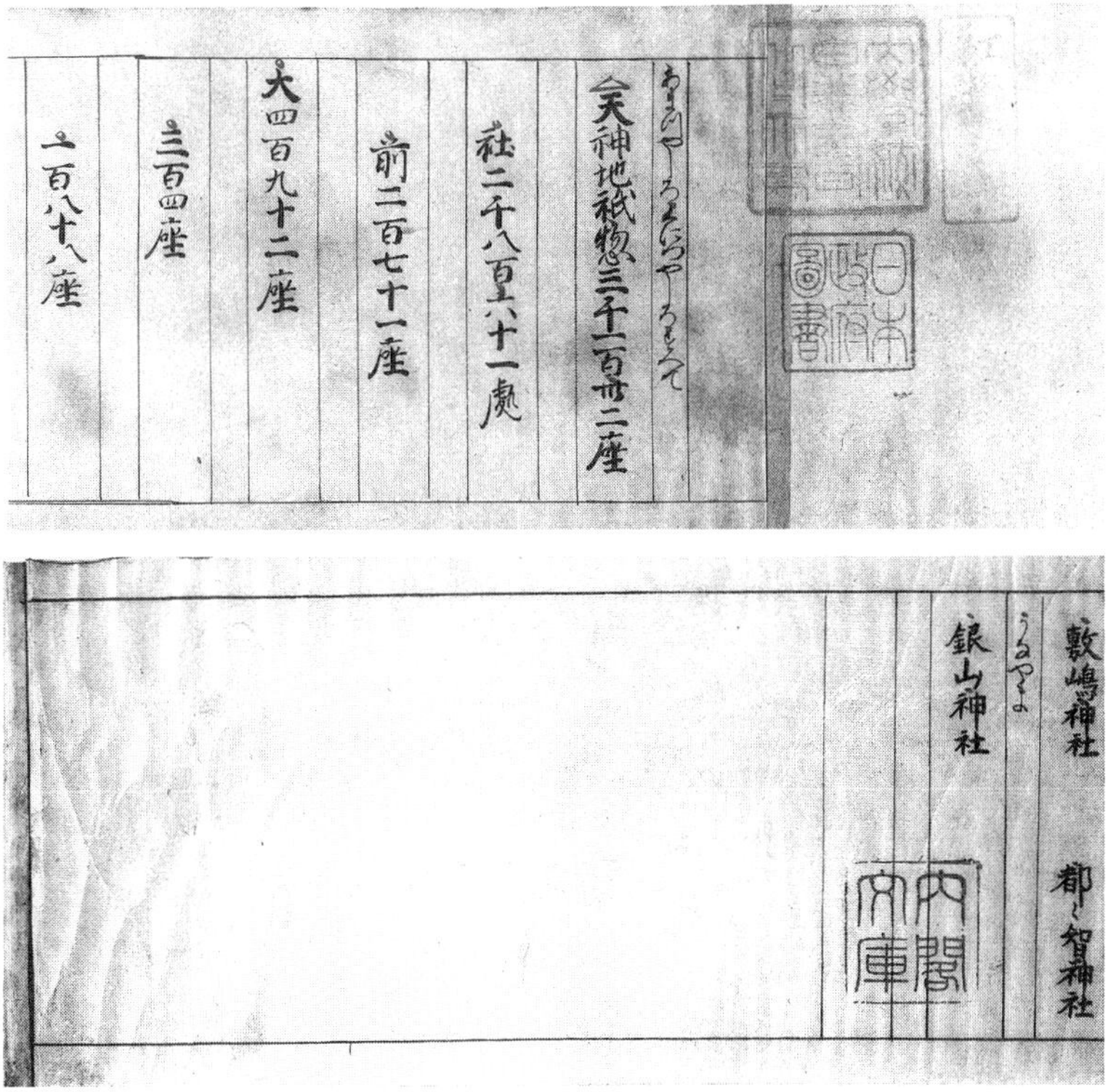

図3　内閣文庫所蔵『諸神名書』蔵書印

という記述がみつかった（一五一頁）。同書は、明治二十二年十二月の「凡例」をもつ『内閣文庫図書假名別類目録』（刊行年月未詳）巻三の「志部」の「神書」の項に、

諸神名書　二軸 写

冊数二　番号三二〇五七

とあるものであろうが（二六九一頁）、『神習文庫図書目録』（前掲）に「楓山文庫七巻本」とあるものとは、どうも巻数が一致しない。これは、もしかすると、神習文庫本『諸神名書』とはちがう写本かも知れないと期待をいだきつつ、さっそく内閣文庫を訪ねて原本を調査したところ、はたせるかな、これこそ、問題の複製本のもとになった写本であった（ただし、『神習文庫図書目録』〈前掲〉に「楓山文

庫七巻本」とある分の所在は、結局わからなかった）。

複製本は、どうしたことか、巻首・巻末部分に押された「紅葉山本」・「日本政府図書」・「内閣文庫」（これは下巻の巻末にのみ存在）などの蔵書印（図3参照）をいっさい消しており、それが複製本の正体をきわめるうえで大きな障碍になっていた。しかしながら、こうした迂遠な調査を経て、とにもかくにも、複製本の正体が、内閣文庫本『延喜式』とともに、おなじ内閣文庫に所蔵される、まったくべつの神名帳の写本であることが確認できたのは、幸いなことであった。

この写本は、その書体などからして、『内閣文庫国書目録』（前掲）も指摘しているように、おそらく江戸時代初期の書写にかかるものと思われるが、『諸神名書』という書名が災いしてか、これまで神名帳の写本としてはあまり注目されなかったようである。古写本というほどのものではないが、後述のように、本文すべてに仮名が附されていることなどをはじめ、独自の要素もあるので、神名帳の諸写本の研究においてなお検討すべき存在である。

さて、以上のように、ここで取り上げた複製本がいかなる写本によったものであるかはいちおうの解決が得られたのだが、ただ、それでも腑に落ちないのが、中村氏の解説である。さきに引用した同氏の解説のうち、傍線を附した部分はあきらかに内閣文庫本のことで、他はおおむね『諸神名書』に則した解説である。中村氏が、両者を実際に調査しておられることは、写本の寸法や保存状況について言及している点からいってまずまちがいないと思われるが、この解説を書き下ろす段階で、どうやら両者を混同してしまったようである。中村氏が混乱を来した理由は定かではないが、とにかく、この解説には不用意な点があるのであって、利用者は、その点を承知しておく必要があろう。

四

さて、筆者の報告は以上に尽るが、最後に餘白をかりて、『諸神名書』の性格についてかんたんに紹介しておく。同書は、その写真をみればあきらかなように、訓みを附すためにわざわざ細目の界線を施しているが、これはあまり他に例をみないものである。しかも、傍訓にひらがなをもちいている例も、これまたあまり例がない。神名帳所載の神社名に傍訓を附した例では、天理図書館所蔵の吉田家本がつとに有名だが、『諸神名書』の傍訓はそうした古訓ともことなるようである。

そもそも、『諸神名書』は、巻子本に仕立てられているが、書体・装丁などからして、それほど古い写本とは考えられず、むしろ、わざわざ神名帳としての威厳をもたせるために、冊子本を書写する際にわざと巻子本仕立てにしたような印象さえうけるのである。

では、本書は、神名帳の写本としては、いったいいかなる系統に位置づけることが可能であろうか。

この点について確固たる断定を下すのはむつかしい。

しかし、まったく手がかりがないわけではない。たとえば、巻第十2近江国条の滋賀郡八座の一つ「石座神社」の「座」は、他の諸写本ではことごとく「坐」であるという。ところが、『神祇志料』によれば、彰考館本『延喜式』（現存せず）には「座」とあったようで、新訂増補国史大系本『延喜式』の頭注には「坐、神祇志料作座」とみえている（二四三頁）。このことを参考にすると、あるいは、『諸神名書』もこの系統の写本かも知れない（この点については、虎尾俊哉氏のご教示による）。

もっとも、おなじく巻第十39阿波国条の美馬郡の「波爾移麻比彌神社」の「移」は、新訂増補国史大系本『延喜式』の頭注に「移、神祇志料作夜」(三〇八頁)とあるように、『神祇志料』が「夜」に作るにもかかわらず、『諸神名書』では「移」となっている(なお、新訂増補国史大系本『延喜式』の頭注が『神祇志料』を引くのは、以上の二例だけである)。そうなると、この場合は、『諸神名書』の文字が彰考館本『延喜式』のそれと一致しないのであって、この文字から判断するかぎり、『諸神名書』が彰考館本『延喜式』の系統であるとはいえない。

このようにみていくと、彰考館本『延喜式』が存在しない現状では、『諸神名書』との関聯を推定することはむつかしい。しかし、それでも、『延喜式』巻第九・十、すなわち神名帳は、他巻にくらべると古写本に恵まれており、それ以外にも各地の図書館や文庫にはかなりの数の写本が存在している。したがって、これらを調査することによって、『諸神名書』を神名帳の写本系統のなかで正しく位置づけることが可能になるかも知れない。

しかしながら、それは小論のよくするところではないので、べつの機会に譲ることにして、ともかく、ここに、筆者が現在までに知り得たところをひとまず公表し、博雅のご教示を仰ぐ次第である。

第四章　吉岡徳明『古事記伝略』について

はじめに

明治の国学者吉岡徳明(1)の著作の一つに、『古事記伝略』全十二巻がある。これは、書名が示すように、本居宣長の畢生の大著『古事記伝』全四十四巻を簡約・抄出し、そこに多少の自説を加えたものである。(2)

本書は、明治十六年（一八八三）十月、第二巻が出版されたのを皮切りに順次刊行され、明治十九年（一八八六）三月に、最後に残った第一巻が刊行されている。(3)第一巻の執筆が遅れたのは、第二巻巻頭の刊記にあるように、序文に詳解を加えるために、「若干ノ日次ヲ費サヾルヲ得」なかったからであろう。

『古事記伝略』には、二種の刊本が存在するようだが、(4)うち一種は、刊記もなく、いつごろ刊行されたものか定かではない。したがって、同書が、全部でどれくらい印刷され、また、どの程度普及したかは、こんにちとなっては知る由もない。

この和装活字本は、現在では、坊間でみることも稀であるが、昭和十三年（一九三八）に至り、国民精神文化研究所が、これを洋装活字本の体裁に改め、上下二分冊で再刊している。こんにちでは、むしろ、こちらのほうが知られている。

『古事記伝略』は、浩瀚な『古事記伝』を圧縮したもので、「手頃な註釈書」として評価できるが、(5)徳明自身の見解はわずかで、『古事記』注釈書としては新味に掬すべき点が少ない。宣長の『古事記伝』そのものが容易に披見できるこんにちでは、[6]これを顧みるひとも少ないのは、やむを得ないことである。

ただ、筆者は、近年、この『古事記伝略』の成立にかかわる資料数点を見出した。同書の成立については、国民精神文化研究所版に附された青柳秋生氏の周到な解説のほか、いくつかの研究があるが、[7]これらの資料は活用されていない。しかしながら、ここで紹介する資料数点は、徳明がいかにして『古事記伝略』を執筆したかを考えるうえで、看過することのできない文献ではないかと思う。そこで、小論では、新資料の紹介をかねて、『古事記伝略』の執筆について考えることにしたい。

一、『古事記伝抄』と稿本『古事記伝略』

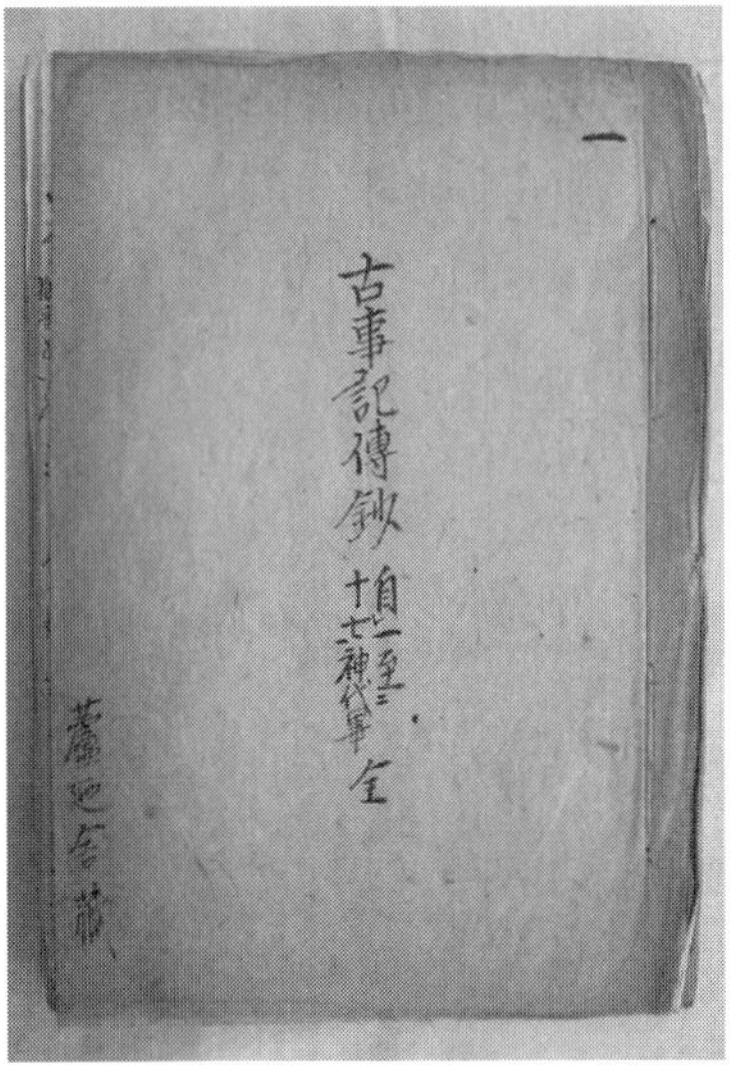

図１　『古事記伝抄』

まず、『古事記伝抄』と題する資料から紹介する。筆者は、近年、吉岡徳明関係の資料数点を入手したが、『古事記伝抄』は、そのうちの一点である（図１参照）。

『古事記伝抄』は、その名のとおり、『古事記伝』を抄出したものである。その筆蹟から判断して、徳明自身の手になるものであることは、疑いのないところである。

全六巻より構成されるが、第一分冊は、『古事記伝』一〜十七巻、第二分冊は、十八〜二十二巻、第三分冊は二十三〜二十九巻、第四分冊は三十〜三十四巻、第五分冊は三十五〜三十七巻、第六分冊は三十八〜四十四巻を扱う。各巻おおむね縦二四・五センチ、横一四センチで、各分冊で丁数に差があるが、いずれも袋綴じで、紙縒りをもって綴られている。各巻の表紙には、たとえば、

古事記伝鈔 自一至十七神代畢 全　　　蘆廻舎蔵

などとあり（「蘆廻舎」は徳明の号）、各巻の第一丁オには「吉岡蔵書」の印が捺されている。

いま、この『古事記伝抄』を宣長の『古事記伝』と比較してみると、『古事記伝抄』第一分冊は、『古事記伝』一之巻に存する九章のうち、「書紀の論ひ」・「旧事紀といふ書の論」「直毘霊」の三節を全面的に省略しているが、残る「古記典総論」・「記題号の事」・「諸本註釈の事」・「文体の事」・「假字の事」・「訓法の事」については、適宜その内容を抜粋・転写している。

なお、第一分冊には、「記題号の事」・「訓法の事」の一部が別紙のかたちで挿入されるなど、ところどころ編輯に乱れがあるが、散逸した原稿はないようである。

つぎに、第二分冊以下の巻に目を転じると、『古事記伝』二之巻（「古事記上巻并序」・「大御代之継継御世御世之御子等」）は全面的に省略されているが、三之巻〜四十四之巻、すなわち、『古事記』本文に対する注釈の部分は、『古事記』本文は省くものの、宣長が加えた注解については、適宜抄出している。

もっとも、なかには、『古事記伝』の記載を一項目まるごと省略したケースも少なくなく、その結果、分量的にはかなり圧縮されている。

さて、つぎに紹介するのは、稿本『古事記伝略』(8)である。

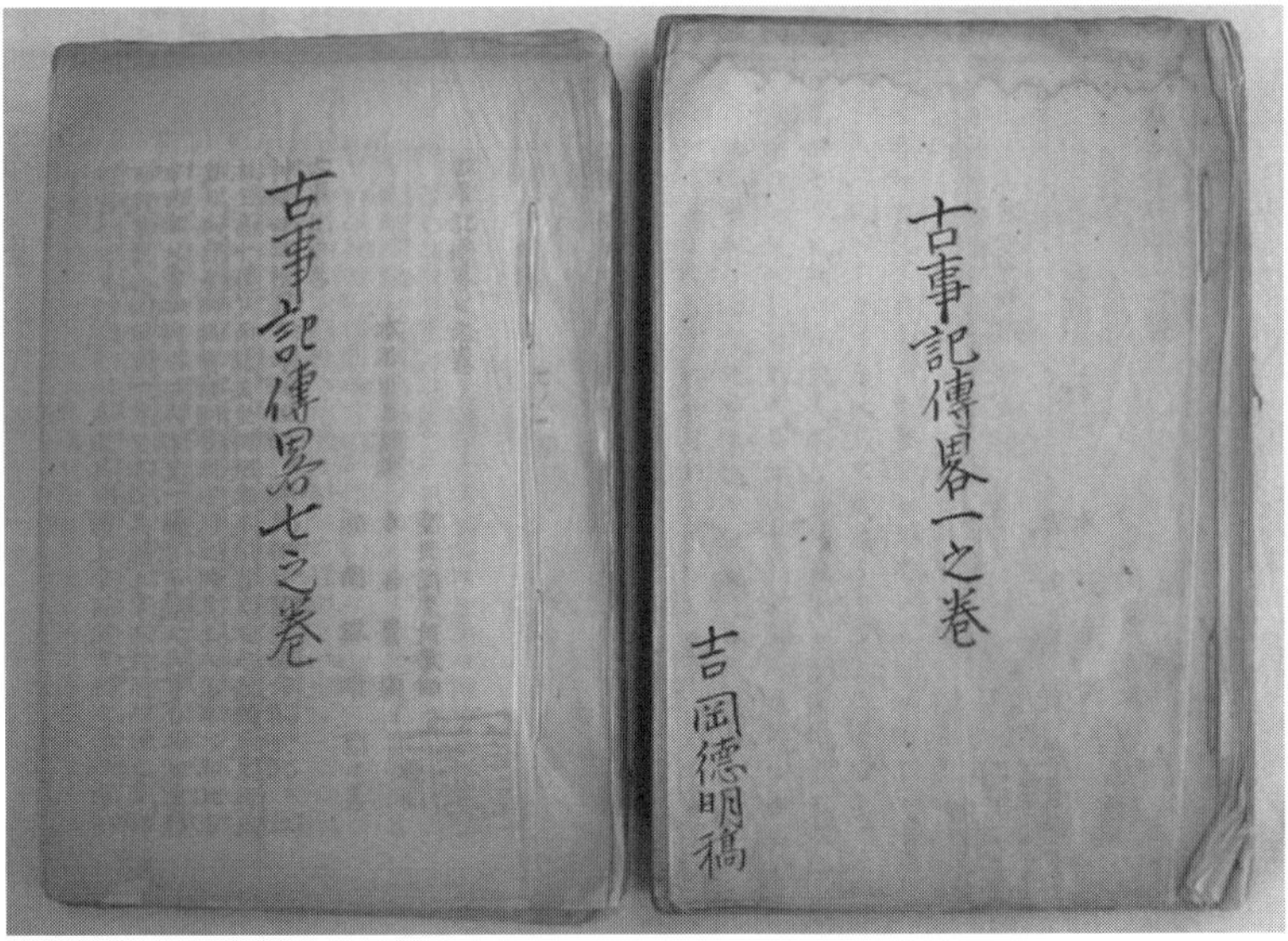

図２　稿本『古事記伝略』

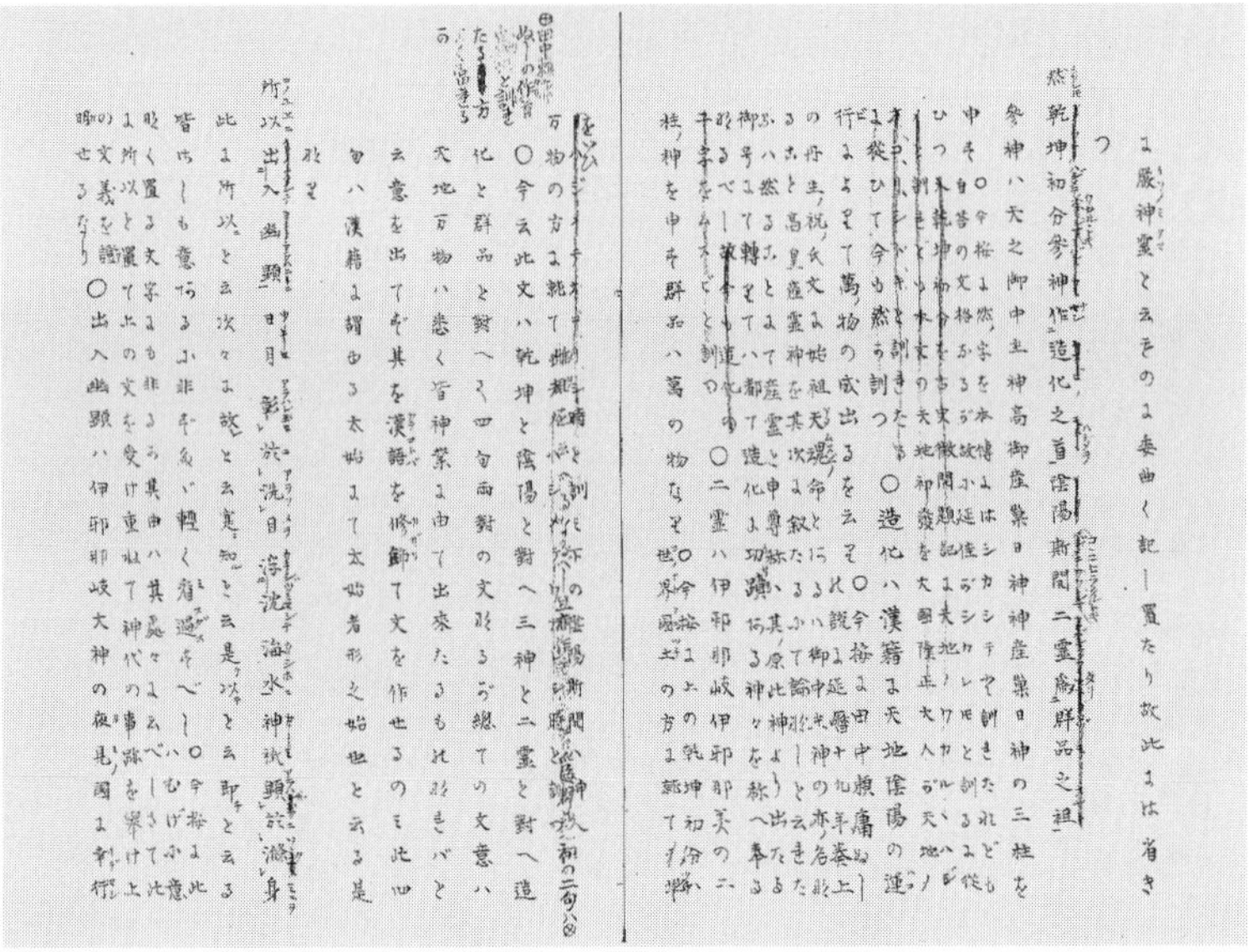

図３　『伝略』にみえる補訂のあと

これは、さきの『古事記伝抄』とともに一括して入手した資料の一つで、のちに詳しくのべるように、『古事記伝略』全十二巻の出版に利用された自筆の原稿である。各巻のサイズは、おおむね縦二四・五㌢、横一四㌢で、袋綴じで、紙縒りをもって綴られていること、『古事記伝抄』とおなじである。

第一分冊の表紙には、

古事記伝略一之巻　　吉岡徳明稿

とあり（図2参照）、第一丁オに「吉岡蔵書」の印があることも、これまた、『古事記伝抄』と同様である。初刊本と校合してみると、初刊本にある久我建通・本居豊頴の「古事記伝略の序」、徳明の執筆にかかる「古事記伝略例言」はないが、『古事記伝略』の本文部分については、完全に初刊本と一致している。とくに、いったん脱稿したところへ、朱筆を以て訂正した箇所、あるいは、行間への書き込みや附箋による補訂が（図3参照）、初刊本では訂正どおりに組版されているのであって、これが『古事記伝略』の最終稿本であり、そのまま印刷に附されたことは、一点の疑いもない。

二、『古事記伝略』の完成まで

以上、『古事記伝略』にかかわる二つの新出資料について紹介したが、この『古事記伝抄』と稿本『古事記伝略』、そして、その刊本とをたんねんに比較していくと、そこから、徳明が『古事記伝略』を作り上げていくプロセスがみてとれる。

結論はきわめてかんたんだが、要するに、徳明は、『古事記伝略』編纂以前に、『古事記伝』を抄出した『古事記伝抄』を作成しており、それをもとにして『古事記伝略』を書き上げたのである。以下、そのことを証明する、具体的な事例をあげよう。

『古事記伝』一之巻には、『古事記』全体の総論にあたる九項目について記載があることはすでにのべたが、たとえば、このなかの第六項目「文体の事」には、つぎのようにしるされている。いささか長いが、全文を引く(9)。

文体の事

すべての文、漢文の格に書れたり、抑此記は、もはら古語を伝ふるを旨とせられたる書なれば、中昔の物語文などの如く、皇国の語のまゝに、一もじもたがへず、假字書にこそせらるべきに、いかなれば漢文には物せられつるぞといはむか、いで其ゆゑを委曲に示さむ、先大御国にもと文字はなかりしかば、【今神代の文字などいふ物あるは、後世人の偽作にて、いふにたらず、】上代の古事どもも何も、直に人の口に言伝へ、耳に聴伝はり来ぬるを、やゝ後に、外国より書籍と云物渡参来て、【西土の文字の、始て渡参来つるは、記に応神天皇の御世に、百済の国より、和邇吉師てふ人につけて、論語と千字文とを貢しことある、此時よりなるべし、なほ懐風藻の序などにも、此おもむき見えたれば、奈良のころも、然言伝へたるなるべし、それよりさきにも、外国人の参入しは、書紀に崇神天皇の御世に始て彌摩那国人又垂仁天皇の御世に、新羅国主子天之日矛などあれども、書籍はいまだ渡らざりけむ、そも〳〵異国とこと通ふことは、漢国の書には、かのくにの漢といひし代より、御国の使、かしこに至れりつと云へれども、皇朝にはさらにしろしめさぬ事にして、此はくさ〴〵論ひ有て、別にしるせり、彼国に大御使を遣はししは、遥の後、推古天皇の御世ぞ始なりける、又韓の国々の、したしく仕奉しことは、神功皇后の、かの国言向坐しよりの事なれば、書籍のわたり来しも、決くかの和邇がまゐりこし時よりのことゝぞ思はるゝ、然るに神武天皇の御時よりも、既く文字は有しごと思ふ人もあれど、そは書紀を一わたり見て、かのかざり多かることを、よくも考へず、文のまゝに意得るから、さも思ふぞかし、】[10]『其を此間の言もて読ならひ、その義理をもわきまへさとりてぞ、【書紀に、応神天皇十五年、太子の、百済の阿直岐又王仁に、経典をならひて、よくさとり賜へりしこと見えたり、】其文字を用ひ、その書籍の語を借て、此間の事をも書記すことにはなりぬる、』（今按に、神代文字、有無の事などは、別に説あれど、今はいはず、）[11]【書紀履中巻、四年〈云々〉首に引るがごとし、】されどその書籍てふ物は、みな異国の語にして、此間の語とは、用格もなにも、甚く異なれば、その語を借て、此間の事を記すに、全く此間の語のまゝには、書取がたかりし故に、万事、かの漢文の格のまゝになむ書ならひ来にける、故奈良の御代のころに至るまでも、物に書るかぎりは、此間の語の随なるは、をさ〳〵見えず、万葉な」どは、歌の集なるすら、端辞など、みな漢文なるを見てもしるべし、かの物語書などのごとく、こゝの語のまゝに物書事は、今京になりて、平假字といふもの出来ての後に始まれり、但し歌と祝詞と宣命詞と、これらのみは、いと古より、古語のまゝに書伝へたり、これらは言に文をなして、麗くつゞりて、唱へ挙て、神にも人にも聞感しめ、歌は詠めもする物にて、一字も違ひては悪かる故に、漢文には書がたければぞかし、故歌は、此記と書紀とに載れる如くに、字の音をのみ假てかける、これを假字といへり、【假字とは加理那なり、其字の義をばとらずて、たゞ音のみを假て、桜を佐久羅、雪を由伎と書たぐひなり、那は字といふことなり、字を古名といへり、さて古の假字は、凡て右の佐久羅由伎などの如く書るのみなりしを、後に、書に便よからむために、片假字といふ物を作れり、作れる人はさだかならず、吉備大臣などにぞありけむ、かくて是を片假字と名けしゆゑは、本よりの假字のかたかたを略て、伊をイ、利をリと、片をかくが故なり、此名は、うつほの物語蔵開巻国禅巻、又狭衣物語などにも見えたり、さて此片假字もなほ真書にて、婦人児童などのため、又歌など書にも、なごやかならざるゆゑに、又草書をくづして、平假字を作れり、是も其人はさだかならねど、花鳥餘情に、弘法大師これを作るとあり、世にも然いひつたへたり、さもありぬべし、さてこれを平假字といふは、片假字に対へてなり、されど此名は、古き物には見あたらず、】祝詞宣命は、又別に一種の書法ありて、世に宣命書といへり、【祝詞は、延喜式にあまた載られて、八の巻その巻なり、宣命は、続紀よりこなた、御代々々の紀に多く記されたり、】おほかたこれらの餘、かならず詞を文なさずても有べきかぎりは、みな漢文にぞ書りける、【故そのならひのうつりて、漸に此方の詞つゞけも、おのづ」から漢文ざまになりぬることおほし、かの宣命祝詞のたぐひすら、後々のは、たゞ書ざまのみ古のまゝにて、詞は漢なることのみぞ多かる、凡て後世にくだりては、漢文の詞つきを、返て美麗しと聞て、皇国の雅言の美麗きをば、たづぬる人もなくなりぬるは、いとも〳〵悲しきわざなりけり、】かゝれば此記を撰定ばれつるころも、歌祝詞宣命などの餘には、いまだ假字文といふ書法は無かりしかば、なべての世間のならひのまゝに、漢文には書れしなり、さて然漢文を以て書に就ては、そのころ其学問盛にて、そなたざまの文章をも、巧にかきあへる世なれば、是も書紀などの如く、其文をかざりて物せらるべきに、さはあらで、漢文のかたは、たゞありに拙げなるは、ひたぶるに古語を伝ふることを旨とせる故に、漢文の方には心せざる物なり、【撰者の、漢文かくことの拙かりしにはあらず、序文とくらべ見よ、序こそ、彼人のからぶみ力のかぎりとは見ゆめれ、】故字の意にもかゝはらず、又その置処などにも拘らざるところ多かりかし、又序に、全以レ音連者、事趣更長、是以今或一句之中、交二用昔訓一、或一事之内、全以レ訓録、とあるをもて見れば、全く假字書の如くにもせまほしく思はれけむ、撰者の本意しられたり、故大体は漢文のさまなれども、又ひたぶるの漢文にもあらず、種々のかきざま有て、或は假字書の処も多し、久羅下那洲多陀用幣流などもあるが如し、又宣命書の如くなるところもあり、在祁理、また吐散登許曽などの如し、又漢文ながら、古語格」ともはら同じきこともあり、立二天浮橋一而指三下其沼矛一【立字又指下二字を、上に置るは、漢文なり、されど尋常のごとく字のまゝに読て、古語に違ふことなし、】などの如し、又漢文に引れて、古語のさまにたがへる処も、をり〳〵は無きにあらず、名二其子一云二木俣神一とあるたぐひ、古語にかゝば、其子名云二木俣神一とか、其子名二水俣神一とか有べし、此謂二之神語一也とある、之字の添たるは、古語にたがへり、更往三廻其天之御柱一如レ先、これらも如レ先てふ言の置所、此方の語とたがへり、更其天之御柱如レ先往廻といふぞ、此方の語つゞけなる、此類心をつくべきことなり、よくせずば漢文に惑ひぬべし、又懐妊臨レ産、或は不レ得レ成レ婚、或は足レ示二後世一、或は不レ得レ忍二其兄一などの類は、ひたぶるの漢文にして、さらに古語にかなはず、但かくさまの文といへども、ことさらに好みてにはあらざるめれど、常時物書には、なべて漢文のみになれぬるから、とりはづしては、おのづからかゝることも雑れるなるべし、【古假字文の例なくして、漢文にのみ物をかきなれたるゆゑなり、假字文かくこと始まりて後の、物語文などには、かへりてかくの如き詞つきなる文はなきをもてしるべし、】又庶兄嫡妻人民国家などのたぐひの文字も、此方の言には疎けれど、これらは殊に世に用ひなれたるまゝなるべし、山海昼夜などの類も、此方には海山夜昼といへども、これはた書なれたるまゝなり、さて又古言を記すに、四種の書ざまあり、一に」は假字書、こは其言をいさゝかも違へざる物なれば、あるが中にも正しきなり、二には正字、こは阿米を天、都知を地と書類にて、字の義、言の意に相当て、正しきなり、【但し天は阿麻とも曽良とも訓べく、地は久爾とも登許呂とも訓べきが故に、言の定まらざることあり、故假字書の正しきには及ばず、されど又、言の意を具へたるは、假字書にまされり、】其中に、股に俣と書、【こは漢国籍になき文字なり、】橋に椅字を用ひ、【こは橋の義なき字なり、】蜈蚣を呉公と作る【こは偏を省ける例なり、】たぐひは、正字ながら別なるものにして、又各一種なり、**【其由どもは、各其処々にいふべし、】**三には借字、こは字の義を取らず、たゞ其訓を、異意に借て書を云、『序に、因レ訓述者、詞不レ逮レ心とある是なり、(徳明云序の文意は正字書の事にして借字書の事には非るべし篤く序を見よ)[12]』神名人名地名などに殊におほし、其餘のたゞの言にも、まれには用ひたり、平城のころまでは、凡て此借字に書る、常の事にて、云もてゆけば、假字と同じことなるを、後世になりては、たゞ文字にのみ心をつくる故に、これをいふかしむめれど、古は言を主として、字にはさしも拘らざりしかば、いかさまにも借てかけるなり、四には、右の三種の内を、此彼交へて書るものあり、さて上件の四くさの外に又、所由ありて書ならへる一種あり、日下春日飛鳥大神長谷他田三枝のたぐひ是なり、(筑摩版『本居宣長全集』第九巻、一七〜二〇頁)

いま、『古事記伝抄』の当該箇所と比較してみると、『古事記伝抄』は、右の『古事記伝』の文章のうち、ゴチック体で示したところを省き、残りを抄出していることがわかる。

しかも、それだけではない。『古事記伝抄』には、脱稿後、朱筆で削除を指示した箇所が少なからずみられる。また、これとはべつに、朱筆でカギ括弧を施したところもある。右の『古事記伝』の引用中に、それぞれ、取り消し線と二重カギ(『』)をもって示し箇所が、それである。

つぎに、『古事記伝抄』と稿本『古事記伝略』を比較してみると(右の『古事記伝』の文章のうち、傍線部分が、稿本『古事記伝略』で残された箇所)、『古事記伝略』における『古事記伝』の抄出箇所は、『古事記伝抄』のそれとおおむね一致していることが判明する。これをみれば、あるいは、『古事記伝抄』は、『古事記伝略』の準備・執筆を念頭においたものではなかったかとも思われるほどである。

もっとも、筆者はそこまでは考えないが、ただ注目されるのは、まえにものべたように、『古事記伝抄』には、

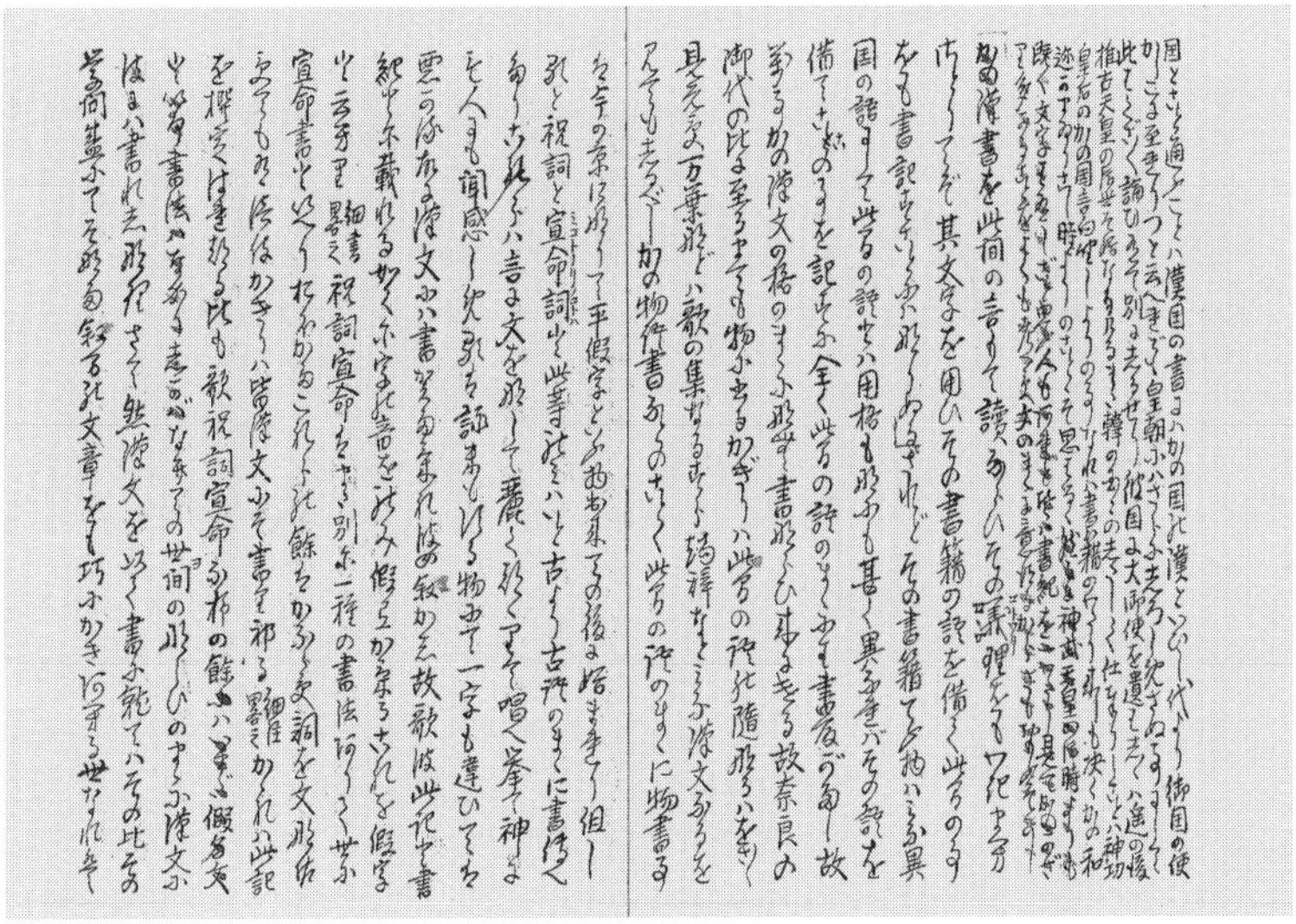

図４　『古事記伝抄』の一部

いったん書き上げたところに、朱筆で削除を指示した箇所が少なからず存在する点である（図４参照）。

じつは、こうした指示は、そのまま『古事記伝略』に反映されているのであって、これをみれば、『古事記伝抄』が『古事記伝略』に転用されたことは、もはや動かしがたい。[13]

ただし、『古事記伝抄』における抜萃がことごとく『古事記伝略』に活かされたわけではない。さきに引用した「文体の事」でも、抹消していたにもかかわらず、『古事記伝略』では復活している箇所も存在するのである。

また、たとえば、『古事記伝』二十一之巻、高岡宮巻では、

神沼河耳命。坐葛城高岡宮。治天下也。此天皇。娶師木県主之祖河俣毘売。生御子。師木津日子玉手見命。〈一柱〉天皇御年肆拾伍歳。御陵在衝田岡也。

という『古事記』本文を掲げ、文中の「御陵在衝田崗也」という字句について、つぎのような注解を附し

ている。

○御陵、在二衝田岡一也、書紀安寧巻に、元年冬十月丙戌朔丙申、葬二神渟名川耳天皇於倭桃花鳥田丘上陵一、【都伎を桃花鳥と作れたるは、借字にて、和名秒に、鴇和名豆木とある鳥名にて、今は登伎と云り、登伎色も、此鳥の色なるを云なり、鴇漢名朱鷺ともいふ、】諸陵式に、桃花鳥田丘上陵、葛城高丘宮御宇綏靖天皇、在二大和国高市郡一、兆域東西一町、南北一町、守戸五烟とあり、此御陵、今」は詳ならず、【神名式、葛下郡調田坐一事尼古神社あり、是若高市郡堺に近くば、此地なるべし、古と今と、郡堺は変れること多ければなり、されど此神社も、今詳ならねば、定めがたし、大和志に此神社を、疋田村に在と云るは、拠あるか、はた調と疋と名の似たるからの推当か、おぼつかなし、疋田は、高市郡堺とは、やゝ隔れり、同郡に築山村と云もあれど、是もその在所をさだかに知らず、】此郡内に、身狭桃花鳥坂【垂仁紀宣化紀に見ゆ、神武紀の築坂と同じ、】あれば、其と同地ならむか、【大和志に、桃花鳥野、在二三瀬村一と云るは、今然云野のあるにや、尋ぬべし、いかにも身狭は、今の三瀬と思はるゝなり、此事委くは、檜垌宮段に云べし、又万葉十六に、都久怒とあるは、是か非ぬか、又鳥屋村の西南方に、宣化天皇の御陵と申すあり、是桃花鳥田丘上陵ならむか、周は池にて、中に御陵あり、樹ども生茂れり、廟陵記に、桃花鳥田丘、俗云鳥田丘、在二久米寺戌亥一と云るも此所を云るに似たり、若此御陵ならば、桃花鳥坂と同地には非ず、桃花鳥坂の御陵の事は、檜垌宮段に云べし、空海益田池碑銘序に、右二鳥陵一と云るは、桃花鳥田丘上陵を云るか、若然らば、益田池の西方近処にあるべし、此鳥陵を、倭建命の白鳥陵のことと謂は、非なり、其は彼池より程遠ければなり、又大和志に、桃花鳥田丘上陵、在二慈明寺村東南丘一、俗呼二主膳冢一と云る御陵は、神武天皇なるべき由、彼御段に云るが如し、綏靖の御陵は、決て是には非ず、其故は、神武安寧懿徳などの御陵、畝火山に附たるは、何れをも、此記書紀共に、畝火山某陵と記されたれば、此綏靖の御陵も、若かのいはゆる主膳冢ならば、殊に畝火山に附たる尾なれば、必畝火山某とあるべきに、是は畝火山を云ず、たゞ衝田丘とあれば、彼山をば離れたる地なること明らけし、貝原氏が、畝火山の乾方に鳥田陵あり、綏靖天皇御陵なりと云る、乾方と云るは、彼主膳冢の如く聞ゆれども、鳥田陵と云るは、又彼廟陵記の鳥田丘のことと聞えたれば、乾方は誤なるべし、】（筑摩版『本居宣長全集』第十巻、四六二〜四六三頁）

この部分を『古事記伝抄』第二分冊についてみると、『古事記伝』の文章をほぼそのまま写しているのであって、とくに省略はみられない。

ところが、当該部分は、出来上がった稿本『古事記伝略』では、つぎのように整理されている。

〇御陵在二衝田岡一也は、書紀安寧天皇巻に、元年冬十月丙戌朔丙申、葬二神渟名川耳天皇於倭桃花鳥田丘上陵一（ツキを、桃花鳥と作れたるは、借字にて、和名抄に、搗ハ和名豆木とある、鳥名にて、今はトキと云り、トキ色も此鳥の色なり）と見え、諸陵式に、桃花鳥田丘上陵、高丘宮御宇綏靖天皇、在二大和国高市郡一、兆域東西一町、南北一町守戸五烟とあり、此御陵も今詳ならず、此郡内に、身狭桃花鳥坂あれば、其と同地ならむか、（大和志に、桃花鳥野在二三瀬村一と云るは、今然云野のあるにや、いかにも身狭は、今の三瀬と思はるゝなり〇今按に、宮内省御陵墓課にては、高市ノ郡四條村と、定められたり）

これをみれば、『古事記伝抄』の文章がかなり圧縮されていることは、明白である（末尾の「今按に」以下は、徳明による附記であって、『古事記伝』にはない）。こうした例をみると、『古事記伝抄』が、最初から、『古事記伝略』の準備のために書写されたものとは、かならずしもいえないように思う。

ちなみに、『古事記伝略』には、『古事記伝抄』をいっそう整理・抄出した箇所が少なくないこと、また、『古事記伝抄』の段階ではみられなかった徳明の見解が多く加えられていること、などから、『古事記伝抄』と稿本『古事記伝略』のあいだに、もう一つべつな『古事記伝略』の草稿の存在を想定することも可能である。

今回入手した資料のなかには、そうした文献は存在しないから、断定はできないが、こうした想定も成り立つ餘地はあると思う。

三、『古事記伝抄』と稿本『古事記伝略』の編纂方針

前節では、『古事記伝抄』と稿本『古事記伝略』という二種の資料を通じて、徳明が『古事記伝略』を刊行するに至る過程を考えてみた。

では、そもそも、徳明は、どのような姿勢で、『古事記伝抄』、さらには『古事記伝略』の編纂に臨んだのであろうか。

『古事記伝略』の編纂方針については、同書に附された皇典講究所副総裁王久我建通「古事記伝略の序」（明治十八年九月一日附）と、徳明自身による「古事記伝略　例言」（明治十六年十月附）[14]が参考になる。

まず、「古事記伝略の序」には、

上古の事をしらんとほりせは、古事記といふ書、よむにしかす。古事記を、よまんとおもはゝ、古事記伝といふ書、みるにしくはなし。（中略）さて、この記は、かく、石上、ふりにし代の言の葉にて、よみときかたきふしも、おほかれはとて、本居宣長、古事記伝といふ書を、あらはしたりき。この書よ、いとくはしく、細注も、あまたにて、巻の数さへ、かさなれゝは、たはやすくは、えよみはつへくもあらす、半途にて、おもひや

む者、すくなからさるを、こたひ、吉岡徳明、記伝のむねとある所々をとりて、みつからの考へをも、くはへ、古事記伝略となつけて、世にひろく、ものせんと、おもひよれるは、もとより、皇国にうまれて、皇国の道を、しらぬ彼か書をのみ、たふとひ、彼か国をのみ、うらやみ、ほと〳〵、わかもとつ国を、わするゝ輩もありて、五月蝿なす、さわきかまひすしく、ほこりかに言あけすなるは、かたはらいたき心ちそ、する。

とあって、詳細にして厖大な『古事記伝』の萃をとり、かつ私見をも加えて編んだものであることがのべられている。

いっぽう、「古事記伝略　例言」には、具体的な編輯方針が、五項目にわたってしるされているので、つぎに、それを掲げる。

一、此書は大概古事記伝を節略して鈴屋大人のいまだ考へ得ずと云置れたることは古史徴并に伝を始めその他古今を撰ばずおのが考といへども如此あらむかと思ふほどは注しつ

一、伝の説といへども今にして誰もいかにぞやとおもふことは都て取らず却て其捨られたる説によろしきものあれば之を挙げまた他説の是ぞよろしからむと思ふものを注して後人の参考に備ふ

一、凡て他説を注すには必す細注に○を加へて本伝の細注に別ち書名人名等を記せり中には本伝に一字を低て本注を為たるも稀にあり

一、凡て他説を載るに其人各書名を記臆せざるものは或人或説と記せり記さゞるものは己が説なれども其中には他説と同じきもあるべし其は己がいまだ見聞せざるのみ必ず他説を窃むとな思は給ひそ

一、総論等の中には皇国上古文字の有無または紀記二典の論ひなど古今其是非の定まらざる事に係れることは凡て省きつまた本序の解は甚簡略に過てことのあきらめ難き節も少なからず　故ㇾ今伝略の題意に違ふといへど

も還て之を詳細に為むことを勉む

これをみれば、原著の特色を損なわないように心がけながら、『古事記伝』のダイジェスト版を作成しようとした、徳明の真摯な態度がうかがえる。取捨選択の妥当性や、徳明の見解の是非はしばらく措くとして、すくなくとも、出来上がった『古事記伝略』は、右の「例言」にのべられた基本方針から大きく逸脱したものではないと思う。

では、徳明は、具体的には、どのようなかたちで『古事記伝』を抜萃しているのであろうか。

この点については、青柳秋生氏の詳細な調査[15]があるので、それによりつつ、考えてみよう。

まず、項目数。『古事記伝』は、全巻を通じて本文を三百段にわけ、約六千五百の項目を立てているが、『古事記伝略』は、それを約四千六百に減じる。さらに、採用した項目についても、適宜叙述を簡約し、最終的に『古事記伝』の約三分の一の分量にしている。

削除した項目については、さきの「例言」のなかで、「伝の説といへども今にして誰もいかにぞやとおもふことは敢て取らず」とあるように、徳明が内容的に問題があると判断したものをはじめ、注解の項目・内容の重複や諸本の異同や古典解釈についての注解を省略するなどして、項目の削減につとめるいっぽう、採択した項目にも、典拠の用例を極力少なくしたりするなど工夫を凝らし、量的な圧縮を試みている。

青柳氏は、こうした圧縮の結果として、「『古事記伝』に於ける古道道論乃至は古事記論の形の薄くなつてゐること」を指摘される。[16]氏によれば、徳明が宣長の古道論を抹殺した背景には、明治初期における国学ないしは古道論の合理化の要求があったという。

たしかに、かかる時代相が、『古事記伝略』のなかに投影していることは、ある程度認めなければならない。しかし、同書が、徳明の著作である以上、『古事記伝』原文の採択にあたって彼の主観がはたらくこと、さらにいえば、彼の思想や学問が投影されることは、むしろ、当然である。それゆえ、この点をあまり強調しすぎると、『古事記伝略』の本質を見失うことにもなりかねないのである。

おわりに

以上、徳明の『古事記伝略』について、『古事記伝略』と稿本『古事記伝略』という新資料を取り上げながら、『古事記伝略』が刊行されるまでの経緯について考えてきた。

二種の資料のうち、『古事記伝抄』が、すでに『古事記伝略』の準備作業にあたるとするみかたも、依然として捨て切れない。

しかし、じつをいうと、入手した資料のなかには、『古事記伝抄』以外にも、平田篤胤や大国隆正の著述を抄出した抜書がふくまれていた[17]。これらを参考にすると、『古事記伝抄』も、やはり、徳明が、自身の備忘・研究のために作成したものであったと考えるべきではないだろうか。すなわち、徳明は、『古事記伝』を抜書きする段階では、これを鉛槧に附すことまでは考えていなかったよう思う。

『古事記伝抄』の作成がいつに溯るかは、あきらかでない。なぜなら、同書については、抜書した時期などはいっさいしるされていないからである。

ただ、同書の第三分冊の表紙に、明治五年（一八七二）出生の「正眞（マサザネ）」という実名の人物の「初名記」と題する書付けが裏返して用いられていることは、一つの手がかりとなるであろう。これは、紅星占命学による当該人物の姓名判断をしるしたもので、こうした反故紙を使って写されている『古事記伝抄』は、当然、同年以後の成立であると考えられる。「初名記」自体、正眞の出生直後に書かれたはずだから、あるいは、『古事記伝抄』も、おなじころに写されたのものではないだろうか。

近年、東より子氏は、『古事記伝略』が、皇典講究所公認の書である点に注目し、同書の特質に迫ろうとされた。すなわち、氏によれば、皇典講究所は、いわゆる「祭神論争」の結果、明治十五年（一八八二）に設立されたが、徳明は、国学者の独自の主張を極力排除した、なかば国家公認の正統な『古事記』注釈書を作ろうとしたのであって、それが『古事記伝略』であるという[18]。

しかしながら、もし、『古事記伝略』のもとになった『古事記伝抄』が、「祭神論争」の激化する明治十三年（一八八〇）以前にすでに脱稿されていたとしたら、『古事記伝略』に対する認識も、またちがったものになってくるであろう。この点については、なおよく考えてみたい。

なお、『古事記伝略』にみえる徳明の学説の是非、さらには彼の思想についても考えるところがあるが、予定の紙幅も超過したので、小論は、ひとまずここで擱筆する。博雅のご批正を乞う次第である。

〔補註〕

（1）吉岡徳明の履歴・著作については、東京青山墓地にある徳明の墓碑（一年祭のときに友人らが建てたものとも思われる）のほか、井上頼囶の談話などをもとにした大川茂雄・南茂樹共編『国学者伝記集』第二巻（大日本圖書株式會社、明治三十七年八月）の記述があるが、国民精神文化研究所版『国民精神文化文献一九　古事記伝略』上（国民精神文化研究所、昭和十三年三月）所収の青柳秋生「吉岡徳明略伝」が、もっとも詳細である。これらをもとに、徳明の履歴をかんたんに紹介しておく。

徳明は、天保元年（一八三〇）六月、東京小石川の生まれ。幼いときに僧籍に入り、東叡山比叡山等で修行し、のちに常陸国高田村若王寺に住み、かたわら古典の研究に励んだ。その後、明治元年（一八六八以下、西暦省略）に復飾し、吉岡を氏として高田神社の権神主となる。明治六年には、大教院編輯係となり、同年籠神社権宮司に任ぜられている。さらに、同七年、中山神社権宮司に転じ、同十年、沼名前神社宮司となり、同十二年には権少教正に補せられている。同十四年、沼名前神社宮司を免官となり、東京に戻り、同十五年、修史館御用掛となり修史局掌記となる。同二十五年に至って、内務省寺社局に転じ、同三十一年に歿している。著作はかなりの数にのぼるが、ここで取り上げている『古事記伝略』をはじめ、『兼題十一説略解』一冊・『開化本論』二冊など、刊行されたものもある。

（2）久松潜一編『古事記大成』1研究史篇（平凡社、昭和三十一年十一月）所収の荻原浅男「古事記研究書解題」は、この『古事記伝略』に対して「本書は記伝の節略とはいえ、単なる節略ではなく、記伝の誤りや不備を補正した点も少くなく、それに記伝以後に出た篤胤の古史徴・古史伝を始め、その他の註釈・研究書の説をも参酌して自説を述べている。（中略）要するに、本書は浩瀚な記伝の要旨を節略し、且その不備を記伝の後説によって補正したものであるから、これによって記伝の趣旨を容易に知り得ると共に、当時における古事記の註釈研究の一般《ママ》をも窺うことができる点に価値がある」とのべている（三〇五～三〇六頁）。

（3）煩瑣にわたるので、一之巻の刊記のみ掲げておくと、つぎのとおりである。

明治十九年二月廿七日御届
同　同　三月　出版　　定価金五十銭
茨城縣平民

編輯人　　吉岡徳明
　　　　東京市牛込区市ケ谷薬王寺前町四十番地
　　　　東京府士族
出版人　　大関　克
　　　　同小石川区小石川久堅町百二十二番地
売捌所　　忠愛社
　　　　同京橋区銀座一丁目十番地

ちなみに、他の巻では売捌所は大東社となっているが、最後に出た一之巻だけは、右のように、忠愛社となっているが（出版人は大関克のまま）、その関係は不明である。

（4）青柳秋生「古事記伝略解題」（吉岡徳明『古事記伝略』上〈前掲〉所収）二八頁。なお、以下、本文で「初刊本」と称するのは、本書を指す。

（5）青柳氏補註（4）解題、三頁。『古事記伝略』刊行の時点では、『古事記伝』を披見するには、板本によらざるを得なかったので、コンパクトで活字本の『古事記伝略』は、ずいぶん重宝だったのではないかと想像される。

（6）宣長の『古事記伝』は、本居宣長著・本居豊頴校訂・本居清造再校訂『増補本居宣長全集』（『本居全集』第一～第三巻〈名古屋片野東四郎・東京吉川半七、明治三十四年十二月～同三十五年十一月〉の増補再訂版、吉川弘文館、大正十五年六月～昭和二年十月）をはじめ、戦前には、改造文庫（風巻景次郎校訂）・岩波文庫（倉野憲司校訂）などにも部分的に収録されるなど、かなりの普及をみた。現在では、筑摩版『本居宣長全集』第九～第十二巻（筑摩書房、昭和四十三年七月～同四十九年三月）所収の、大野晋氏校訂の『古事記伝』がもっともよく利用されている。

なお、宣長が寛政十年（一七九六）六月に脱稿した『古事記伝』の自筆稿本も、『本居宣長自筆稿本復刻古事記傳』全四十四巻・別冊 答問録（清栄社、昭和五十五年六月）として刊行され、こんにちでは容易に披見しうる。

（7）『古事記伝略』の成立については、阿部秋生「古事記伝略の史的意義」（『国文学　解釈と鑑賞』昭和十八年九月号、昭和十八年九月）・藤井信男「古事記伝略の成立事情に関する一考察」（『國學院雑誌』四七―六、昭和十六年六月）などがある。

（8）書名は、『古事記伝略』だが、刊本と区別するため、かりにこう称する。

（9）以下、『古事記伝』の引用は、筑摩書房版『本居宣長全集』によったが、組版の都合により、【　】内の注も９ポイントとし、原文にあったふりがな・漢文中の送りがなは省略した。また、原文では正字体が使用されているが、常用漢字については、現行の常用漢字体に直した。

（10）「其を」は、『古事記伝抄』では「かの漢書を」となっており、この五字が抹消されている。

（11）「今按に、神代文字、有無の事などは、別に説あれど、今はいはず、」は『古事記伝抄』になく、『古事記伝略』にのみ存在する。

（12）「徳明云序の文意は正字書の事にして借字書の事には非るべし篤く序を見よ」は、『古事記伝抄』にのみ存在する注記である。

（13）筆者が入手した吉岡徳明関係資料のなかには、ほかに『太兆卜事』・『玉串祭』・『鳥名子長鳴』・『神楽説』複数の平田篤胤の著作を写した抜書一冊と、大国隆正『古伝通解』を抜萃した『古伝通解抄』と題する二冊の写本がある。いずれも、徳明の自筆である。これらは、本文で取り上げた『古事記伝抄』とともに、本来は、徳明がみずからの参考に供するために作成したものであろう。しかしながら、これらの抜書は、『古事記伝抄』とはちがって、朱筆や書き込みがまったくみられず、この点からも、『古事記伝抄』が、のちに『古事記伝略』の編纂に転用されたことがかがえる。

(14) この「例言」は、第一回配本の第二巻と、最終配本の第一巻とに附されているが、おなじものである。
(15) 青柳氏補註（4）解題「二、註釈項目の比較」参照。
(16) 青柳氏補註（4）解題、一八頁。
(17) 徳明関係の資料のなかに、『古伝通解抄』などの抜書があることについては、補註（13）参照。
(18) 東（宮沢）より子「吉岡徳明の『古事記伝略』」（『下関女子短期大学紀要』一三、平成七年四月）。

第五章　中東顕凞著「伊勢太神宮寺考」について

はしがき

伊勢大神宮寺に関する記録は、『続日本紀』・『太神宮諸雑事記』などにみえているが、いま、そのうち、おもなものを年代順に示せば、つぎのとおりである。

①『続日本紀』天平神護二年（七六六）七月丙子条

遣レ使造二丈六仏像於伊勢大神宮寺一。

②『太神宮諸雑事記』神護景雲元年（七六七）十月三日条

同年十月三日。逢鹿瀬寺。永可レ為二大神宮寺一之由。被レ下二宣旨一既畢。同年十二月。月次祭使差二副別勅使一。以二逢鹿瀬寺一永可レ為二大神宮寺一之由。被レ祈三申皇太神宮一畢。宣命状具也。

③『続日本紀』宝亀三年（七七二）八月甲寅条

是日異レ常風雨。抜レ樹発レ屋。卜レ之。伊勢月読神為レ祟。於レ是。毎年九月准二荒祭神一。奉レ馬。（中略）又徙二度会郡神宮寺於飯高郡度瀬山房一。

④『太神宮諸雑事記』宝亀四年（七七三）九月廿三日条

同四年九月廿三日。滝原宮内人石部綱継。物忌父同乙仁等参宮間。逢鹿瀬寺少綱僧海円。従レ寺出来。成二口論二之間。陵二件内人等一之後。自二寺家攻所一。所レ注二内人綱継等所為之由一。牃三送司庁一。仍召三対綱継等一。令レ中二沙汰一之処。綱継・乙仁等伏弁。怠状畢也。

⑤『延長七年七月十四日伊勢国飯野荘大神宮勘注』宝亀五年（七七四）七月廿三日符

就中大(ママ)政官去宝亀五年七月廿三日符旨。多気・度会両郡堺内所在仏地。依二明神御祟一。祓清為二神地一已了。

⑥『太神宮諸雑事記』宝亀六年（七七五）六月五日条

同六年六月五日。神祇民(行カ)石部楯桙・同吉見・私安良等。字逢鹿瀬志天漁レ鮎之間。逢鹿瀬寺小法師三人自レ寺出来。恣打二陵楯桙等一已了。仍楯梓等訴三申於司庁一。申文云。二所太神宮朝夕御膳料漁進。依レ有二例役一。各随二身網鉤等一。行三臨逢鹿瀬川一。為レ漁之程。件寺法師三人。并別当安泰之童子二人等出来。且打二穢所レ取御贄一。且陵二轢神民等一也者。随則以二同七年二月三日一訴三申於神祇官一。仍奏三聞於公家一。随則右大臣宣。奉レ勅。永可レ停二止神宮寺一。飯高(野カ)郡可レ被レ越。宣旨已了。官使左史小野宿禰也。

⑦『続日本紀』宝亀十一年（七八〇）二月一日条

神祇官言。伊勢大神宮寺。先為レ有レ祟。遷三建他処一。今近二神郡一。其祟未レ止。除二飯野郡一之外。移三造便地一者。許レ之。

さらに、これとはべつに、『続日本紀』文武天皇二年（六九八）十二月二十九日条に、

乙夘。遷二多気大神宮寺于度会郡一。

とある記事も、研究者によっては、伊勢大神宮寺の設置とかかわる史料であるとする。そのはやい例は、宮地直一・佐伯有義監修『神道史大辞典』第二巻（平凡社、昭和十二年七月、のち昭和四十四念九月に臨川書店より復刻、さらに同六十一年四月に同社より全三巻を合冊した縮刷版が刊行）の「神宮寺」の項目（第二巻、二二六～二二七頁）の記述であろう。これは、

佐伯有義校訂『六國史』巻参『続日本紀』上巻（朝日新聞社、昭和四年七月、のち増補版が昭和十五年十月に刊行され、昭和五十七年七月には名著普及会がこの増補版を合本・復刊）八頁に当該箇所を「多気大神宮寺」と作ることにもとづく所説であるが、朝日本がよったという神宮文庫本には異筆による「庤」という傍書があるだけで、これを「寺」とみることには無理がある。

それはともかく、こうした史料をもとに、伊勢大神宮寺の成立と推移に関する考察は、こんにちではかなり進んでいる。なかでも、田中卓「イセ神宮寺の創建」（『藝林』八―二、昭和三十二年四月、のち同氏『神宮の創祀と発展』〈神宮司庁、昭和三十四年四月〉所収、のち『田中卓著作集』第四巻〈国書刊行会、昭和六十年六月〉所収）・岡田登「伊勢大神宮寺としての逢鹿瀬寺について」（『皇學館大学史料編纂所報　史料』八五、昭和六十一年十月）は、諸史料を徹底的に吟味した本格的な考察である。とりわけ、岡田氏の論文は、それまで看過されていた考古学・歴史地理学の成果をも視野に入れつつ、諸史料を再検討した好論で、その結論はきわめて穏当である。

岡田氏は、現在三重県多気郡多気町逢鹿瀬にある逢鹿瀬廃寺をおいて、伊勢大神宮寺と称すべき寺院がほかに存在しないことから、同寺を伊勢大神宮寺とみてよいこと、同寺は奈良時代には度会郡に位置していたことなどを指摘しつつ、さきにあげた諸史料によって、伊勢大神宮寺の成立と変遷を、つぎのように把握しておられる。

まず、天平神護二年（七六六）七月、伊勢大神宮寺に丈六仏像を造るための使が遣わされた（史料①）。これは、度会郡逢鹿瀬の地に造営を進めていた伊勢大神宮寺に、本尊仏である丈六仏像を造営安置するためのものである。そして、神護景雲元年（七六七）十月には、いよいよ神宮寺・丈六仏像が完成し、伊勢大神宮寺となすべき宣旨が下され、十二月には、そのことが皇太神宮に報告祈念された（史料②）。

しかし、その後、宝亀三年（七七二）八月に至って、伊勢月読神の祟りなどがあるため、大神宮寺は飯高郡度瀬山房に移される（史料③）。ただし、岡田氏によれば、この移転は、寺号と大神宮寺としての資格を移転したもので、逢鹿瀬寺そのものは廃絶されず、そのまま存続したという。現に、宝亀四年（七七三）九月には、滝原宮内人と逢鹿瀬寺の僧とが、寺の前で口論乱闘し、寺側の訴えにより内人が処分されている（史料④）。岡田氏は、これを、寺側の巻返しとみて、この時点で大神宮寺号が復活していたと考えておられる。

しかしながら、その後も、逢鹿瀬寺に対する迫害はやまず、宝亀五年（七七四）七月に至り、官符をもって、神郡内に所在する仏地（寺田）が神郡外の公郡へ移され（史料⑤）、さらに、宝亀六年（七七五）六月には、二所大神宮の朝夕の御膳料である鮎を取る神民と逢鹿瀬寺の僧との紛争に端を発し、同寺の大神宮寺号が停止され、大神宮寺は公郡である飯野郡へ移転されることになった（史料⑥）。しかしながら、その後も神郡（多気・度会）に近いため祟りがやまないという神祇官の申し出により、宝亀十一年（七八〇）三月、大神宮寺は、ついに飯野郡外に移造されることになったのである（史料⑦）。

以後の伊勢大神宮寺の足取りは不明である。逢鹿瀬の地に留まった逢鹿瀬寺も、大神宮寺号を廃され、急速に衰退したことは想像にかたくない。

〇

以上、岡田論文によりつつ、伊勢大神宮寺の変遷について略述したが、小論で紹介する中東顕凞氏「伊勢太神宮寺考」は、伊勢大神宮寺の成立・推移や所在地の比定、といった問題を取り上げた一篇である。中東氏の論文は、その奥書によれば、昭和七年（一九三二）六月十日に脱稿したものだが、未発表のまま、こんにちに至ったもので

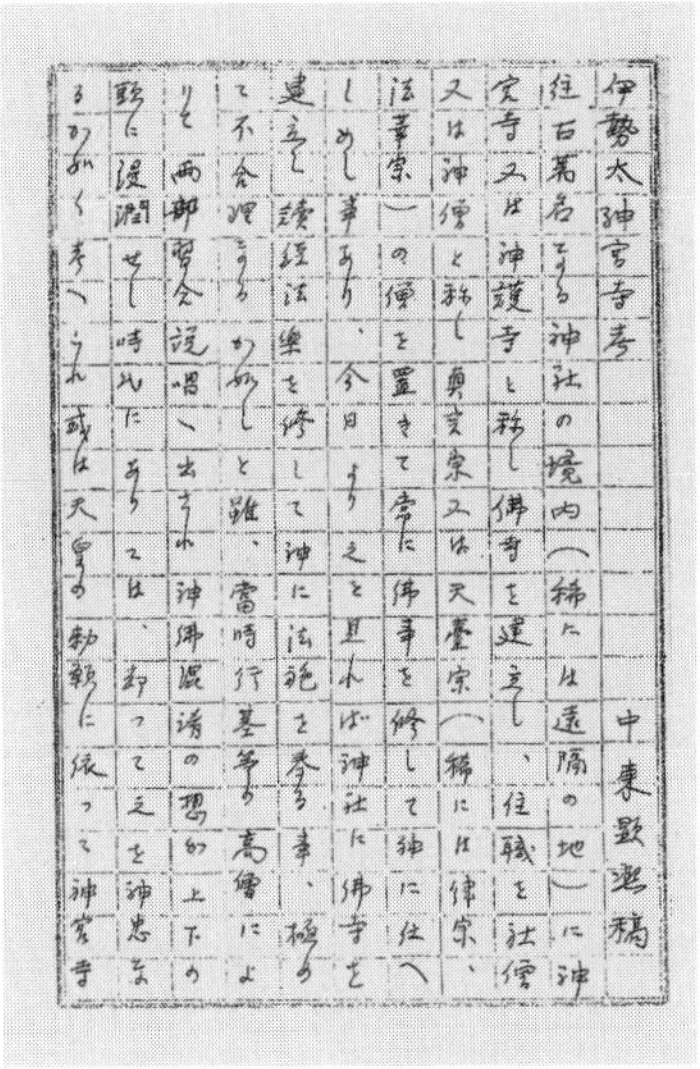

伊勢太神宮寺考　中東顕凞稿
往古著名なる神社の境内（稀には遠隔の地）に神宮寺又は神護寺と称し佛寺を建立し、住職を社僧又は神僧と称し真言宗又は天台宗（稀には律宗、法華宗）の僧を置きて常に佛事を修して神に仕へしめし事あり、今日より之を見れば神社に佛寺を建立し読経法楽を修して神に法施を奉る事、極めて不合理なるが如しと雖、當時行基等の高僧によりて両部習合説唱へ出され神佛混淆の思想上下の間に浸潤せし時代にありては、却って之を神忠なるが如く考へられ或は天皇の勅願に依って神宮寺

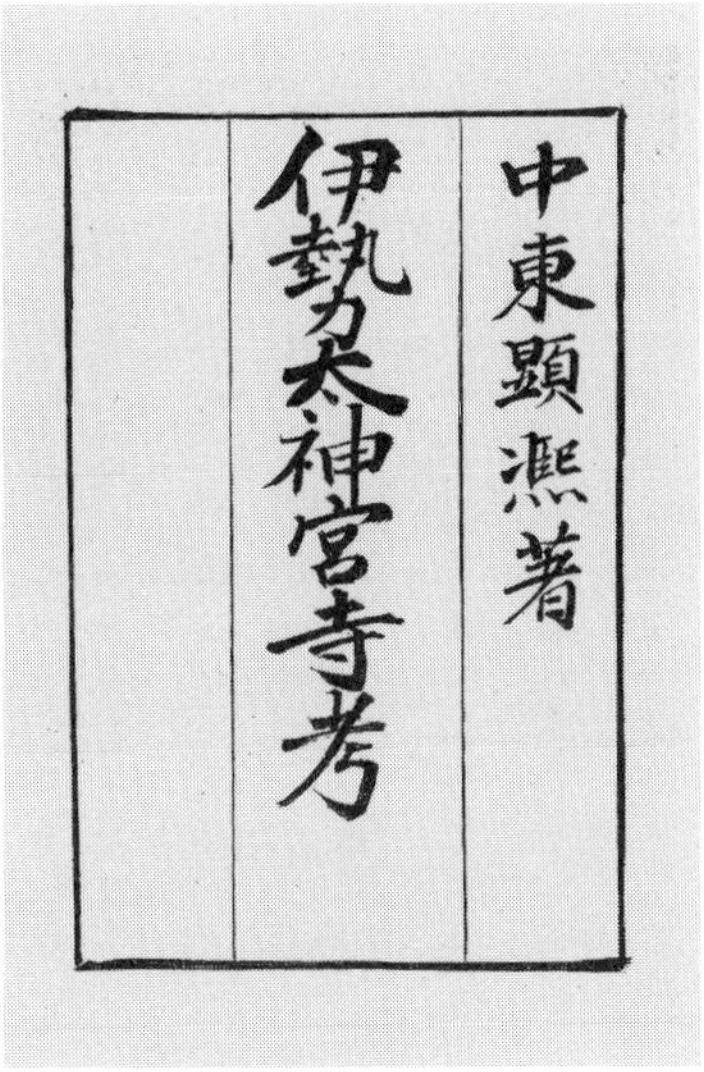

中東顕凞著
伊勢太神宮寺考

「伊勢太神宮寺考」扉（右）と冒頭部分（左）

ある。

論文は、四百字詰原稿用紙に換算して十六枚強（実際には、「中北本店製」としるされた原稿用紙を用いている。これは、緑の罫線で一枚二十二字×十一行の変則的な原稿用紙である）の短篇ながら、簡潔・明快な文章で要点を的確にしるした完成度の高い論文である。短文ゆえに、ここでその論旨を繰り返すことは避けるが、その見解にはみるべき点が多々ある。なかには、③の「飯高郡度瀬山房」を飯野郡の誤りとみる説など、岡田論文によって再考を要する点もあるが、それでも、『続日本紀』文武天皇二年（六九八）十二月条の「多気大神宮寺」の解釈や菩提山神宮寺＝伊勢大神宮寺説に対する反論など、いまから七十数年まえにすでにこれだけ徹底した史料批判をおこなった研究者がいたことは、驚嘆に値する。

筆者は、中東氏の原稿がこのまま埋もれてしまうことを惜しみ、ここにその全文を飜刻・紹介する次第である。

ただ、惜しむらくは、筆者は、著者の中東氏についてなんら知るところがない。この資料は、筆者が平成七年

（一九九五）に、大北龜太郎氏のご令孫の平井いつき氏より提供をうけた大北氏関係の資料（そのうち、大北氏著『倭姫命石隠地考』については、『皇學館大学史料編纂所報　史料』一四一・一四三〈平成八年二月・六月〉に飜刻・紹介した）に、ふくまれていたものである。思うに、中東氏は、大北氏が会長を務めておられた伊勢國史比學會の会員で、伊勢大神宮寺の研究を進めておられたかたではないだろうか。中東氏の「伊勢太神宮寺考」を大北氏が借覧するようなことがあり、それがたまたま同氏の手元に残ったのかも知れない。この点については、博雅のご教示を乞う次第である。

飜刻にあたっては、できるだけ原文に忠実に飜刻するようつとめたが、常用漢字については、原則として常用漢字体に改め、引用文を二字下げに統一した。引用史料については、こんにち一般に利用されている校訂本と字句の異同がある場合も存在するが、返り点をふくめすべて原文のままとした。なお、原稿には、句点か読点か判読しがたいものが若干存在したが、それらについては、筆者の判断で調整した。ご諒解を乞う次第である。

○

伊勢太神宮寺考

中東顕凞稿

往古著名とする神社の境内（稀には遠隔の地）に神宮寺又は神護寺と称し仏寺を建立し、住職を社僧又は神僧と称し、真言宗又は天臺宗（稀には律宗、法華宗）の僧を置きて、常に仏事を修して神に仕へしめし事あり。今日より之を見れば神社に仏寺を建立し読経法楽を修して神に法施を奉る事、極めて不合理なるが如しと雖、当時行基等の高僧によりて両部習合説唱へ出され神仏混淆の想が上下の頭に浸潤せし時代にありては、却って之を神忠なるが如く考へられ或は天皇の勅願に依つて神宮寺創建を見、或は勅命に依りて社頭に読経法楽を修するの習を生ぜり。我伊勢太神宮に於ても亦太神宮寺を建立せられし事、正史及神宮旧記に存する所なるも、之が創建の年代及旧墟等は古来未詳となし永く疑問を存する所なり。

而して諸社に神宮寺を建立するの起源も亦同じく未詳となす所なるも、古来文献に表はれたる物の中、最も古きは藤原家伝に、

霊亀元年公（武智麻呂）嘗夢遇二一奇人一、容貌非レ常語曰、公愛二慕仏法一人神共知、幸為レ吾造レ寺助二済吾願一、吾因二宿業一為レ神固久、今欲下帰二依仏法一修中行福業上不レ得二因縁一故来告レ之、公疑是気比神欲レ答不レ能而覚也、仍祈曰神人道別隠顕不レ同、未レ知二昨夜夢中奇人是誰人者一、神若示レ験必為樹レ寺、於レ是神取二優婆塞久米勝足一置二高木末一因称二其験一、公仍如レ実遂樹二一寺一今在二越前國一神宮寺是也

とあるを始めとし、又正史にては続紀廿七に、

天平神護二年秋七月丙子、遣レ使造二丈六仏像於伊勢太神宮寺一

とあるを始めとす。然るに続紀第一に、

文武天皇二年十二月乙夘、遷二多気太神宮于度会郡一

とあるを国史大系本頭註に豊宮崎文庫本、有二太神宮寺一トと記し、古来神郡の学者は続紀の文を以て、多気郡所在の太神宮寺を度会郡に遷し置く所となし、多気太神宮の下、寺の字を脱するなりと云へり。之太神宮を多気郡より度会郡に遷す事有るべからざるを以てなり。されど続紀の文、果して寺の字を脱するにて、当時多気郡所在の太神宮寺を度会郡に遷す所となさば、続紀廿七の天平神護二年伊勢太神宮寺に丈六の仏像を造らしめしに先だつ事六十八年にして、気比神宮寺創建の霊亀元年に先だつ事又十七年なれば、伊勢神宮寺の起原は日本最古の気比神宮寺より更に古き物とせざるべからず。而して多気神宮寺の起源につきて神郡の先哲、井坂徳辰は其著神郡仏寺興廃事略

に、

按ずるに伊勢国多気郡太神宮寺の事、前史に創立の時代を載せずと雖、日本書紀天武天皇の巻に、白鳳十四年三月壬申、詔㆓諸国㆒毎家作㆓仏舎㆒乃置㆓仏像及経㆒以礼拝供養、とあるを見れば、同時刻に創立せられしものなり、さて此書紀の文に諸国毎家とあるは諸人民の戸毎の事にあらず、政治を執行ふ国府郡家等の官舎毎に仏寺を建立せる事なり。云々又諸国同様、神郡の官舎にも仏舎を作りて之を太神宮寺と号けられし事知られたり。され共仏舎は当時神領の政事を執行ひし多気郡有爾郷鳥墓村の神庤近きあたりに在りしを、右文武天皇の二年に度会郡に遷されたるなり。之より先孝徳天皇の御代国政改革の時、神領をも改革ありて大化五年乙酉に彼の有爾の郷鳥墓村の神庤を度会郡山田原なる郡家に合併して之を御厨とも太神宮司とも号けられたり。如此神郡の官舎を度会郡に置かれし故、其便宜に任せて後に太神宮寺をも同郡に遷されし事と推考へらるゝなり。

と云ひ、古来の疑問に対して新しき断案を下したり。然れども之年代をも辨へざる臆説なり。即御厨の山田に遷されしは孝徳天皇大化五年にして、天武天皇の白鳳十四年諸国に仏寺を建てしめ給ひしより四十九年の昔なり。天武の朝猶神庤が多気郡鳥墓村に在りしならんには多気郡に神宮寺を置かるる事もあるべきなれど、御厨は既に四十九年の昔度会郡山田原に遷されたり。神庤に附随して置かるゝ寺ならば、創建の当時より当然御厨の所在地度会郡建立せらるべき理なり。然るに御厨は度会郡山田に在るに仏寺のみを遠く多気郡に置かるゝの理あるべからず。假に之を各別地に置きたりとせんか、二者相隔る遠き事は始めより明かなる所なり。然るに建立以来僅かに十二年にして文武天皇の二年、遠隔の故を以て之を度会郡に遷さるゝ事甚だいはれなし。之井坂徳辰が大化五年の神庤移転を天武十四年仏宇建立の後のことなるが如く考へ居たる年代の誤より起れる臆説にて、神庤と太神宮寺と何等関係なき事明かなり。

而して又続紀の遷二多気太神宮于度会郡一と云へる文、多気太神宮とは抑何を指せるか甚だ其意を得がたし。類聚国史亦同じ。然るに豊宮崎文庫本、寺の字を塡めて遷二多気太神宮寺于度会郡一となせるもの抑何に拠って之を塡しか。恐らく古来其地不明なりし太神宮寺の移転なるべしとの臆測より多気太神宮寺となせるものとすべし。然るに古来神都の先哲が深く其是非をも窮めずして甚だ確かならざる太神宮寺説に附和雷同して豊宮崎文庫本の誤を襲用する事迂も亦甚しと云ふべし。

按ずるに続紀、遷二多気太神宮于度会郡一と云へるもの元より脱字ある事疑ふべきにあらずと雖、豊宮崎文庫本の如く、之を寺の字の誤脱なりと臆断する事如何なり。恐らく之遷二多気太神宮庤于度会郡一とあるべき庤の字を脱せるにて多気郡有爾郷鳥墓村に在りし神庤を度会郡山田原に遷しゝなり。皇太神宮延暦儀式帳、初神郡度会多気飯野三箇郡本紀行事の条に、

> 右従二纏向珠城朝廷一以来至二于難波長柄豊前宮御宇天萬豊日天皇御世一有尓鳥墓村造二神庤一氏為二雑神政行仕一奉支而難波朝庭天下立評給時尓以二十郷一分弖度会乃山田原立二屯倉一弖新家連阿久多督領、磯連牟良助督仕奉支以二十郷一分竹村立二屯倉一麻続連広背督領、磯部真夜手助督仕奉支同朝庭御時仁初太神宮司所レ称、神庤司中臣香積連須気仕奉支、是人時仁度会山田原造二御厨一弖改二神庤止云名一弖号二御厨一即号二太神宮司一

とあり、恐らく続紀此事を云へるなるべし。されど神庤の移転を、延暦儀式帳は孝徳天皇大化五年となし、続紀は文武天皇二年となし、其間に四十九年の誤差あり。何れを真と定め難けれども、儀式帳は年代の誤多き書なれば、或は神庤を廃して御厨となし神庤司を太神宮司と改めたるは大化五年にて、之を多気郡より度会郡にて遷したるは文武天皇二年なりしを、大化五年改革と同時に度会郡に遷したる如く神宮旧記の誤りしにてもあるべし。大同本記には

難波長柄豊前宮御世飯野多気度会惣一郡也其時多気之有尓鳥墓立レ郡、時尓以二己酉年一始立二度会郡一以二大建冠神主奈波一任二督造一以二少山中神主針間一任二助造一皆皇大幡主命末葉度会神主先祖也

とあり、内宮儀式帳は延暦廿三年八月廿八日奉る所にして、大同本記には其後三年大同二年二月十日二宮祢宜等が神宮の旧記十四箇条を記して奉れる物なり。其間僅か三年なるにも拘らず両者記す所の度会郡の督　領《カミノミヤツコ》少　領《スケノミヤツコ》其人を異にするは記録の正確ならざる證とすべし。続紀は桓武天皇の朝勅選に成り文武天皇元年より桓武天皇延暦十年に至る九十五年間の記録にして、文武天皇大宝元年太政官内に左右大少史八人を置き文書勘例の事を掌らしめ朝廷の御記録も完備したりし時代にして、続紀は之等の記録を資料として編纂せしめ給ひし物なれば、書紀等の史実に比べてより正確なる事を信じ得べく、且は儀式帳大同本記等よりも曩に記されたる物なれば暫く之を真とすべし。只太神宮庤の庤の字を脱したるは或は後年伝写の誤とも見るべく、随って続紀云ふ所の文の伊勢太神宮寺に関係なき事云ふまでもなし。神宮雑事記に、

神護景雲元年丙午十月三日、逢鹿瀬寺永可レ為二太神宮寺一之由被レ下二宣旨一既畢
十二月、月次祭使差二副別勅使一、以二逢鹿瀬寺一永可レ為二大神宮寺一之由被レ祈三皇太神宮一畢、宣命状具也

とあり、即公牒を以て太神宮寺と定められたるを以て逢鹿瀬寺の伊勢太神宮寺なりし事疑ひなく、随って続紀廿七の天平神護二年丈六の仏像を造らしめられたる伊勢太神宮寺の逢鹿瀬寺なりし事亦明かなり。然れども逢鹿瀬寺を太神宮寺と定めたる神護景雲元年は、伊勢太神宮寺に丈六の仏像を造らしめたる天平神護二年の翌年なれば、逢鹿瀬寺を太神宮寺と定める以前既に伊勢太神宮寺と称せしもの存せし如く考へられざるにあらざるも、事実は然らず。天平神護二年称徳天皇の勅願に依って、伊勢太神宮寺として逢鹿瀬寺の建立あり。同時に丈六仏を安置せられ、其功成るに及んで翌神護景雲元年、此逢鹿瀬寺を永く太神宮寺と定め奉る由皇太神宮に祈申されたるものと解すべし。

之伊勢太神宮寺の濫觴にして此以前伊勢太神宮寺と称するものの有らざりし事を信ずる者なり。

然るに内宮の北十四五町、北中村に菩提山神宮寺と称する真言宗の大伽藍あり。仁王門金堂丈六堂大師堂多宝塔経蔵宝庫等甍を并べて輪煥の美を極めたる由古記にあり。寺伝に拠れば聖武天皇の勅願に依って天平十六年創建する所にして開基は行基菩薩、本尊丈六仏亦行基の作に係ると云ふ。而して菩提山神宮寺創立の天平十六年は伊勢太神宮寺に丈六仏安置の天平神護二年に先だつ事廿二年なり。当時既に神宮寺ありとせば続紀の天平神護二年伊勢太神宮寺に丈六仏を造らしむる所は逢鹿瀬寺にあらずして菩提山神宮寺なりしなるべしと雖、果して菩提山神宮寺の丈六仏が称徳天皇造らしめ給ふ所の丈六仏ならんには寺伝の行基作とする事如何なり。元亨《ママ》釋書に拠れば行基は天平廿一年二月二日大和国生駒郡都趾村管原の喜光寺の東南院に八十二歳を以て入寂し称徳天皇の天平神護二年丈六仏奉献に先だつ事十七年なり。又称徳天皇の然まで菩提山神宮寺を信仰し給ひしならんには当寺に丈六仏を造らしめ給へる翌年神護景雲元年改めて逢鹿瀬寺を太神宮寺と定め帰依を変へ給ふ事あるべからず。尚前説天平神護二年伊勢太神宮寺に丈六の仏像を造り給ひし時、逢鹿瀬寺の御建立あり。翌神護景雲二《ママ》年逢鹿瀬寺を以て永く神宮寺と定め給へりと云へるを真とすべし。而して石清水に於ける大乗院と比売神宮寺、宇佐に於ける弥勒寺と比売神宮寺、北野に於ける西王寺と観音寺の如く一社に二箇の神宮寺を置く事なきにあらざるも、此当時伊勢太神宮寺の他に菩提山神宮寺の並び存せし如く寺伝の伝ふるは誤なる事尚後章に委しく辨ずべし。

之に依って考ふる時は文武天皇二年多気太神宮庤を度会郡に遷す所は伊勢太神宮寺たる逢鹿瀬寺建立に先だつ事六十九年にして未だ太神宮寺なき当時なれば之を以て多気太神宮寺を度会郡に遷すとなす事の荒唐なるは疑なし。仮に逢鹿瀬寺創立前菩提山神宮寺ありしとするも、其創建は天平十六年にして文武二年に後るゝ事四十六年なれば猶神宮寺のあるべきなし。之前説文武二年多気郡より度会郡に遷す所は太神宮寺にあらずして太神宮庤なりし證な

り。続紀三十二に

光仁天皇宝亀三年八月甲寅、是日異常風雨、抜レ樹発レ屋、卜レ之、伊勢月読神為レ祟、於レ是毎年九月、准二荒祭神一奉レ馬、又荒御玉命伊佐奈伎命伊佐奈弥命入二官社一、又徙二度会神宮寺於飯高郡度瀬山房一

とある度会神宮寺は曩に称徳天皇御建立の逢鹿瀬寺なり。逢鹿瀬寺所在の逢鹿瀬村、今は多気郡西外城田村に属すと雖往昔郡界今日と異なり。其東に隣る西外城田村野中と共に度会郡田辺郷に隷せしと見え、野中は近く明暦中の古地図尚度会郡に係れり。而して当時度会神宮寺を飯高郡に移すものは神郡仏寺排斥の結果にして所謂仏徒の両部習合説起り神仏混淆の思想は既に深く国民の脳裡に扶植せられたりと雖、古来久しく我国固有の神に凝り固りたる神宮家としては厳しく之を排撃し来り称徳天皇勅願の神宮寺をも神宮に近づけず遠く逢鹿瀬の地に建立せしめ奉りしも、社僧の読経法楽を修して神に法施を奉るを好まず宝亀三年八月異常の風雨を機とし月読神の祟と称し、神宮寺創立後僅かに六年にして之を神郡の外なる飯高郡に追出したるなり。而して其移転の地たる飯高郡渡瀬山につきて異説あり。三国地誌は今の飯南郡神山村の一乗寺の北十町餘、山添村の西一町餘、俗に神宮寺山と称する地なりと云ひ、五鈴遺響は飯高郡に渡瀬山と称する地なければ度瀬は広瀬の誤にて今の広瀬村大明神岳の地なるべしと説けり。按ずるに三国地誌云ふ所は延暦儀式帳に、

多気郡四箇郷中割弖立二飯野高宮村屯倉一

と云へる飯野郡高宮屯倉の所在地なりと云へば、其地飯野郡に属し飯高郡にあらず。而も之逢鹿瀬の地が古く度会郡に属し、後多気郡に隷するが如き郡界の異動とも考へ難し。故に暫く広瀬村の説に従ふべし。而して神宮雑事記に

弘（ママ）仁天皇宝亀六年六月五日神民石部楯桙同吉見私安良等字逢鹿瀬志天漁鮎之間逢鹿瀬寺小法師三人自レ寺出来

恣打二陵楯杵等一已了仍楯桙等訴二申於司庁一申文云、二所太神宮朝夕御饌料漁進依レ有二例役一各随二身網釣等一行二臨逢鹿瀬川一為レ漁之程件寺法師三人并別当安泰之童子二人等出来且打二穢所レ取御贄一且陵二礫神民等一也者随則以二同七年二月三日一訴二申於神祇官一仍奏二聞於公家一随則左大臣宣奉、勅永可レ停二止神宮寺一飯高郡可レ被レ越

宣旨已了官使左史小野宿祢也

とあり、宝亀三年飯高郡広瀬山に移されたる逢鹿瀬寺の尚逢鹿瀬の地に寺塔及僧徒の残れるは多気度会両郡に亘り寺領寺田等の有りし関係にして、又広瀬山房は未だ規模大なる寺院にもあらざりしにもよるべし。されば宝亀五年七月廿三日の太政官符を以て

多気度会二ヶ郡堺内授二受寺田并王臣位田及他郡百姓口分田事

上件三色田割二出神郡一応レ授二他郡田一但祢宜祝位田者不レ在二此限一

と定められ、神宮寺をして全然神郡に関係なからしめんとせり。而して伊勢太神宮寺たる逢鹿瀬寺の僧徒が神民に狼藉を働き御贄を穢す等の暴挙を敢へてなす所以は、曩に神宮家の排撃を受け飯高郡に移転を命ぜられたる報復手段にして、之軈て曩に宝亀三年八月飯高郡広瀬山房に移される度会神宮寺が逢鹿瀬寺たりし證なり。假に逢鹿瀬寺以外に度会神宮寺と称するものありしとせんか。神郡内に神宮寺ある為月読宮の崇有りとして度会神宮寺を神都外に追ひ出し、度会多気二郡の堺内に寺領寺田を置くを禁じたる神宮家が独逢鹿瀬寺の神郡内に残存するを黙認せんや。而も太政官符を以て度会多気二郡内の寺領寺田を禁じ神郡たる飯野に及ばざるものは逢鹿瀬寺が度会多気の郡界に在り其寺領の二郡に跨り存せしによるものにて、当逢鹿瀬寺の寺領を禁ずれば事足りし事亦明かにして又当時逢鹿瀬寺以外に神郡に仏寺のなかりし證とすべし。即前説菩提山神宮寺の創建を聖武天皇〔「天平」脱カ〕十六年なりと称する寺伝を妄なりと説ける事之にても判るべし。由来社寺の縁起と称する物、深く年代を考へず、何々天皇の御建立、何々

菩薩の開基等妄に由緒を附会して後世の捏造に係る物多く甚だ信じ難きを常とす。されば菩提山神宮寺の創建は後世神郡内に仏事興隆の世となりて後の事とするを真とすべし。

更に、続紀三十六に、

光仁天皇宝亀十一年二月丙申朔、神祇官言、伊勢太神宮寺、先為レ有レ祟、遷二建他処一、而今近二神郡一其祟未レ止、除二飯高郡一之外移二造便地一者許レ之

とあり、曩に神郡より神宮寺を放逐したる神宮家としては神郡に近き飯高郡に在るをだに猶快よしとせず其祟未レ止として更に之を飯高郡外に追出したるなり。続紀の文除二飯野郡一外とあるは除二飯高郡一外の誤りなり。曩に宝亀三年飯高郡広瀬山房に移さるゝ所なれば、除二飯高郡外一ならでは適わず。而して此文、伊勢太神宮寺先為レ有レ祟遷二建他処一とあるは曩の宝亀三年の文、徙二度会神宮寺於飯高郡度瀬山房一と云へる度会太神宮寺が伊勢太神宮寺たりし事を證する物にして、伊勢太神宮寺が逢鹿瀬寺なる事は前説既に論ずる所なれば、飯高郡に遷されたる神宮寺が逢鹿瀬寺なりし事弥以て明らかなり。

斯くて神宮寺の末路は如何になりけん杳として伝らず、古屋草紙には宝亀七年太神宮寺停止後、今の飯南郡湊村大字石津に遷れりと云ひ、今の西桑名町大字東方の神宝山法皇院大福田寺の寺伝には往昔伊勢山田に在りし神宮寺なりと伝へたり。

以上、説く所によりて古来永く未詳となされし伊勢太神宮寺が称徳天皇勅願の逢鹿瀬寺にして今の多気郡西外城田村大字逢鹿瀬が其旧地なり。而して古来学者が太神宮寺の移転なりと曲解し来りし文武二年、遷二多気太神宮于度会郡一と云へる続紀の文が太神宮寺の移転にあらずして神庤の移転なりし事を明らかにする事を得べし。

（昭和七年六月十日稿）

〔附記〕

解説中、「筆者は、著者の中東氏についてなんら知るところがない」とのべたが、その後、元神宮司庁職員の石井昭郎氏からご教示を得ることができた。それによれば、中東氏は、御園村の出身で、教員生活のかたわら、歌人・郷土史家として活躍した人物であるという（同氏の履歴・業績については、『御園村誌』〈三重県御薗村、平成元年五月〉七九三頁参照）。石井氏の調査によれば、ご子孫のところには同氏の遺稿が残されているが、「伊勢太神宮寺考」の草稿は存在しないという。石井氏のご厚意に感謝する次第である。

第Ⅲ篇　学史上の人々とその著作

第一章　『田中卓著作集』全十一巻（十二冊）を読む

一

皇學館大學名誉教授田中卓博士（以下、原則として「著者」と称する）の還暦を記念して企画された『田中卓著作集』全十一巻（当初は、全十一冊の予定であったが、のちに第十一巻が二分冊となり、全十二冊となった）の刊行が始まったのは、昭和六十年（一九八五）四月のことであった。第一回配本は、③『邪馬台国と稲荷山鉄刀銘』。

評者がこの企画を知ったのは、その前年の秋に、東京大学でおこなわれた史学会大会のときのことである。書籍の出張販売にきていた国書刊行会の営業部のかたからパンフレットを頂戴した。著者の令名はかねてから存じ上げていたが、ご尊顔は、そのときいただいたパンフに掲載されていた著者近影によってはじめて拝見した。

当時は、ながらく東京大学文学部教授の地位にあった井上光貞博士の著作集が、岩波書店から刊行中であった。そこへ、いままた田中博士の著作集の企画に接し、戦後の古代史学界をリードした偉大な研究者の業績が、こうしてつぎつぎと集大成されることを、ひそかに慶んだものであった。

はやいもので、あれからすでに十三年の歳月が経過したが、平成十年（一九九八）七月、最終回配本の⑪―Ⅱ『私の古代史像』の刊行をもって、ようやく全巻が完結した。学術刊行物の出版が困難なこの時期に、こうした難事業を完遂した著者ならびに編集委員会のメンバー、そして版元の国書刊行会には心から敬意を表したい。

『田中卓著作集』は、刊行初年の昭和六十年（一九八五）には四冊（③『邪馬台国と稲荷山鉄刀銘』・④『伊勢神宮の創祀と発展』・⑤『壬申の乱とその前後』・⑦『住吉大社神代記の研究』）、翌六十一年（一九八六）には二冊（⑥『律令制の諸問題』・②『日本国家の成立と諸氏族』）、と順調な滑りだしをみせたが、その後は、昭和六十二年（一九八七）に一冊（①『神話と史実』）、昭和六十三年（一九八八）にも一冊（⑧『出雲国風土記の研究』）としだいに冊数が減少し、平成五年（一九九三）に⑩『古典籍と史料』が刊行されるまでは、じつに四年ものあいだ刊行が中絶していた。

こうした刊行の遅延にはいろいろな原因があるだろうが、やはり、なんといっても、この著作集が、著者みずからの手によって編まれたものであることが、大きな理由ではないだろうか。全十二冊総頁数六千六百七十二頁（目次は除く）にもおよぶ著述について、そのいちいちを整理・点検し、そのうえで各巻の編成を考え、さらには校正までおこなうとなると、これは並大抵な作業ではない。しかも、著者は、ときとして、旧稿が意に満たず、ついには新稿を起こされることも一再ではなかったと聞くから、傍観者の立場で考えるほど、かんたんに刊行が進まないのは、ある程度やむを得ないことである。

いずれにしても、多少の故障や紆餘曲折はありながらも、こうして全巻が無事完結したことを心から慶ぶとともに、この著作集が、今後広く学界の共有財産となることを期待したい。

評者は、これまで、⑨『新撰姓氏録の研究』・⑩『古典籍と史料』・⑪－Ⅰ『神社と祭祀』の三冊について、刊行のつど、書評ないしは紹介の文をしるしてきたが、それは、一人でも多くのひとにその価値を知ってもらいたいと思ったからである。

このたび、全巻の完結にあたって、著作集の全貌を、できるだけ多くのひとびとに知ってもらおうと思い、やはりこうして紹介の筆をとった。

題　　　目	刊行年月	内　　　容
1 神話と史実	昭和62年2月	「神代史における神話と史実との関連」など、神話関係の論文を収録。
2 日本国家の成立と諸氏族	昭和61年10月	表題にかかわる論文のほか、諸氏族の系譜の飜刻を収録。
3 邪馬台国と稲荷山刀銘	昭和60年4月	『海に書かれた邪馬台国』・『古代天皇の秘密』の2著を収録。
4 伊勢神宮の創祀と発展	昭和60年6月	『神宮の創祀と発展』をはじめとする伊勢神宮関係の論文を収録。
5 壬申の乱とその前後	昭和60年9月	壬申の乱に関する研究と関聯論文を収録。
6 律令制の諸問題	昭和61年5月	郡評問題の研究をはじめとして、律令諸制に関する論文を収録。
7 住吉大社神代記の研究	昭和60年12月	同書の校訂本・訓解とその研究を収録。
8 出雲国風土記の研究	昭和63年5月	同書の校訂本・訓読文とその研究を収録。
9 新撰姓氏録の研究	平成8年9月	同書の校訂本とその研究を収録。
10 古典籍と史料	平成5年8月	史料の飜刻・研究のほか、古典籍の成立に関する論文などを収録。
11-Ⅰ 神社と祭祀	平成6年8月	伊勢神宮・出雲大社などの神社と神道・神祇史に関する論文を収録。
11-Ⅱ 私の古代史像	平成10年7月	表題の論文ほか、年譜・著述目録・全巻総索引などを併載。

『田中卓著作集』全11巻（12冊）の題目と内容

しかしながら、著者の著作を一篇でもお読みになったことのあるかたはおわかりのように、著者の執筆された周到な論著を紹介・批評することは、一冊、いな一論文でさえ容易ではない。まして、総頁数六千六百七十二頁におよぶ著作集全巻を紹介するというのは、いってみれば、切手の裏に町内の地図を書くのとおなじくらい骨の折れる作業である。

しかし、日頃著者とその著作から多大なる学恩を蒙っている評者としては、力不足を理由に、この書評を辞退するわけにはいかない。そこで、あれこれ考えたあげく、収録論文全篇について逐一コメントしていくことは、この際断念し、かわりに、各巻の読みどころとでもいったものを紹介し、それに関聯して若干の評者のコメントを附すことにした。

評者は、この著作集の刊行を機会に、著者の著作をかなりていねいに読ませていただいたが、それは、配本のつど、一巻づつ読むように心がけてきたからである。さきにものべたように、全巻の配本には十三年を要したから（平均すると、一年強に一冊のペースである）、一巻づつ読むことも可能であった。しかし、今後、この著作集に取り組まれるかたは、いちどに全巻を読破することはとうてい不可能であろう。その際、評者が、ここで紹介するようないくつかの論文を拾い読みしながら、しだいに興趣の赴くままに、範囲を拡大していくのも、一つの方法ではないか思う。

このつたない紹介文が、今後、『田中卓著作集』をひもとくかたがた、とりわけ若い世代の研究者の手引きとなれば、評者としても、これにまさる悦びはない。

二

①『神話と史実』（昭和六十二年二月刊、総四百四十六頁）

最初に取り上げるのがこの巻とは、正直いって、いささか気が重い。というのは、この巻における圧巻は、巻頭の「神代史における神話と史実との関聯」という長文の論文だが（この論文の趣旨は、巻末の「神話と歴史教育」という新教育懇談会での講演の速記録にもわかりやすく語られているので、こちらから読むのも一つの方法である）、評者は、基本的にこうした構想を認めていないからである。

これらの論文のコンセプトは、かんたんにいえば、神代史の神話は、人代の史実を神話化したものであって、史実ではないが、無稽の造作でもないというものである。

たとえば、天照大神の天岩戸がくれは、雄略天皇の時代の栲幡皇女の神鏡埋没事件を反映したものであるとか、出雲の国譲りは崇神・垂仁天皇紀の出雲神宝検校を反映してものであるとかいったたぐいのものである。これを、著者は「史実反映史観」と名づけておられるが、要するに、著者は、記紀の神代巻を構成する物語は、五世紀後半の雄略天皇朝の史実までを反映したものであるとみておられるのである。

なるほど、著者のいわれるように考えると、神代巻の物語をうまく説明できるところがある。しかし、評者は、むしろ、著者の分類でいうところの「史実肯定史観」のほうが、神話を合理的に解釈できるのではないかと考えている。

ただ、ここで評者のいう「史実肯定史観」とは、著者の定義とはすこしちがったものである。すなわち、評者の「史実肯定史観」とは、神代巻に語られている物語は、人代より古い時代のできごとについて、神話のかたちをかりて語ったものであり、神話の核には、人代以前にあった歴史的事実がなにがしか投影されているというものである。たとえば、——これは、論文などのかたちで発表したことはないが——評者は、記紀に登場する天照大神の物語は、邪馬臺国の卑弥呼のことを神話のかたちで語ったもので、神武天皇からさらにさかのぼったある時代に（記紀の系譜では、天照大神は神武天皇の五代まえとしるされている）、女性が国を統治する事実があったことを核にした神話ではないかと考えている。

著者の説に対し、正面切って反論するためには、厖大な論証を積み重ねる必要があるから、ここで思いつきのようなことを（評者としては、けっして「思いつき」のつもりではないが）のべるのは控えなければならないが、こうした、基本的な構想において、著者とはちがったみかたもあるのだということを、この機会に指摘しておくこともむだではあるまい。

なお、特定の収録論文に対する批判めいたことをさきに書いてしまったが、本巻所収の「第一次天孫降臨とニギハヤヒノ命の東征」「ムナカタの神の創祀」・「神代史に現れたる海神の研究」・「〃ヒ〃と〃モノ〃の神」などは秀逸な論文で、神代史に登場する諸神の研究としていずれも有益である。

②『日本国家の成立と諸氏族』（昭和六十一年十月刊、総六百十四頁）

本巻は、古代国家の成立にかかわる研究、諸氏族の研究、諸氏の系譜がまとめて収録されている。著者の、日本国家の成立についての構想は、巻頭の「日本国家の成立」に要領よくまとめられている。この論文の趣旨は、⑪－Ⅱ『私の古代史像』所収の「私の古代史像」の前半とほぼおなじで、この部分が『日本国家の成立』（皇學館大學出版部、平成四年五月）として刊行されたおり、乞われて『日本』四二－一二（平成四年十二月）に、つぎのような紹介文を書いたことがある。短文なので、以下に掲げることにしたい。

本書は、皇學館大學文学部教授であられた田中卓博士の同大学における退任記念講演の速記録を、博士の校閲を経て刊行したものである。本書の題目である「日本国家の成立」も、「はしがき」で「大学を卒業してから四十七年、ほとんど半世紀をこの問題の解明に取り組み、微力を尽くしてきたつもりであります」（九頁）とのべてをられるやうに、博士の研究生活のなかで重要な意味をもつテーマのひとつであった。一般の方のために、あらためて紹介しておくと、博士は、これまでに日本国家の成立に関して多数の論文を発表され、まづ、昭和四十九年にその名も『日本国家成立の研究』（皇學館大學出版部）としてまとめて世に問ひ、さらに昭和六十一年には、その後発表された論文をも加へ、『田中卓著作集』第二巻（国書刊行会）として『日本国家の成立と諸氏族』と題して出版されてゐる。博士がなにゆゑに日本国家の成立についてこれほどまでに関心をもたれるのかは、本書にも語られてゐるやうに、戦後国体の根本である国家の成立の問題に対し、勝手な議論が横行し、祖国がいつどのやうに建設されたのか、皆目わからなくなつてしまつたことを憂へられたからにほかならない。つまり、本書は、戦後、混迷の古代史学界にあつて博士が正面から取り組んでこられたテーマの集大成なのである。

そこで、本書の内容を簡単に紹介しておきたい。

博士によれば、日本国家の成立過程は、おほよそ次のやうに考へられるといふ。皇室はもと北九州、おそらく筑後川下流に発祥したもので（博士は、これを原ヤマト国と呼ぶ）、当時畿内地方には、オホナムチの神を奉斎する氏族が三輪山を中心として勢力を占めてゐた。原ヤマト国からは、その一部が何度かにわたり、畿内進出をこころみたが、成功せず、やがて紀元前後ごろ神武天皇の東征が行はれ、皇室を中心とする「ヤマト朝廷」の基礎が確立した。はじめは、ヤマト朝廷と土着のオホナムチ神系氏族の間には婚姻融和政策がとられたが、崇神天皇のころヤマト朝廷の権威が高揚し、畿内支配が確立した。そして、その背景には、オホナムチ神系氏族に対する宗教的融和政策の成功があつた。

一方、そのころ、原ヤマト国では、その後身の、いはゆる邪馬台国を卑弥呼が治めてゐたが、卑弥呼の死後、狗奴国がこれを征圧したので、畿内のヤマト朝廷は故国回復のために狗奴国の征伐を決意する。これが、景行天皇のクマソ征伐である。さらに、神功皇后は、仲哀天皇とともに原ヤマト国の回復に成功され、それが三韓征伐を可能にさせた大きな原因のひとつとなるのであつた。

以上が、博士の説のごくおほまかなあらましであるが、その論旨の展開は例によつて明快で、しかも語り口は平易である。ここにのべられたことは、博士ご自身が巻末で告白してをられるやうに、既に昭和三十二年に『神道史研究』五―五に発表された内容とほとんどかはるところがない。それを骨子に、その後の研究やあるいは考古学の成果、さらには西洋史の研究成果まで吸収して、いっさう自説を深化させたのが、本書にほかならない。三十五年ちかく前に発表された旧説がいまなほ命脈をたもつてゐることに驚嘆するとともに、そのエッセンスを伝えた本書をひろく江湖におすすめする次第である。

これによって、本巻所収の「日本国家の成立」の内容はだいたいおわかりいただけると思う。

ただ、評者は、かならずしも、著者の構想に全面的に賛成しているわけではない。皇室の先祖が九州に在り、その勢力がやがて近畿地方に東遷してくること、そして、それが神武天皇の東征伝承の核となっていること、などは、著者の指摘のとおりだと思うが、評者は、神武天皇の東征伝承の核になるような九州勢力の移動があったとすれば、それは紀元前後ではなく、もっとあとの三世紀後半と考えているし、しかも、その勢力の中心となったのは、狗奴国ではなく、邪馬臺国の後身であったと考えている。したがって、評者の描く古代国家の成立過程の全体像は、著者のそれとは、最終的にずいぶんちがったものになっている。

この書評は、評者の自説を強調することが目的ではないから、ここでいちいち反論を書くつもりはない。ただ、著者の説と私見のちがいは、年代論に収斂されるといっても過言ではない。この年代論については、他の巻に収録された論文を取り上げる際にもしばしば問題となるので、当該箇所でやや詳しくのべることにしたい。

なお、ついでにのべておくと、著者が本巻所収の「日本古代史の復権」や⑪－Ⅱ『私の古代史像』所収の「私の古代史像」のなかで提唱されている倭の六王説（これは菅政友がはじめて唱えた説である）は、「元嘉七年の遣使の倭国王をめぐって」（『史料』一四四、平成八年八月）・「倭の五王に関する一考察」（『ヒストリア』一五三、平成八年十二月）で批判したとおり（いずれも、本書所収）、成立しないと考えているので、これもあわせて参照されたい。

さて、①『神話と史実』につづいて、この②『日本国家の成立と諸氏族』も、評者が著者の高説とはことなる考えをもつところから書きはじめたので、それによって、この巻全体のイメージを貶めてしまったのではないかと懼れている。しかし、評者は、たとえば、出雲氏族の本拠地が大和にあり、それがのちの皇室勢力に駆逐されて山陰地方へ移住したことを推定した「古代出雲攷」の構想は高く評価しているし、直木孝次郎氏の論文に対する反論である「不思議な応神天皇活殺論」・「五世紀の大和王権をめぐって」・「直木孝次郎氏の「葛城氏と大王家」を評す」などは、いずれも正鵠を射た反論だと考えている。また、さらに、『紀氏家牒』・『和気氏系図』・『因幡国伊福部臣古志』など、六篇の系譜の翻刻は、ありがたく利用させていただいていることも附け加えておきたい。

③『邪馬台国と稲荷山鉄刀銘』（昭和六十年四月刊、総四百三十四頁）

本巻には、かつて単行本で刊行された『海に書かれた邪馬台国』（青春出版社、昭和五十年十月）と『古代天皇の秘密』（太陽出版企画、昭和五十四年二月）のほか、前者とかかわりの深い「邪馬台国の所在と上代特殊仮名遣」という論文を収録している。

まず、『海に書かれた邪馬台国』に関していうと、著者は、一貫して九州説、それも筑後国山門郡説である。評者も、筑後川上流域説だから、著者と立場は近く、著者の説には賛同すべき点も少なくない。

ただ、評者は、榎一雄『邪馬台国〈増補版〉』（至文堂、昭和四十一年年十一月、旧版の初版は昭和三十五年七月、のち『榎一雄著作集』第八巻〈汲古書院、平成四年五月〉所収）のいう、いわゆる放射線式読みかたは成立しないと考えているので、『魏志倭人伝』の解釈において、著者とはかなりことなる考えをもっている。

周知のように、『魏志倭人伝』では、帯方郡から伊都国までは、つぎの目的地を方角・距離・地名の順でしるしているが、伊都国からあとはおおむね方角・地名・距離の順になっている。この書き分けに着眼したのが放射線式読みかたなのだが、㈠『太平御覧』所引の『魏志』では、伊都国の前後にかかわらず、目的地までの記載がおおむね方角・距離・地名の順になっていること、㈡『魏志倭人伝』の記述をそのまま引き写している『陳書』が『魏志倭人伝』の文を順次式読みかたに解釈してリライトしていること、などの点を考慮すると、放射線式の読みかたが、かならずしも『魏志倭人伝』の旅程記事の正しい解釈であるとはいえないように思う（ちなみに、これらの点については、著者もなんらふれていないが、ひとことコメントがほしいところである）。

つぎに、『古代天皇の秘密』にふれておく。本書は、埼玉県行田市の稲荷山古墳から出土した辛亥銘鉄剣の銘文が昭和五十三年（一九七八）九月に確認された直後、これをテーマにただちにまとめられたもので、本巻の自序によれば、起稿から本の完成までわずか二カ月であったという。

古代氏族の系譜の研究ではすでに定評のあった著者の考察には傾聴すべき点が多数ある。たとえば、「ヲワケノオミ」を阿倍氏とみる説やオホビコを記紀の大彦命（大毗古）にあてる説などは、その独自の考証とあいまって、いずれも重要な提説である。

ただ、そうしたなかで、評者は、大彦命の活躍した崇神天皇朝を西暦二五〇年前後と考える説には、賛成できない。

そもそも、われわれが、『日本書紀』や『古事記』の古い時代の記事を読むとき、いつも頭をかすめるのは、これらの出来事が、実際の年代でいうと、いつごろのことなのかという疑問である（念のため附言するが、『日本書紀』の記事に附いている干支は、実際よりもかなり古いものに設定されているので、それを単純に西暦に換算してもあまり意味がない）。

これまでの研究者は、さまざまな方法によって、記紀の記事の年紀や初期天皇の治世の実年代を推定してきたが、その際、先学のとった方法は、かんたんにいえば、基準となる確実な年代を指標として、そこから古い時代にむかって溯及していくやりかたである。これはだれしもが思いつく方法なのだが、その際、問題となるのは、いったいどこを起点として、どれだけの時間さかのぼるのか、という点である。

その意味で、辛亥銘鉄剣は、画期的な発見であった。周知のように、この鉄剣には、表裏あわせて百十五字の漢字がしるされており、その内容はつぎのようなものであった。

辛亥年七月の中に記す。乎獲居臣の上祖の名、意富比危、その児多加利足尼、その児の名は弖巳加利獲居、その児の名は多加披次獲居、その児の名は多沙鬼獲居、その児の名は半弖比、その児の名は加差披余。その児の名は乎獲居臣、世々、杖刀人首として奉事来りて今に至る。獲加多支鹵大王の寺の欺鬼宮に在り。時に、吾天下を治しめすを佐け、この百錬の利刀を作らしめ、吾がつかえまつる根源を記す也。（原漢文）

著者も指摘しておられるように、冒頭の「辛亥年」は西暦四七一年と考えられ、しかもヲワケノオミが仕えていたというワカタケルノオホキミは雄略天皇にあてられるので、われわれは、雄略天皇の治世のある年として、西暦四七一年を想定することができる。

こうした具体的な干支や固有名詞は、雄略天皇以前の天皇の活動時期を推定していくうえで、きわめて貴重である。なぜなら、この西暦四七一年をひとつの道標として、五世紀前半、さらには四世紀へとさかのぼっていくことが可能になったからである。

しかも、この銘文がさらに貴重なのは、ヲワケノオミからさかのぼって八代まえのオホビコまでの系譜がしるされている点である。このオホビコは、著者も指摘されているように、「大毗古」または「大彦命」として記紀の崇神天皇の巻に登場する人物の可能性が大きいのだが、もし、そうだとすると、ヲワケノオミの系譜や記紀にしるされた天皇系譜にしたがって、大彦命や崇神天皇の活動していた実年代を推定できるはずである。

ただ、こうした推算は、一見かんたんなようにみえて、じつはむつかしい問題をふくんでいる。それは、どのような「ものさし」をもちいて過去にさかのぼっていくのか、という問題である。この「ものさし」がひとによってことなるために、オホビコの生存した実年代の推定にもかなりのちがいが生じるのである。

じつは、こうした「ものさし」の設定は、辛亥銘鉄剣の発見以前から、多くの研究者によっておこなわれており、いろいろな基準が存在している。しかし、おおまかにいえば、つぎの二つの方法に分類することが可能である。

①即位の有無を問わず、天皇の系譜から父子直系の部分を取り出して、その一世の平均年数を算出し、それを「ものさし」とする方法。

②実際に即位した天皇の在位年数の平均値を「ものさし」とする方法。

もちろん、どちらの方法をもちいるにしても、いったい何代目から何代目までの天皇の平均値をとるのか、また、飯豊皇女や大友皇子を一代に数えるのか、といった問題があるので、単純には分類できない面もあるが、いちおう右のように整理しておくことができるのではないだろうか。

さて、こうした二つの「ものさし」のうち、著者は、①を採用しておられる。①を採る研究者にはふるく那珂通世氏がおられ（『外交繹史』〈岩波書店、昭和三十三年二月〉ほか）、比較的最近では、塚口義信氏なども、この方法によって、オホビコの活動年代をさぐろうとされている（「初期大和政権とオホビコの伝承」横田健一編『日本書紀研究』第十四冊〈塙書房、昭和六十二年二月〉所収）。

このうち、著者がもちいておられるのは、おもに古代の天皇系譜を利用して、一世の平均年数を算出するやりかたである。つまり、著者は、紀年のはっきりしている継体天皇から桓武天皇までの世代を取り出し、継体天皇元年（五〇七）、桓武天皇元年（七八二）、孝謙天皇元年（七四九）という三つの年代をもとに、

継体天皇―○―○―○―○―┬天智天皇―○―○―桓武天皇〔A〕
　　　　　　　　　　　└天武天皇―○―○―○―孝謙天皇〔B〕

という〔A〕・〔B〕二つの系統における一世代の平均年数をべつべつに、つぎのように計算しておられるのである。

〔A〕（781－507）÷8＝34.25

〔B〕（749－507）÷9＝26.888

そして、この二つの平均値の三〇・五七という数値を、ヲワケノワミの系譜に適用し、一世代の誤差を考慮したうえで、オホビコの活躍した年代を、つぎのように推定されているのである。

471年－〈30年×（7～8）代〉＝〈231～261〉年

ちなみにいうと、塚口氏の研究は、こうした田中氏の算出法をふまえながら、雄略天皇朝において、オホビコの時代をいつごろのことと考える歴史認識が存在していたのかを推察したものである。

つぎに、②を採用しておられるのが、栗山周一『日本闕史時代の研究』（大同館書店、昭和八年十二月）・橋本増吉『改訂増補　東洋史上より見たる日本上古史研究』（東洋文庫、昭和三十一年三月）・安本美典『新版・卑弥呼の謎』（講談社、昭和六十三年七月、旧版の初版は昭和四十七年十月）などである。なかでも、歴代天皇の平均在位年数による実年代の推定法を、緻密、かつ科学的に推し進められたのが、安本氏であった。

安本氏は、即位、退位の時期などを歴史的事実として信頼できるのは、三十一代の用明天皇ごろから以後であるとして、用明天皇以後大正天皇に至る九十八天皇（北朝の天皇をふくむ）について、その在位期間を算出されている。

ついで、時代を五〜八世紀、九〜一二世紀、一三〜一六世紀、一七〜二〇世紀の四つにわけ、おのおのの時代に即位した天皇の平均在位年数をもとめておられる。そして、その結果として、五〜八世紀の天皇の平均在位年数が一〇・八八年であること、時代をさかのぼるにつれ、平均在位年数が短くなる傾向があること、などを指摘したうえで、一〜四世紀の天皇の平均在位年数は、一〇・八八年よりもやや短めであったとみておられる。

さて、以上、年代論に関する主要な研究を手短に紹介してきたが、①の方法にしたがえば、古代天皇家の一世の平均年数は、ほぼ三十年前後とみてよいだろう。これに対し、②のような、在位年数の平均値をとる方法では、一〜四世紀の天皇の平均在位年数はほぼ十年強と考えられる。

そこで、つぎに、これらの平均値を利用して、実際に実年代を推算してみたいが、こころみに、さきに紹介した雄略天皇の治世の四七一年を指標として、崇神天皇の活躍時期を推算してみよう。

まず、①の「ものさし」を利用した場合を考えてみたい。記紀の系譜をもとにすると、崇神天皇から雄略天皇までは八世代が経過しているから、

30×8＝240

となり、崇神天皇の時代は雄略天皇の時代からおよそ二四〇年まえになる。したがって、西暦四七一年から二四〇年を引くことによって、西暦二三一年という年代が浮かびあがってくる。

これに対して、②の「ものさし」をもちいた場合は、どうだろうか。崇神天皇は、雄略天皇からさかのぼって、十一代まえの天皇だから、一代の平均在位年数を十年として計算すると、

10×11＝110

という数値が得られる。したがって、さきの場合と同様に、西暦四七一年から一一〇年を引いてやると、こん

どは、西暦三六一年という年代が浮かびあがってくる。多少の誤差はあるだろうが、それにしても、ここにあらわれた①・②の年代差は、いささか大きすぎるのではないだろうか。

こうした年代差は、崇神天皇以前の天皇の実年代を推算する場合に、ますますひろがっていく。かりに神武天皇まで、おなじような推算をこころみると、①では、西暦紀元前三九年、②では、西暦二七一年となるのであって、ここまで差が大きくなると、たんなる誤差ではすまされない。

むろん、いずれをとるにしても、あくまで推定でしかないことを、じゅうぶん承知しておかなければならないだが、それでも、われわれとしては、考古学の成果との刷りあわせもあるので、なるべくなら、誤差の小さい数値を得たいところである。

では、実年代を推定する方法としては、①と②、どちらがより適切だろうか。

結論からさきにいえば、評者は、②の方法のほうが有効ではないかと考えている。ぎゃくにいえば、①の「ものさし」を利用した場合には、かなりの誤差がともなうと考えられるのである。

なぜかというと、記紀の応神天皇以前の父子継承の系譜関係には、史実とはみなしがたい点が存在するからである。

これは、井上光貞「古代の皇太子」（『井上光貞著作集』第一巻〈岩波書店、昭和六十年十一月〉所収、初出は昭和四十年十一月）などども指摘していることだが、記紀にしるされた皇室系譜の信頼できる部分ははじめから兄弟相承になっており、それと比較した場合、応神天皇以前の父子継承の皇統譜のかたちはいささか特異である。

こうした系譜が後世の造作であるとは思わないが、実際は兄弟や甥などが皇位を継承したにもかかわらず、時間の経過とともにいつしかそれが忘却され、あたかもまえの天皇の子供であるかのように記述されることが、初期の天皇系譜にはあったのではないだろうか。だとすれば、古い時代の父子継承記事はかならずしも信頼できないことになる（この点については、安本氏『新版・卑弥呼の謎』〈前掲〉一〇四〜一二三頁参照）。

それゆえ、もし天皇一世の平均年数を「ものさし」にして過去にさかのぼれば、応神天皇以前の実年代を推定する場合に、誤差のでる可能性がきわめて大きい。しかも、三十年という年数自体、けっして短いとはいえないから、たとえ一代でも世代数に誤りがあれば、それによって生じる誤差の幅はそうとう大きいといわねばならない。かりに、記紀の天皇系譜を捨てて、オワケノオミの系譜の代数を採用するにしても、これとて、ここにしるされた八人がすべて父子による直系相承であったという保証はない。また、天皇の在位年数をもとに得た数値を、べつの系譜に適用することが、はたして方法論的に正しいかどうか、評者は疑問に思うのである。

以上、年代論にいささか深入りしたが、右に書いたような理由から、大彦命・崇神天皇朝の実年代の推定に関しては、評者が、著者の説とはことなる考えかたをもっていることがおわかりいただけたと思う。いずれがより妥当かは識者の判断を仰ぐほかないが、年代論のとらえかた一つで、古代国家の成立過程の描きかたもずいぶんちがってくるので、あえて詳しい説明をさせていただいた次第である。

④『伊勢神宮の創祀と発展』（昭和六十年六月刊、総五百四頁）

本巻は、著者の学位請求論文となった『神宮の創祀と発展』（神宮司廳教導部、昭和三十四年三月）を中心とする神宮史関係の一巻である。『神宮の創祀と発展』は、いまも『古代の神宮』という題目で神宮司廳から刊行されている。評者は、その初版を所持しているが、書物としては、そちらに愛着がある。ただ、研究書としては、関聯論文や文献目録を収録している④『伊勢神宮の創祀と発展』のほうが便利なのは、いうまでもない。

『神宮の創祀と発展』は、Ｂ６判で、本文二百八十七頁という小型のものだが、目次には、神宮の創祀・斎宮寮の設置と展開・神郡の成立・式年遷宮の起源・神宮寺の建立、といった魅力的なテーマが目白押しで、これらをみただけでも、この本の価値がよくわかる。いまでこそ、これらの問題は、多くの古代史研究者の関心を引いて、関係論文も多数発表されているが、昭和三十年代に、こうした問題に取り組まれた著者の着眼のすばらしさと、実証的研究のレヴェルの高さには、いまさらながらに驚嘆する。

ただ、著者の見解には反論・異論も少なくなく、とくに㈠内宮・外宮鎮座の年代や㈡式年遷宮の起源については、多くの異論が提出されている。本巻では、㈠については、そうした異説に対する著者の立場を示した「神宮の創祀について」・「〈内宮・文武天皇二年鎮座説〉批判」も、あわせて収録されている。また、㈡については、⑪―Ｉ『神社と祭祀』に、「伊勢神宮をめぐる古伝の復活」という、諸説に対する批判をふくんだ論文が収録されているから、そちらを参照されたい。

なお、内宮鎮座の年代にかぎっていうと、じつは、評者も、著者とはことなった考えをもっている。本巻所収の「神宮の創祀について」などによれば、崇神・垂仁天皇紀の所伝を重視しておられる著者は、崇神・垂仁天皇朝を三世紀半ばから四世紀前半のことと考え、内宮の鎮座もそのころであるとみておられる（三六二～三六三頁）。評者も、内宮鎮座を伝える垂仁天皇紀の所伝が重要なことは、これを認めるに吝かではないが（この点については、「内宮鎮座の時期に関する覚書」『皇学館大学紀要』三五輯、平成十年十二月、を参照されたい）、ただ、著者のいわれるように、崇神・垂仁天皇朝を三世紀半ばから四世紀前半のことと断定できるかどうかは疑問がある。

そもそも、著者が崇神・垂仁天皇朝をそのころと推定しておられるのは、『古事記』にみえる崇神天皇の崩年干支「戊寅」が西暦二五八年ないしは西暦三一八年にあてられることが一つのよりどころになっている。

周知のように、『古事記』には、第十代崇神天皇以下、断続的ではあるが、十五人の天皇について、分注のかたちで、天皇の崩御した年を干支でしるしている。これを、われわれは「崩年干支」とか「歿年干支」とか呼んでいる。

崩年干支については、研究者のあいだでも評価のわかれるところだが、評者は、崇神・成務・仲哀・応神天皇のものについてはかならずしも信頼がおけるとは思わない。

まず一つには、帝紀にそうしたものがしるされていたとしたならば、『日本書紀』がそれを採用していないのは不思議だし、干支を使わずに某月某日と数字で日をしるす略式の書法も落ち着かない。しかも、崩御の日を十五日とする例が全体の三分の一もあってわざとらしいことも、崩年干支を疑う理由になると思う。いったい、『古事記』は、元来、年紀には無関心な書物であって、崩年干支はきわめて異例の記載なのである（坂本太郎「古事記」『坂本太郎著作集』第五巻〈吉川弘文館、平成元年二月〉所収、初出は昭和五十五年六月）。

つぎに問題となるのは、『古事記』にしるされた干支を西暦に換算した場合、崇神〜応神天皇間の天皇の平均在位年数が大きくなりすぎることである。この点については、安本美典氏のくわしい考察があるが（『新版・卑弥呼の謎』〈前掲〉一八二〜一八九頁）、それによると、『古事記』の崩年干支にしたがって、第十六代仁徳天皇の崩年を西暦四二七年、第三十一代の用明天皇の崩年を西暦五七八年とすれば、その間十五代百六十年となり、一代の平均在位年数は、一〇・六七年となる。これは、五〜八世紀の天皇一代の平均在位年数が一〇・八八年であることとよく合致している。

ところが、第十代崇神天皇から第十五代応神天皇のあいだでは、崩年干支を採用した場合、平均在位年数が大きくなりすぎる。すなわち、西暦三一八年説をとって、崇神〜応神天皇間を七十六年とすると、平均在位年数は一五・

二〇年になり、西暦二五八年説をとるに至っては、五代で百三十六年となり、その平均在位年数は二七・二年となってしまう。これは、計算から得られる平均値とはあまりにもかけはなれているから、応神天皇以前の崩年干支については、やはり信頼しがたいと考えるほかない。

では、このように、『古事記』の崩年干支が、天皇の活躍した実年代を考えるうえでそれほど有効でないとしたならば、いったいどのような方法によって、記紀の実年代を推定すればよいだろうか。

これについては、さきに③『邪馬台国と稲荷山鉄刀銘』のところでふれたように、古代の天皇の平均在位年数を利用する方法が有効である。たとえば、埼玉稲荷山古墳出土の鉄剣にしるされた「獲加多支鹵大王」・「辛亥年」を、それぞれ雄略天皇・西暦四七一年にあて、これを基準に計算すると、雄略天皇より十代まえの垂仁天皇の活躍した時期については、

471年－（10.88年×10代）≒362年

という数値（年紀）が得られる。したがって、垂仁天皇は、四世紀後半の西暦三六〇年前後に活躍した人物と推定でき、内宮鎮座の時期も、おおよそこのころとみることが可能である。著者は、あまり安本氏の業績を評価しておられないようだが、評者は、記紀の古い時代の実年代の推定には、安本氏の提唱される推計統計学を利用した方法がもっとも合理的ではないかと考えている。

なお、最後になったが、この④『伊勢神宮の創祀と発展』についていま一つ特筆しておきたいのは、渡邊寛氏の「解説」のすばらしさである。本巻の解説を渡邊氏に依頼したことは、もっともひとを得た人選だと思うが、内容の紹介、学説史上の位置づけ、研究の展望、いずれをとっても手際よくまとめられている。もって学術書の解説の規範とすべきであろう。

⑤『壬申の乱とその前後』（昭和六十年九月刊、総五〇四頁）

本巻は、巻頭に未発表の新稿「日本紀の天武天皇元年紀の〝改訂本〟」を排する。これは、『日本書紀』巻第二十八天武天皇紀上を、中華書局本の二十四史点校本のようなスタイルにあらためたものである。なかでも、人名に関しては、吉野陣営の人物にはオモテ罫、近江陣営の人物にはウラ罫がそれぞれ附されており、その人物がどちらの陣営に属するのか、容易に区別できるように配慮されている。

著者は、史料の飜刻や校訂の際、利用するひとの便宜を考え、随所にいろいろな創意工夫を凝らしておられる。たとえば、⑨『新撰姓氏録の研究』所収の「新校・新撰姓氏録」「新撰姓氏録氏姓索引」にみえる著者発案の新撰姓氏録番号や②『日本国家の成立と諸氏族』所収の氏族系譜の附図は、その好例であるが、本巻所収の天武天皇紀上の「改訂本」も、著者の工夫の一つである。著者は、この「改訂本」の「はしがき――〝改訂本〟作成の意図――」において、文献史料は、将来にわたって、原本を忠実に伝えるための「影印本」と、現行の校訂活字本を思い切って読みやすく編集した「改訂本」の両極に移行すべきではないかとのべておられるが、本巻に収録された天武天皇紀上の改訂本は、後者の試作品の一つといえよう。

ところで、本巻では、この改訂本につづいて、まず「壬申の乱」など、壬申の乱関係の論文が排され、後半には、文字どおり、乱の前後の時代をあつかった諸論文を併載されている。これらの論文の多くは、これまで、著者の自著にも収録されることなく、ながらく雑誌発表のままになっていたもので、著者自身も自序で「処女出版のやうな喜びと期待をいだく一巻」（一頁）としるしておられる。

たしかに、倭姫皇后の即位の有無、乱の開始とその計画性、などを取り扱った壬申の乱関係の諸論文をはじめ、後半に収録されている「中天皇をめぐる諸問題」・「難波の堀江」・「造大幣司」・「常道頭」・「還俗」・「続・還俗」などは、本巻の刊行を機会に、学界の再評価をうけていいようなすぐれた内容のものばかりだが、残念ながら、この巻はそれほど多くの部数はでていないとのことである。

ちなみに、壬申の乱に関する著者の一連の業績に対する評価と研究史上の位置づけについては、星野良作『研究史壬申の乱増補版』（吉川弘文館、昭和五十三年一月）・同『壬申の乱研究の展開』（吉川弘文館、平成九年十月）を参照されたいが、非売品ながら春日井市教育委員会編『第3回春日井シンポジウム資料集』（春日井市教育委員会、平成七年十月）も、研究史上における著者の学説の位置づけを知るには、有益な本である。

⑥『律令制の諸問題』（昭和六十一年五月刊、総五百七十二頁）

本巻は、著者が自序で「直接律令制と関係が深い拙論を選んで一書を成した」としるしておられるように、律令および律令諸制に関する長短十八篇の論文から構成されている。その内容は、郡評制・初期年号の成立・律令の編纂過程・不改常典・田租制および班田制・三世一身法など、きわめて多岐にわたり、その意味では、一書としての統一を缺く憾みがあるが、いずれも、研究史上重要な意味をもっている。そして、ながらく雑誌掲載のまま著書に収録されることのなかった論文を多数ふくむ点では、前巻の⑤『壬申の乱とその前後』と同様で、その点でもありがたい一巻である。

解説で、嵐義人氏が指摘しておられるように、著者の論文には「いづれも研究史的分析に始まる一貫した構成が認められ」るが、それが、「精緻にして明晰な博士の考証に確固たる基礎を与へてゐる」（五五四頁）のである。

お読みいただければわかるように、本巻所収の論文は、いずれも、先行論文の徹底した読み込みとていねいな研究史の整理のうえに出来上がったものばかりである。この巻に収録された論文が扱っているテーマについては、著者が論文を執筆された時点でもすでに議論が出尽くした感があり、当時でさえ新見解をだすことはむつかしかったはずである。しかし、著者は、先行研究に引きずられることなく、柔軟な発想をもって難問の解決にあたっておられる。「年号の成立」・「天智天皇と近江令」・「天智天皇の不改常典」・「大宝令における死亡者口分田収公条文の復旧」などには、その典型である。若い研究者のかたは、論旨もさることながら、本巻所収の諸論文の構成や論の展開の手法から、論文作成の技法を学び取っていただきたい。

ちなみに、評者が、皇學館大學に赴任したとき、ここの学生の書く卒業論文をみて、先行研究がよく整理されているのに驚いたことがあるが、これもきっと著者が卒論指導されていたころからのよき「伝統」なのだろう。

⑦『住吉大社神代記の研究』（昭和六十年十二月刊、総五百四十四頁）

本巻は、著書としては著者の処女作になる『住吉大社神代記』（住吉大社神代記刊行会、昭和二十六年十月）所収の「住吉大社神代記〈写真版〉」・「住吉大社神代記の研究」と『住吉大社史』上（住吉大社、昭和三十八年七月）所収の「校訂・住吉大社神代記」「訓解・住吉大社神代記」を中心に、その後の関聯論文をあわせた一巻である（なお、『住吉大社神代記』は、限定三百部の非売品で、こんにちでは稀覯書となっている）。

住吉大社に伝わる『住吉大社神代記』は、こんにちでは、竹内理三編『平安遺文』第十巻（東京堂出版、昭和四十年八月）や『日本庶民生活史料集成』第二十六巻（三一書房、昭和五十八年三月）や『神道大系　神社編六　河内・和泉・摂津国』（神道大系編纂会、昭和五十六年三月）などにも活字化されているので、閲覧が容易になったが、本巻には、それが現物の写真版（二葉の口絵カラー写真〈巻末部分〉をふくむ）とともに、書き下し文や注釈まで附されているから、重宝である。

評者は、昭和十一年（一九三六）に刊行された巻子本の『住吉大社神代記』の複製本を所持しているが、これは、複製本とはいえ、部数も少なく、いまではほとんど入手不可能なものである。こうした稀覯書を弊架におさめていることは、ささやかな誇りでもあった。しかし、⑦『住吉大社神代記の研究』には、この巻に掲載するためあらたに藤田一男氏が撮影された鮮明な写真版が収録されたので、複製本のありがたみも昔ほどではなくなってしまった。

それはともかく、周知のように、『住吉大社神代記』については、その成立年代をめぐっていろいろな議論があり、なかなか評価が定まらなかった。著者は、そうした疑問点を虚心に検討し、昭和二十六年（一九五一）十月刊行の原著では、奥書のいうとおり天平三年（七三一）撰の原本とみてよいことを主張された。

ただ、その後、西宮一民氏・坂本太郎氏から有力な反論が寄せられたのを機会に、あらためて本書の史料的価値を再検討し、本巻のために執筆された「再考・住吉大社神代記」では、あらためて天平三年（七三一）元撰・延暦年間（七八二～八〇六）書写説を提唱されている。自説の撤回というのは、なかなかできることではないのだが、その点、著者は潔いと思う。

本書の史料的価値の認定に若き日の情熱を傾けられた著者のためにも、後学であるわれわれが、もっと『住吉大社神代記』の研究を進めるべきであろう。

⑧『出雲国風土記の研究』（昭和六十三年五月刊、総四百八十二頁）

本巻に収められた『出雲国風土記』に関する一連の研究は、『住吉大社神代記』のそれとならんで、著者がお若いころ、精力的に取り組まれたものである。その大半は、昭和二十八年（一九五三）七月に出雲大社御遷宮奉賛会から刊行された平泉澄監修『出雲国風土記の研究』に収録されたもので（これは、いまでも皇學館大學出版部から刊行されている）、このうち著者の執筆された「校訂・出雲国風土記」（桑原羊次郎所蔵『出雲国風土記鈔』を底本とし、倉野憲司所蔵本と『萬葉緯』所収本を副本としている）「和訓・出雲国風土記」・「出雲国風土記諸本の研究」・「出雲国風土記の成立」は、おなじ『出雲国風土記の研究』という題目で別刷の本にも仕立てられている（ただし、これは非売品である）。

いまからは想像もできないことだが、戦後すぐに藪田嘉一郎氏が「出雲風土記剥偽」（『日本歴史』二三、昭和二十五年一月）という論文を書いて、『出雲国風土記』偽作説を唱えられたことがあり、『出雲国風土記』の信憑性がずいぶん動揺した時期があった。

さきの『出雲国風土記の研究』は、そうした偽作説に対する反論を総結集したもので、当時としては意義のある出版であった。

著者は、この本の編纂にかかわる過程で、全国の文庫・図書館などに所蔵される『出雲国風土記』の写本をくまなく調査し、劃期的なテキストを作成された。現在では、秋本吉徳編『出雲国風土記諸本集』（勉誠社、昭和五十九年二月）によって容易にみることのできる倉野憲司所蔵本も、このとき、著者によって、はじめてその価値がみいだされた写本である（この点については、「古典校訂に関する再検討と新提案」『神道古典研究所紀要』三、平成九年三月、でも回顧しておられるから、興味があればご覧いただきたい）。

このたびの⑧『出雲国風土記の研究』では、あらたに細川本を校訂の副本に加え、さきの「校訂・出雲国風土記」を全面的に改訂しておられるが、これなどをみても、著者の学問的良心というものがよくわかると思う（著者は、その後、『神道大系　古典編七　風土記』〈神道大系編纂会、平成六年三月〉を担当されたが、ここには、⑧『出雲国風土記の研究』収録の校訂本のほうを若干修正して再録しておられる）。

なお、本巻収録の論文の内容について、一つだけふれておく。それは、著者が『出雲国風土記』を養老年間元撰、天平五年（七三三）の再撰とみて、後者を前年に設置された山陰道節度使の附帯事業と考えておられる点である。著者が節度使との関係で風土記の提出を理解しておられるのは、この『出雲国風土記』だけではなく、九州地方のいわゆる甲類風土記もおなじである（この点については、⑩『古典籍と史料』所収の「肥前風土記の成立」を参照されたい）。

たしかに、『出雲国風土記』は再撰の可能性が考えられるが、ただ、それを節度使とのかかわりで説明できるかどうかは疑問である。評者は、村尾次郎氏などのいう「兵要地誌的性格」が『出雲国風土記』にそれほど色濃くあらわれているとは思わないので、『出雲国風土記』の編纂に節度使がかかわったとみることには否定的である。その点では、むしろ、坂本太郎氏の考え（「出雲国風土記についての二、三の問題」『坂本太郎著作集』第四巻〈吉川弘文館、昭和六十三年十月〉所収、初出は昭和四十三年九月）のほうが正鵠を射ていると思う。

⑨『新撰姓氏録の研究』（平成八年九月刊、総七百九十四頁）

本巻は、著者が『住吉大社神代記』・『出雲国風土記』とともに、若き日にその研究に心血を濺がれた『新撰姓氏録』の校訂本と、同書についての一連の研究成果が収録されている。

著者の戦後のデビュー作「新撰姓氏録撰述の次第」（『國語・國文』一八―三、昭和二十四年八月）をはじめ、「日本紀講書と新撰姓氏録の撰述」・「新撰姓氏録における天神・天孫・地祇を論じて天穂日命に及ぶ」などは、いずれも有益な論文である。また、『神道大系　古典編六　新撰姓氏録』（神道大系編纂会、昭和五十六年二月）の刊行にあたって著者が校訂された栗田寛『新撰姓氏録考證』（ただし、同書そのものは、本巻には未収録）の解説も、著者の「校訂学」の一端を示した一篇として、評者などは大いに啓発された。

なお、これを読んで、著者の提唱される「校訂学」についてさらに詳しく知りたいと思われたのなら、「古典校訂に関する再検討と新提案」（前掲）を読まれることをおすすめしたい。

ところで、本巻の刊行にあたって、著者がもっとも力を尽くされた「新校・新撰姓氏録」は、佐伯有清氏の『新撰姓氏録の研究』本文篇（吉川弘文館、昭和三十七年七月）を凌駕する劃期的な『新撰姓氏録』の校訂本である。評者も、建武系の写本、それもこの系統の最古の写本である京都大学所蔵の菊亭文庫本を底本に採用することは、著者の『新撰姓氏録』に対する見識の高さを示すものとして、大いに評価したい。

ただ、惜しむらくは、今回の「新校・新撰姓氏録」は、誤植・注記の遺漏も多く、また、校訂の方針およびその記述において首尾一貫しないところがあり、校訂本としてはいささか不出来なものだといわざるをえない。そのことは、「田中卓著『新撰姓氏録の研究』」として、『皇學館論叢』二九―六（平成八年十二月、本書所収）に発表したことがあるので、ここでは再論しないが、このなかで評者が指摘した点について、いちど著者にご検討いただければ幸いである。

⑩『古典籍と史料』（平成五年八月刊、総八百三十二頁）

本巻については、刊行直後、著者ご本人から指名を受けて書評したことがあるが、これは、『皇學館論叢』二六―五（平成五年十月）に掲載された。この書評は、加筆して拙著『古代史研究と古典籍』（皇學館大學出版部、平成八年九月）にも再録したので、詳しくはこちらを参照されたい。なにしろ、⑩『古典籍と史料』は、総八百三十二頁（目次は除く）の大冊だから、書評もたいへんだった。このときの書評も、四百字詰原稿用紙で五十枚ぐらいはあったと思う。

ただ、長くなったのには、もう一つ理由がある。それは、著作集中、この巻にだけなぜか「解説」が附されていなかったからである。

本来、この巻の解説担当は飯田瑞穂氏であったが、同氏は刊行前に亡くなった。著者の自序によれば、「解説」がないのは、そのためだというのだが、評者が仄聞した話では、そのあと解説を引き受けたひとが原稿を落としたのだという。ほんとうだとしたら、ずいぶん自堕落な話である。

いずれにしても、この巻だけ解説がないので（⑪－Ⅱ『私の古代史像』には当初から解説が予定されていない）、不遜といわれるかも知れないが、解説のかわりになるような書評をこころがけてまとめたのが、この一文である。

いま読み返してみると、すこし辛口の書評だが、これは、平成五年の九月に父の看病をしながら、病院の一室で書いたことに原因がある。この巻は、平成五年（一九九三）八月末に手元に届けられたが、書評を依頼されたのは九月にはいってからである。その時点で、父がもう長くないことはわかっており、父の死んだあと、こうした執筆を平常心でつづける自信がなかったので、無理を押して父の生前に仕上げた。日に日に衰弱していく父のかたわらで、原稿用紙のマス目を埋めるのはつらい作業だった。文章が刺々しいのは、そうした感情を押さえ切れなかったからである。

さて、私事はそれくらいで措くとして、⑩『古典籍と史料』の内容にかんたんにふれておきたい。

この巻は、頁数も多く、収録論文も多岐にわたっている。『日野開三郎東洋史学論集』（全二十巻）の第二十巻『東洋史学研究』（三一書房、平成七年十月）などもそうだが、こうした著作集では、どんなにうまく編輯しても、他の巻の積み残しを拾わなければ収拾のつかない一巻がでるものである。

⑩『古典籍と史料』で印象深かった論文は、「弘仁私記の研究」・「日本紀の性格と弘仁講書」・「元興寺伽藍縁起

并流記資財帳の校訂と和訓」である。とくに「元興寺伽藍縁起并流記資財帳の校訂と和訓」は、著者が、お若いころ、地味なテキストの研究に取り組んだことを示す格好の記念物である。こうした史料そのものに対する厳密な姿勢が、著者のこんにちの学問を支えているといっても過言ではない。

また、このほか、昭和五十三年（一九七八）四月以降、皇學館大學史料編纂所の所報『史料』に掲載した「最古の〝土器文字〟の読みについて」・「「博士」の読みについて」・「「郡司符」（新潟県・八幡林遺跡）木簡と告朔儀」なども、論証があざやかで、個人的には好きである。学術雑誌の編輯委員などをしていると、印刷経費や枚数制限を無視して長篇を送りつけてきて得意がっている非常識な輩がいて頭を抱えるが、短篇でもこうした密度の濃い論文が書けるという著者の手法を見習ってほしいものである。

なお、巻末には、『古事記裏書』・吉田家本『延喜式』などの解説（一部本文の校訂もふくむ）や④『伊勢神宮の創祀と発展』に洩れた『伊勢天照皇太神宮禰宜譜図帳』・『皇太神宮延喜以後禰宜補任次第』など、神宮関係の史料の翻刻がいくつか収録されているが、これらも貴重なものである。

⑪―Ⅰ『神社と祭祀』（平成六年八月刊、総六百四十頁）

本巻についても、かつて『皇學館論叢』二八―一（平成七年二月）でかんたんながら、紹介の筆を執ったことがあるので、収録論文の概略はそちらによられたい（本書所収）。⑪―Ⅰとか⑪―Ⅱとかいうのは、ややこしいことこのうえないのだが、これは、刊行が進むにつれ、収録すべき論文が増加したこと、にもかかわらず巻数はこれ以上増やせないこと、などの理由から、第十一巻を二分冊にしたために生じた現象である。著者の健筆ゆえの特別措置といえようか（もっとも、たとえ一冊増巻しても、なお収録できなかった論文が多数あるというから、著者の執筆意欲の旺盛さと健筆ぶりには、ただただ驚嘆するばかりである）。

本巻収録の論文は、伊勢神宮・出雲大社・住吉大社・白山神社・真清田神社などをあつかった神社の個別的研究をはじめ、八十嶋祭・大嘗祭を取り上げた考証に至るまでその内容は多彩だが、なかでも、「神無月（十月）と出雲国の関係」・「聖武天皇の神祇崇敬」は、著者の着眼のするどさを遺憾なく発揮した、ユニークにしてかつ説得力に富む重要論文である。これらの論文では、従来指摘されることのなかった視点が示されており、評者も、まさに目から鱗が落ちる思いであった。

なお、「神道五部書の解題」は、『神道大系　論説篇五　伊勢神道（上）』（神道大系編纂会、平成五年八月）に収められた神道五部書の校訂本に附された解題で、有益である（ただし、五部書の校訂本のほうは、著作集には未収録である）。

⑪－Ⅱ『私の古代史像』（平成十年七月刊、総二百九十二頁）

⑪－Ⅱ『私の古代史像』は、最終回配本で、ごく最近刊行されたものである。いわゆる「皇国史観」や恩師平泉澄博士に関する史学史的な論文三点、著者のもつ古代国家の成立像を明快に示した「私の古代史像」、さらに、著者の略歴・著述（歴史関係）目録、全巻の総目次から構成されている。

評者の親しいある古代史研究者は、この巻を手にして「尻切れトンボ」と評したが、当初パンフレットなどで予告された内容から考えると、やや期待はずれの感は否めない。

失望の第一は、予告にあった全巻の総索引がないことである。

正直にいうと、評者は、刊行が進むにつれ、最終巻に総索引を附すという計画は無理だろうと予測していた。じつは、いまから五年ほどまえに、いちど、著者の研究所で、作りかけの総索引の一部を拝見したことがある。それは、わずか一巻分のものだが、それでもそうとうな量のものであった。しかも、その時点では、全巻完結はおろか既刊分の索引項目の線引き・入力も終わっていないとのことだったから、「この分では、⑪－Ⅱ『私の古代史像』に総索引を附すのは不可能ではないか」と漠然とした不安を抱いたものだが、残念なことに、それが現実になってしまった。後知恵になるが、『上田正昭著作集』全八巻（小学館、平成十年七月～同十一年十一月）のように、かんたんでもいいだから、一巻ごとに索引を附していればよかったのではないかと思う。

もっとも、索引作りという作業は、項目の選定・分類、いずれをとってもひじょうに手間のかかるしごとで、日本語データベースのソフトが発達したこんにちでさえ、それほどかんたんな作業ではない。この巻の自序にもあるように、近い将来、この著作集の補遺がでるだろうから、総索引はそうした続刊の刊行の際に期待することにしたい。

さて、いま一つ残念だったのは、「私の古代史像」の中身である。当初予告をみたとき、だれもが、坂本太郎『古代史への道』（『坂本太郎著作集』第十二巻〈吉川弘文館、平成元年九月〉所収、初出は昭和五十五年六月）・井上光貞氏の『私の古代史学』（『井上光貞著作集』第十一巻〈岩波書店、昭和六十一年四月〉所収、初出は昭和五十七年九月）のような自伝的内容を期待していたと思う。「私の古代史像」というタイトルも、当時刊行中だった『井上光貞著作集』の第十一巻「私と古代史学」という篇名を意識したネーミングだったし、また、⑤『壬申の乱とその前後』の自序などによれば、著者自身も、自伝的なものを意図しておられたようである。

むろん、本巻収録の「私の古代史像」そのものは、著者の考えておられる古代国家の成立像をわかりやすく説いたものだから、それはそれで重宝なのだが、著者の歩んでこられた道について詳しく知りたかったと思うのは、評者だけではないと思う。

なお、⑪―Ⅱ『私の古代史像』に収録された史学史関係の論文についていうと、これらはかつて著者の『皇国史観の対決』（皇學館大學出版部、昭和五十九年二月）に収録されたものである。著者は、その後も、このテーマに関する論文を多数発表されており、それらをあわせるとずいぶんな分量になる。これも、著者から直接うかがった話では、これらは、青々企画から刊行中の『田中卓評論集』の第二巻に「平泉澄の虚像と実像」としてまとめられるという。

本誌（『藝林』）前号（第四七巻第四号、平成十年十一月）には、著者の「平泉史学における〝豚〟と〝百姓〟」が掲載されている。これは、その昔平泉澄博士が「豚に歴史はあるか」「百姓に歴史はあるか」と発言されたという中村吉治氏や北山茂夫氏の証言を検証したものだが、史学史的にみても、昨年本誌に掲載された「学徒出陣と平泉澄教授」（『藝林』四六―三、平成九年八月）とともに、たいへん興味深い内容の一篇であった。記憶の錯簡や伝聞にもとづく証言がいかに曖昧でいいかげんかを痛感されたかたも少なくないと思う。著者は、こうした自身の検証を芝生の雑草抜きにたとえつつ、「気が進まない」とのべておられるが、近代史学史においては、無知や不勉強からくる誤謬を根気よく訂正していくことも、たいせつな作業だと思う。その意味で、『田中卓評論集』第二巻の刊行が期待される（同書は、その後、平成十二年十二月に刊行された）。

三

さて、以上、駆け足で、『田中卓著作集』の「読みどころ」を紹介してきた。高島俊男氏に『独断！中国関係名著案内』（東方書店、平成三年二月）という好著があるが、それにならっていえば、小稿は「独断！田中卓関係名著案内」といった趣になってしまったきらいがある。しかしながら、著者とおなじ日本古代史を専攻する一研究者が書いたものなので、主観的評価の介入することはある程度やむを得ないこととご海容たまわりたい。

ただ、一つ断っておきたいのは、この書評をまとめるにあたって、座右に用意したのは、わずかに著者の年譜と著述目録だけだったということである。また、この機会に、著書の論文を読み返すこともせず、あえて記憶に頼って書いた。

これは、この著作集のおもしろさを伝えるためには、評者の頭のなかに強く印象に残っていることだけをのべるのが、もっとも説得力があるはずだ、という評者の判断による。したがって、こまかい数字や論文名は、あとで確認したものの、内容的には、評者の読後感を率直に認めたつもりである。著作集全巻の書評ということで期待されたかたも少なくなかったと思うが、結果的に偏跛なものになってしまったことをお詫びしたい。

最後になったが、田中博士の、今後のますますのご健勝とご健筆をお祈りして、擱筆したい。


（昭和六十年四月〜平成十年七月刊、国書刊行会、Ａ５判総頁数六千六百七十二頁、全十二冊合計本体価格八八、一五六円）

〔附記〕
冒頭に、「ご尊顔は、そのときいただいたパンフに掲載されていた著者近影によってはじめて拝見した」と書いたが、あとで考えると、『海に書かれた邪馬台国』の見返しには著者の写真が掲載されている。これを読んだのは、高校一年生のときだから、著作集のパンフレット以前に、筆者は博士の写真をみていたはずである。同書は、森一郎先生の『試験に出る英単語』を買いにいった際に、たまたまおなじ青春新書の棚にあったのでなんとなく購入し、耽読した。懐かしい思い出である。

第二章　田中卓博士の姓氏録研究
―『新撰姓氏録の研究』の刊行によせて―

一

　このたび、『田中卓著作集9　新撰姓氏録の研究』（国書刊行会、平成八年九月、以下、原則として「本書」と称する）が刊行された。

　田中博士（以下、原則として「著者」と称する）の主要な論文・著書を集めた『田中卓著作集』は、昭和六十年四月に刊行が開始されたが（第一回配本は、第三巻『邪馬台国と稲荷山刀銘』）、本書は、その第十一回配本である。当初、この著作集は、全十一巻の予定で刊行が進められたが、途中、計画の変更があり、第十一巻を二分冊（第十一－Ⅰ・Ⅱ巻）にわけることになった。全十二冊のうち、現在残っているのは、全巻の総索引をふくむ第十一－Ⅱ巻『私の古代史像』の一巻であって、その意味では、『田中卓著作集』は、本書の刊行によって、「本文篇」は完結したということができよう。

　刊行開始からすでに十年以上が経過しているとはいえ、このような厖大な著作集が無事刊行されたことを、学界の一隅にいるものとして、心から慶びたい。

　筆者は、さっそく、本書に収録された論文や『新撰姓氏録』の校訂本を拝読したが、いずれも重厚な労作揃いで、教示をうける点が少なくなかった。

そこで、本書の価値を広く江湖に紹介したいと思い、ここに一文を草した次第である。

この小文によって、本書の重要性が、ひとりでも多くの研究者のかたがたに知っていただければ、筆者としても、これにまさる慶びはない。

二

はじめに、本書の構成と内容について、かんたんに紹介しておく。

目次によれば、本書は、つぎのような構成になっている。

自序
一、新撰姓氏録撰述の次第
二、新撰姓氏録の基礎研究—原本と抄本とに関する諸問題—
三、日本紀講書と新撰姓氏録の撰述—平安時代初期の歴史精神についての一考察—
四、新撰姓氏録における天神・天孫・地祇を論じて天穂日命に及ぶ
五、新撰姓氏録における皇別の系譜
六、『新撰姓氏録考証』の解題
七、和安部の是非
八、姓氏録、延良本の出現と菊亭本の意義

九、新校・新撰姓氏録
十、新撰姓氏録逸文拾遺
十一、新撰姓氏録氏姓索引
解説（清水潔氏）

収録された論文は、昭和二十四年（一九四九）に『國語・國文』一八―三に掲載された「一、新撰姓氏録撰述の次第」（ちなみに、これは、著者の処女論文である）から、本書ではじめておおやけにされる新稿「八、姓氏録、延良本の出現と菊亭本の意義」・「九、新校・新撰姓氏録」まで、その成稿の期間は、じつに四十七年以上もの長きにわたっており、いかに長期間、著者が、粘り強く『新撰姓氏録』の研究を継続してこられたかがわかる。

右にあげた収録論文のうち、一〜七は、『新撰姓氏録』に関する基礎的考察であって、本書の成立・諸本系統から、内容の分析に至る幅広い問題をあつかっており、いずれも、きわめて貴重な論文である。とくに、「一、新撰姓氏録撰述の次第」・「二、新撰姓氏録の基礎研究―原本と抄本とに関する諸問題―」・「三、日本紀講書と新撰姓氏録の撰述―平安時代初期の歴史精神についての一考察―」の三篇は、『新撰姓氏録』に関する基礎的研究として、不朽の価値をもつと思う。

ただ、小文では、紙幅の制限もあるので、これらの諸論文の内容について、くわしく紹介することは省略したい。右の諸論文については、巻末に清水潔氏の手になる周到な「解説」があるので、詳細はこちらに譲ることにして、ここでは、本書の「目玉」というべき八・九の二篇を中心に、本書の特色を論じてみたい。

三

本書の「自序」および「八、姓氏録、延良本の出現と菊亭本の意義」によれば、著者は、当初、佐伯有清氏の作成された校訂本（『新撰姓氏録の研究』本文篇〈吉川弘文館、昭和三十七年七月〉、ただし、本書では、昭和六十年八月一日刊の第七刷を使用、以下、「佐伯校本」と略称する）を底本とし、佐伯氏が校合にもちいられた諸本、とくに、底本・副本とされた御巫本・柳原本について、詳細な校異を附した校訂本の作成を意図しておられたようである。

ところが、平成六年（一九九四）五月中旬から六月中旬にかけて、著者は、和歌山大学附属図書館所蔵の度会延良本（以下、「延良本」と称する）と京都大学附属図書館所蔵の菊亭文庫本（以下、「菊亭本」と称する）という二つの貴重な写本を発見し、これを利用して、校訂作業を全面的にやりなおす決意をされた。

ふつうなら、すでに組版にかかっている原稿を廃棄することはためらわれるところであるが、著者は、種々の困難を排して、あらたな校訂本の作成に立ち向かわれたのである。この一事をもってしても、著者の、『新撰姓氏録』に対する真摯な取り組みのほどがうかがわれるが、われわれとしては、なにより、新出の写本を得て、「九、新校・新撰姓氏録」がいっそうみのり豊かなものとなったことを慶ばねばならない。

そこで、まず、「九、新校・新撰姓氏録」の校訂の方針について、かんたんに紹介しておこう。

周知のように、『新撰姓氏録』（本来は、『新撰姓氏録抄』というべき性格の書物であるが、著者は慣例にしたがって、「新撰姓氏録」と称しておられる）には、延文五年（一三六〇）の奥書をもつ写本（以下、「延文系」と称する）と、建武二年（一三三五）の奥書をもつ写本（以下、「建武系」と称する）の二つの系統の写本があり、佐伯氏は、延文系の写本である御巫本を底本として、校訂本（佐伯校本）を作成されている。

著者は、この佐伯校本を底本として、あらたに「九、新校・新撰姓氏録」を作成されたわけであるが、著者が、佐伯校本の底本である御巫本を底本とせず、佐伯校本そのものを底本に選定された理由について、「九、新校・新撰姓氏録」の「校訂の解説と凡例」において、つぎのようにのべておられる。

要するに、私見では、現行の校訂諸本の中で最も優れたと思はれる校訂書を底本とし、それとの異同を明確にして、研究成果を積み上げてゆくことが、今後の新しい校訂学の在り方、と考へるので、その観点から、新撰姓氏録に関しては、佐伯氏の校訂本を従来最良のものとして、底本に選定させていただいたわけである。（二四六頁）

ただし、著者は、第二十一巻以降の部分の取扱いについては、佐伯氏とは考えかたがことなるのであって、ここからあとの部分では、建武系の最古の写本である菊亭本を底本として、第二十巻までとはことなった校訂の方法をとられている。この点については、著者は、やはり、「校訂の解説と凡例」のなかで、つぎのようにしるしておられる。

一、佐伯校本で特に問題となるのは、第二十一巻以降の諸蕃に関してである。佐伯氏は延文系を代表する御巫本を善本として、それを底本に用ひ、建武系を代表する柳原本を副本にして、それを混成する形で校訂本を作成されたが、これは私見と相違する。そこで私の『新校本』では、建武系本の「菊亭本」を底本として上段に掲げ、「佐伯校本」が底本とした延文系本（延良本・御巫本）を下段に対照して組み、その異同を一見して理解できるやうに試みた。これも今回の新しい工夫である。今後、私の『新校本』を利用して諸蕃関係氏族の記事を紹介される場合には、上段を〔甲〕、下段を〔乙〕として、例えば、太秦公宿祢〔七四〇甲〕といふやうに引用していただくと正確である。（二五〇～二五一頁）

なお、参考までに、著者が、校訂の際にもちいられた記号とその使用原則を、おなじく「校訂の解説と凡例」から引用・紹介しておく。

一、右の点に関連して、今回の校訂に際して、従来私が使用してきた諸本の異同を示す左傍の「○」印や「●」点以《ママ》外に、新しく「△」印を附することにしたので、その説明を次に述べておく。

「○」印……校訂上は底本（佐伯校本）のままで良いが、その字句に関して、諸本に見られる必要な異同を、左注として掲げたことを示す。佐伯校本が対校に採用した諸本の中では特に注目される本について記し、またそれ以外にも、特に菊亭本・延良本を増補して参考に供した。

「●」印……その字句について、特に底本（佐伯校本）を私見によっ《ママ》て改定したことを示し、左注でその改定の所拠を示した。

「△」印……校訂本文において、佐伯校本の字句そのものに問題はないが、その字句が佐伯校本の底本とした御巫本とは異ってゐるにも拘らず、それを看過して、何本によつて正しく改訂したのか、その所拠を逸してゐる場合。或いは佐伯校本が所拠として注してゐる諸本の、原本の字句を明らかに読み誤ってゐる場合。或いは諸本の異同を示す中で、底本（御巫本）・副本（柳原本）等の重要な写本の字句に関して見誤ってゐる場合、等に「△」を用ひて明示した。これは校訂上のミスで、結果的に佐伯校本本文の欠陥とはならないが、諸本の系統を考へる場合に重要な判断材料となるので、今回初めて私が使用した印である。（二四九〜二五〇頁）

さて、以上に紹介したように、著者の「九、新校・新撰姓氏録」は、校訂方法、校訂に利用した写本、校訂本の組版、いずれをとっても、前人未発の創意工夫が随所にほどこされているのであって、かつて『神道大系　古典編六　新撰姓氏録』（神道大系編纂会、昭和五十六年二月）のなかではじめて公開された新撰姓氏録番号（『新撰姓氏録』にのせられた一千百八十二氏に対し、順に附した通し番号のこと。「録番号」ともいう）とともに、今後、『新撰姓氏録』の研究に携わるものは、ぜひ参照しなければならないであろう。

ただ、「九、新校・新撰姓氏録」を拝見して、若干疑問に思う点がないわけではなかった。

そこで、つぎに、筆者が、「九、新校・新撰姓氏録」を通覧していて、感じたところをいくつかのべることにしたい。

四

まず、第一にあげねばならないのは、誤記・誤植のたぐいが、少なからずあるという点である。「九、新校・新撰姓氏録」は、四百六十頁を超える厖大な校訂本であるから、こうした誤記や誤植はさけられないであろうが、これについては、今後、重版の際に、訂正していただきたいものである。

ここで、筆者がいう誤記・誤植は、大きくわけて四つのタイプにわかれる。それは、㈠文字のまちがい、㈡印の打ちまちがい、㈢校異の脱落、㈣校異の注記の不足、の四つである。

㈠は、たとえば、「9縣主始號於斯」→「9縣主始號於」（二六二頁一四行目）・「2煥」→「6煥」（二七二頁一行目）・「白井板本寺」→「白井板本等」（二九四頁一二行目・二九五頁六行目）・「也」→「也」（二八五頁一二行目）・「右京」→「右京」（二九二頁八行目）・「2仁」→「2光仁」（二九四頁二行目）・「天武」→「天武」（二九五頁三行目）・「紀朝臣同祖」→「紀朝臣同祖」（三〇四頁七行目）・「紀朝臣」→「紀朝臣」（三〇四頁一四行目）・「御座ニ欠ク」→「御巫本ニ欠ク」（三〇九頁一五行目）・「延長本」→「延良本」（三一二頁三行目・三一五頁一四行目・三一六頁六行目・三二九頁五行目）・「1皇―〔四九〕

ニ同ジ」→「1皇―〔四九〕2ニ同ジ」（三二〇頁五行目）・「道守臣」→「道守臣」（三五四頁四行目）・「瀬立大稲起命」→「瀬立大稲起命」（三八二頁三行目）・「朝臣」→「朝臣」（三八五頁一一行目）・「比古由牟須美命」→「比古由牟須美命」（三九〇頁三行目）・「菊亭本・延良本・延良本・御巫本、スベテ同ジ」→「菊亭本・柳原本・延良本・御巫本、スベテ同ジ」（三九八頁四行目）・「臣知人命」→「臣知人命」（四〇八頁五行目）・「榎本連」→「榎本連」（四二一頁三行目）・「菊亭本・柳原本・延良本・御巫本「真」ニ作ル」→「菊亭本・柳原本・延良本・御巫本「直」ニ作ル」（四五四頁三行目）・「中臣表連」→「中臣表連」（五一九頁二行目）・「延孥王」→「延孥王」（五六四頁二行目）・「都賀直□賀提直」→「都賀直□賀提直」（五七〇頁四行目）・「楊津連」→「楊津連」（五七七頁六行目）・「真野造」→「真野造」（五九四頁一二行目）・「半毘氏」→「半毘氏」（五九六頁八行目）・「都留」→「都留」（六一八頁六行目）・「和連」→「和連」（六一九頁一〇行目）・「右第廿六巻」→「右第廿六巻」（六二五頁一行目）・「末多王」→「末多王」（六五一頁一行目）・「一百十七氏」→「一百十七氏」（六六一頁五行目）・「孫」→「孫」（六六三頁四行目）・「竹文日」→「竹文日」（六七九頁六行目）・「竹支王」→「竹支王」（六七九頁六行目）・「素戔烏尊」→「素戔烏尊」（六八八頁四行目）などである。

じつをいうと、「九、新校・新撰姓氏録」には、この種の誤脱がひじょうに多く、筆者の気づいただけでもかなりの数にのぼっている。

つぎの(二)は、校異によれば、べつな印が附されるべきなのに、なぜかちがう印（もしくは無印）になっているようなケースをいう。

たとえば、二八三頁一〇行目には、「太惣管」とあるが、この部分の校異には、「2太―底本・延良本・御巫本「大」ニ作ルモ、菊亭本・柳原本ニヨリ改ム」とある。校異のとおりだとすれば、本文の当該箇所は「太惣管」とあるべきところである。

印がまちがっている理由については、それぞれの校異を参照していただくとして、記載のあやまりだけを一部かかげておくと、「稚渟毛二俣」→「稚渟毛二俣」（二八五頁四行目）・「謚天武」→「謚天武」（二九九頁八行目）・「石上同祖」→「石上同祖」（四一一頁九行目）・「後」→「後」（四四三頁六行目）・「天由久富命」→「天由久富命」（四六二頁一一行目）・「中洲」→「中洲」（四六三頁五行目）・「謚武烈」→「謚武烈」（五四二頁四行目）・「高槻連」→「高槻連」（五五八頁一一行目、なお、これについては後述参照）などである。

これらの多くは、単純な印の打ちまちがいなので、校正の段階でなんとかもうすこし訂正できなかったものかと、残念である。

つぎの㈢は、本文に印があるにもかかわらず、その校異がしるされていないケースである。たとえば、「大伴部」（三〇一頁九行目）や「皇子、磯津彦命」（三二二頁六行目）や「未使主」（六一一頁三行目）などが、その例である（このほか、二六一～二六二頁では、5にあたる校異について、本文の印・校異の注記がともに脱落している）。佐伯校本をみれば、これらの文字には、なんらかの校異がしるされているから、著者も、当然、校異を注記するつもりで、印を附されたのであろうが、肝心の校異の記載が落ちているのでは話にならない。

なお、最後の㈣は、けっして、誤記・誤植というものではないが、他の箇所の記載と比較すると不釣合いな印象はまぬかれない箇所である。

たとえば、五一二頁四行目の〔六六八〕尾張連については、その校異に「1尾張連―コノ条、延良本・御巫本ハ後文ノ「身人部連」〔六七〇〕ト「五百木部連」〔六七一〕トノ間ニ配シ、底本コレニ従フモ、菊亭本・柳原本ノ順ニヨリ改ム」と注記されている。

ところが、「身人部連」・「五百木部連」の項にはなにも注記がないのである。一箇所にしるしておけば、他の注記は必要ないかも知れないが、ほかに排列を入れ替えた〔七五五〕「楊胡史」と〔七五六〕「木津忌寸」、〔一一四七〕「倭川原忌寸」と〔一一四八〕「靭編首」の項には、それぞれに注記が存在するのだから、「身人部連」・「五百木部連」の場合にも、同様の注記がほしいところである。

そのほかにも、たとえば、二八〇頁一〇行目には、「3之－菊亭本・柳原本・延良本・御巫本「之」ヲ欠クモ、底本ニ従ツテ補フ」とある。しかし、この表現では、底本自体がなにによって「之」の字を補ったのかはっきりせず（佐伯校本には「橋本・考本ニヨリ補ウ」とある）、あきらかに説明不足である。同様にして、五六一頁七行目には「1句－菊亭本・柳原本「旬」ニ誤ル。延良本・御巫本「句」ニ作ル」とある。この部分は、本文に「句」とあるところから判断すると、底本の記載をあらためているのだから、「－本ニヨリ改ム」というコメントが必要ではないかと思う。

また、五六八頁七行目の「清水首」という部分の校異で、「首－菊亭本「－」ニ作ル」とある箇所なども、他の諸本はどうなのかという記載があってよいのではないかと思うし、六一七頁二行目の「漢皇帝十世孫」という部分の校異に、「2十・七－菊亭本・柳原本・白井板本・松下板本「十」ニ作ル。延良本・御巫本・群従本「七」ニ作ル」とあるのも、なぜ上段で「十」のほうを採ったのか、その理由についてコメントのほしかったところである。

この種の記載は、本文に附した印をみれば、どのようにあらためたかがわかるところであって、必要ないといわれればそれまでだが、実際に、「－本ニヨリ改ム」と書いてくれているところもあるわけだから、もうすこしていねいに校異をしるしていただきたかったところである。

なお、〔五六八〕「大神朝臣」のところで、「未曽書到」という箇所の校異において、「4未曽書到－菊亭本・柳原本「未曽盡到」ニ作ル。延良本・御巫本「未曽盡到」ニ作ル。共ニ「盡」ハ「書」ノ誤字ナルモ、底本ニ校異ヲ逸ス。又底本ハ御巫本ニ従ツテ「未曽不晝到」ニ作ルモ、四字一句ノ形ヲ考へ、菊亭本ノ「未曽晝到」ニ改ム」（四八一頁一一～一四行目）とのべられている部分は、なんど読み返してみても、文意が通じない。あるいは、なんらかの錯簡があるのであろうか（ちなみに、筆者が確認したところでは、菊亭本の当該文字は「盡」と読みうる）。

五

さて、以上、原稿作成、また校正の段階でのミスではないかと思われるものを中心にのべてきたが、さらに、「九、新校・新撰姓氏録」の問題点をいくつかあげておきたい。

まず、第一に、筆者がよくわからなかったのは、第二十一巻以降の諸巻で（五三五頁以降）、たとえば、「太秦公宿禰」といった、最上段にあげられた氏族名の底本がいったいなにであるかという点である。

はじめは、上段の本文（著者のいわれる「甲」）とともに、菊亭本であると理解していたが、たとえば、〔七五〇〕「常世連○1」の校異に「1連－菊亭本「、」ニ作ル」とか、〔七五八〕「清宗宿○禰○1」の校異に「1宿禰－菊亭本「々々」ニ作ル」とかしるしているので、あるいは菊亭本が氏族名の箇所の底本ではないのではないかと思い、「校訂の解説と凡例」を読み返してみたが、この点に関してなんの記載もない。唯一、〔七四〇〕「太●1秦公宿禰」の校異に、「1太－菊亭本・柳原本・延良本・御巫本・松下板本「大」ニ作ル。白井板本・橋本板本「太」ニ作ルニ従ヒ、底本（菊亭本）ヲ改ム。（後略）」（五三六頁）とあるので、ここで、ようやく菊亭本が底本であることが判明した。

著者が、この氏族名の部分も、本文の「甲」同様、一括して「上段」とみなし、菊亭本を底本としておられるなら、それはそれで結構である。

ところが、第二十一巻以降を読み進めていくと、どうも、菊亭本を底本としたとは思えないような箇所が、上記の反復記号の例以外にも数多く存在するのである。

たとえば、〔七五四〕「楊侯[○1]忌寸」である。ここの校異には、「1侯―菊亭本・柳原本・延良本（初出・重出）・御巫本（初出・重出）・白井板本「隻」ニ誤ル。松下板本「公」ニ作ル。群従本ニヨリ改ム」とあるので、菊亭本が底本ならば、当該字句は、●印になるはずである。また、〔七八五〕「高槻連[○1]」も、校異には「1連―菊亭本ニ欠ク。柳原本「――」、延良本・御巫本「連」ニ作ルニヨリ補フ」とあるから、これも、菊亭本が底本ならば、●印のはずである。また、〔八七九〕「己[○1]汶[○2]氏」も、校異には、「1己―延良本・御巫本・群従本「己」、菊亭本・柳原本・白井板本・松下板本「巳」ニ作ル。橋本板本「巴」に（ママ）作ルモ採ラズ」とあるから、これも菊亭本が底本ならば、●印のはずである。さらに、〔一一二七〕「日下[○○1]部首」も、校異には、「1日下―菊亭本「早」、柳原本「日下」ニ作ル。延良本・御巫本「早」ニ誤ル」とあれば、やはり、当該字句は、●印のはずである。

このようにみていくと、最上段の氏族名の部分が菊亭本を底本としたとみるには、あまりにも注記に揺れがあるので、ここは、著者の校訂の方針をいますこし明確にしていただきたかったところである。

ところで、つぎに考えたいのが、△印と●印の関係である。

さきに引用した凡例の文にもあるように、著者は、なんらかのかたちで、佐伯校本に校訂上のミスがある場合には、△印を附して、その旨を注記しておられる。これは、これまで数多くの古典籍や史料の校訂をおこなってこられた著者にとっても、はじめてのこころみであるという。

たしかに、他の校訂本を底本とする、このたびのような校訂本の作成においては、こうしたあたらしい符号の採用は不可欠であるとともに、読者の便宜を考えた親切な処置として、高く評価できる。

ただ、欲をいえば、いまひとつべつな符号が必要だったのではないだろうか。

というのは、今回の新訂本のなかには、ときに、佐伯校本に校訂上のミスがあり、かつ底本の字句を訂正しなければならないようなケースがあるからである。

たとえば、①〔三九九〕「若桜部」の「神牟須比命」や②〔四六〇〕「丹比宿禰」の「多治部」や③〔九二五〕「末使主」のケースが、それである。

①は、その校異に、「1牟須―菊亭本「人須」、柳原本・昌平本「須」一字ニ作ル。底本、校異ニテ副本（柳原本）ヲ「須須」ノ二字ニ作ルト記スハ誤。菊亭本ノ「人」ハ「ム」（牟）ヤモ知レズ。（後略）」とあるから、これは、底本（佐伯校本）に校訂上のミスがあり、かつ底本の字句をあらためているケースである。また、②も、その校異に、「3多―菊亭本・柳原本・延良本・御巫本、スベテ「多」ニ作ル。底本、校異ニ所拠ヲ示サズ「丹」ニ作ルハ誤」とあるから、この場合も、底本（佐伯校本）に校訂上のミスがあり、かつ底本の字句をあらためているケースである。最後の③も、その校異に、「1末―菊亭本・柳原本・延良本・御巫本「未」ニ誤ル。佐伯校本、底本（御巫本）ヲ「末」ト解シ、校異ヲ逸ス。〔七三六〕ヲ参照。狩谷本・橋本板本ニヨリ「末」ニ改ム」とあるから、この場合も、佐伯校本に校訂上のミスがあり、かつ底本（この場合は、菊亭本）の字句をあらためているケースである。

こうしたケースを△印・●印、いずれの記号で指示するかはむつかしい問題をふくんでいる。かりに、△で示せば、底本（佐伯校本・菊亭本）の字句をあらためたことがわかりづらいし、ぎゃくに、●にすれば、底本に校訂上のミスが存在することがおもてにあらわれなくなる。

むろん、それらは、校異の記載をよく読めば、ある程度わかることなのであるが、それでも、一目みてわかるような工夫がほしいところである。そこで、筆者は、このケースのためにもちいるもうひとつべつな記号（たとえば、

▲印）をもうければよかったのではないかと思うのだが、いかがであろう。あまり多くの記号をもちいることは、利用するものを混乱させる懼れがあるが、わずかな記号にたくさんの意味をもたせるのも、利用者にとっては、不便な結果となるのではないかと思う。

さて、最後に、いまひとつ考えておきたいのは、著者の校異も、けっして万全ではないという点である。紙幅の制限もあるので、ひとつだけ具体的な例をあげて示すと、さきにも紹介したとおり、著者は、佐伯校本の校異になんらかの不備がある場合には、本文の字句に△印を附し、かつ正しい校異を示すことを原則としている。

ところが、それが、かならずしも守られていないのである。

たとえば、佐伯校本は、対校に神宮文庫所蔵の黒瀬益弘本を利用しているが、ときとして、その校異をあやまっている場合がある。〔七三〕「雀部朝臣」の項に「星河建彦宿禰」とあるのを「○建―益本同ジ」（一六二頁）としていることや、〔三六五〕「大貞連」の項に「巡行巻向宮之時」「●宮―底本・益本・諸本「官」ニ作ル」（二一六頁）としているのが、それである。これらは、原本についてみれば、あきらかなように、黒瀬益弘本では、それぞれ当該字句は、「達」・「宮」であり、佐伯校本の校異はまったくのでたらめである。したがって、「新校・新撰姓氏録」では、当然、これらのあやまりを指摘してしかるべきなのに、佐伯校本のあやまりについてはなにひとつふれられていないのである。

こうした例は、べつに黒瀬益弘本以外の写本についても指摘できるが、このようにみていくと、われわれは、「新校・新撰姓氏録」の校異に対しても、全幅の信頼をおくことはできないのである。そうなると、結局、これらの校訂本を利用する際には、おもな写本のマイクロフィルムや紙焼きを座右において、つねにそれらを参照しなければならないのであって、それでは、「新校・新撰姓氏録」が存在する意味があまりないのではないかとさえ思われる。

六

以上、本書の特色について、思いつくままにのべてきたが、これによって、筆者が、本書においてすぐれていると考えている点、また、問題とすべき点と考えている箇所が多少なりともおわかりいただければ、幸いである。忽卒のあいだに検討したために、思わぬ誤解もふくまれていようが、その点については、ご指摘たまわれば、幸いである。

なお、最後に一点だけのべておくと、著者の校訂の結果については、利用するものひとりひとりが、よく考えてみる必要があると思う。

これも、ひとつだけ例をあげておくと、著者は、五五七頁一二行目「乙」の本文の「弘計」[3]の校異について、「3計―延良本・御巫本「計」一字ニ作ル。佐伯校本「大本・色乙本ニヨリ補フ《ママ》」トシテ「計天皇」ニ作ルモ、延良本・御巫本ニ従ヒテ「天皇」ヲ削ル」（五五八頁）とのべておられる。

しかし、延文系写本（延良本・御巫本）が、右のように、天皇の名をしるすときは、「―天皇」としているのがふつうであって（たとえば、五五四頁五行目ほか参照）、ここは、佐伯校本の校訂のほうが正しいように思う。

こうした例は、ほかにもあるが、それらについては、むしろ、この「新校・新撰姓氏録」を利用するものが考えていかなければならない問題である。著者が、このたび学界に提供された「新校・新撰姓氏録」は、そうした研究のための基礎資料であることを忘れてはならないのである。

第三章　田中卓博士の神道史研究

―『神社と祭祀』を読んで―

一

昭和五十九年（一九八四）に、配本を開始した『田中卓著作集』（以下、「本著作集」と略称する）も、本巻をもって十冊目をかぞえる。

じつをいえば、本著作集は、もと全十一巻として企画され、当初の内容見本などでもそのように予告されていたが、全巻の完結が近づくにつれて、予定を変更すべき点が生じた。すなわち、頁数の関係で、第十一巻を二冊にわけなければ、予定していた論文が収録できなくなってしまったのである。当初、第十一巻には、田中卓博士（以下、とくに断らないかぎり、「著者」と略称する）の回顧録である「わたくしの古代史像」をはじめとして、全巻の総索引などを附載する計画だった。しかし、本著作集の刊行が十年近くにおよぶに至って、著者がその間に発表した論文で、収録すべきものが増え、当初予定していた一巻では、収まりきらなくなってしまったのである。

そこで、国書刊行会は、予定を変更し、第十一巻をⅠとⅡにわけて刊行する方策を講じたのである。本巻は、そのⅠにあたるもので、題して「神社と祭祀」という。

筆者は、神道史に対して、とくに深い研究をこころみたこともなく、本巻の紹介者として、不適切であることは自認しているが、たまたま刊行と同時に、本巻を精読する機会をえたので、そのときのメモをもとに、若干の紹介をこころみたいと思う。

二

はじめに、本巻所収の論文の題目を紹介しておくと、以下のとおりである。

一、天下無双の祭儀
二、伊勢神宮をめぐる古伝の復活
三、神道五部書の解題
四、出雲大社について
五、出雲荒神谷は国譲りの遺跡か
六、神無月（十月）と出雲国との関係
七、住吉大神の顕現
八、神功皇后〝実在〟論とその意義
九、神功皇后の〝非実在説〟批判
十、八十嶋祭の研究
十一、再び八十嶋祭について
十二、大嘗祭と八十嶋祭

十三、「墨江」と「住吉」
十四、平泉寺白山神社の創祀
十五、真清田神社の創祀と発展
十六、豊前国薦神社の創祀
十七、神道なくして天皇なし
十八、〝天壌無窮の神勅〟について
十九、神嘗・相嘗・新嘗・大嘗の関係について
二十、仏教の受容をめぐって
二十一、聖武天皇の神祇崇敬
二十二、今上天皇の即位礼と大嘗祭を省みて

本巻に収録された論文は、長短二十二篇の多きにおよび、総頁数は、六百頁を超えている。しかも、個々の論文の執筆時期もまちまちで、もっとも古いものが昭和三十一年（一九五六）の執筆にかかるもので（十、八十嶋祭の研究）、ぎゃくに最新のものは、今年、すなわち、平成六年（一九九四）になってから発表されたものである（二、伊勢神宮をめぐる古伝の復活）。したがって、その内容も、きわめて多岐にわたっているが、「神社と祭祀」という観点から分類することが許されるならば、まず、神社関係では、巻頭の一・二・三が伊勢神宮関係、四・五・六が出雲大社関係、七・八・九・十・十一・十二が住吉大社関係、のものであり、あと十四が平泉寺白山神社、十五が真清田神社、十六が薦神社、に関する論文である。

つぎに、祭祀関係では、十七・十九・二十二の三篇が大嘗祭に関する内容を取り扱っているほか、神道史をテー

マにした十八・二十・二十一の三篇の個別論文がふくまれている。

なお、祭祀という観点でみると、さきに神社関係のなかにふくめた十・十一・十二の三篇は、八十嶋祭というテーマでひとつのまとまりをもつし、さらにそのなかの十二は、大嘗祭とかかわるテーマである。

このように、本巻所収の論文を単純にテーマごとに分類・区分すること自体が、そもそも容易ではないから、読者は、いちおう、本巻の論文の排列を目安として、関心のある主題の諸論文を適宜読み進めていくべきであろう。

三

では、つぎに、個々の論文の具体的な内容について、簡単に紹介しておきたい。

「一、天下無双の祭儀」は、第六十回の神宮の御遷宮に奉仕した経験をしるしたものであるが、そこから進んで、「皇室の御先祖と仰がれる天照大神を、天皇がお祭りになるところに、一切の根本がある」(八頁)という、神宮祭祀の根本を見失ってはならないことを訴えている。

「二、伊勢神宮をめぐる古伝の復活」は、平成五年(一九九三)六月におこなわれた神道史学会での講演速記をもとにした論文で、本巻に収録された論文のなかでは、もっとも新しいもののひとつである。著者の神宮研究の総決算ともいうべき内容のもので、諸説をふまえながら、内宮・外宮鎮座の年代に関する自説を再確認している。近年発表された森田悌「伊勢神宮式年遷宮起源の問題」(『延喜式研究』七、平成四年十二月、のち森田氏『日本古代の政治と宗教』〈雄山閣出版、平成九年八月〉所収)に対する批判がよみどころである。

「三、神道五部書の解題」は、著者が、『神道大系』論説編伊勢神道(上)(神道大系編纂会、平成五年七月)のなかで、

『天照坐伊勢二所皇太神宮御鎮座次第記』・『伊勢二所皇太神宮御鎮座伝記』・『豊受皇太神宮鎮座本紀』・『造伊勢二所太神宮宝基本記』・『倭姫命世記』の、いわゆる神道五部書の校訂を担当された際に、その書誌的解説として、同書の巻頭に附されたものである。五部書の成立年代、諸本およびその系統、などについて、詳しくのべられており、原典を重んじる著者の学問的姿勢を遺憾なく発揮した好個の論文として、利用価値も高い。

「四、出雲大社について」は、出雲大社を中心とした出雲に関する概説である。㈠出雲氏がもともと大和に蟠踞しており、それがのちに一世紀前後、神武天皇の東征によって、山陰地方に移住した、㈡出雲の国譲り神話は、『日本書紀』の崇神・垂仁天皇朝における出雲の神宝検校を反映したものであること、などは、著者の年来の主張であるが（著作集第二巻所収「古代出雲攷」参照）、ここではそれらの研究をうけて、中世の出雲大社までの歴史を要領よくまとめている。

また、「五、出雲荒神谷は国譲りの遺跡か」は、この四と密接なかかわりをもつ一篇で、昭和五十九年（一九八四）に出雲の荒神谷遺跡で発掘された青銅器は、この地で大和朝廷に対する国譲りがおこなわれ、そのとき隠匿されたものであることを論じている。

「六、神無月（十月）と出雲国との関係」は、本著作集であらたに活字化された一篇である。著者は、この論文において、律令祭祀が十月を空白としているのは、出雲祭祀の御忌祭に譲ったからであって、これは、律令政府側の出雲信仰に対する譲歩であることを主張する。ひじょうにユニークな着眼による論文だが、著者に直接うかがった話では、この論文の構想には、内心自負するところがおありのようである。

「七、住吉大神の顕現」は、住吉大神は、神功皇后の朝鮮半島出兵に際して、対馬の南端、豆酘の地で顕現したツツの男の神であることを主張する。古社の起源について、社伝にこだわらない独自の研究をすすめる著者の学問的姿勢をあらわす代表的論文のひとつである。

「八、神功皇后〝実在〟論とその意義」・「九、神功皇后の〝非実在説〟批判」は、同時に紹介すべき性格の論文である。著者は、このなかで、現在の古代史学界で、有力な学説としてひろい支持をうけている「神功皇后非実在説」を、実証的に批判する。著者が批判しているように、実在否定論者の見解には証拠らしい証拠はなく、実証性にとぼしいといわざるをえないのだが、ただ、実在論の立場でも、いったいなにをもって「実在」とするのか、その定義にはむつかしいところがあり、この種の問題にはまだまだ議論すべき課題が数多くのこされているように思う。

「十、八十嶋祭の研究」・「十一、再び八十嶋祭について」・「十二、大嘗祭と八十嶋祭」の三篇も、まとめて紹介しておく。著者によれば、八十嶋祭は、「文徳天皇以後、天皇の即位せられて後、大嘗祭の行はれる前後に、公的な即位儀礼とは別に特別の思召しで、――当初は恐らく先帝諒闇の後を受けて――天皇が使を難波津に参向せしめて、その昔のイザナギ・イザナミ尊の国生みを偲ばれ、大八十嶋の神霊を仰いで国土の恢復を祈請せられるとともに、主としては鎮魂と禊祓の儀礼を修せられて、御自ら及び皇族の宝寿の長久を祈られたものであらう」というが、十では、八十嶋祭の性格をそのように考える根拠をこまかくあげて考証している。十一は、副題に「岡田精司氏説の批判」とあることからもわかるように、十発表後にでた岡田氏の研究に対する批判を中心に、自説を確認したもので、十二も、同様に岡田氏の説に対する批判である。

「十三、「墨江」と「住吉」」は、副題にあるように八木意知男の論文に対する批判を中心にしたもので、著者によれば、『住吉大社神代記』にでてくる「住吉」は、「すみのえ」とよむべきもので、「住吉」という表記も、「墨江」から「住吉」へと変化したものであるという。

「十四、平泉寺白山神社の創祀」は、『白山神社史』（白山神社史編纂委員会、平成四年五月）の巻頭に掲げられた論文である。これは、福井県勝山市に鎮座する白山神社の創祀について、泰澄和尚の伝記を中心に論じたものである。

「十五、真清田神社の創祀と発展」は、やはり、『真清田神社史』（真清田神社史編纂委員会、平成六年五月）に掲載された一篇である。この論文は、たんに古代の真清田神社の歴史というよりは、むしろ、濃尾地方の古代史に関する著者の知見を結集した一篇で、いちいち列挙することは省くが、本著作集に収録されている他の多くの論文での考察を総動員した感がある。

「十六、豊前国薦神社の創祀」は、副題にあるように、『八幡宇佐宮託宣集』にみえる宇佐八幡宮の創史に関する記事の信憑性について、『三輪高宮家系』などの記載とのかかわりから論じている。

「十七、神道なくして天皇なし」は、天皇と神道との関係について、歴史家の立場からのべたものである。後述の「二十二、今上天皇の即位礼と大嘗祭を省みて」などとともに、時事的な論説であるが、実証的な研究に裏づけられたこの論説は、ひじょうに説得力をもっている。

「十八、〝天壌無窮の神勅〟について」は、さきにものべたように、本巻所収の論文のなかでは、もっとも古いものである。著者は、天壌無窮の神勅は、国土の恢弘の祈祷が、のちに宝祚の天壌無窮という意味に転化発展したことを指摘するとともに、そうした変化が生じたのは、天智天皇の時代であったことをのべる。

「十九、神嘗・相嘗・新嘗・大嘗の関係について」は、神嘗・相嘗・新嘗・大嘗の関係について論じながら、わが国における「にひなへ」の行事の展開と神祇制度としての確立を考察したものである。

「二十、仏教の受容をめぐって」は、副題も示すように、仏教の受容における物部氏と蘇我氏の立場を中心に論じたもので、六世紀後半の政治史に関する深い洞察をふくむ一篇である。

「二十一、聖武天皇の神祇崇敬」は、従来、仏教一辺倒と考えられていた聖武天皇について、神祇崇敬の立場から も、特筆すべき事績があることを指摘したものである。これは、このたびあたらしく活字化されたものだが（口頭発表はすでにおこなわれている）、ひじょうにすぐれた着眼であると思うので、ぜひ一読をおすすめしたい。

「二十二、今上天皇の即位礼と大嘗祭を省みて」は、平成二年度に「即位礼と大嘗祭の歴史」というテーマでおこなわれた皇學館大学における月例文化講座の際の講演を活字化したものである。著者は、まず「平成の大礼諸儀式の概要」として、今上天皇が践祚して以来の日程とその内容を手際よくのべる。そしてさらに、そのなかの大嘗祭について詳しく取り上げ、その問題点を考えている。なかでも、著者は、「今度の一連の儀式といふものは、日本の歴史二千年を踏まへて行はれてきた伝統儀礼であ」り、「二千年の歴史に対する正統性があ」（五七九頁）り、日本国憲法の第一・二条は、そうした歴史や伝統を承認したうえで成立しているという。したがって、こうした一連の即位儀礼に対し、国費を支出することはなんの不都合もないことを指摘している。

四

さて、以上、二十二篇の論文について、ごくおおまかな紹介をこころみてきた。

これらの論文については、巻末に附された所功氏の周到な「解説」に、すでに適切な解説と学説史上の評価がみえているので、いまさら屋上屋を架すことのないのだが、この一文によって、本書の価値の一端でも知っていただくことができれば、幸いである。

なお、『田中卓著作集』も、本巻の刊行によって、のこすところあと二巻となった。仄聞するところによれば、それらもすでに刊行の準備が整いつつあるという。全巻が無事完結し、それら一巻一巻が学界の共有の財産として、ひろく活用される日の近いことを祈りつつ、つたない紹介の筆を擱くことにする。

第四章　田中卓評論集3『祖国再建』〈建国史を解く正統史学〉を読む

はじめに

皇學館大学において長らく教鞭を執られた田中卓博士（以下、原則として「著者」と称する）が、このたび、ご自身の主宰される青々企画から、『祖国再建』（以下、「本書」と略称）上下を刊行された。

ご承知のかたも多いと思うが、本書は、文藝春秋から刊行されている『諸君！』平成十六年一月号から同十八年二月号に二十五回にわたって（途中二回の休載を挟む）、著者が執筆された同題の連載（副題は「正統史学を貫く一学徒六十年の闘い」）を中心としたものである。

本書は、「田中卓評論集」シリーズの第三・四巻にあたる。評論集の第一巻は『愛国心と戦後五十年』（青々企画、平成十年十月）、第二巻が『平泉史学と皇国史観』（青々企画、平成十二年十二月）である。

著者には、べつに『田中卓著作集』と題する全十一巻十二冊の著作集があり、著者がご専門とする日本古代史関係の論文は、おおむねこちらに収録されているのだが[1]、著者には、古代史以外にも、やや時事的な問題や近代史学史的なテーマを扱った論文・時評のたぐいがかなりの数ある。これをテーマ別に収録することを意図して編まれたのが、「田中卓評論集」シリーズで、さながら、著作集別巻の趣がある。「順調に刊行されれば恐らく数冊にのぼるであらう」（『愛国心と戦後五十年』〈前掲〉「自序」一頁）といわれるほど豊富な原稿があり、評者も続刊を愉しみにしていたが、平成十三年五月、著者が突然の病に倒れたことが災いしてか、第三巻以降は刊行が中断されていた。それが、このたび、前述の『諸君！』の連載を核に、関聯の諸論文を附し、二冊同時に刊行されたことは、慶賀にたえない。

そもそも、『諸君！』の連載は、一回が四百字詰原稿用紙に換算して三十数枚程度のもので、これを二年数箇月にわたって継続された、著者の気力には脱帽のほかない。

著者は、『諸君！』の連載開始時にすでに満八十歳を超えておられたが、その著者が、最終的に四百字詰原稿用紙一千二百枚にも及ぶ厖大な新稿を綴られ、それに綿密な補訂を加えたうえで、本書を世に送られたのである。その超人的なエネルギーには、だれもが驚嘆することであろう。

評者は、本書に横溢する著者の情熱に心を打たれ、ここに本書を紹介しようと拙い筆を執った。これによって、本書の存在が一人でも多くのかたの知るところとなり、同時に、著者の思想にふれる読書人が増えることを期待するものである。

一、全巻の構成と収録論文

はじめに、本書の構成についてふれておく。

まず、「田中卓評論集」の第三冊にあたる『祖国再建』上であるが、こちらには、「建国史を解く正統史学」という副題が附されている。以下、上巻の目次を掲げる。

つぎに、下巻（副題は「わが道を征ゆく六十余年」）の構成は、つぎのとおりである。

第二十章　「建国記念の日」をめぐる論争
第二十一章　戦後のＹＰ体制と、その超克
第二十二章　三島事件と「国史研究会」・『論争ジャーナル』
第二十三章　敗戦前後の歴史と私の教育遍歴
第二十四章　祖国再建の王道は教育と歴史の正常化
第二十五章　長期的展望に立つ真の祖国再建

〔付録〕
〔第一〕朝日「論壇」を手玉にとった反日教科書の筆者
〔第二〕英語教科書問題／中村敬氏の奇論を駁す
〔第三〕伝統の尊重を剥奪された教育基本法
〔第四〕女帝・女系天皇反対論に対する徹底的批判
〔第五〕女系天皇の是非は、君子の論争でありたい

あとがき

二分冊としたことについて、それが頁数の超過によるものであると説明しつつ、つぎのようにのべておられる。

その場合、〈冒頭から第十九章〉までは、私の専門とする日本古代史の立場からの建国史を中心とした内容になり、これを途中で分断することは、論旨の上で芳しくありません。そこで第十九章までを上巻として取り纏め、その後の第二十章以下は、終戦前後から実際に私の体験してきた戦後史の時務論を中核としますので、

〈第二十章から第二十五章〉までを、下巻として編集することにいたしました。
ところが、その場合、下巻の頁数が少なくなり、上巻とのバランスがとれませんので、それをいささかでも調整すると共に、本書の趣旨を更に補充する意味をこめた拙論を、下巻の後半に〔付録〕として収録しました。
（「あとがき」一頁）

かかる配慮のもとに、上下二冊に分冊されたわけだが、それでも上巻四百三十二頁に対し、下巻二百九十二頁と、いささか均衡を欠く。しかし、実際に本書を繙いてみると、もとの連載の第十九回までの分が日本古代史を中心とするもので、著者の古代史研究に関心を抱く読者にとっては至便である。その意味で、まことに適切な分割といってよろしかろう。

本来なら、全篇にわたって、まんべんなく紹介と論評を試みるべきであろうが、それは紙幅の都合でとうてい許されるところではない。そこで、思案の結果、評者の専攻にかかわる上巻のうち、本書の真骨頂といってもよい、津田学説の徹底検証を主題とする第九章までに力点をおくことにし、他は適宜簡略にしたがうこととした。あらかじめ、読者諸彦のご諒解を乞う次第である。(2)

二、津田学説との〝対決〟

すでに、『諸君！』での連載をご覧になったかたはおわかりかと思うが、本書における著者の行論は、緻密である。これは、元来が難解な津田左右吉氏の学説を読み解いていくためには、ある程度止むを得ないのだが、そのために、本書では、津田氏の論著などが原文のまま、それも、かなりの分量にわたって引用されている。しかも、そのあとに、著者の綿密な分析・検証が繰り広げられているから、読みこなすのはなかなか骨が折れる。

著者も、その点を心配し、津田学説の内容をやさしいことばで言い換えてみたり、途中で論点を整理してみせたり、重要な主張は労を厭わず繰り返したりするなど、一般読者にもわかるような叙述と工夫が、随所に凝らされている。その腐心のほどはよくわかるのだが、それでも、津田学説の検証を中心とする前半部分は、ずいぶん難解である。

そこで、小論では、著者の論旨を、できるだけわかりやすく解説することを第一義とし、それに適宜評者のコメントを加えるよう心がけたい。

第一章「戦後の「歴史教育」混迷の真因」。著者は、まず、『ゲエテとの対話抄』から、ゲーテがエッケルマンに、自分の生涯には、大きい歴史上の事件が日常に起り、それを目撃することによって、「私は、これから生まれてあゝいふ大事件をわかりにくい書籍によつて知らねばならぬ人々とは全く異つた結果と判断とを得た」と語ったことを引用しつつ、「私の生きた時代は、ゲーテのそれにもまさる更に大きな歴史上の疾風怒涛（Sturm und Drang）の連続といってよいでしょう」といい、「私はそれらの大事件の目撃者となったのみならず、むしろ、その奔流の中に投げだされ、流れに棹さして約六十年、有志同学と共に、祖国の再建に努めてきた」と告白する（上—一〜二頁）。そして、一歴史家として、この稀有ともいうべき激動の時代を、できるだけ公正に記録して後世に伝えることが責任であり、使命と考えて、『愛国心の目覚め』（至文堂、昭和三十七年十月）・『歴史家として観た戦後五十年』（國民会館、平成八年三月）の二著を発表したことをのべる（ともに、『田中卓評論集』第一巻〈前掲〉に収録）。

しかし、「それらには尚、述べ尽くし得なかった事情もあり、またその後の激しい世相の推移と共に新しい課題も生じ、更に次第に論点のしぼられてきた問題もありますので、このたび、文藝春秋『諸君』編集部よりの勧めと励ましをうけて、核心に迫る忌憚のない真情を、既に八十路を越えた一学究の、「問わず語り」という形で吐露しようと思います」（上―二～三頁）と、「祖国再建」の筆を執った心情を吐露している（『諸君！』誌上に連載がはじまるまでの経緯については、上巻「まえがき」に詳しいが、ここでは省く）。

第一章では、これにつづいて、著者が自身の歴史観を「正統史学」と名づけたことについて断る。これは、「正統」ということばに「始祖からの学説や思想・教義などを正しく受けついでいること（orthodoxy）の意味」があるので、これをみずからの歴史観に当て嵌めたものなのだが、この点について、著者はこうのべる。

日本の歴史は、『古事記』、『日本書紀』などの六国史にはじまり、『愚管抄』・『神皇正統記』・『大日本史』、東大史料編纂所の『大日本史料』等々、史論に小異はあっても、皇室中心の国体の命脈が綿々とうけつがれてきています。これが日本の正統史学の伝統です。しかし大東亜戦争の敗北後、その歴史観は、誤れる「皇国史観」の名のもとに、玉石倶《とも》に焚く形で学界から抹殺されてしまい、代わって流行したのがマルクス主義の唯物史観というわけです。しかし唯物史観などは、日本国二千年の歴史からみれば異端というほかありますまい。その証拠に、唯物史観の祖国ソ連の崩壊（平成三年）後は、少なくとも学界で、唯物史観を堂々と口にする研究者はほとんど無くなったではありませんか。（上―六～七頁）

ここで、著者は、中学校の歴史教科書等の偏向に目を向ける。そして、「現行の中学校の歴史教科書が、ほんとうの「歴史」そのものの教科書ではなく、「社会科」の中の「歴史的分野」を記述したものであることを力説し、これが、アメリカ占領軍によって強要された、アメリカ流の教育法であることを指摘する。さらに、「「社会」といえば元来ヨコの人間関係であり、「歴史」は本来、祖先伝来のタテの系統を学ぶ学問ですから、教育体系でも全く異質のものなので」、「アメリカにふさわしい教育法であっても、日本には本質的に馴染まない空論」（上―一〇頁）

だとのべ、主権在民と対立する天皇尊重の史実や、人権尊重に相反する忠臣孝子の史料、反戦平和の趣旨にそぐわない武勲英雄の伝記などが教科書から消えたのも、社会科歴史が原因だと説明する。

著者は、こうした社会科歴史に便乗したのが、日本教職員組合であるとする。著者によれば、日教組は、こうした「占領政策をテコにして、好機到来とばかり、この社会科を社会主義革命のための学習にしようとした」（上―一一～一二頁）のであって、マルクス主義の革命路線に立つ日教組は、社会科の学習のなかに、社会変革の思想を注入しようと策謀したのだと、その非を暴く。

ここで、著者は、日本の歴史学者や教育者のなかで、社会科歴史を批判した数少ない人物として、津田左右吉氏の名をあげ、「現在の歴史教育に関する疑義」（『中央公論』昭和二十八年四月号）、「再び歴史教育について」（同六月号）を紹介するとともに、「津田発言は、まさに正鵠を射てい」ると、その主張を支持する。と同時に、「当時のこの人には、三つの誤解ないし欠点があった」とものべ、以下の三点を指摘している。

①津田氏は、批判の鉾先を文部省だけに向けているが、教育現場はもはや日教組に支配されており、革命指向の日教組にとっては、津田発言など馬耳東風であった。

②文部省は、すでに昭和二十二年以降、学習指導要領（試案）をつくり、社会科の歴史教育について方針を公表していたのだから、そのころ積極的な反対発言をしておれば、事態を好転させえたかも知れない。

③昭和二十八年当時では、津田氏は歴史学界やマスコミ界において、左右両陣営から可成りの批判をうけ、すでに大きな発言力を失っていた。

とくに、③のような状況を生む原因となったのが、津田氏が『世界』昭和二十一年四月号に発表した「建国の事情と万世一系の思想」という論文であるという。これは、ひとことでいえば、皇室讃美の「われらの天皇」論であって、この論文のために、「彼の日本古典や古代史に対する理解の仕方が、戦前と戦後とではまるで黒と白ほど逆転し、左派は驚いて黙殺するし、右派は何を今更という疑念を」（上一一七頁）もったという。著者は、「このような気持が本心なら、何故、戦前にそのことを踏まえて論文を書かなかったのか。それをしておれば、占領軍による「社会科歴史」の強制にも対抗する力を発揮し得たでしょうし、戦後の古代史学界の混迷も生じなかったでありましょう」（上一一七頁）と、その発言が晩きに失したことを嘆く。

じつをいうと、この津田左右吉氏の建国史を検証することこそ、本書がもっとも力を注いでいる点なのであって、その点については、追って詳しくのべるが、著者は、まず、

それにしても、敗戦直後のこの時点で、津田氏は、何故このような「われらの天皇」論を、今の若い人々からみればファナチックとさえ思える程に声高く謳《うた》いあげたのでしょうか。それを理解するためには、当時の天皇制の存廃をめぐって揺れた、激しく深刻な世相を承知せねばなりません。（上一一七〜一一八頁）

とのべ、第二章「〝天皇制〟の存廃をめぐる論争」において、終戦直後の天皇制をめぐる議論を、詳しく紹介する。詳細は本書をご覧いただくしかないが、「５　〝天皇制〟に対する啓蒙的反対論」に紹介された、昭和二十一年一月十日からはじまる『毎日新聞』の「天皇制の解明」という一連のキャンペーンは、後述の津田氏の学説とかかわりが深い。なかでも、羽仁五郎氏の文章は、左翼歴史家の代表的見解だが、同氏が、津田氏の「多年の苦心の研究の結果」をよりどころに、古代天皇についての論を展開していることは、注目してよい。

こうした〝天皇制〟をめぐる議論については、つづく第三章「津田史学「天皇論」の光と影」に引き継がれ、羽仁論文に対する藤直幹氏の反撃、さらには、若き日の直木孝次郎氏の投書にみえる津田学説への疑問など、興味は尽きない。とくに、直木氏が、のちに津田説を基本的に正しいと考えるようになったと告白していることを思うと

思い半ばを過ぎるものがある（なお、直木氏の学説については、第十三〜十五章で検討されているので、ここではふれない）。

著者は、こうした敗戦直後の〝天皇制〟についての議論を、「羽仁氏をはじめ、これに賛同する〈天皇制廃止論者〉は、津田学説を唯一最高の根拠として積極的な議論を展開し、他方、〈天皇制擁護の陣営〉は、津田学説必ずしも学界の定説にあらず、として、消極的否定の論陣を張った」（上−四三頁）と分析し[3]、昭和二十一年一月の時点において、天皇制をめぐる論争の歴史的論拠の焦点に立つものが、津田学説であったと結ぶ。そして、「その頃、渦中の人、津田左右吉氏は、何処で何を考え、何を書いていたのでしょうか」（上−四三頁）とのべ、いよいよ津田学説の本丸に切り込んでいく。

じつは、問題の津田氏の論文は、当時、奥州平泉に疎開していた津田氏が、昭和二十一年正月に岩波書店から創刊された『世界』の編輯兼発行者の吉野源三郎氏の依頼をうけて執筆したものである。この需めに応じ、津田氏は、依頼されたテーマどおりの「日本歴史の研究に於ける科学的態度」と、それとはべつに、「建国の事情と万世一系の思想」と題する、事実上二篇の論文を送ってきたという。これらは、それぞれ『世界』昭和二十一年三月号と同四月号に掲載されたが、さきにふれた津田氏の「われらの天皇」論は、じつは、後者のこと（以下、著者にしたがって、これを「S論文」と称する）をいったものである。

S論文の掲載にあたっては、岩波書店内部でも強硬な反対意見があり、掲載に至る経緯を追ったくだりにも、興味は尽きないが、ここでは深入りしない。

ただ、吉野氏の回想のなかに、意見をもとめた羽仁氏の談として、「それならば、君は、日本の革命が成功した暁に、この論文を発表した責任を追及されてもいいのか。そのとき、君の頸に縄がかかってもいいのか」[4]という発言が紹介されているのは、興味深い。これは、共産主義革命が、知識人に大きな重圧としてのしかかっていた、敗戦直後の日本の雰囲気をよく伝えている。

では、かかる波紋を呼んだＳ論文とは、いったいどのような内容を盛ったものだったのか。当然のことながら、著者の関心もそこに赴くわけであって、つづく第四章は、その標題どおり、「津田氏「われらの天皇」論の徹底検証」に費やされている。

著者がＳ論文を詳細に吟味しようとするのは、そこに意図があってのことである。いささか長くなるが、いま、著者のねらいをみておこう。

（前略）実はこの津田説「われらの天皇」論を徹底的に検証することこそが、戦後の古代史学界の抜本的な反省を促し、ひいては教育界や論壇の覚醒に役立つところ多大であり、逆に云えば、この津田論文の実体を看過或いは黙認していては、祖国再建の思想的礎《いしずえ》が固まらないと考えるからであります。

と言いますのは、現在のわが国では、「日本国憲法」の第一章第一条の「天皇は、日本国の象徴であり日本国民統合の象徴」という理解――いわゆる〝象徴天皇論〟――が殆ど定着した恰好でありますが、この「象徴」説の有力な論拠の一つと評価されているのが、津田氏の「われらの天皇」論であるからであります。したがって津田氏の天皇象徴説の内容の是非を十分に検討し、正確に理解しておかなければ、近い将来に起こる可能性のある〝改憲問題〟を考える場合にも、日本の歴史と伝統についての判断を誤ることになるでしょう。（上―五七～五八頁）

以下、著者は、煩瑣ともいえるほど、津田氏の文章の引用を交えながら、論文の核心に迫ろうとする。

津田氏のもとの論文自体が長文なので、その論旨を詳述することは不可能であるが、Ｓ論文は、短文の「はしがき」と「一　上代における国家統一の情勢」・「二　万世一系の皇室といふ観念の生じまた発達した歴史的事情」の二節から構成される。第一節から第二節前半にかけて、津田氏は、神武天皇の建国伝承は、史実とは無関係に、六世紀頃に作られた物語に過ぎず、大和朝廷による国家統一も、地方的豪族の服属であって、一般の民衆は皇室と直接の結びつきがなかった、とのべる。これは、それまでの津田氏の主張とかわるところはない。

ところが、第二節の後半に至って、にわかに「われらの天皇」論が登場する。

しかし、これはいかにも唐突である。津田氏は、それまで、皇室と国民が精神的に密接に結びあい、融和していた事例をまったくあげていない。にもかかわらず、結論の部分で、突然、「国民的結合の中心であり国民的精神の生きた象徴であられるところに、皇室の存在の意義があることになる」という、積極的な皇室擁護の議論を持ち出し、さらには、「国民の内部にあられるが故に、皇室は国民と共に永久であり、国民が父祖子孫相承けて無窮に継続すると同じく、その国民と共に万世一系なのである」（原論文、五三頁）と断定しているのである。

著者は、これを不審とし、「明かに津田氏の思想の中には、史実の整合性を欠くねじれ現象が生じ、戸惑いと狼狽が認められる」（上―七一頁）と指摘する。つぎの第五章「ねじれ論文の背景と『世界』の困惑」、さらには、第六章「津田氏の本意は何処に？」では、そのあたりの背景が追究されているが、まさに本書中の雄篇である。

ここでの著者の論の運びはなかなか複雑だが、以下、その要点を掻い摘まんでのべておく。

まず、S論文における態度の急変はいつかという問題である。これについて、著者は、津田氏の「態度転換」は、昭和二十一年一月二十七日に起きた、羽仁氏を中心とする「歴研クーデター」や、歴研会長への就任を依頼する井上清氏の平泉訪問とは直接の関係はなく、それらの事件以前の一月中であったとみる。

その理由は、S論文や、これとほぼ同一内容とみなされている『日本上代史の研究』所収の論文「日本の国家形成の過程と皇室の恆久性に関する思想の由来」（以下、著者にならって、「N論文」と称する）の末尾にある「（一九四六年一月）」

という日附である。おなじ『世界』でも三月号の論文「日本歴史の研究に於ける科学的態度」の末尾に擱筆年月がなく、また『日本上代史の研究』の「附録」として収められている五篇の論文でも、擱筆年月があるのはN論文だけで、この二つにはどうしても成稿年月を書き加えておきたかったのだろうというのが、著者の推論である。[5]

さて、そうなると、「歴研クーデター」は一月二十七日だから、平泉においてそれを仄聞し、一月中の残りの三四日で二つの論文を書き上げたとは考えにくいし、二月十七日に平泉を訪れた井上氏の話によって、「態度転換」があったとするのも無理がある。やはり、S論文は、一月中、それも二十七日以前の執筆と考えざるをえないのである。

そこで、つぎに、「われらの天皇」論執筆の真の動機を考える必要があるのだが、ここで筆者が注目するのが、さきに紹介した『毎日新聞』の「天皇制の解明」である。このキャンペーンに代表されるように、当時、天皇制存廃の問題が盛んに議論されていたが、著者によれば、その事実に直面した津田氏が、現状を憂慮して「皇室擁護」の立場を表明するために書いたのが、S論文であるという。

ただ、附け加えておくと、津田氏の「われらの天皇」論は、著者の検証によれば、三十年来の思想であるということはまちがいなく、けっして急激な時勢の転換に迎合した「変説」ではなかったようである。

しかし、いずれにしても、かかる津田氏の国体讃美論が、戦前の同氏の学説を知るものに大きな衝動を与えたであろうことは想像にかたくないのであって、それが、左右両陣営から総攻撃をうける結果に繋がっていく。

こうして、四章にわたって、「われらの天皇」論を中心に、津田氏の言動を検証してきた著者は、最後にこうしめくくっている。これも、やや長い文章だが、著者がこれほどまでに津田氏の「われらの天皇」論に執着する真意が読み取れる率直な表現なので、以下に、そのまま引用する。

（前略）敗戦直後の『世界』の「われらの天皇」論は、過去の歴史の「史実」とは別の次元の話で、現実の天皇制反対論の猖獗《しょうけつ》という社会情勢、従って迫り来る皇室の危機に対処するための、津田氏の率直な「思想」の披瀝に他ならないのです。これは善意に解すれば、これまで専門の研究者にさえも誤解を招くような曖昧な古典批判の著書を公刊してきた津田氏自身の反省と覚醒ともいえましょう。

しかしそれは、忌憚なくいえば、子供の火遊びに似ています。明治・大正・昭和と、――一部の政界や軍部、思想界に問題を蔵していたとはいうものの――皇国護持を願う各界有志の努力によって少なくとも国体の根本は揺るがず、皇室の安泰が続きました。そこで津田氏は、いわば大船に乗った気持で、主として『古事記』『日本書紀』に対して毛を吹いて疵を求めるような文献批判に熱中し、その学問的興味に我を忘れているうちに、例の筆禍事件で裁判に問われ、さらに敗戦という国家の破局に直面し、しかも左翼陣営は、津田学説を武器として天皇制廃止に狂奔することになったのです。津田氏としては、みずからの古典の火遊びが大火事を招来したのですから、当然、消火の責任を負わねばなりません。必死になって「われらの天皇論」を強調したのも、いわば悔悟の罪ほろぼしに他ならないのであります。その時に、三十年前の著書の記述――皇室は国民的団結の核心、国民的精神の生ける象徴という発想――がよみがえってきたのでありましょう。（中略）

このように申しますと、読者のなかには、それは余りにきびしい批評と思われる方があるかも知れません。しかしこの戦前の津田説によって、戦後の古代史学界がどれほど混迷・惑乱されたかを、身をもって体験してきた私には、どうしても津田氏の「われらの天皇」論の背景を解明して、真相を摘発せざるを得ないのです。

（上―一〇一～一〇二頁）

著者による、津田氏の批判はなおもつづくが、第七章「家永教科書裁判に秘められた陥穽」・第八章「日本の建国をめぐる津田説の独断」では難解な津田氏の文章が読者の誤解を招き、結果として、多くの混乱を生んだことにふれる。

そもそも、著者がおりにふれてのべているように、津田氏が説いているのは、記紀編者の思想である。この点について、第四〜六章での分析を通じて、著者が知りえた知見を整理したものが、第八章冒頭に掲げられているので、まず引用しておく。

①津田氏の史料批判というのは、『古事記』『日本書紀』の述作に際して、意図されていた編纂者の「思想」そのものの吟味に主眼があり、それと、実際の歴史上の「史実」とは、別の次元の問題であること。

②それにも拘わらず、津田氏自身の文章には、しばしば両者を混淆したような不確実な表現があり、そのことが、多くの研究者には、同氏の「史実」そのものの否定、ないしは懐疑性の主張として誤解される弊害を与えたこと。

③しかし、津田氏本人は、筆禍事件に関連して、「歴史的事実としてはヤマトの皇都は神武天皇のみよ《(ママ)》りも更に遠い昔からの存在である」ということを明言していること。

④また同氏自身が「神武天皇カラ仲哀天皇マデノ御歴代ノ御存在ヲ」疑って居らず、「其ノ通リ信ジテ居タ」と証言をしていること。

⑤この③④については、津田氏の裁判戦術とか、変節とかいう見方もあるが、戦後の津田氏の真剣な「われらの天皇」論を見る限り、そのような詐称や変節ではなく、津田氏の本心であると信じてよいこと。

前後するが、第七章では、家永三郎氏が、二十年来、津田説が神武天皇から仲哀天皇までを架空の人物と認定したものと「一途に了解」していたが、昭和三十二年になって、津田氏が法廷や『上申書』(6)で、じつは神武天皇以後数代の天皇の実在性を否定していないことを知って「一驚」したこと、などがこと細かにのべられている。家永氏にしても、前出の羽仁氏にしても、津田学説の誤解にもとづいて論を立てていただけのことであって、「津田説を論拠として、戦後に盛行したその他大勢の『紀・記』建国史否定論も、すべて根底から崩れ去るほかない」（上―一三一～一三二頁）。著者が、これを「津田神話の崩壊」と称する所以である。

なお、著者は、第八章後半の「5　ヤマトの皇都は神武天皇以前からか?」で、津田氏が、神武天皇の東征の物語について、日向、すなわち、日に向かうという意味の地名と、歴代天皇が日神（太陽神）子孫であるという古くからの思想を結びつけるために、日向からヤマトへの奠都（東遷）が考案された、としている点を深く掘り下げている。

この点については、次章で展開される津田学説の批判に連動するものであるから、追ってふれるが、こうした津田氏の假説が、恩師の白鳥庫吉氏の論文に着想を得たものではないかとする、著者の推測は、まことに興味深い。白鳥氏は、記紀に伝えられている南九州から大和へという神武天皇の東征を「肯定」（著者の表現による）する立場から、天孫降臨神話は、大和からの熊襲征伐にあたり、神武天皇の東征は、南九州からの「帰還」にあたると考えていた。ところが、著者によれば、津田氏は、「大和朝廷の起源は古い」という白鳥説を継承しつつも、神武天皇の帰還（東征）は記紀の造作とみなしているのだという。

津田氏の東征伝承の解釈に白鳥氏の学説が影響していることは、瀧川政次郎氏がはやくから指摘しているが[7]、著者は、この点を具体的な論文によって確認している。こうした津田氏の記紀解釈については、津田学説の淵源が山片蟠桃『夢の代』にあるのではないかという、宮内徳雄氏の指摘[8]とともに、なおよく検討すべき課題であると思う。今後の研究の進展に期待したいところである。

さて、第九章「津田建国史の致命的欠陥」は、津田学説の批判の締めくくりにあたる。まず、第一節において、さきに第八章の内容紹介のなかでふれた五項目のうち、③にある「歴史的事実としてはヤマトの皇都は神武天皇のみよりも更に遠い昔からの存在である」という津田氏の発言を、あらためて取り上げる。そして、「これはまことに可笑しい論理」だとして、

少なくとも応神天皇以前の皇室の歴史が、既に忘れ去られたり、全くわからなくなっていたというのであれば、皇都の発祥そのものも同様であって、全くわからない筈でしょう。従ってヤマト朝廷の始祖が、何時何処からヤマトに到来したか、または、どのようにして自立したか、ということも当然、わからなくなっていたといわねばなりますまい。それにも拘わらず、「ヤマトの皇都」だけが「歴史的事実として」、「神武天皇のみよりも更に遠い昔からの存在である」と、なぜ断言できるのでしょうか。まことに、常識では納得しかねる、詭弁に近い論法です。（上─一五六頁）

と厳しく弾劾する。そして、第二節以下で、津田氏の神武天皇東征虚構論の核心を衝いた考証と批判を展開する。

著者がここで取り上げるのは、神武天皇以前に、ニギハヤヒの命（饒速日命）が、ヤマトの近辺に天降っていて、土着のナガスネヒコと連繋し、新しく東征してきた神武天皇の軍勢を迎えて抗戦したという、『日本書紀』の所伝である。

津田氏は、こうした伝承は、「神武天皇の物語」が造作されたあとから補われたものだというのだが、著者は、この釈明がいかに根拠に乏しいものであるかを論証する。この批判は圧巻で、まさに本書前半のヤマ場と評してもよいであろう。

著者のいうとおりだとすれば、神武天皇東遷の物語は、神代と人代とを連結する「橋梁」として、帝紀・旧辞の

成立した六世紀ごろに造作された、という津田氏の假説はもろくも潰えることになり、延いては、津田氏の建国史像も、根底から覆ってしまう。著者は、津田氏には、「〝はじめに皇都はヤマトにありき〟という先入観があり、それに背反する神武天皇東征の伝承を、頭から否認しているのであ」ろうとして、「しかし、若し、そうであるとすれば、それは贔屓の引き倒しというもので、一種の姿を変えた皇国美化史観」だと批判する（上―一七二頁）。

著者はいう。

古代国家の成立を考えますと、世界中のどの国でも地方勢力同志の戦いがあり、有力なものが中核を形成し、「武力」と「徳望」によって版図を拡げてゆくのであり、大和朝廷が九州の一角より起り、東征してヤマトを中心に、次第に畿内を統合したからといって、別に不当でも何でもありません。（中略）また、古代の統一国家を形成するために、「武力」の必要なことはいうまでもありません。しかし武力のみで立つものは、やがて武力によって倒されること、古今東西の歴史の証明するところです。最も重要なことは、統治者の指導力であり、就中、その「徳望」であります。それを見事に体現し、一君万民による一千数百年の統治という、世界に比類をみない歴史と伝統を保持されたのが、皇室を中心とする、日本の国体の精華、と考えるのが、私の正統史観なのです。（上―一七三頁）

「6　正統史学は美化を退け、真実を求む」の末尾に近い部分に掲げられた右のような見解は、著者の歴史観をよくあらわしたものとして、本書を読むものは、記憶に留める必要がある。

三、津田学説の「エピゴーネン」に対する批判

以上、著者が本書においてもっとも力を入れたと思われる建国史を中心とする津田学説の検証にかかわる上巻前半について紹介してきたが、これだけで予定の紙幅のほとんどを費やしてしまった。したがって、以下についても、同様のペースで紹介・コメントすれば、厖大な量になってしまうであろう。そこで、上巻後半については、ポイントを絞り、簡略を旨として、その概要と特色をのべたい。

第十章から十八章までは、俗に「津田学徒」・「津田学派」などと呼ばれる津田学説の亜流が、戦後発表してきた諸論文に対し、「問題点を絞って、ピンポイント論評を加え」（上―一三八二頁）たもので、具体的には、井上光貞・直木孝次郎・上田正昭・岡田精司の諸氏が俎上にあげられている（その意味では、第七章「家永教科書裁判に秘められた陥穽」もふくまれよう）。大半は、これまで著者が個別論文として公表してきた内容をベースにしているが、今回著者があらたに調べたことがらもふくまれていて、新鮮である。

著者は、第十章「時流に転変した井上光貞氏の日本建国論」の冒頭において、つぎのようにのべる。

ところが、戦後の古代史学界では、公明正大や正直な立言などは軽視され、虚飾に満ちた風潮が喜ばれました。勿論、一般的な歴史考証の面において、堅実で真面目な研究者がいなかったというわけではありません。（中略）しかし歴史学の核心というべき国家の命脈にかかわる分野、なかんずく祖国の建設とその発展史については、全くの思いつきや空想に近い仮説が、古代史学界を支配しました。刻苦を重ねて真剣に考究することなく、安易に時流に便乗して、その時々に、みずから公表した旧説を巧みに変化させてゆく者、或いは自説に対する反論・批判には、聞く耳をもたずに黙殺して、ひたすら持論を墨守して恥としない者、他人の説を転用

しながら、その出典を明示せずに得意顔の者、さらには自説に都合の悪い史料は隠す一方で、実在しない史料を持ち出して古伝の抹殺をはかり、しかもその誤りさえも自覚しない者などが、学界や論壇を堂々と濶歩しました。（上―一七六頁）

さらに、語を接いで、

もともと、そのような事態を将来した根本的な原因は、（中略）歴史的事実としての大和朝廷の起源は、旧辞の始めてまとめられた六世紀頃には「全くわからなくなつてゐた」という誤った学説が、学界の主流となり、その「わからなくなつてゐた」とされる空白の時代を埋めるために、各研究者が思い思いに先を争い、妍《けん》を競ったというのが実情でありましょう。（上―一七六～一七七頁）

と、混迷のもとが、やはり、津田学説にあることを指摘する。こうした著者のことばからもわかるように、津田学説につづいて、その亜流をも批判しておく必要が生じてくるのである。

もっとも、津田学説を基盤としつつも、各自が思い思いの新説を組み立てているので、諸氏の説くところは、かならずしも津田氏の学説とは一致しない。それをよく押さえておかないと理解できないところが多々あるから、やっかいである。しかし、著者は、それらを丹念に整理しつつ、鋭い反証をあげて批判しているから、一般読者にもよくわかる。著者の鋭い切り口、実証的な反論は、読んでいて胸のすく思いである。

第十章では、井上光貞氏の「国造制の成立」（『史学雑誌』六〇―一一、昭和二十六年十一月）が、その後の変説の結果、論理的に破綻していくありさまを、克明に描いたものである。「井上氏の推論は、多くの学説を巧みに消化して、着想にユニークさが横溢していますので、一見、説得力があるかにみえますが、仔細に検証すると、諸学説の取捨選択に熱中して前後撞着、論理の整合性を欠く場合が少なくありません」（上―一九六頁）という著者の評言は、井上氏の「学風」に対する辛辣な風刺である。

さて、つぎの第十一章「初期天皇名を後世の造作と疑う水野祐・井上説」と第十二章「初期天皇名の信憑性を論証する」では、記紀が伝える初期天皇の呼称を後世の造作とし、それをもとに天皇の実在性を否定した、水野祐・井上光貞両氏の説を検証し、それらを論破してみせる。井上氏らの研究は、その後の学界に大きな影響を与えており、現在でも同氏の学説をそのまま踏襲する研究者が少なくない。しかし、それなら、こうした著者の井上説批判に対して反論する義務があると思うのだが、実際は、黙殺で済ませるひとが多いのは、困ったことである。

つぎに著者が取り上げるのは、直木孝次郎氏である。第十三章「直木孝次郎氏の天皇観の変貌と津田説との乖離」では、津田氏の「没後の弟子」を自称する直木氏の学説が、じつは津田学説とはだいじな点で大きくことなることを指摘する。著者は、本章2～5節で直木氏の思想的変遷を追い、同氏の昭和三十年代以降の天皇・皇室に対する思想が、津田氏の戦後の「われらの天皇」論とまったく相違しているとのべる。そして、大和朝廷の発祥と発展・邪馬台国の位置・出雲平定の時期についての直木氏の構想が、津田氏のそれとは大きくことなることを指摘する。

著者は、「直木氏が津田説を「楯」にするといっても、日本建国史の重要な問題点では、全く説を異にしており、実際には津田説とは関係なく、多くの場合、津田氏が史料批判の対象とした『紀・記』の空白の時代を自説で埋めただけに過ぎないことが、察知される」（上―二六二頁）と、容赦ない批判を浴びせるが、きわめて冷静な分析である。

著者の批判はこれに留まらず、第十三章でのべたことを「予備知識」として、つづく第十四章「神武天皇の架空を説く直木氏の空想的反映法」では、直木氏の神武天皇架空説に切り込んでいく。著者がここで批判の対象とするのは、昭和三十年代から四十年代の一時期に流行した、水野氏や直木氏らに代表される「反映法」とか「モデル論」

といわれる研究である。これは、記紀にみえる神武天皇の行動は、天武天皇のそれをモデルにしたものであるとか、神武天皇東征の物語は、五世紀後半に起こった河内政権による大和進出や、六世紀前半に越前・近江を地盤とする継体天皇勢力の大和入りが反映している、などというものである。

著者は、おもに直木氏の神武天皇架空説を取り上げ、それが論理的に成り立ちがたいものであることを縷々のべるが、著者の批判が正鵠を射ていることはいうまでもない。いったい、この「反映法」自体、最近ではまったく廃れてしまったとの印象が強く、直木氏らがこんにちもかつての学説を堅持しているかどうか、疑わしい気もする。

直木氏批判は、さらに、第十五章「実例で示す《『紀・記』史料批判》のお粗末さ」にもみえるが、ここでは、上田正昭氏に対する手厳しい批判が注目される。とくに、問題となるのは、タケミナカタをまつる諏訪大社の社伝に、『古事記』完成の年である和銅五年（七一二）にタケミナカタが諏訪に封じこめられたとある、という上田氏の発言である。上田氏は、『古事記』の諏訪逃亡神話は、この「諏訪大社の社伝」をもとに構想されたといいたいのであろうが、著者によれば、そのような伝承も記録もないという。そして、「上田氏も、研究者としての沽券にかけて、その「史料」の出典と信憑性――上述の「社伝」が存在し、それが『古事記』以前であるということ――について、何らかの形で答えて貰いたいと思います。これが学者というものではありませんか」（上―三二〇頁）と訴えている。はたして真相はどうなのか、著者ならずとも知りたいところである。

なお、上田氏については、第十六章「上田正昭氏の愚かな「青春」とその後の史観」・第十七章「上田説は『紀・記』の正統を証する逆縁か」でも、ひきつづき取り上げられている。第十六章は、『京都新聞』「丹波ワイド」版（平成十六年八月十四日附）に、「特攻隊に血書の女生徒説得／戦争は最大・最悪の人権侵害」という見出しで、上田氏に対する取材記事が掲載され、そのなかに「歴史学を現代に生かしたいと心掛けているのは、私の青春の愚かさへの反省からだ」という談話が載ったことを手がかりに、同氏の経歴を詳しく追跡したものである。そして、「彼にとって、自分がたまたま式内社の神職となり、特に若き日に、はからずも崎門学の道統にふれ、それに傾倒したこと、しかもそれを通じて、平泉学派の人々と交流のあったことこそ、顧みて「愚か」であった、という「反省」の告白ではないか」（上―三三二頁）と推理する。

博引旁証の資料提出によって、上田氏の思想的変遷を探索するあたりは、私立探偵顔負けの洞察である。いささか研究者の内面に立ち入りすぎた感もあるが、上田氏自身が式内社小幡神社（京都府亀岡市曽我部町穴太）の現宮司であることを知ってこそ、諏訪大社の社伝の公表を迫る、著者の激情が理解できるというものである。

なお、第十七章は、上田氏学説のうち、イリ王朝説と天神・地祇成立を天武天皇朝にもとめる説とを批判の対象としている。

著者によれば、「イリ」の辞をもつ天皇名は崇神・垂仁両天皇だけだが、「イリ」という親愛の称をふくむ名の皇族は、先代の開化天皇の系統にも存し、いわゆる「イリ王朝」を崇神・垂仁天皇系に限定することはできないという。それゆえ、上田氏のいうような、崇神天皇を始祖とする新興勢力としての〈イリ王朝〉などは成立の餘地はないとする。「イリ」に関し、著者が詳しい考察の結果を披瀝したのは、これがはじめてではないだろうか。

また、著者は、上田氏が、天神・地祇の成立を天武天皇朝とする説に対し、天社・国社の制定は、記紀の所伝のとおり、崇神天皇朝とみて差し支えないとする。著者によれば、天神は九州の一定地方（高天原）を本拠地とする政治集団の奉斎した神であり、国神（地祇）は畿内などその他の地域に盤踞していた氏族の奉斎する神だというのが、評者もこれを支持する。

著者による研究者の個別批判は、つぎの第十八章「「天皇霊」・「伊勢神宮の創祀」をめぐる岡田精司説批判」が最後になる。ここでは、岡田精司氏の研究のうち、①三輪山を「天皇霊」のこもる山とする説と、②八十嶋祭を五世紀に遡る新帝就任儀礼とみる説、③神宮の創祀を雄略天皇朝とする説、の三点を批判している。

さて、このようにして、著者は、津田左右吉にはじまり、家永三郎・井上光貞・直木孝次郎・上田正昭・岡田精司の六氏を取りあげ、「問題点を絞って、ピンポイント論評を加えてきた」（上―三八二頁）というのだが、上巻全体を通読してみると、それがたんなる個人的な批判ではなく、津田学説とその亜流という一つの水脈を系統的に辿ったものであるということがよくわかる。評者も、『諸君!』の連載を毎月読む段階ではあまりわからなかったが、こうして一冊の書物にまとまると、いかに本書が一本筋のとおった、緻密な構成であるかが判明する。

それはともかく、こうした多岐にわたる、複雑かつ詳細な展開を整理したのが、上巻最後の第十九章「私の日本建国史論」である。

著者の日本建国史の要点は、本章に要を得た整理があるが、他の論著も踏まえつつ、著者の描く建国史の構想を紹介すると、およそつぎのとおりである。

皇室はもと北九州、おそらく筑後川下流に発祥したもので（著者は、これを原ヤマト国と呼ぶ）、当時畿内地方には、オホナムチの神を奉斎する氏族が三輪山を中心として勢力を占めていた。原ヤマト国からは、その一部が何度かにわたり、畿内進出をこころみたが、成功せず、やがて紀元前後ごろ神武天皇の東征がおこなれ、皇室を中心とする「ヤマト朝廷」の基礎が確立した。はじめは、ヤマト朝廷と土着のオホナムチ神系氏族のあいだには婚姻融和政策がとられたが、崇神天皇のころヤマト朝廷の権威が高揚し、畿内支配が確立する。その背景には、オホナムチ神系氏族に対する宗教的融和政策の成功があったという。

いっぽう、そのころ、原ヤマト国では、その後身の、いわゆる邪馬臺国を卑弥呼が治めていたが、卑弥呼の死後、狗奴国がこれを征圧したので、畿内のヤマト朝廷は故国回復のために狗奴国の征伐を決意する。これが、景行天皇のクマソ征伐といわれるものである。さらに、神功皇后は、仲哀天皇とともに原ヤマト国の回復に成功され、それが三韓征伐を可能にさせた大きな原因のひとつとなるのであった。

以上が、著者の構想のあらましだが、その論旨は明快である。しかも、ここにのべられたことは、著者が昭和三十年代のはじめに発表した「日本国家成立の試論―原ヤマト国よりヤマト朝廷へ―」（『神社新報』昭和三十年六月二十日号）・「日本国家の成立についての試論」（『平安』二三―四、平安神宮、昭和三十一年八月）・「日本国家の成立」（『神道史研究』五―四、昭和三十二年九月）において打ち出した構想と、ほとんどかわるところがない。むろん、その後の研究の深化によって、細部の訂正はあったろうが、若き日にすでにこうした建国史の構想を固め、それを検証するために研究をつづけてきたことは、まさに「わが道を征ゆく六十余年」であって、痛快である。評者は、かかる真摯な姿勢に深い敬意を払うのである。

おわりに

以上、上巻について、その概要を披瀝しつつ、随所に評者の感想めいたものを折り込んできた。冗長な内容紹介に終始したことをお詫びしたい。

なお、下巻は、『諸君！』の二十五回の連載のうち、第二十章以降を収め（前掲目次参照）、さらに附録五篇を収める。附録については、下巻「あとがき」に、これらを増補した理由が説明されているので、各篇の解説は、著者の手になる文章を参照されたい(9)。

著者は、第十章において、古典の見直しが進むなか、「建国史をめぐる津田学説に対してだけは、一向に再検討の気運さえ生れず、それは恰も手に触れてはならない既定の真理か、タブーのように取り扱われてきたのは、不思議な現象」（上─一七七頁）であるとして、戦後の古代史学界が津田学説の桎梏から逃れられないでいる現状を嘆く。たしかに、終始津田学説に対し批判的なスタンスを示してきた瀧川政次郎氏の発言[10]や、邪馬台国研究とのかかわりで津田氏流の史料批判に疑問を呈してきた安本美典氏[11]の提言など、傾聴すべき意見も過去にはあったが、全体からみれば、やはりそれらは少数意見であった。

しかし、現在の学界は、あきらかに中正を取り戻してきている。近年、津田左右吉氏の業績を多角的に再考しようとしたシンポジウム[12]や企画展が相次ぎ、同時に、学史的な立場からの研究[13]があいついで公にされている。と同時に、津田氏の研究に対する、忌憚ない批判も目につくようになった。たとえば、奈良女子大学の小路田泰直氏は、

（前略）津田左右吉は『日本書紀』に書いてあることは、基本的には「本当かもしれない、嘘かもしれない、わからない」なんですね。だから、このテキストの読み方はそれを書いた人たちの思想を読み解くために読むというのですね。

ところが、戦後の歴史学は、それが「嘘だ」になったんです。「本当かもしれない、嘘かもしれない」がいつの間にか「嘘だ」になって、津田イズムよりももう少し俗化したというか、わかりやすいほうへぶれたという感じがするんですね。

とのべているし[14]、また、大阪大学名誉教授の長山泰孝氏も、おなじ著書のなかで、

私はやはり戦後の記紀批判というのはすごく問題で、津田批判に完全によりかかって書かれてきているんですよね。だから、これはもう一度、津田史学からきちんと再検討しないといけないんですよね。まったく記紀

を無視する戦後の歴史学が今問題であって、私はよくいうんですけれども、地面の下から出たものは記紀を裏切らないですね。記紀の歴史観を大きく裏切るものというのは実際には出ていないんですよね。稲荷山のあれをみてもそうだし、江田船山のあれにしても……。

とコメントしている(15)。

古代史を専門とされるお二人の、こうした発言には万鈞の重みがある。今後の日本古代史学界では、著者の年来の主張を正当に評価する研究があらわれそうな雰囲気である。著者が、壮健を保たれ、その事実をご自身の目でたしかめていただける日の近いことを祈念しつつ、拙い筆を擱く。

（平成十九年二月十日擱筆）

〔補註〕

（1）これら著作集については、評者はべつに、①『「田中卓著作集」全十一巻（十二冊）を読む」（『藝林』四八―一、平成十一年一月）と題する著作集全体にわたる書評のほか、巻次別に②「書評　田中卓著作集』第十巻」（『皇學館論叢』二六―五、平成五年十月）・③「紹介　『田中卓著作集』第十一―Ⅰ巻」（『皇學館論叢』二八―一、平成七年二月）・④「書評　田中卓著『新撰姓氏録の研究』」（『皇學館論叢』二九―六、平成八年四月）という紹介や書評を刊行のつど書かせていただいた。このなかで、評者は、著者とはことなる見解をのべた場合もあるので、参照を乞う（①・③・④は本書所収）。

（2）以下、第二〜三節では、叙述が煩瑣になることから、著者に対する敬語は省かせいただいた。ご諒解を乞う次第である。

（3）以下、著者の文章中の傍点は、とくに断らないかぎり、著者自身が附したものである。

（4）この「君の頸に縄がかかる」云々について、著者は、「吉野氏は、執筆当時（昭和四十二年）、羽仁氏が存命中（昭和五十八年六月歿）であるため、「ギロチン」と言う過激な用語を和らげて記述したのではありますまいか」（上―五一頁）と推測している。

（5）著者は、さまざまな検証から、天皇制の存在に批判的な『世界』編輯者より改筆の注文がつき、その結果、原稿に加除を施し、それがS論文となり、『世界』に掲載され、もとのN論文を『日本上代史の研究』に収録したのであって、こちらのほうが、この当時の津田氏の本心を示すものと考えている。

（6）津田氏には、昭和十六年の第一審の際の弁明書と、第一審の有罪判決に対して控訴した際に提出した『上申書』とがあり、著者が本書の本文中で引用するのは、後者である。両者のちがう点については、第八章の補注（上―一五一〜一五二頁）参照。

（7）評者の知りうる範囲では、瀧川政次郎「神武天皇とはどんな人か」（『文藝春秋』昭和二十四年一月号）・同「神武天皇」（同氏『人物新日本史　上代編』（明治書院、昭和二十八年六月）などに、その指摘がみえる。

（8）宮内徳雄『山片蟠桃―「夢の代」とその生涯―』（創元社、昭和五十九年三月）・「山片蟠桃から津田左右吉へ」（『季刊邪馬台国』三〇、昭和六十二年一月）など。

（9）なお、簡略ながら、下巻の内容までふくむ紹介として、所功「田中卓博士著『祖国再建』に学ぶ」（『日本の教育』五五〇、平成十九年二月）がある。

（10）瀧川政次郎氏の発言は、稲荷山古墳の辛亥銘鉄剣の発見以後、とくに活発になるが、その代表的なとしては、「津田史学の終焉と津田学徒の責任」（『古代文化』三四―八、昭和五十七年八月）、のち『季刊邪馬台国』二一、昭和五十九年九月再録）・「不当な直木氏の津田学説弁護」（『古代文化』三八―一〇、昭和六十年十月）、のち『季刊邪馬台国』二一、昭和五十九年九月再録）などがあげられる。

（11）たとえば、安本美典『数理歴史学―新考邪馬台国―』（筑摩書房、昭和四十五年三月）などは、そのはやい例である。
（12）平成十三年十一月には東方学会シンポジウム「津田左右吉から学ぶ」、平成十四年十月の日本思想史学会シンポジウム「津田・村岡・和辻の「天皇論」」、平成十六年二～三月の岐阜県美濃加茂市民ミュージアムでの企画展「津田左右吉―その人と時代」及びシンポジウム「今、改めて津田左右吉を問う」など。ちなみに、美濃加茂市は津田氏の出生地である。
（13）たとえば、『津田左右吉―その人と時代―』展示図録（美濃加茂市民ミュージアム、平成十六年二月）所収の今井修「津田左右吉とその時代」・新川登亀男「津田左右吉と古代史」・篠川賢「津田左右吉の国造観」・早川万年「津田左右吉の古代音楽論をめぐって」・瀬間正之「津田左右吉と記紀研究」をばしめ、早川万年「津田左右吉の「史料批判」について」（『季刊　日本思想史』六七、平成十七年九月）・増尾伸一郎「津田左右吉「天皇考」とその改稿」（『福井文雅博士古稀記念論集　アジア文化の思想と儀礼』〈春秋社、平成十七年六月〉所収）など。
（14）広瀬和雄・小路田泰直編『弥生時代千年の問い』（ゆまに書房、平成十五年）一四〇頁。
（15）補註（14）論著、一三八～一三九頁。

〔附記〕
小論で紹介した『祖国再建』上下は、Ａ４判上製本で、上巻四三二頁（税込三、五〇〇円）、下巻二九二頁（税込二、五〇〇円）。送料を添えて（一冊三〇〇円、二冊同時の場合は四〇〇円）、直接版元の青々企画（伊勢市中村町桜が丘七〇―八、電話〇五九六―二九―二八八八、ＦＡＸ〇五九六―二九―五七七七）に発注すれば、入手できる。

第五章　虎尾俊哉編『訳注日本史料　延喜式』上について

一

集英社から刊行されている訳注日本史料のシリーズに、このたび弘前大学名誉教授・国立歴史民俗博物館名誉教授虎尾俊哉博士編『延喜式』の上巻があらたに加わった（集英社刊、A5判一千百三十九頁、本体価格二万五千円）。このシリーズでは、これまで田中健夫編『善隣国宝記　新訂続善隣国宝記』（平成七年一月）、児玉幸多編『御当家紀年録』（平成十年六月）の二冊が刊行されており、いずれも好評を博しているが、『延喜式』上（以下、「本書」と略称）は、その第三冊目にあたる。

訳注日本史料は、前掲書のほか、『日本後紀』など、これまで注釈書の存在しなかった史料の注解を企画して学界の注目を浴びているが、このたび上巻の出た『延喜式』などは、同書全五十巻を対象とした初の注釈書であるだけに、まさに待望の書というにふさわしい存在である。

『延喜式』については、のちにもふれるように、今後さらに中巻・下巻の刊行が予定されており、本来なら、全巻が完結した時点で紹介すべきであろうが、筆者は、この上巻（後述のように、これは、『延喜式』全五十巻のうち、神祇式一〜十の注釈にあたる）を手にして、その充実ぶりに感嘆するとともに、神道史学会の会員諸賢にひろく本書の存在を知っていただきたいと思い、ここに紹介の筆をとった。蕪雑な一文ではあるが、これによって、読者諸彦が本書の価値の一端をご理解くだされば、幸いである。

二

はじめに、周知のこととは思うが、編者の虎尾俊哉博士（博士の名字は、戸籍上は「乕尾」だが、ここでは便宜上「虎尾」に統一）について、かんたんにご紹介しておく。

博士は、大正十四年（一九二五）のお生まれで、旧制第五高等学校文科甲類を経て昭和二十二年（一九四七）に東京帝国大学文学部国史学科をご卒業されたが、在学中は故坂本太郎先生の指導を受け、日本古代史の研究に専心された。そして、卒業後もそのまま同大学大学院（旧制）に残り、昭和二十七年（一九五二）には大学院を満期退学し、その翌年に至って弘前大学に赴任された。同大学では、当初時野谷滋氏の後任として文理学部（講師）に着任し、その後同学部の改組にともなって人文学部助教授となり、さらに昭和四十二年（一九六七）からは教育学部教授に配置転換となり、同五十八年（一九八三）まで在職された。そして、同年二月からは国立歴史民俗博物館歴史研究部教授に移り（翌年から歴史研究部長）、平成二年（一九九〇）三月までその職にあり、退官ののちは神田外語大学などで教鞭を執られた。弘前大学では学生部長や教育学部長の要職を歴任され、さらに歴博では、本館展示開設直前の同館にあってその準備に尽瘁されたほか、正倉院・東南院文書の複製事業などにも力を尽されたことは、学界関係者のあいだでは周知の事実である。餘談だが、歴博開館のおり、記念品として関係者に配られた『国立歴史民俗博物館開館記念新羅飯麻呂請暇解』の複製品は、博士のアイデアにかかるものとうかがっている。

博士は、歴博着任の直後の昭和六十年（一九八五）に筑波大学教授（当時）井上辰雄博士の招きに応じ、同大学に出講し、大学院生を対象に格式の講義をする機会があった。じつは、この集中講義がきっかけとなって、筑波大学の若手大学院生が『延喜式』の研究に取り組むようになったのである。そして、ややおくれて早稲田大学や法政大学の大学院生も加わり（現国立歴史民俗博物館助教授仁藤敦史氏や現神田外語大学講師斎藤融氏など）、それがやがて延喜式研究会の発足、さらにはこのたびの『延喜式』全巻の注釈という難事業へと発展していく。

昭和六十年頃だったと思うが、当時筑波大学に技官として勤務しておられた早川万年氏（現岐阜大学助教授）は、虎尾博士のご指導によって格式の研究に邁進しており、「筑波大学の古代史はまだ歴史が浅いが、今後は、格式の研究をその特色と一つして打ち出したい」と筆者に語られたことがある。今回の注釈書の編纂（中・下巻もふくむ）に、早川氏をはじめする、野口剛・増尾伸一郎・中村修也・中村光一・相曾貴志・黒須利夫・堀部猛ら筑波大学出身の諸氏が名前をつらねていることは、氏の抱負が十五年の歳月を経て実現したことを物語っている。

ところで、虎尾博士の研究歴については、いまさら贅言を費やすまでもないだろうが、日本古代の土地制度と律令格式に関する研究が、博士の学問の両輪である。前者を代表するものに、『班田収授法の研究』（吉川弘文館、昭和三十六年三月）・『日本古代土地法史論』（吉川弘文館、昭和五十六年十月）、後者を代表するものに『延喜式』（吉川弘文館、昭和三十九年六月、日本歴史叢書8）・『古代典籍文書論考』（吉川弘文館、昭和五十七年三月）などがあるが、このほかにも古代史に関する著書が多数ある。いまは絶版だが、『奈良の都』（講談社、昭四十三年十二月、日本歴史全集3、のち講談社文庫に収録）・『律令国家と蝦夷』（評論社、昭和五十年七月、若い世代と語る日本の歴史10）という二冊の概説書は、学生時代の筆者の愛読書である。

筆者のみるところ、博士は、歴博赴任のころから、それまでの蓄積をもとに、『延喜式』についての総括的な研究に力を注ぎはじめたように思われるが（それは、さきにのべたように、若手研究者が博士のまわりに集われたことによるところが大きいと思う）、やがてその成果は、①虎尾俊哉校注神道大系古典編十一・十二『延喜式』上・下（神道大系編纂会、平成三年十月・同五年八月）や②虎尾俊哉編『弘仁式貞観式逸文集成』（国書刊行会、平成四年十二月）となってあらわれる。①は、新訂増補国史大系以来の精緻な『延喜式』のテキストであり、②は、博士が採輯された弘仁式・貞観式の逸文と関係論文を集めた一書である。

そして、こうした基礎的研究の成果を刊行するかたわら、博士は、さきにもふれたように、格式研究に携わる若手研究者の育成につとめ、やがてそれに力を得て、このたびの訳注日本史料『延喜式』の大事業に着手されるのである。

つねづね博士は、研究者の一生にも青・壮・老があることを口にされるが、こうした一連の総括的研究は、円熟の境地に達した博士が、研究の集成を目指して意識的に取り組まれたものとみることができる。

博士は、本書の「はしがき」において、『延喜式』注釈書に対する胸のうちを、つぎのように語っておられる。やや長文にわたるが、以下に引用しておく。

およそ古典の研究は、厳密な校訂と適切な注釈とが車の両輪となって進められるべきものであろう。延喜式について言えば、校訂の方は割合早くから進んだと言ってよい。近世初頭の正保四年（一六四七）に早くも校訂版本が上梓されているが、この本邦初の、しかも労多き事業を担当したのは、弱冠二十三歳の儒医、立野春節なる人物であった。爾来、今日まで十一種ほどの版本や活字本が世に出たが、その冒頭を飾った彼の功績は実に大きい。

一方、注釈書の方は、部分的なもの（例えば祝詞式とか神名式など）は別として、全五十巻を対象としたものは、今日に至るまで遂に出現していない。もちろん全ての典籍に注釈書が備わっていなければならない訳でもあるまいが、しかし、延喜式が古代史学の論著のみならず、かなり広範な分野の著作にも利用されていることを思えば、延喜式全五十巻の注釈書は是非欲しいところである。

ただ、これは言うべくして、なかなかに行ない難い。分量は五十巻。その全条数は数え方によってかなり異なってくるが、しかし、大凡のところ、三千五百から六百条という線は動かないであろう。かなりの分量である。その上、分野が多岐にわたる。多岐というより人間生活の全般にわたると言うべきであろう。専門分野の細密化が激しい現今の学界状況では、とても個人の手に負える仕事ではない。しかも、仮にこれらの点を克服できたとしても、内容の理解が必ずしも容易ではない。なにしろ細則集なのであるから、実際に政務を担当した古代の官僚達は、その経験則に照らして容易にその意味を理解し得たであろうが（そうでなければ細則とは言えない）、後世の人士はその経験則を共有する訳にはいかない。そのため条文の表面的な文意そのものは一応追えても、具体的なイメージが湧かない。要するに行間がなかなか読めないのである。

それでも、取り敢えず現在の学界の水準に立つ、基準的な注釈書を作って欲しいというのが、大方の要望であろう。そしてそれはかなり意義あることに違いない。本書はそれに応えようとするものであるが、果たして何処まで応え得たか、それは読者諸賢の高批にまつほかはない。（五～七頁）

ここで博士がのべておられるように、『延喜式』全巻の注釈は並々ならぬ難事業ではあるが、まずは巻第一から十までの注釈が、上梓のはこびとなった（ただし、分量的にいえば、神祇式一～十は、『延喜式』全体のほぼ三分の一に相当するのであって、その意味で、今回の注釈書が三分冊のかたちをとり、中巻を巻第十一～巻第二十七の注釈に、下巻を巻第二十八～巻第五十の注釈に、それぞれ配当しているのはきわめて穏当な配分である）。そこで、つぎに本書の内容を詳しく紹介することにしたい。

三

はじめに、目次にしたがって、上巻の構成を示しておく。まず巻頭には、虎尾博士の筆にかかる「はじめに」と「解説」、そして「凡例」が掲げられている。

ついで、①「上延喜格式表」・②「延喜式目録」・③「延喜式序」が掲げられ（①・②は本来『延喜式』にはふくまれないが、「凡例」によれば、『延喜式』と関聯が深いものなので、冒頭に附載したというが、難解な上表文の注釈はありがたい）、そのあとに『延喜式』本文の注釈がつづくが、上巻は全五十巻のうち、冒頭の十巻、すなわち、巻第一神祇一（四時祭上）、巻第二神祇二（四時祭下）、巻第三神祇三（臨時祭）、巻第四神祇四（伊勢大神宮）、巻第五神祇五（斎宮）、巻第六神祇六（斎院司）、巻第七神祇七（践祚大嘗祭）、巻第八神祇八（祝詞）、巻第九神祇九（神名上）、巻第十神祇十（神名下）の諸巻の注釈である。

なお、巻末には、「校異補注」・「補注」・「付図・付表」「条文番号・条文名一覧」がつづき、上巻の総頁数は、驚くべし、一千百三十九頁にも及んでいる。上巻の本体価格は二万五千円とかなり高価だが、頁数が多いので、一頁あたりの単価は二十円程度で、他の学術書に比してとくに割高というわけではない。

それはともかく、こうした上巻の構成をざっと拝見しただけでも、編者の虎尾博士の目配りが隅々までよく行き届いていることがわかるのであって、本書が編者の学問的良心に裏打ちされた、周到な注釈書であることが判明する。

いまいちど、順を追って紹介すると、冒頭にある虎尾俊哉博士による「解説」は、さながら『延喜式』総説であって、『延喜式』について、「編纂の事情」・「修訂と施行」・「組織と体裁」・「内容と価値」・「写本」・「刊本」の六章にわかって詳しく解説されている。神道大系本『延喜式』上（前掲）所収の「解題」をベースにした記述であるが、その後の情報もていねいに加筆されている。わずか二十四頁の紙幅に、よくもこれだけの情報を盛り込んだものである。博士の筆力には脱帽のほかない。

つづく「凡例」は、執筆者こそ明記されていないが、やはりここにも編者としての虎尾博士の目配りが行き届いており、たとえば「空白符」についての方針は、長年『延喜式』の校訂に携わった経験をもつ博士ならではの見識である。

なお、「凡例」の十には、分担者氏名が掲げられているが、これによると、本文の校訂に・訓読、頭注・補注の補訂、全体の調整には虎尾博士があたられたほか、各部分の頭注・補注の分担は、つぎのとおりである（敬称略）。

上表・目録・序	虎尾俊哉
巻第一神祇一（四時祭上）	岡田莊司・早川万年・藤森馨
巻第二神祇二（四時祭下）	早川万年・藤森馨
巻第三神祇三（臨時祭）	早川万年
巻第四神祇四（伊勢大神宮）	藤森馨
巻第五神祇五（斎宮）	西洋子
巻第六神祇六（斎院司）	丸山裕美子
巻第七神祇七（践祚大嘗祭）	岡田莊司
巻第八神祇八（祝詞）	虎尾俊哉
巻第九・十神祇九・十（神名上下）	小倉慈司・野口剛

巻第十一～三・七（物品名）イラスト　　中嶋宏子
巻第一～七（物品名）付表12　　荒井秀規

さきに上巻の分量を紹介したが、これだけの量の原稿にいちいち目を通し、さらには補訂を加えられた虎尾博士の情熱には、すさまじいものがある。これは博士の直話であるが、分担執筆者が書き上げた原稿にはかなり思い切って斧鉞を加えたとのことである。いま完成した本書を手にとると、各頁の頭注、さらには巻末の補注と、どちらも精緻な解説が展開されているが、執筆者のかたがたはこれ以上の詳細な原稿を提出されたのであろう。

前述のように、本書は全三巻からなる『延喜式』全文の注釈書の第一分冊で、巻第一から巻第十に至る神祇式一～十を扱っている。したがって、この一冊だけでは、まだ『延喜式』全巻の注釈書とはいえないのだが、それでも、神祇式については、祝詞式・神名式など一部を除けば、全面的な注釈書がなかったことを思うと、本書の出現は、まさに劃期的なことである。本書が、神道史・神社史の研究に携わる研究者を裨益することは疑いのないところである。

四

ところで、本書は、神祇式全巻にわたる初の注釈書ということで、まず注目されるが、ほかにも特筆すべき点が多々あることを忘れてはならない。

その第一にあげられるのが、底本の選択である。日本古典全集本にしても、皇典講究所本にしても、新訂増補国史大系本にしても、また、虎尾博士ご自身が校訂された神道大系本にしても、これまでの洋装活字本はことごとく享保版本を底本としてきたのだが、本書ではこれらの先例を破って、江戸時代初期の書写にかかる土御門本（田中敬忠氏旧蔵）を底本としている。これは、いうまでもなく、本書がはじめての試みである。

それでは、土御門本とはいかなる写本であろうか。これについては、本書巻頭の口絵にカラー写真一葉とともに簡にして要を得た解説が掲げられているので、これをもって紹介にかえたい。

土御門本延喜式——本書の底本として用いた近世初頭の写本。陰陽道・天文道の家職を伝える土御門泰重が、元和三年（一六一七）五月から約一年四ケ月をかけて、一条家所蔵の延喜式を写させ、自らもその一部を写したもの。全五十冊。上掲の部分は第一冊の第四丁裏と第五丁表の見開き。この部分は土御門泰重の親筆である。このように序に続けて丁替えをすることなく巻第一を記すのは、多くの写本、殊に古写本に共通する形態である。全五十巻を具備すること（ただし巻第十三は版本からの補写）、藍本の出所が一条家であること、書写の時期が明らかなこと、これらの点から、近世初頭の写本としては出色のものというべきであろう。国立歴史民俗博物館蔵。

ちなみに、この土御門本『延喜式』に関しては、近年、臨川書店が刊行を継続している国立歴史民俗博物館館蔵史料編集会編『貴重典籍叢書』歴史篇第十二～十八巻に、その写真版が収録されている（ちなみに、博士はこの編集会の代表でもある）。全七巻の予定で、平成十二年（二〇〇〇）二月に配本がはじまり、翌年十月に完結したが、これによって、本書の底本を容易に閲覧できるようになったのは、これまた、ありがたさの極みである。なお、貴重図書叢書の最終巻（第十八巻）には、虎尾博士による土御門本『延喜式』の解説と吉岡眞之氏による周到な「校勘記」が収録されている。

ところで、さらにいま一つ、本書の特筆すべき点として、およそ三千六百条の条文に、たとえば、「伊勢大神宮式８神衣祭条」といった具合に、一連番号と条文名をつけた点である。しかも、このたび刊行された上巻の巻末には、未刊の中下巻所収の『延喜式』巻第十一～五十の各条文をふくむ全条文の一連番号と条文名が掲載されているのであって、きわめて便利である。史料を活用するにあたって、条文番号や条文名がいかに便利で役に立つものかについては、すでに『萬葉集』の国歌大観番号や養老律令の条文番号（律については、律令研究会編『譯註日本律令』二・三律本文篇上下〈東京堂出版、昭和五十年三月・同年八月〉が、令については井上光貞・関晃・土田直鎮・青木和夫編『日本思想大系３　律令』〈岩波書店、昭和五十一年十二月〉が、それぞれはじめて採用）や新撰姓氏録番号（田中卓考案、同氏校注の神道大系古典編六『新撰姓氏録』〈神道大系編纂会、昭和五十六年二月〉ではじめて公開）などで実証済みである。したがって、今回本書ではじめて採用された『延喜式』の条文番号と条文名が、『延喜式』の条文の引用や検索にどれほど貢献するかは、想像するに餘りある。条文番号・条文名については、「凡例」八に詳しい説明があるので、これを参照されたいが、この「凡例」の記述をみただけでも、条文番号や条文名がいかに利用者の便を考慮したものであるかが、よく伝わってくる。

このほかにも、本書の特色は枚挙に遑がないが、編者の心配りは、たとえば、頭注・補注の活字を八ポイントにとどめている点（この種の注釈書には注の部分の活字がきわめて小さく読みにくいものが多い）、七三三頁以下にある補注の奇数頁の「柱」にその頁の補注が本文何頁のどの条文の説明かを「巻第五　二五九頁１－３」などとしるす点、などにもよくあらわれている。また、伊勢斎王（斎宮）一覧（一〇七六頁表１）や式内社類名一覧（一一〇〇頁）などの附録の存在はまことに行き届いているし、まさに「神祇式百科」とでもいうべき周到な注釈書であることは、本書を繙くかた一人ひとりが痛感されることであろう。

なお、本書を手にして一つだけ不満に思うことがあった。それは、書き下し文が現代仮名遣いを採用している点である。本書編纂の中核的メンバーであった早川万年氏からうかがったところによると、現代仮名遣いは、訳注日本史料編集委員の竹内理三先生や土田直鎮先生（いずれも故人）らの提唱で、シリーズ全体の方針として既刊の『善隣国宝記　新訂続善隣国宝記』（前掲）・『御当家紀年録』（前掲）に採用されており、『延喜式』だけに例外は認められなかったという。現代仮名遣いでは、「い」と「ゐ」、「え」と「ゑ」、「お」と「を」の区別をはじめ、ザ行とダ行の識別などに不便な点もあるが、より広い読者層を求めるためにはやむを得ない措置であろう。

五

さて、以上、きわめて粗雑な紹介ではあるが、訳注日本史料の『延喜式』上を手にした感想を思いつくままに書き綴ってきた。これによって、本書がいかに劃期的で、かつ良心的な神祇式十巻の注釈書であるか、その一端でもおわかりいただけたなら、幸いである。筆者は、神道史・神社史はもとより、日本古代史、上代文学・国語学などの専家が、一人でも多く本書の存在を承知し、同時に本書を座右に備えられることを希望して止まない。

最後に、この小文を閉じるにあたって、ふたたび虎尾博士の「はしがき」の一節を引用しておく。

思えば、推古天皇の三十一年（六二三）、唐から帰国した留学生は「大唐国は法式備定の珍国なり。すべからく常に達《かよ》うべし」という帰朝報告を行なった。この提言からおよそ三百年、幾多の古代法典編纂の棹尾を飾って、この延喜式は編纂された。唐は既に滅びていた。それから更に千年以上の月日が流れ、今日初めて延喜式全五十巻の注釈書が世に問われようとしている。さすがに感なきを得ない。（七頁）

本書の刊行に先立って配布された「内容見本」によれば、『延喜式』巻第十一〜巻第二十七（太政官・中務・式部・治部・民部式、各省の被管官司の式など）を扱った中巻が平成十三年（二〇〇一）、おなじく巻第二十八〜巻第五十（兵部・刑部・大蔵・宮内式とその被管官司、弾正台・左右京職・東西市司・春宮坊などの式）を扱った下巻が平成十四年（二〇〇二）に、それぞれ刊行予定とのことである。無事中・下巻が出揃い、晴れて空前の『延喜式』全巻の注釈書が完成することを願いつつ、つたない紹介の筆を擱く。

〔附記〕

文中、歴博開館の記念品『国立歴史民俗博物館開館記念新羅飯麻呂請暇解』の複製品が、虎尾博士のアイデアにかかるものと紹介したが、旧稿発表直後に、虎尾博士から「それは自分ではなく、田中稔氏の立案であった」とのご教示を得たので、ここに訂正しておく。ただ、筆者は、当時歴博に勤務していたS氏からうかがった話をもとに書いたのであって、故意に事実を歪曲したつもりはない。

なお、虎尾俊哉編『訳注日本史料　延喜式』は、その後平成十九年（二〇〇七）六月に至り、ようやく中巻が刊行された。中巻には、『延喜式』巻第十一太政官から巻第二十七主税寮下までの十七巻の訳注を収録した、一千五百頁弱の大冊である。太政官をはじめ、中務・式部・治部・民部四省とその被管諸司に関する規定を掲げたこの部分の注釈は、律令制の研究を裨益するところが大きい。

第六章　上田正昭監修・編集『日本古代史大辞典』の刊行に寄せて

一

日本古代史関係の雑誌や研究書を精力的に出版している大和書房が、このたび、『日本古代史大辞典』（以下、原則として「本書」と略称）の大冊を刊行した。

本書は、同社が創立四十五周年を記念して企画・刊行したもので、京都大学名誉教授上田正昭氏の監修・編集で、京都産業大学教授井上満郎・京都大学教授愛宕元・九州大学名誉教授西谷正・京都教育大学教授和田萃の四氏が編集委員を務める。

この『日本古代史大辞典』は、旧石器時代から鎌倉幕府の成立ごろまでを対象とした本格的な古代史辞典で、学界を裨益するところは少なくないと思われる。のちにもふれるように、本書の項目はいずれも記名原稿で、執筆者をみると、皇學館大學人文學會の会員諸氏も多数執筆メンバーに加わっておられる(1)。上田氏の「監修の言葉」によれば、本書の各項目は、「第一線で活躍する研究者」が執筆したというから（ⅰ頁）、本学会の会員諸氏で日本古代史の研究に貢献しているかたが多数おられるということがわかる。評者は、この点を重視し、『皇學館論叢』誌上において、本書の批評を試みたいと思う。蕪雑な一文ではあるが、趣旨のほどをご理解たまわれば、さいわいである。

二

　最近の十数年間を回顧しても、日本史、さらには日本古代史にかかわる辞典類の出版は、隆盛をきわめている。ひろく日本史全般を網羅した大辞典としては、第一巻の刊行から約十八年をかけて完結した国史大辞典編集委員会編『國史大辞典』全十五巻十七冊（本文一～十四巻・索引補遺十五巻上中下）（吉川弘文館、昭和五十四年三月～平成九年四月）(2)を筆頭に、青木和夫ほか編『日本史大事典』全七巻（本文六巻索引一巻）（平凡社、平成四年十一月～同六年五月）・朝尾直弘ほか編『日本歴史大事典』全四巻（本文三巻索引資料一巻）（小学館、平成十二年七月～同十三年七月）が相次いで刊行されている。

　このほか、中小型の辞典でも、朝尾直弘・宇野俊一・田中琢編『角川　新版日本史辞典』（角川書店、平成八年十月、のち平成九年九月にワイド版刊行）・日本史広辞典編集委員会編『日本史広辞典』（山川出版社、平成九年十月、なお、平成十三年五月には同書から約九千項目を抽出した『日本史小辞典【新版】』が刊行）・永原慶二監修『岩波日本史辞典』（岩波書店、平成十一年十月、のち平成十二年十二月にはＣＤ－ＲＯＭ版も出版）・藤野保編集代表『日本史事典』（朝倉書店、平成十三年一月）など、複数の辞典が出版されている。

　評者が大学生であった昭和五十年代には、全巻揃った日本史辞典としては、河出書房新社から出ていた日本歴史大辞典編集委員会編『日本歴史大辞典』全二十二巻（本文十九冊・索引一冊・別巻二冊〈日本歴史年表・日本歴史地図〉）（河出書房、七巻以降は河出書房新社、昭和三十一年一月～同三十六年一月）しかなかったから、まさに隔世の感がある。

　出版社にとって、辞典類は大きな市場とはいえ、編集室の維持・原稿料の先払いなど、多額の先行投資を要するため、けっして容易な事業ではない。事実、河出書房も、『日本歴史大辞典』（前掲）の第六巻を出したところで倒産したし、教育出版センターも、梅棹忠夫・江上波夫監修『世界歴史大事典』全二十三巻（本文二十一冊総索引・補遺一冊人名・地名索引一冊＋補巻〔小中学習重要項目索引〕）（教育出版センター、昭和六十年四月〜六月）の刊行直後に、多額の負債を抱えて倒産している。そうしたなか、最近十数年のあいだに、これだけの数の辞典が刊行されたことは、慶賀すべきことである。

ただし、あえて苦言を呈すれば、供給過多による弊害も少なくない。複数の出版社が前後して同種の企画を進めるために、各辞典間で執筆者が重複したり、解説内容が似たり寄ったりになる、といったマンネリが目につく。

この点についてはしばらく措くとして、古代史に限っても、辞典の出版は盛んである。武光誠編集『古代史用語事典』（新人物往来社、平成三年十一月）のような用語集やテーマ別の特殊な辞典を除いても、(3) 江上波夫監修『日本古代史事典』（大和書房、平成五年一月）・阿部猛編集『日本古代史事典』（朝倉書店、平成十七年九月）があり、扱う時代をさらに絞ったものとしては、角田文衞監修、古代学協会・古代学研究所編『平安時代史事典』全一巻三冊（本編上下・資料索引編）（角川書店、平成六年四月十日）といった、浩瀚な辞典もある。ちなみに、同書は、準備の段階から完成まで、じつに二十三年もの歳月を要したという、角田氏悲願の辞典である。

右にあげた辞典のなかには、項目を絞り込んで一つ一つの叮嚀な解説に紙数を割く、事典的方式を採用しているものもあれば、できるだけ多くの項目を拾うことにつとめた小項目主義に徹したなものまでさまざまで、それぞれに持ち味がある。そのおかげで、われわれは、同一項目について、複数の辞典を手がかりに多様な角度から智識を深めることができる。

三

では、本書の場合は、どうであろうか。

まず、本書の概要について紹介しておく。本書は、B5判上製函入で、本文は七ポイント活字の四段組。収録項目数は六千にのぼり、これを三百三十五人の研究者が分担執筆している。図版をふくむ本文は六百七十二頁に及び、これにさらに系図・地図・表などの巻末資料が附く。こちらが二百五十六頁で、あわせて一千頁に近い。

日本古代史に限定した辞典としては、かなりのボリュームで「大辞典」の名に恥じないが、前記『平安時代史事典』が、約二万一千項目を約一千人が分担執筆しているのにくらべると、いささか遜色があることは否めない。

そもそも、客観的にみて、本書の収録項目数は、けっして多いほうではない。たとえば、前掲『日本史広辞典』は、日本史全般にわたる、小項目主義の中型辞典だが、その収録項目数は約四万四千。これを、かりに原始・古代、中世、近世、近代・現代で四等分すると、それぞれ約一万一千の項目がある勘定になる。

これらは、あくまで単純な計算に過ぎない[4]。ただ、さきにあげた大型の日本史辞典と比較してみると、本書の収録項目数はかなり見劣りするのであって[5]、「大辞典」というにはやや物足りない気がする[6]。

さて、つぎに、具体的な記述についてみておきたい。本書は、項目の重要度に応じて、五つのランクにわける。かりに上から順にS・A・B・C・D項目としておくと、Sは一千六百字、Aは八百字、Bは四百字、Cは二百字、Dは百字程度が、いちおう目安となっている[7]。S・A項目には、原則として参考文献が数点掲げられているが、たとえば、「えんぎしき［延喜式］」（八九頁、綾村宏氏執筆）・「しょくにほんぎ［続日本紀］」（舘野和己氏執筆、三四〇～三四一頁）は、Aランクの項目なのに参考文献が一点も掲げられておらず、ぎゃくに「がっきろん［楽毅論］」（米田雄介氏執筆、一四〇頁）・「ふだらくとかい［補陀落渡海］」（井上満郎氏執筆、五五六頁）などＣランクの項目に参考文献があるといった不統一もみられる。

そもそも、本書は、この種の大辞典にしては、凡例がきわめてかんたんで、編集方針や総論がいっさいない。そのため、項目選定の基準やランクづけの方針などが、いまひとつ明確でない憾みがあるが、そうしたなか、評者が注目したいのは、Ｓランクの項目に、きわめて長文の記述がみられる点である。具体的には、「あすか［飛鳥］」（一〇～一二頁）・「あすかでら［飛鳥寺］」（一四～一五頁）・「あべし［阿倍氏］」（二四～二五頁）・「かつらぎし［葛城氏］」（一四二～一四三頁）・「きし［紀氏］」（一七五～一七六頁）・「くだらのおおてら［百済大寺］」（二〇三～二〇四頁）・「さいめいてんのう［斉明天皇］」（二七五～二七六頁）・「じとうてんのう［持統天皇］」（三〇八～三一〇頁）・「てんむてんのう［天武天皇］」（四五六～四五八頁）・「ふじわらきょうあすか［藤原京］」（五四〇～五四一頁）・「わにし［和珥氏］」（六六四～六六五頁）などを指すが、なかには六千字を超えるものもあり、一項目の上限が一千六百字の本書にあっては破格の扱いである。これらは、いずれも編集委員の和田萃氏執筆の項目であるが、古代史研究の最前線で活躍される同氏の筆にかかる長文の記述は、傾聴に値する。本書が、読む辞典としても有益なのは、こうした重厚な解説が随所に散りばめられていることが大きな原因である。

ただ、さきにもふれた収録項目数のことを考えると、いくら重要項目とはいえ、一項目にこれだけのスペースを割くのはいかがなものであろう。そのうちのいくばくかを他にまわせば、項目数も増え、本書はより充実した辞典になったことであろう。この点を惜しむのは、かならずしも評者だけではあるまい。

つぎに、記述の内容をみると、さすがに最新の辞典だけあって、新しい研究成果を盛り込みつつ、近年の研究水準までがよくわかるよう配慮されている。それは、たとえば、「かんのんじいせき［観音寺遺跡］」（一六九～一七〇頁、和田萃氏執筆）・「キトラこふん［キトラ古墳］」（一八二頁、猪熊兼勝氏執筆）・「しんいけいせき［新池遺跡］」（三四六〜三四七頁、森田克行氏執筆）・「にじょうおうじもっかん［二条大路木簡］」（四九七〜四九八頁、舘野和己氏執筆）・「ふほんせん［富本銭］」（五六一頁、黒崎直氏執筆）・「べみんせい［部民制］」（五七二〜五七三頁、鷺森浩幸氏執筆）、などの記述によくあらわれている。「いのまなりぼし［井真成墓誌］」（五九頁、上田正昭氏執筆）・が立項されたのは、おそらく本書がはじめてであろう。

もっとも、この墓誌については、いまだあきらかでない点も多い。本書では、「中国・西安市内の工事現場でみつかったものを西北大学博物館に収蔵」と説明するが、最近になって、この墓誌は盗掘品だったことがあきらかにされているから（氣賀澤保規「見えてきた無名の遣唐使「井真成」の素顔」『現代』平成十七年十二月号）、詳細が把握できないまま、不確かな記載を掲げることは、後学をあやまることにもなりかねない。

それはともかく、本書の記述の特色は、ほかにもある。編集委員に愛宕氏と西谷氏が加わっておられることからもわかるように、項目の選定がひろく東アジアに及んでいる。上田氏の「監修の言葉」のなかに、「東アジアの視座から日本の古代を考えることに力点をおいて編集されており、中国・朝鮮半島・プリモルスキー（沿海州）などとの交渉とその比較もまた重要な視点となっている」（ⅰ頁）とあることにたがわない立項である。

たしかに、「きんかいいせき［金海遺跡］」（西谷正氏執筆、一九四頁）・「とんこうもんじょ［敦煌文書］」（中島俊彦氏執筆、四八〇頁）・「ふくせんどうこふんぐん［福泉洞古墳群］」（定森秀夫氏執筆、五三六〜五三七頁）・「ぼっかいのいせき［渤海の遺跡］」（西谷正氏執筆、五八三頁）などをはじめとして、中国・朝鮮半島関係の項目は多いのだが、日本古代史とのかかわりについてじゅうぶん配慮されていない箇所があるのが、気にかかった。

たとえば、「しゅくしん［粛慎］」（三二〇頁、田中俊明氏執筆）では、『日本古代史大辞典』という以上は、斉明天皇紀に登場する「粛慎」に言及すべきだし、「あんしのらん［安史の乱］」（三五頁、愛宕元氏執筆）でも、『続日本紀』天平宝字二年（七五八）十二月十日条が掲げる渤海使による安禄山の乱の報告などにふれないわけにはいくまい。

また、「せつどし［節度使］」（三七四頁、愛宕元氏執筆）でも、中国の節度使が中心で、日本の節度使はほんの申し訳程度でしかないのは、不満である。なかでも、「さくていりつりょう［删定律令］」（愛宕元氏執筆、二八一頁）の項目が、中国における律令删定の沿革の説明にとどまっているのは、あきらかに執筆者が立項の趣旨を取り違えている。『日本古代史大辞典』で、「删定律令」を立項するのであれば、神護景雲三年（七六九）に、吉備真備・大和長岡らの手で編纂された法令集の解説でなければならない。

いずれにしても、たんに、これら中国・朝鮮半島関係の項目について知りたいのであれば、貝塚茂樹ほか編『アジア歴史事典』全十巻（本文九冊索引一冊）（平凡社、昭和三十四年九月〜同三十七年七月）や京大東洋史辞典編纂会編『新編東洋史辞典』（東京創元社、昭和五十五年三月）などをみればこと足りるのであって、『日本古代史大辞典』と銘打つ以上は、古代日本とからめた叙述を工夫すべきである。

なお、叙述の物足りなさといえば、辞典として当然記載すべき基本的情報が、ときとして欠落しているのは、遺憾である。たとえば、「しんせんしょうじろく［新撰姓氏録］」（三五一〜三五二頁、加茂正典氏執筆）では、同書の編纂過程については詳しい記述があるものの、現行本が目録一巻の餘白に本文を抜き出した抄本であること、現存の写本に二系統あり、その内容が大きく異なること、などが書かれていない。同様に、「るいじゅうこくし［類聚国史］」（六五五頁、古藤真平氏執筆）でも、本文二百巻のほかに目録二巻・帝王系図三巻があったことを書いていないこと、「しょくにほんぎ［続日本紀］」（前掲）の記述で、同書のテキスト・注釈書を一冊もあげていないこと、などは、不親切きわまりない。

こう書くと、本書の記述に不充分な点が多いような印象を与えてしまう懼れがあるが、むしろ、全体としては、穏当・公平な書きぶりで、すぐれた辞典であると評価できる。個々の記述については、執筆者自身がなにを重要な情報ととらえるかによって記述もかわってくるし、限られた字数でまとめることの困難さもあるので、ある程度やむを得ない点もある。

四

以上、はなはだかんたんながら、近刊の『日本古代史大辞典』について紹介してきた。多少の不満はないわけではないが、(8)全体としては最新の古代史大辞典としては上々の出来栄えで、今後、本書によって、古代史研究者や愛好家は多大な恩恵を蒙るであろう。監修・編集の上田氏をはじめ、本書の編集委員として原稿の調整・整理にあたられた井上・愛宕・西谷・和田四氏のご苦労には満腔の敬意を表する次第である。

なかでも特筆したいのは、これら編集にかかわったかたがたが、みずから率先して厖大な量の原稿を、本書のために執筆されていることである。本書の各項目は、いずれも記名原稿なので、監修者や編集委員のかたがたがいずれの項目を執筆されたかは、ここで一々紹介するまでもないが、たとえば監修者の上田氏などは、それこそ毎頁のようになにがしかの項目を担当されている。これをみても、編集委員のメンバーがたんなる飾り物でないことは一目瞭然である。評者が編集委員の諸先生に敬意を払う、もう一つの理由がここにある。

なお、最後になったが、本書には、附録として本体とはべっにＣＤ－ＲＯＭ一枚が附されている。(9)これは、「皇室系図」など、巻末資料のうち三十点の図表・写真を収録したもので、本書の利便性を高める附録として、有用で利用範囲も広い。本書には、こうした附加価値も加わっていることを附言して、本書の紹介の結びとしたい。

（B５判九百三十頁、本体二八〇〇〇円、平成十八年一月三十日大和書房刊）

〔補註〕

（1）たとえば、加茂正典・川北靖之・清水潔・堀越光信・宮城洋一郎の諸氏。なお、評者も、依頼を受けて若干の項目を執筆しているが、辞典の全容は刊行まで知らなかったから、ここでは、一利用者として論評している。

（2）同書には、ほかに別巻として加藤友康・瀬野精一郎・鳥海靖・丸山雍成編『日本史総合年表』一巻（吉川弘文館、平成十三年五月）がある。

（3）たとえば、武光誠編『邪馬台国辞典』（同成社、昭和六十一年二月）・角川文化振興財団編『古代地名大辞典』全二巻（本編・索引資料編）（角川書店、平成十一年三月）・阿部猛・義江明子・槙道雄・相曽貴志編『古代史研究辞典』（東京堂出版、平成七年九月）などがある。

（4）あるいは、原始・古代・中世・近世・近代・現代の六等分で勘定すると、原始・古代だけで一万五千近い項目を収録している計算になる。

（5）たとえば、『日本古代史大辞典』は、「みぬおう［美努王］」（中川久仁子氏執筆、六〇二頁）として栗隈王の子の美努王（三野王・弥努王とも）のみを記述するが、『日本史広辞典』は、二〇四八頁に「みのおう（三野王）」と「みのおう（美濃王）」の二人を別項目で併記する。ほぼ同じ時期に活躍した同名の皇族で、ともに壬申の乱にかかわる人物だけに、『日本史広辞典』のように、両方を立項するのが望ましい。ささいなことだが、こうした点に、大辞典としての項目の少なさが露呈している。

（6）字数の点からみると、たとえば、『日本史広辞典』は、本文が四百字詰原稿用紙に換算して二万三千五百枚強ある（本文中の図版のスペースも、字数にふくんでいる。以下も同じ）。これを、単純に原始・古代、中世、近世、近代・現代に四等分すると、原始・古代で五千九百枚弱である。いっぽうの『日本古代史大辞典』のほうは、本文が四百字詰原稿用紙に直して四千六百枚弱となるから、『日本史広辞典』にくらべ、ボリュームでも劣ることが知られる。

（7）原稿執筆時に配布された「執筆依頼」による。

（8）なお、本書を通覧していて、いくつか誤植・ミスプリントに気づいたので、ここで掲げておく。六頁二段目「あかひきのいと〔赤引糸〕」中の「『日本書紀』六（六九二）年」は「『日本書紀』持統天皇六（六九二）年」、一二三頁一段目「かいげんりつりょう〔開元律令〕」末尾の「平成11」は「平成9」、一六七頁四段目の「かんつう〔姦通〕」中の「「峡」とも書く」・「戸令先峡条」はいずれも「姧」、一六九頁一段目のか「かんぬひ〔漢奴婢〕」は官奴婢、がそれぞれ正しい。また、一一三頁の「ヲコト点の例」という図版が不鮮明なのも気にかかった。

（9）ＣＤ－ＲＯＭ版の日本史辞典としては、すでに『岩波日本史辞典』に前例があるが、こちらは本文のデータを収めたものである。

第七章　村上四男博士を悼んで

去る平成十一年（一九九九）一月二十八日、和歌山大学名誉教授の村上四男先生が永眠された。

ここ数年は、心臓の疾患により、入退院を繰り返しておられたが、旧臘体調の不良を訴え、医師に診察を乞い、そのまま病院で治療をつづけておられた。しかし、このたびばかりは病篤く、二十九日、ついに不帰の客となられた。享年八十五。

村上四男博士遺影

通夜ならびに告別式は、和歌山市内の鷺ノ森別院において二十九・三十日の両日おこなわれたが、筆者は、あいにく勤務校の入学試験と重なり、いずれも参列することができなかった。

後日、二月月十四日に至ってようやく小假を得たので、その機会に、和歌山市西ノ庄のご自宅を弔問し、遺骨のまえに額づいて生前の学恩に感謝の意を表するとともに、久乃未亡人よりその最期のご様子などをうかがった。

先生は、大正三年（一九一四）、村上清一郎・滋代ご夫妻の四男として、愛媛県越智郡近見村大字大新田（現在の今治市大新田町）に生まれた（いわずもがなのことながら、そのお名前は出生の順にちなんだものである）。幼少のころ、父母とともに、朝鮮平安南道や旅順市に居住されたが、大正十一年（一九二二）八歳のとき、ふたたび郷里に戻り、近見尋常高等小学校を卒業された。その後、今治中学校を経て、東京高等師範学校・東京文理科大学に進学し、昭和十四年（一九三九）に同大学史学科をご卒業された。卒業後は、愛媛県立北予中学校に奉職されたが、同十九年（一九四四）に至って、和歌山師範学校教授として和歌山に赴任された。やがて、同二十四年（一九四九）六月の新制和歌山大学発足にともない、和歌山大学助教授兼和歌山大学和歌山師範学校教授に補せられ（同二十五年〈一九五〇〉四月）、さらに同三十五年（一九六〇）には教授に昇任し、同五十四年（一九七九）まで勤務された（退官時には和歌山大学名誉教授の称号を受けておられる）。そして、この間、教育学部附属小学校長・教育学部長・和歌山大学評議員を歴任された。また、同五十四年（一九七九）四月からは、地元和歌山県出身の参議院議員故世耕政隆氏が理事長を務める近畿大学教養部に招聘され、同六十二年（一九八七）三月まで勤務され、ついで近畿大学附属和歌山高等学校（同中学校長兼任）に就任され、平成二年（一九九〇）三月までその重職にあった。

これらの経歴が示すように、先生はその生涯の大半を教育に捧げられ、地元和歌山でも名士として知られていたが、学者としての令名はそれに勝るとも劣らず、朝鮮史の大家として、数々の輝かしい業績を残された。東京文理科大学の卒業論文として、「高麗の荒政について」をまとめられたのを皮切りに数多くの朝鮮史関係の論文を世に問い、昭和三十七年（一九六二）には、母校東京教育大学東京文理科大学（これについては、後述参照）から文学博士の学位を授与された。

昭和五十三年（一九七八）に刊行された『朝鮮古代史研究』（開明書院、昭和五十三年四月）の大著をはじめとして、朝鮮史関係の論文・著書は多数あるが、ほかにも、『韓史余滴』（私家版、昭和五十九年七月）・『この弐拾年』（私家版、平成十年九月)・『あかゲット紀行』(私家版、平成十年九月)などの、みずからの足跡を語った貴重な記録もある。

　また、学界における活動としては、三品彰英先生のあとを受けて、三國遺事研究会の代表として、三品彰英遺撰『三國遺事考証』中巻(塙書房、昭和五十四年五月)の編集責任者となられた。そして、その後も会のメンバーを率いて『三國遺事』の注釈的研究を継続し、やがて村上四男撰『三國遺事考証』下之一(塙書房、平成六年三月)・同二(同上、平成七年一月)・同三(同上、平成七年五月)の三冊を出版され、前人未踏の『三國遺事』の注釈書を完成された。文字通り、畢生の事業であった。

　晩年の先生は、この注釈作業に全力を傾注し、寸暇を惜しんで原稿を書き、同時に会のメンバーの提出した原稿の補訂に追われた。お会いするたびに、「研究会のメンバーも、最近は、勤務校において要職について多忙をきわめるためか、原稿の集まりが悪い」と不満を漏らされたが、そのご苦労の一端は、下之一の「あとがき」にみえるとおりである。いま読み返してみると、温厚な先生にしてはめずらしく口調が厳しい。

　下之一がでた年の夏には、関西大学教授薗田香融先生らの発意で、出版と先生の傘寿をかねた祝賀会が和歌山市加太の国民休暇村で開催された。井上辰雄・大藪正哉・田中俊明・直木孝次郎・李進熙諸氏ら学界関係者をはじめとして、和歌山大学時代の門下生も多数出席し、先生ご夫妻を囲んで愉しいひとときを過ごした。

　こうした各方面にわたる人脈は、先生の学才と人徳とによるものであるが、大学人・教育者としての先生、朝鮮史家としての先生、さらには東京高等師範学校・東京文理科大学OBとしての先生については、筆者などよりはるかに的確にその事績を跡づけることのできるかたがいらっしゃるはずである。そうしたなか、筆者のような若輩が、こうした追悼文を書くことは笑止である。しかし、筆者も、偶然の機会から知遇を得て、ながらくその愛顧を蒙った一人として、先生のことを書き残したい衝動に駆られ、ここにあえて一文を草する次第である。

回顧すれば、先生と筆者の出会いは、筆者が、和歌山大学附属小学校に在籍している時期に、たまたま先生が、和歌山大学教育学部教授として附属小学校長を併任されたことによる。

先生が附属小学校長を務められたのは、昭和四十四年（一九六九）一月から同四十八年（一九七三）三月までのあいだのことで、着任当時、筆者は小学四年生であった。六年生のときには児童会の会長をしていた関係で、校長であられた先生とはお話しする機会も多く、それによってお顔を覚えていただいたのが、先生の知遇を蒙るきっかけとなった。

附属小学校長としての先生のご公務については知るよしもないが、当時は、着任前年に発覚した、児童の編入学をめぐる教員の収賄事件がまだ尾を引いており、こうした多難な時期に校長となられた先生のご苦労は察するに餘りある。

しかし、そのような職務上の心労とは関係なく、在校生にとっては、やさしい「老先生」であった。村上四男博士退官記念論文集編集委員会編『村上四男博士退官記念朝鮮史論文集』（開明書院、昭和五十七年九月）に附された「村上四男先生略歴」によって確認すると、当時はまだ先生も五十五歳だったのだが、そのみごとな銀髪と落ち着いた風貌とから、こどもの目にはかなりの年配に映った。当時からすでに老大家の風格を備えておられたとの印象があるが、ぎゃくに、後年は、お会いするたびに、いつにかわらぬお姿に、若々しさを感じたものだった。

当時の思い出は尽きないが、先生は林間学校や修学旅行などの行事にはかならず同伴された。また、家庭科の授業で料理の試食会にご招待すると、わざわざ家庭科教室まで出向かれ、われわれの作ったサンドイッチを召し上がりながら、気軽に児童と談笑されたりもした。一日、教室にお招きして、われわれの質問に答えていただく機会をもうけていただいたが、このときも、児童の愚問にていねいにお答えくださったのが印象的だった。このときすでに考古学などに興味のあった筆者は、先生に発掘調査の経験の有無をおたずねした。これに対して、先生は「自分は朝鮮史を専攻しているが、考古学がとりあつかうような古い時代が専門ではない」という意味のお答えをされたと記憶している。小学六年生の筆者には、先生のご専門などわかるよしもなかった。

先生は、また、水泳がお得意で、体育の水泳の時間には大学のプールで、みごとな模範演技を披露してくださったし、林間学校のおりには、川にはいって古式泳法の実演までしてくださった。後年、先生のご自宅で、学生時代の写真を拝見したが、そのなかに、プールサイドで撮影された水泳選手時代の勇姿のスナップがあった。お年を召してからの恰幅のいいお姿しか拝見したことのなかった筆者は、そのみごとな逆三角形の肉体美に驚いたものであった。

ご自身が水泳選手だったからか、スポーツにはことのほか興味がおありで、ご自宅の書斎で原稿の執筆に勤しまれるときも、テレビの画面に映る大相撲・マラソン・高校野球などをちらちらと観戦されるのが常であった。母校の筑波大学が参加する箱根駅伝に対する関心は格別だったが、これは、東京文理科大学在学中、箱根駅伝に同行した思い出を起想させるものがおありのようだった。また、筑波大学出身のＮ選手が読売巨人軍にドラフトで指名を受け入団した際にも、母校初のプロ野球選手ということで応援されており、先生との雑談のおりにはなんどか彼の話がでた。

こうしたエピソードからもおわかりいただけるように、先生は、終生、母校東京高等師範学校・東京文理科大学、さらにはその後身である東京教育大学・筑波大学に対する誇りと愛着をもちつづけておられた。東京教育大学や筑波大学で開催される社会文化史学会や歴史人類学会には、亡くなる五六年まえまで毎年かならず出席されていたが、これなどは、ＯＢの一人として母校を見守る先生の愛情のあらわれである。

ところで、筆者が、附属小学校を卒業してからは、街で偶然お会いして挨拶をかわすくらいで、先生とは深いおつきあいはなかった。しかし、奇遇にも、その後、兄が和歌山大学教育学部に入学し、先生の講莚に列するようになり、ふたたび、先生との接点が生じた。しかも、ややおくれて、筆者も、大学に進学し日本史を専攻するようになった関係で、先生のご自宅を訪問し、学問上のお話をうかがう機会が増えた。

そのころ先生のお宅をしばしば訪問したのは、先生に書籍の購入をお願いすることが、目的の一つだった。先生が仕事のうえでご関係のあった塙書房や国書刊行会の本を安く注文していただくことができたのは、手元不如意の学生としてはたいへんありがたかった。いま弊架にある本をみても、そのころ先生のつてで購入したものがずいぶんある。

本を受け取りにお宅に参上した際、玄関先で失礼しようとする筆者を、先生はしばしば書斎に招きいれてくださった。このときうかがった話には有意義なことが多かったが、お話だけでなく、先生のおしごとぶりや蔵書を拝見するだけでもためになった。たとえば、コピーを上製本して本に仕立てて利用する整理法は、このころ先生に学んだもので、製本業者をご紹介していただいて（後掲書翰にみえる若林書店）実践して以来、こんにちに至っている。

もっとも、先生の整理保管のよさは、われわれのおよぶところではなく、いつだったか、学生時代に東京の下宿で払っていた『読売新聞』の領収書までたいせつにとっておられたのをみせていただいて舌を巻いたことがある（この領収書について、先生は「当時の寮では新聞代の集金上のトラブルが多く、これを保管しておかないと二度支払いをさせられかねなかった」と、往時を回想しておられた）。

また、いつうかがっても、新刊書を熱心に取り寄せておられるのには感心したが、書物に対する飽くなき好奇心は、終生かわることなく、われわれも強い刺激を受けた。そういえば、先日、弔問に訪れた際にも、書斎の片隅に昨年〔平成十年〕十月に完結したばかりの『松前健著作集』が未整理のまま置かれていたが、体調が回復して退院できたならば、読むおつもりだったのであろう。

昭和五十七年（一九八二）四月に、筆者は、筑波大学の大学院に進学したが、そのとき、先生には筑波大学の先生方にずいぶん紹介状を書いていただいた。筑波での生活をはじめると、さっそく先生から頂戴した紹介状を携えて諸先生の研究室を廻った。指導をお願いした井上辰雄先生からは、不思議そうに「君はどうして村上先生を知っているんだい？」とたずねられ、前述のようないきさつを緊張しながらご説明した。これも、いまでは懐かしい思い出である。在学中帰省の際にはかならず先生のご自宅を訪問し、近況をご報告したが、その際、好物の土浦小松屋の佃煮を持参すると、先生はことのほかよろこばれた。

大学院修了後も、かわることなくご愛顧を蒙り、就職や論文発表のことでご心配いただいたが、さきにのべた平成六年（一九九四）八月の傘寿の祝賀会以降は、絶えてお会いする機会がなかった。これは、筆者が大阪から三重に転任したこと、このころから先生が体調を崩しておられたことなどが、その原因である。その間、筆者の結婚のお祝いもふくめてなんどかお手紙を頂戴したが、最後から二通目のお便り（平成八年九月三日附）は、長文のものであった。文中、ご自身について語るところがあり、先生の生前の履歴を知るうえで貴重な資料でもあるので、以下その部分を抜粋・引用しておく（なお、転載にあたっては、若干誤字の訂正を加えたことをお断りしておく）。

昭和二四年に新制大学が発足しましたが、旧制の高校及び専門学校は二六年まで、四年制専門学校（高師やいわゆる女子大など）は二七年まで、旧制大学学部は二八年まで存続しました。

それで小生は和歌山大学助教授兼和歌山大学師範学校教授となりました。

のちに東大教授になった中哲の赤塚〔忠〕さんは神戸大の前身の神戸商科大学予科教授から（新制）神戸大

学（文学部）教授兼神戸商科大学予科教授となりました。

和歌山大学に移れなかった人は二年間和歌山大学和歌山師範学校教授あるいは和歌山大学経済専門学校教授という辞令をうけました。そして、この中の一人が郷里に帰って中学校長になったら、地許の人は和歌山大の教授が来て呉れたと誇らしげに云っていました。

これらは上より下が本当の地位であるのに。

右に旧制の大学学部は二八年まで存続したことを述べましたが、大学は学位（旧制）を出すために昭和三十七年三月末まで残りました。それで小生の母校は東京教育大学東京文理科大学《(新しい）東京教育大学に包含された東京文理科大学という意》となって旧制の学位を出しました。

家永三郎氏は東京高師教授から東京教育大学教授となりましたが（兼文理大学教授とならなかったので）文理大学の教授会には出られなかったから旧制学位とは関係ありませんでした。

小生の学位は昭和三六年二月末に論文を提出して審査をうけ昭和三七年一月に東京文理科大学教授会をパスして文部省に廻り閣議を経て大臣（田中角栄）の印（三月二七日）で決まった次第です。

学位記は東京教育大学東京文理科大学が大正九年勅令二百号に依って出したのです（学長は朝永振一郎さんでしたが学長名などは書かれていません）。実に質素な学位記ですが、桐のスカシがねうちです。

よく、否時々紹介されるとき、先生は二つの大学で学位を取った（東京教育大学と東京文理科大学と別々の大学とみた）とか東京教育大学でとったなどと云われます。特に後者は誤りですが、そのまま聞き流していま す。紹介者の見識の問題です。

東京教育大学東京文理科大学は続けねばならぬのに、よく・を入れられます。

昭和六一年に叙勲を受けましたが、名誉教授はその大学から文部省を経て賞勲局に夫々の功績書を提出します。そのとき必ず学位のことも記入するので、学位記は右の長ったらしいものを一行に書くんだと庶務の人に注意し、最初の原稿は見せて貰って訂正し、決してポツを入れないよう傍に注意書きしておいても最終のタイプを打ったとき（タイピストか？）にポツを入れ、それを課長が見落としているんです。

以上は律令専門家の貴兄には冗長すぎたかも知れぬが許されよ。

東京文理大では文科系は審査に日数を要するので論文提出（窓口は教務課）の締切は前年（三六年）二月末日までとなっていたので、小生は二月十五日に清書を終え（四部）、それを若林書店（県庁前）〈今は製本専門〉に持参して至急と頼み、出来上がった未だ糊が乾き切っていないのを持って上京二月二十日（？）に提出しました。

東京文理大では論文の審査が終了すると文科関係の教授が集まった文科系教授会（法律によるものではない）に審査委員会が報告し合否を決め、理科系の場合はやはり理科系教授会で合否を決める。この手続を経たのち、文理科の全員の教授が集まった教授会（これが正式の教授会）で最終決定をしたようです。

小生の場合、文科系の教授会でパスするや、直ちに審査委員会の主査であった小竹文夫氏から「論文がパスした。お目出度う」の祝電をいただきましたが、それからすぐ後に、あれで事実上決定したので知らせたのである、未だ公にしないようにと釈明の手紙が来ました。これは几帳面な山崎宏東洋史主任教授から、あとの正式教授会終了後に知らすべきだと注意された結果によるものでした。

それから正式な文理大教授会が有ったあと直ちに地理学の青野寿郎教授から便りがありました。地理学講座は人文も自然も理科のグループに入っていたので、青野先生は小生の論文提出を知ったわけです。

青野先生は旧制の今治中学（今の今治西高校）、東京高師地歴科・東京文理大の先輩で、その郷里は小生の母と同じ旧桜井町の旦（愛媛県越智郡、今は今治市に入っている）で母方の青野氏と同族なのです。そんな関係で先生は小生の動静にも注意して呉れていたのですね。

青野先輩からの便りでは先ず祝意を表されたあと、「承認（否定票や白票などはなかった）された」とあり、続けて「学位をもらったならば死ぬまで勉強を続けるように」と忠告の言葉がありました。青野先輩は九十歳近くまで全国の地誌をまとめた大仕事をされて先年亡くなりました。小生、青野先輩の忠告が無くとも死ぬ迄勉強を続けるつもりでやって居ます。心不全で往年の力はありませんが。

ちなみに、このときのお手紙には、「乞笑覧」としるして、平成八年（一九九六）四月十二日附の『毎日新聞』（東京版）夕刊の『歴史万華鏡』という連載コラムのコピーが同封されていた。これは、さきに書いた『三國遺事考証』の完結に際して、完成にいたるまでの経緯と同書の価値を手際よく紹介した記事で、見出しには「完成した〈現代の古事記伝〉」とある。歴史に詳しい同紙編集委員の岡本健一氏の執筆にかかり、先生のご苦労をよく伝えているので、興味のあるかたにはご一読を乞いたい（ちなみに、この記事は、岡本健一『「歴史万華鏡」古代の光』〈東京、平成八年十月〉に収録されている）。

先生は、和歌山大学附属小学校長時代、入学式・卒業式はいうに及ばず、朝礼や全校集会の類いにも労を厭わず臨席され、かならずなにかひとこと訓話をのべられた。逢うは、別れのはじめなり。――このフレーズも、六年生の卒業を控えたある朝の朝礼の訓話のなかで、先生がもちいておられたのを耳にして覚えたものである。思えば、三十年ほどまえにはじめて先生にお会いしたのは、このたびの悲しい永遠のお別れのはじまりだったのである。心から先生のご冥福をお祈りしたい。

第八章　大庭脩博士の学徳

はじめに

皇學館大学学長・大阪府立近つ飛鳥博物館館長・関西大学名誉教授の大庭脩先生が、平成十四年（二〇〇二）十一月二十七日午前零時八分、大阪の日生病院において逝去された。享年七十六。急性白血病であった。

先生には、短期間ながら、研究者として、また学長として、はかりしれないご恩を蒙ったが、生前はなにもお返しすることができないままであった。いまさら後悔してもはじまらないが、せめて、ここに在りし日の先生の学徳を回顧し、生前のご愛顧に対し、感謝の誠を捧げたい。

大庭脩博士

一

はじめに、先生のご経歴について紹介しておく。

先生は、昭和二年（一九二七）一月二十日、京都市のお生まれ（ただし、生後三ヵ月で大阪府豊能郡池田町〈現在の池田市〉に移っておられる)。旧制の北野中学・浪速高等学校を経て、昭和二十五年(一九五〇)三月、龍谷大学文学部の東洋史学科を卒業された。そして、昭和二十八年(一九五三)三月には、同大学大学院文学研究科東洋史学科を修了されているが、その間、兵庫県の私立三田学園三田高等学校教諭、小林聖心女子学院高等学校に勤務されている。

その後、聖心女子大学文学部(小林《おばやし》分校)専任講師・助教授を経て、昭和三十五年(一九六〇)四月、関西大学文学部助教授となり、昭和四十年(一九六五)四月には、教授に昇格、平成九年(一九九七)三月停年により退職するまで勤続された。

なお、関大在職中の平成四年(一九九二)四月には、大阪府立近つ飛鳥博物館(仮称)創設準備委員会委員長となり、平成六年(一九九四)一月には同博物館の初代館長に就任されたが、これはご逝去までつづいた。

また、平成五年度から、集中講義のかたちで筆者の勤務する皇學館大学の大学院文学研究科において講義を担当されていた。これが機縁となって、関大退職直後の平成九年(一九九七)四月から、大学院教授に着任され、さらに平成十二年(二〇〇〇)四月からは、当時の理事長らの強い要請をうけ、皇學館大学学長に就任、逝去までその職にあった。

なお、先生は、学長に就任されてからも大学院で講義を担当され、平成十四年(二〇〇二)三月末まで継続された。あまり知られていないことだが、龍谷大学在学中にも短期間ながら京都で中学校の講師をされていたご経験をおもちで、通算すると、その教壇生活は五十四年にも及ぶ。孔子の言に、「学んで厭《いと》わず、人に誨《おし》へて倦まず」(『論語』述而第七)というのがあるが、まさに先生の生涯にふさわしいことばである。

二

つぎに、先生の学問についてふれたい。

　先生を拝見していて、いつも頭にうかぶのは、やはり、『論語』雍也第六の一節の、「これを知る者はこれを好む者に如《し》かず。これを好む者は、これを楽しむ者に如かず」という孔子のことばである。

　先生の学問に対する取り組みは、こうした孔子のことばを地でいった感がある。新しいテーマにつぎつぎと手を染め、みずから疑問とするところを解明していく姿は、まさしく学問を愉しんでいるかのごとくであった。それは、先生のお話をうかがっていてもよくわかった。先生が、現在取り組んでおられるテーマについて語られるときは、あたかも趣味に興じてなにかを愉しんでおられるかのような、潑剌とした面持ちなのである。

　先生のご著書であれ、ご講演であれ、学問上のむつかしい内容であるにもかかわらず、それがじつにおもしろいのには、いつも感心させられる。北海道大学教授だった菊池英夫氏は、「世の中にはおもしろい話とためになる話があるが、大庭さんの話はおもしろくてためになる話だ」と評されたそうだが（「序にかえて―はなしにならない話―」『象と法と』〈大庭脩先生古稀記念祝賀会、平成九年一月〉所収）、筆者もまったく同感である。思うに、話の内容がおもしろく、それを語る文章に躍動感や勢いがあるのは、著者自身が、語ろうとする対象をおもしろく感じているからであろう。先生の文章や談話が、読者や聴衆を魅了してやまないのも、先生ご自身が「楽しむ者」でいらっしゃったからにほかならない。

　ところで、肝腎の先生の学問の内容であるが、先生のご専門はきわめて多伎にわたり、ひとことで紹介するのはむつかしい。しかし、先生ご自身の語るところによれば、「私の専門は大別すると三つある」という。すなわち、それは、①中国古代、とくに漢代の法制史の研究、②唐代を中心とする告身（官史の辞令）の研究、③江戸時代に中国から輸入された漢籍に関する研究、の三つであるという（『Ｋ－らいふ　皇學館学園報　全学一体』一一三、平成十年九月、一六頁）。

そこで、以下は、①から順にみていこう。

中国古代史の研究は、先生の本来のご専門であり、先生の半世紀を超える長い研究歴のなかでも、もっとも年季のはいった領域である。

この分野で先生が生前に発表された論文は、学界において、こんにちなお不朽の価値をもつものが多い。なかでも、その筆頭にあげられるのが、デビュー第二作にあたる「材官攷－漢代兵制の一斑－」（『龍谷史壇』三六、昭和二十七年二月）であろう。この論文は、漢代兵制のなかで、材官・騎士・軽車・桜船などの、いわゆる郡兵が、従来いわれているような正卒として徴兵されたものではなく、特殊訓練を受けた職業軍人であったことを論証したもので、先生の出世作となった。『史学雑誌』第六三編第五号の「回顧と展望」において、当時東京大学教授だった西嶋定生氏が、この論文を「名編」と絶賛しているのが注意を惹く（七一頁）。

先生からうかがった話では、のちに大阪大学の守屋美津雄氏とはじめてお目にかかったおり、守屋氏は、開口一番、「あなたが『材官攷』の大庭さんですか」と話しかけられたという。先生は、後年、守屋氏のご推薦で、大阪大学文学部に出講されたが（昭和四十八年度）、こうした委嘱の背景には、守屋氏が、この「材官攷」以来、大庭先生の力量を高く評価されていたことがあったのではないだろうか。

このほかにも、従来、郷官と考えられていた嗇夫が、多数の官署に存在することを論証し、それが令丞の下に存在する実質責任者であることをあきらかにした「漢の嗇夫」（『東洋史研究』一四－一・二、昭和三十年七月）、居延漢簡を用いて冊書の原形を復原し、そこから公文書の伝達・施行のシステムを解明した「居延出土の詔書冊と詔書断簡について」（『関西大学東西学術研究所論叢』五二、昭和三十六年十月）、漢代の立法手続きを解明した「漢代詔書の形態について」（『史泉』二六、昭和三十八年三月）など、秦漢時代の法制に関する先生のご業績は、ほんとうに枚挙に遑がない。

先生の論文は、きわめて堅実な実証のうえに成り立っており――もっとも、先生にいわせれば、論文が実証的なのはあたりまえのことなのだそうだが――、さきにも引用した『史学雑誌』「回顧と展望」号では、「明確に論証」（第六三編第五号、西嶋定生氏執筆、六八頁）、「手がたい研究」（第七二編第五号、五井直弘氏執筆、二〇〇頁）、「結論は説得的」（第七五編第五号、好並隆司氏執筆、一九二頁）、「手堅い研究」（第八一編第五号、尾形勇氏執筆、一八六頁）と、先生の論文がたびたび高く評価されている。

ところで、右にもすこしふれたが、この分野での先生のご研究は、二十世紀初頭にA・スタインやS・ヘディンが中国の西辺で発見した漢代の木簡（漢簡）を活用したところに大きな特色がある。とくに、居延漢簡と呼ばれる約一万点の木簡については、京都大学人文科学研究所でその共同研究がはじまった昭和二十七年（一九五二）から研究会に参加し、その研究歴は、先生のご逝去に至るまで、じつに半世紀にもおよんでいる。

先生の漢簡研究については、京都大学名誉教授の永田英正氏が、平成十四年（二〇〇二）十二月二十六日に箕面でおこなわれた「大庭脩先生を偲ぶ会」（皇學館大学・大阪府文化財センター・関西大学東西学術研究所共催）で、友人を代表して朗読された弔辞のなかで、つぎのようにのべておられるのが印象的であった。

先生の漢簡の読みは極めて精確でした。それはひとえに中国古代史の基本文献である『史記』や『漢書』を精読されてきた先生の古典漢文の素養によるものであります。加えて優れた洞察力と鋭い勘、それらを結集して構築される理路整然とした研究は、余人の追随を許さないものがありました。また中国で新しく木簡が発見されるたびに、間髪を入れず的確な見解を添えて紹介されるのは、いつも先生でした。私たちは、先生のそのような研究にどれほど大きな学恩を蒙ったか計り知れません。そして森先生の亡きあとは、日本における中国木簡研究の第一人者として学界をリードされたのみならず、先生の研究は本場の中国をはじめとして国際的にも高い評価を得られました。

ところで、こうした、①の分野でのご研究を集大成したのが、学位請求論文となった『秦漢法制史の研究』(創文社、昭和五十七年二月)や『漢簡研究』(同朋舎出版、平成四年十二月)である。これらは、日本国内で広く評価を得ているのみならず(とくに、前者は、小部数の増刷ながらも、現在すでに第三刷が出ており、この方面の基本書として定着し、根強い需要があることが知られる)、ともに中文訳も出版されている(前者は林剣鳴氏らが翻訳、後者は徐世虹氏が翻訳)。

なお、漢簡研究に関聯してのべておくと、先生は、平成五年(一九九三)十二月に、関西大学において「漢簡研究の現状と展望」と題する大規模な国際シンポジウムをコーディネートされているし(このときのシンポジウムの記録は、翌年、『漢簡研究の現状と展望』〈関西大学出版部、平成六年一月〉として出版されている)、また、平成六年(一九九四)には、先生が館長をつとめる大阪府立近つ飛鳥博物館の開館記念特別展示「シルクロードのまもり」において、甘粛省で発見された漢簡百点を、その他の文物とともに展示し、日本ではじめて漢簡を一般に公開されている(この展観は東京でも実施された)。

この分野での先生のおしごとはあまりに多くかぎられた紙幅ではとうてい書き尽くせないが、『大英図書館蔵敦煌漢簡』(同朋舎出版、平成二年六月)と、漢簡索引のコンピュータ化の成果をまとめた大庭脩編『東西学術研究所索引シリーズ1　居延漢簡索引』(関西大学出版部、平成七年三月)については、ぜひともふれておく必要がある。これらは、いずれも地味な縁の下の力持ち的なおしごとだが、手持ちの資料をオープンにし、研究者の利用に供することは、先生の日頃からの信念であり、漢簡研究においてそれを実行したのが、これらの編著である。

さて、中国古代史については、このあたりで打ち切り、つぎに②について紹介しておく。

この分野でも、先生は、実証的な、質の高いおしごとをたくさん残されたが、「龍谷大学所蔵吐魯番出土の張懐寂告身について」（『龍谷大学論集』三五九、昭和三十三年七月）・「唐代告身の古文書学的研究」（『西域文化研究』三、昭和三十五年三月）・「建中元年朱巨川奏授告身と唐の考課」上・中・下（『史泉』一一・一二・一八、昭和三十三年八月・同年十一月・昭和三十五年六月）などが、そのおもなものである。

さらに、これに関聯する論文として、「高階眞人遠成の告身について―遣唐使の告身と位記―」（『関西大学東西学術研究所論叢』四一、昭和三十五年三月）・「『卑弥呼を親魏倭王とする制書』をめぐる問題」（『末永先生古稀記念古代学論叢』昭和四十一年十月）や「豊臣秀吉を日本国王に封ずる誥命について―我が国に現存する明代の誥勅―」（『関西大学東西学術研究所紀要』四、昭和四十六年三月）などがある。これらは、いずれも、広い意味での辞令の研究であり、②の研究領域にふくむべきものである。これをみてもわかるように、一見、なんのかかわりもないような論文でも、先生の学問体系のなかでは、たがいに有機的なかかわりをもち、密接に相関しているケースが少なくない。

なお、「唐代告身の古文書学的研究」は、B5判掲載誌で二段組八十八頁にも及ぶ大長篇で、「建中元年朱巨川奏授告身と唐の考課」も上中下あわせると、A5判掲載誌で二段組四十一頁を占めている。こうした告身関係の論文を集めただけでも、ゆうに一冊の研究書が出来上がるほどである。

あるとき、先生に「どうしてあのような長い論文を一時期に集中的に執筆されたのですか」とおたずねしたことがある。これに対し、先生は、「じつは、昭和三十五年というのは、旧制学位の申請の最後の年にあたるんだ。ひょっとすると、わたしのところにも、学位論文を出せとお勧めがあるかも知れないので、その準備の意味もあったのだよ」と答えられた。そして、「でも、結局、お声はかからなかったけどね」と笑って附けくわえられた。

つぎに、③の分野についてふれておく。

先生がこの分野の研究に足を踏み入れたのは、昭和三十八年に文部省科学研究費補助による総合研究「江戸時代京坂における漢学の研究」（代表・故石濱純太郎氏）に参加し、米沢文庫や泊園書院の調査にあたったことがきっかけである。その際、先生は、中国文化の日本への影響を知るためには、いつ、いかなる種類の漢籍がどれだけ輸入されたかを調べる必要があると考え、みずからその調査に乗り出された。

『齎来書目』・『大意書』など、長崎貿易にかかわる資料を蒐集するいっぽうで、現存する輸入漢籍を紅葉山文庫（現国立公文書館内閣文庫および宮内庁書陵部所蔵）・前田育徳会尊経閣文庫・名古屋市立博物館蓬左文庫などにおいて悉皆調査し、何年に輸入された書籍はどの某文庫のどの書物にあたるかを特定する作業を進められた。

やがて、先生は、こうした研究成果を、『江戸時代における唐船持渡書《とうせんもちわたりしょ》の研究』（関西大学東西学術研究所、昭和四十二年三月）というB４判で八百頁を超える大著（研究編二百三十八頁、資料編五百二頁、書名索引六十頁）にまとめられたが、同書は、日中関係史の研究者から新しい研究として注目された。同書のなかで、先生は、江戸時代における漢籍輸入に関する資料を惜しみなく飜刻・紹介しておられるが、前述のように、資料の寡占や出し惜しみを嫌う先生は、ここでもその持論をみずから率先して実行しておられる。

その後、昭和五十九年（一九八四）に、同書の研究篇の誤謬を訂正し、大幅に改稿したものを、あらためて『江戸時代における中国文化受容の研究』（同朋舎出版、昭和五十九年六月）として刊行された。その独創的な内容は学界で高く評価され、本書によって、先生は、昭和六十一年（一九八六）六月、第七十六回日本学士院賞を受賞されている。

③のご業績だけを知るかたのなかには、大庭脩は日本近世史の専家であって、中国古代史の研究者の大庭脩とは別人であると思い込んでいた慌て者もいる、とうかがっている。また、そこまでひどくはないにしても、漢簡の専家である先生が、いっぽうで、唐船持渡書の研究をおこなっていることに違和感をおぼえるかたは、少なからずいらっしゃるようである。

かつてプリンストン大学に招かれていたとき、台湾から来ていた大学院生にこの点を質問された先生は、

それはいろいろ答え方があるけどね、居延漢簡と江戸時代の長崎貿易の文書とは何の関係もないさ。しかし、どちらもその時代の一等史料で、それを通じてその時代の片鱗を垣間見る研究作業は全く共通だろう。その作業が私には面白いのさ。

と答えたというが（『江戸時代における中国文化受容の研究』〈前掲〉五三九頁。ちなみに、この話は『漂着船物語』〈岩波新書七四六、岩波書店、平成十三年八月〉の「書後私語」でも紹介されている）、これらのテーマはかならずしも無関係とはいえない。たとえば、中国律令法の研究は、そのまま徳川吉宗の明律研究に通じるし、江戸時代に輸入された漢籍のなかにある法帖には、告身関係の資料が多くふくれており、それらは②の研究に活用されるのである。

こうして、先生の研究領域は、あたかも竹の地下茎のように、無限ともいえる広がりをみせていく。一例をあげると、漢簡の解読には隷書の研究が必要であるところから、中国書道史の研究に足を踏み入れる、長崎を窓口とした書籍の輸入の調査に端を発し、そこから進んで輸出陶磁器の蒐集・研究にも手を染める、といった具合である。先生は、ご自分のことを「ディレッタント」と称されていたが、先生の幅広い研究活動を支えたのは、こうした飽くなき知的好奇心ではなかったかと、筆者はひそかに推測している。

なお、③の分野については、資料集や一般向けの啓蒙書をたくさん残されたことも、特筆しておく必要があろう。

先生は、研究の過程において、いわゆる学術書の刊行と併行して、ご自身が活用された貴重な資料を、資料集として飜刻・刊行し、他の研究者に提供することや、初学者や一般人に対して、専門的な研究をわかりやすく叙述した啓蒙書を書くことを、つねに心がけてこられたという。さきの①の分野では、資料集としては、『大英図書館蔵敦煌漢簡』（前掲）があり、啓蒙書としては、『図説中国の歴史２　秦漢帝国の威容』（講談社、昭和五十二年一月）・『木簡』（前掲）・『木簡学入門』（講談社、昭和五十九年八月）がある。また、②の分野でも、『親魏倭王』（学生社、昭和四十六年十二月）といった啓蒙書があるが、③の分野では、それがもっともバラエティーに富んでいる。

まず、資料集のほうからのべる。

『江戸時代における唐船持渡書の研究』（前掲）の出版に際して、大量の関係資料を資料篇として附されたことは、さきにも紹介したが、このほかにも、大庭脩編著『関西大学東西学術研究所資料集刊七　舶載書目』上・下（関西大学東西学術研究所、昭和四十七年一月）をはじめとして、近世の日中交渉にかかわる資料を蒐めた資料集を、七種十冊編輯しておられる。

また、先生は、江戸時代に日本各地に漂着した中国船の記録に積み荷の内容が克明にしるされていることに注目し、江戸時代漂着唐船資料集を企画された。これは、関西大学東西学術研究所の資料集刊のシリーズとして刊行され、そのうち、一と五は、先生ご自身の編輯にかかるものである。これらの資料は、いずれも、この方面の研究に携わるものを裨益するところが大きい。

つぎに、啓蒙書について紹介しておく。

東方書店から刊行された『江戸時代の日中秘話』（東方書店、昭和五十五年五月）は、その手始めともいえるもので、さきにあげた『江戸時代における中国文化受容の研究』（前掲）をわかりやすくまとめ直したものである。同書の

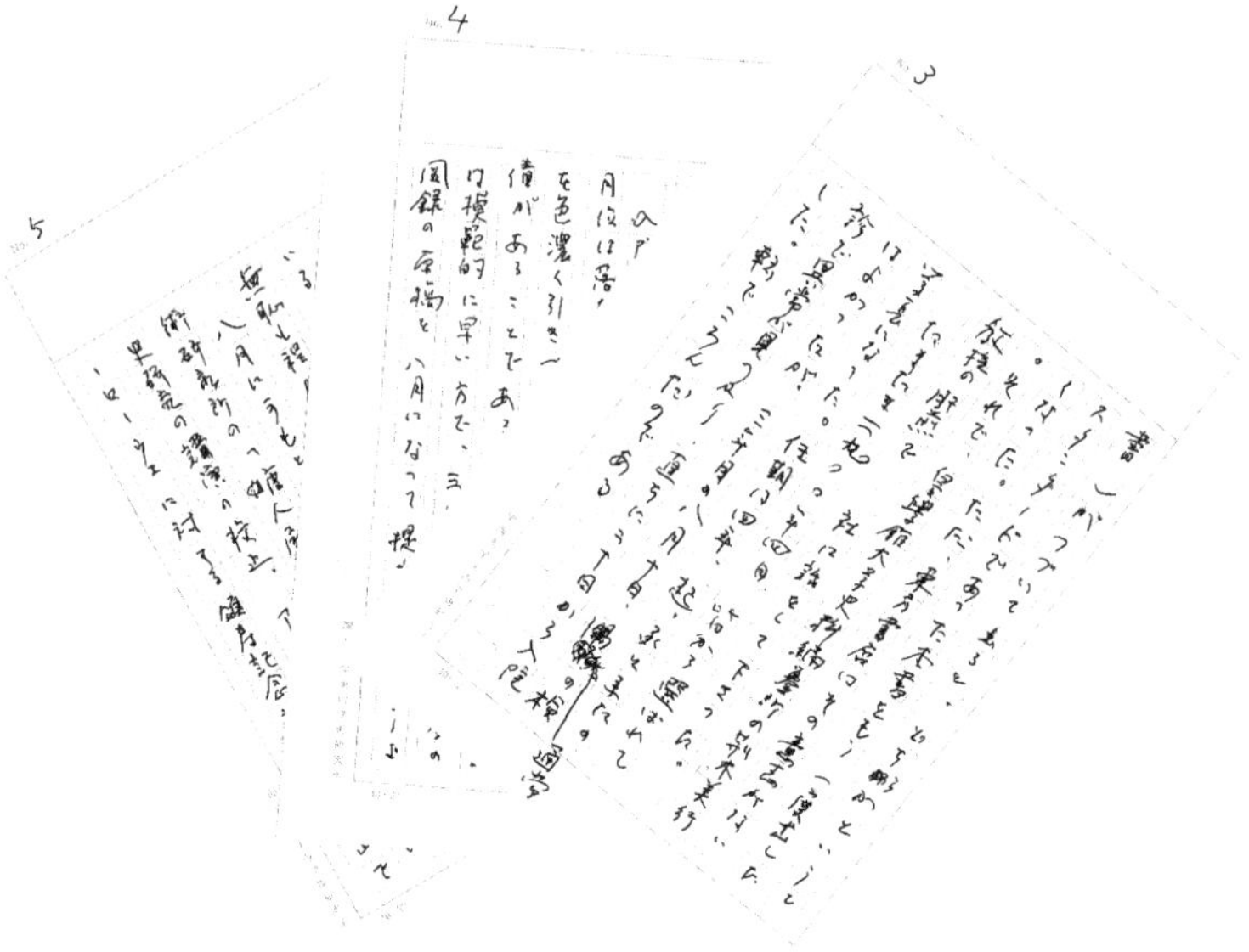

先生の遺稿。稿成るにしたがって、病院から筆者のもとに郵送してくださった。

エッセンスを吸収したいというかたには、まことにありがたい本である。また、その後も、江戸時代の日中交流を二人の君主にスポットをあててまとめた『徳川吉宗と康熙帝－鎖国下の日中交流－』（大修館書店、平成十一年十二月）や、江戸時代の漂着・漂流の記録をもとに、当時の日中交流を側面から描いた『漂着船物語』（前掲）もある。

なお、これらの本よりさきに、平成九年（一九九七）一月には、研文出版から『漢籍輸入の文化史』を出版しておられるが、これは、正倉院文書や公家の日記を利用しながら、江戸時代以前の日中交渉と書籍輸入の歴史を概観したもので、むしろ研究書の部類にいれてもよい内容である。

さて、以上、先生のご専門とそのご業績にふれてきた。これらを通覧すると、学問の王道を堂々と歩まれる先生のお姿が彷彿としてくるであって、そのあかるく温厚なお人柄とともに、一人の偉大な研究者の生きざまをみる思いがする。

たびたび『論語』を持ち出して恐縮だが、先生のお人柄を、やはり、『論語』の表現をかりていうならば、「君子は坦《たいら》かにして蕩々《とうとう》、小人は長《とこしな》へに戚々《せきせき》（君子は心が平静で様子がのびのびしている。小人はいつでもコセコセビクビクしている）」（述而第七）という孔子のことばが、ほんとうによく当てはまる。学問のうえでも、けっして結論を急ぐことなく、悠々とご自身の道を歩まれるのが、在りし日の先生のお姿であったと思う。学士院賞を受賞された『江戸時代における中国文化受容の研究』（前掲）にしても、みずからが疑問とされるところをつぎつぎと解明していくうちに、気がつけば、あれだけ独創的な仕事が完成していたという印象が強い。

三

前節では、先生の学問について、紹介してきた。先生の厖大なおしごとの全貌をかぎられた紙数で紹介することはきわめてむつかしく、粗雑な記述に流れたことを、深くお詫びしたい。

書くことが無上の愉しみであり、つぎつぎとあたらしいことに取り組まれていた先生にしてみれば、急性白血病という思いもかけない難病に、不意に足元を掬われた感じだったのではあるまいか。

ただ、病床にあっても、筆を休めることのない先生は、比較的体調のよかった十月を中心に、多くの原稿の執筆と校正を孜々として続けられた。その一端は、先生の遺著『日中交流史話―江戸時代の日中関係を読む―』（燃焼社、平成十五年四月）の巻末に添えさせていただいた「後記」でもふれたが、その情熱とエネルギーには、頭のさがる思いである。

皇學館大学において学長職にあった先生は、日頃から、論文を書かなかったり、原稿の締め切りにルーズな教員を批判しておられた（こうした先生の主張については、「原稿を書く話」『昭和元年生まれ達』〈同朋舎出版、平成九年一月〉所収、にもみえる）。日頃温厚な先生が、いつになく厳しい口調で批判されるのには少なからず驚いたが、しかし、考えてみれば、つらい闘病生活のあいだも原稿の執筆をやめることなく、書債――先生は、原稿執筆の約束のことを債権にたとえて、よくこのことばを用いられた――の返済を怠ることのなかった先生のおことばなればこそ、万鈞の重みがある。

もっとも、その先生にしても、稀有の難病を克服することはできず、ついに白玉楼中の人となられた。これからは、もう先生の謦咳に接することができないかと思うと残念でならないが、なによりも、未完のおしごとを残したまま黄泉路に旅立たねばならなかった先生ご自身が、いちばん悔しかったのではないだろうか。その心中を察すると、心が痛む。

しかし、ひるがえって考えるに、先生は、厖大な量のすぐれたおしごとを遺された。それは、ご著書や論文のかたちで、いまもわれわれの手元に存在するのである。

先生は、亡くなる前年、すなわち平成十三年（二〇〇一）の十月二十七日、関西大学東西学術研究所の創立五十周年記念式典に招かれ、「中国でなくなった書籍の逆輸入」と題する二時間におよぶ特別講演をおこなわれた。そのなかで、

中国から入ってきたところのいろんな品物の中で、砂糖は食べるとおしまいです。反物は着物をつくるとしまい。薬は飲んだらしまい。姿が全て残っているのは本だけだ。

とのべられたが（「中国でなくなった書籍の逆輸入」『東西学術研究所紀要』三五、平成十三年三月、三二頁）、これは、先生ご自身が遺されたご著書や論文についても、そのまま当てはまるのではあるまいか。

たしかに、先生の肉体は滅びた。しかし、先生が著わされた書物は不滅であり、将来にわたってわれわれを裨益しつづけるであろう。直接のご指導はもはや叶わないにしても、先生の遺されたご著書から多くを学ぶことは可能である。――そう考えると、すこしは心が癒される気がする。

先生のお人柄や学問については、まだまだ書きたいことが尽きないのであるが、予定の紙幅も大幅に超過したので、このあたりで擱筆したい。ただ、最後に、長年にわたる、こうした先生のご功績に対し、平成十年（一九九八）四月には勲三等旭日中綬章が贈られ、さらに逝去ののちには正五位の叙位があったことを、特筆しておきたい。

先生の『江戸時代の日中秘話』（前掲）によれば、享保十三年（一七二八）に日本に来た象は、江戸に向かう途中、京都御所においてときの中御門天皇・霊元法皇に拝謁したが、無位無官のものは上皇や天皇には会えないというので、この象に従四位の位（これは、並の大名もおよばぬ破格の位階であった）と広南白象という名前とを与えられたという。もし泉下の先生がご自身の位記をご覧になることができたら、きっと先生は、「なんや、象より下かいな」と苦笑されるにちがいない。

先生のご冥福を心からお祈りしつつ、つたない回想の筆を擱く。

〔附記〕
筆者の懇請を容れて、弔辞の原稿をご貸与くださった永田英正先生には、あつくお礼申し上げる次第である。

第九章　近代日本における法史学の一側面

―概説書の出版をめぐって―

はじめに

「日本法制史」は、他の多くの学問同様、明治以後、西欧の学問の強い影響のもとに形成されていったもので、かならずしも古い学問とはいえない。帝国大学法科大学にはじめて「法制史比較法制史」の講座が設置されたのは、明治二十六年九月のことである[1]（最初の講座担当者は宮崎道三郎氏）。池邊義象氏が、その著『日本法制史』（博文館、明治四十五年一月二十九日）の「緒言」において、「東京大学成るに及て、文学部に「古代法律科」を立て、殊に明治十五年「古典講習科」を創設せられし時には、古の律令格式の書をも研究せしめられしかども、之を法科大学に移し、「日本法制史」として研究するに至りしは、全く近年の事たり」とのべているのは、這般の事情を語ったものである。したがって、古く律令格式を講ずる日本古代法制（古代法）や有職故実を中心とする制度史の研究は存在しても、本格的な日本法制史は、明治二十年代までは確立していなかったのである。

この時期、日本法制史が誕生したのは、いわゆる民法典論争をきっかけとして、わが国の法習慣を採取し、日本民族の法理を探ることの必要性が説かれるようになったことが直接の原因だといわれている。[2] また、その日本法制史が、大正末年から昭和初頭にかけて飛躍的な興隆をみたのは、大正八年に臨時法制審議会が設置され、法学界が大きな刺激を受けたことが直接の原因であろうが、[3] これらの事実からもわかるように、学問としての日本法制史の隆盛は、明治以後の日本が、幾多の難局を乗り越えつつ、近代国家としての地歩を固めていく動きと密接に結びついているといえよう。

こうした、日本法制史学の発展の過程を跡づけていくことは、日本法制史学の研究がどのように深化していったかをうかがううえで、缺くことのできない作業であるが、明治以後の日本法制史学の学史の展開を網羅するのは、容易なことではない。

そこで、小論では、「日本法制史の概説書の刊行」という問題に的を絞り、明治以降に印刷・刊行された日本法制史の概説書の出版時期や構成・内容を検討してみたい。そもそも、概説というものは、個別的な研究の総合であると同時に、その学問の体系を提示したものであるから、概説書がいかにして作られていったかを跡づけることは、日本法制史学の発展の過程を示すこのうえない指標とすることができる。しかも、初期の日本法制史の概説書は、おおむね大学等における講義のために準備されたものだから、そうした教育機関で日本法制史がいかに講じられてきたかをうかがうための学史的な資料でもある。

以上のような理由から、日本法制史の概説書の刊行・普及の過程を回顧することによって、近代日本における法史学の動向を、その側面から、ある程度把握することができるように思う。筆者は、かねてより、律令格式の研究や日中律令の比較研究が、日本法制史を専攻、もしくは同講座を担当する研究者のあいだで、どのように意識されていたかという点に強い関心をいだき、多少それに関聯する資料を蒐めてきた。小論では、そうした架蔵の資料なども活用しつつ、日本法制史の概説書の印行についてのべてみたい。

一、日本法制史の概説書

はじめに、明治以後、日本で印刷・刊行された日本法制史の概説書をできるだけ網羅的にしるしておきたい。ここで「印刷・刊行」というのは、油印本・非売品の講義案などもふくむが（ただし、原則として、単行本として刊行されたものに限定）、昭和二十年をいちおう下限として、(4) 刊行年次順に紹介する。(5)

（1）三浦菊太郎『日本法制史』（博文館、明治三十三年五月二十九日）

明治三十三年五月、博文館の「帝国百科全書」のシリーズの第五十一編として発行されたものである。菊判並装の洋装活字本、総三百二十四頁。扉には、

文学士　三浦菊太郎(6)著

日本法制史

東京　博文館蔵版

とある。「日本法制史」のタイトルを冠する概説書として市販されたもののなかでは、おそらくもっとも古いもので、明治三十七年三月に出版された同シリーズの第百四編の浅井虎夫編『支那法制史』（博文館、明治三十七年三月二十八日）は、これと対をなすものである。いま目次にしたがって、その構成を示すと、以下のごとくである。

緒言

第一編　神武帝建国より鎌倉開府以前に至る

第一章　貴賤の階級

第二章　官制
第三章　爵位の制度
第四章　土地の制度
第五章　租税の制度
第六章　交通の制度
第七章　軍事制度
第八章　寺社の制度
第九章　教育制度
第十章　司法制度
第二編　鎌倉時代
第一章　職制
第二章　土地の制度
第三章　租税の制度
第四章　交通制度
第五章　軍事制度
第六章　司法制度
第七章　軍事制度
第三編　室町時代

第九章　軍事制度
第十章　交通制度
第十一章司法制度

さらにこまかい節名・小見出しはいちいち紹介しないが、第一編では、さらに「上古」と「中古（大化改新以後）」とに分けて記述されている。牧健二氏が、自著『日本法制史』（国史講座刊行会、昭和八年十一月一日）のなかで、本書を「公法史に関する者で民事法は司法制度の一節たるに過ぎぬ」（九頁）と評したように、公法の沿革が叙述の中心をなしている。

瀧川政次郎氏も、「小冊子ではあるが、よく纏つてゐる」と評しながらも、「その内容は大体宮崎道三郎博士の講義に拠つたものである。中田薫博士は、その事を憤慨して語られたことがある」とのべ、(7)本書が宮崎氏の東京帝国大学における講義案の剽窃であることを指摘されている。(8)宮崎氏の講義案は、年度がことなると思われるものが複数残されており（宮崎氏『日本法制史』の項参照）、内容的には出入りがあるが、このうち同志社大学図書館が所蔵する宮崎氏の日本法制史の講義案（書写によるもの、年次不明）を本書とを比較してみると、本書がその構成や内容において、宮崎氏の講義案をそのまま借用したと思われる箇所が多々ある。その意味では、本書はオリジナリティに乏しいが、本書は明治三十九年一月二十五日には再版がでるなど、かなり一般に流布したことは事実であろう。

（2）有賀長雄講述『日本法制史』（早稲田大学出版部、明治三十七年？）

瀧川政次郎氏によれば、本書は、「早稲田大学に於ける講義案であつて、「日本古代法釋義」の藍本を為してものである」という。(9)A5判の変形サイズの洋装活字本で、本文は三百四十七頁。扉には、

法学博士　有賀長雄講述

日本法制史

早稲田大学出版部蔵版

とあるが、奥付がなく、発行年月日は定かではない。ただ、筆者が実際に手にした本書のうち、北海道大学図書館所蔵本の表紙には「三十七年度」とあれば、あるいは明治三十八年ごろの出版ではないかと想像される。もっとも、これは、元表紙ではなく、のちに改装した際になんぴとかが墨書したもので、真偽のほどはあきらかではない。

ちなみに、瀧川氏も、右の論文のなかで、この有賀氏の『日本法制史』は、発行年をしるしていないが、「『日本古代法釋義』の藍本を為してものである」とのべている。有賀氏の『日本古代法釋義』（後述）は明治二十六年四月初版刊行なので、あるいはこれ以前の発行かも知れない。この種の講義案は、いくたびか出版された可能性もあるので、発行年のことなる版があるのかも知れない。

ところで、本書は全三十三章から構成されているが、いま目次にしたがって、それを示すと、つぎのとおりである。

第六章　二官八省一臺
第七章　地方官庁及軍制
第八章　位階官職及門閥主義
第九章　人民及土地
第十章　財産及兵役
第十一章　私法
第十二章　治罪
第十三章　大宝律総説
第十四章　五刑、八虐、六議及名例律
第十五章　禁衛律
第十六章　職制律
第十七章　戸婚律
第十八章　賊盗律
第十九章　厩庫律
第二十章　擅興律
第二十一章　闘争律
第二十二章　詐偽律
第二十三章　雑律

第二十四章　捕亡律
第二十五章　断獄律
第二十六章　貞永式目総説
第二十七章　貞永式目条々
第二十八章　南北朝ノ法制
第二十九章　足利将軍ノ法制
第三十章　織田氏ノ法制
第三十一章　豊臣氏ノ法制
第三十二章　徳川幕府法制
第三十三章　家康百箇条

これをみれば、あきらかなように、とくに法制史独自の時代区分を立てることもなく、わが国における法典編纂の沿革とその概要を、一般史の時代区分にしたがって順に叙述しており、法制史の定義や研究方法といったことにふれた総論的な部分もない。現存の令を大宝令として紹介するなど、記述は古いが、律令法のところで私法の一章をもうけたり、律の各篇目について、律逸文などを引きながら、詳しい解説を施すなど、興味深い点もある。

ちなみに、さきにもすこしくふれたように、有賀氏には、法制史の概説書ではないが、べつに『日本古代法釈義』（牧野書房、明治二十六年四月十五日初版、のち明治四十一年七月二十六日に博文館より増補版発行）という著書がある。これは、聖徳太子十七条憲法・大宝令（養老令）などの法制史料を適宜抜萃して注釈を加えたものである。有賀氏の『日本法制史』と『日本古代法釈義』は、たとえていえば、瀧川政次郎氏の『日本法制史』と『法制史料古文書類纂』との関係にも比すことができるのではないだろうか。

（3）池邊義象『日本法制史』（博文館、明治四十五年一月二十九日）

「日本法制史」という書名で刊行・市販された概説書としては、前出の三浦菊太郎『日本法制史』（前掲）とともに、比較的早い時期のものである。[10] 瀧川政次郎「明治以後に於ける法制史学の発達」（『研究評論歴史教育』七―九、昭和七年十一月二十八日、のち瀧川氏『日本法制史研究』〈昭和十六年三月五日、のち昭和五十七年四月二十日に名著普及会より復刻〉所収）が、本書の発行年を「明治四十四年」としるしているのは（六四〇頁）、誤りであろう。本書は、菊判上製本の洋装活字本で、本文は一千二十二頁に及ぶ大冊で、扉には、つぎのようにしるされている。

京都帝国大学法科大学講師　池邊義象著
日本法制史
東京　博文館蔵版

「緒言」に「年不肖なりといへども、夙に第一高等学校に在りて「日本制度」を講述し、今京都帝国大学法科大学に在りて「日本法制史」を講述しつゝあり、自から思ふ、此の学に関して、聊学界に貢献せしことあるを、こゝに多年の稿本を編成し、「日本法制史」と題し、世に公にすることゝせり」（四頁）とあるので、本書は、高等学校・大学での講義案を整理したものであることが知られる。目次にしたがって、本書の構成を示せば、以下のとおりである。

第一篇　序論
第一章　不文法時代を論ず

第二章　成文法及び其の沿革を論ず
第二篇　皇室制度
第一章　皇位継承
第二章　践祚即位
第三章　詔勅式
第四章　皇族
第三篇　行政法
第一章　大宝令行政機関の組織
第二章　大宝令行政法の敗頽
第三章　武家時代行政機関の組織
第四篇　位階及官吏
第一章　位階法
第二章　官吏法
第五篇　各部行政
第一章　神祇
第二章　教育
第三章　兵事
第四章　外交

第五章　田制
第六章　租税
第七章　貨幣
第八章　度量衡
第九章　戸籍
第十章　賑恤
第六篇　司法制度
第一章　大宝令司法機関の組織及其の裁判法
第二章　武家時代司法機関の組織及其の裁判法
第三章　大宝令刑法
第四章　武家時代の刑法
第五章　監獄
第七篇　身分法
第一章　氏族
第二章　賤民
第三章　婦女
第四章　僧侶
第八篇　相続法

第一章　家名相続
第二章　遺産相続
第九篇　親族法
第一章　親族及親族の範囲
第二章　戸主及家族
第三章　婚姻
第四章　養子

これをみればわかるように、独自の構成で、篇目の立てかたにも創意工夫がみられ、著者が、この書を編むのに腐心したであろうことは想像にかたくない。ただ、内容的には、こんにちからみれば、有職故実的な制度史の範疇を出るものではない。牧健二『日本法制史』（国史講座刊行会、昭和八年十一月一日）も、本書を、明治二十三年に出た萩野由之・小中村（池邊）義象『日本制度通』より「一転化してものである」（九頁）と評している。

（4）宮崎道三郎『日本法制史』（帝大有志會、大正三年二月十一日・石田正七発行、大正六年五月二十五日・無刊記）

東京帝国大学において日本で最初に日本法制史の講座を担当された宮崎道三郎氏の講義録は、謄写版印刷のかたちで複数出版されている。

①帝大有志會版（大正三年二月十一日）

宮崎氏の日本法制史の講義録のうち、年次のはっきりするもののなかではもっとも古いものである。菊判上製本で全一巻。謄写版印刷で本文二百七十頁（ただし、途中一一三・一一四頁のノンブルが重出しており、実質は二百七十二頁となる）

からなる。扉には、

宮崎博士講述

日本法制史

帝大有志會

とある。冒頭に「凡例」があり、つぎのようにしるされている。

一、本書ハ帝大有志会ニ於テ同志相計リ作制セル物ニシテ防間《ママ》ニ賣捌ク普通一般ノ謄寫本ト其ノ撰ヲ異ニスルモノナリ

一、本書ハ帝大ニ於ケル宮崎博士大正二年度ノ講義ニヨリ加之研究ニ便セン為メ見出ヲ附シ謄寫シタルモノニシテ法學者ノ心《ママ》須ノモノナリ

大正三年九月

帝大有志会

また、巻末の二七〇頁には、

帝大有志会ニ於テ有志相計リ研究ニ便スル目的ヲ以テ五十部謄寫ス本書ハ其ノ一部也

大正三年二月十一日

帝大有志會

（非賣品）

とみえている（「凡例」は九月とするが、便宜上こちらを刊行月日としておく）。本書が、ほんとうに、こうした断わり書きのとおりの趣旨で刊行されたものかどうかはなお検討を要するが、一見して謄写版印刷も素人の手になるものと思わ

れ、あるいは「凡例」にいうように、学生が研究目的で小部数作成したものかも知れない。
つぎに、本書の構成を目次にしたがって示しておくと、つぎのとおりである[11]（他の年度の講義録との比較から、章・節・款・項までしるした）。

第一編　王朝時代ノ法制ヲ論ス
第一章　推古帝時代ニ於ケル法制ヲ論ス
第一節　皇室及ヒ職官
第一款　皇室／第二款　職官
第二節　族長及ヒ族人（氏上氏人）
第三節　臣民ノ階級
第四節　大和民族ノ須域及古代ノ地方区劃
第五節　祭政一致ノ状態
第六節　兵制
第七節　財政ニ関スル制度
第八節　土地ニ関スル制度
第九節　法ノ発現
第十節　民法的制度及ヒ刑法的制度
第一款　民法的制度／第二款　刑法的制度
第十一節　法定及ヒ訴訟手続

第二章　推古帝以降聖武帝以前ニ於ケル法制ヲ論ス
　第一節　支那法制継受ノ原因
　第二節　律令編纂ノ先駆
　　第一款　推古帝以降孝徳帝前ニ於ケル外国制度輸入ノ徴候／第二款　皇極帝時代ニ於ケル外国法ノ移植
　第三節　律令ノ編纂
　　第一款　律令編纂ノ過程（第一項　支那唐代ニ於ケル成文法ノ分類及ヒ該分類ニ関係ル支那法理思想ノ変遷／第二項　我国ニ於ケル律令）／第二款　律令ノ体裁及ヒ其ノ内容（第一項　律令ノ体裁／第二項　律ノ内容／第三項　令ノ内容）
　第四節　律並ニ令ノ励行
第三章　聖武帝以后鎌倉開府前ノ法制ノ沿革ヲ論ス
　第一節　皇室
　第二節　位階及ヒ官職
　　第一款　位階／第二款　官職
　第三節　良賤ニ関スル制度
　第四節　氏族ニ関スル制度
　第五節　土地ノ区劃

これをみればあきらかなように、宮崎氏の日本法制史の講義は、古代法を対象としていたかのごとくである。一六九頁の本文のあとに「(終り)」とあれば、これでいちおう完結したものだったらしく、他の年度の講義録でも、講述が鎌倉時代以後に及んでないことを思うと、宮崎氏の日本法制史の講義は古代法を対象としたものであったことが知られる。(12)

②石田正七版

大正六年五月に刊行された宮崎氏の『日本法制史』（石田正七、大正六年五月二十五日）は、並装A５判、上下二巻からなり、袋綴の謄写版印刷である。通しノンブルが附されており、上下通して四百五十六頁に及ぶ。下巻の本文末尾に「以上、大、五、」としるされているので（もう一行年次の記載があるか印刷が不鮮明で判読不可能。あるいは原紙作成の段階で抹消した文字の残りか）、大正五年の講義録かも知れない。いま、その構成を目次にしたがって（ただし、目次があるのは下巻のみ）、全体の構成を示すと、つぎのごとくである。

第一編　王朝時代ノ法制ノ概略
第一章　推古帝以前ノ法制ノ概略
第一節　皇室並職官
第二節　族長（氏上）族人（氏人）
第三節　臣民ノ階級
第四節　大和民族ノ領域　古代ノ地方区劃
第五節　祭政一致ノ状態
第六節　兵制
第七節　財政ニ関スル制度

第八節　土地制度
第九節　法ノ発現
第十節　民法的制度及刑法的制度
第十一節　裁判所並ニ訴訟手続
第二章　推古帝以降聖武帝以前ニ於ケル法制ノ沿革
第一節　支那法制継受原因
第二節　律令制定ノ前駆
第三節　律令ノ編纂
第四節　律令ノ励行
第三章　聖武帝以後鎌倉開府前ニ於ケル法制ノ沿革
第一節　皇室
第二節　位階及ヒ官職
第三節　良賤ニ関スル制度
第四節　種族ニ関スル制度
第五節　土地ノ区劃

（以下、下巻）

細部までは掲げなかったが、これをみれば、この年の講義も、さきの帝大有志會版によって知られる大正二年度の講義とほぼおなじ内容であることが判明する。そして、叙述が古代法にとどまり、鎌倉時代以後には及ばなかった点も、また大正二年度のそれと同様である。もっとも、四百五十六頁に及ぶ宮崎氏の講義録は、きわめて周到で、おそらくこのペースで講義を継続すれば、一年で鎌倉時代以降に話を及ぼすのは不可能と思われる。

なお、宮崎氏の歿後、中田薫が編集・出版された遺稿集『宮崎先生法制史論集』（岩波書店、昭和四年六月二十日）は、氏の日本法制史関係の論文三十四篇を集めた総七百六十六頁に及ぶ浩瀚な著書であるが、日本法制史の概説のたぐいは収録されていない。宮崎氏の、こうした日本法制史の講義録が謄写版印刷もしくは書写のかたちでごくかぎられた範囲にしか普及しなかったのは、惜しみて餘りあることである。

③その他

なお、以上のほかにも、刊行年次や発行所が不明の講義録が、宮崎氏にはいくつかある。今回調査できたものを、参考までに掲げておく。

(a)　扉に、

宮崎博士述（東、大、）

日本法制史　完

『以謄写版換筆写』

（非売品）

としるされた講義録。A５判の和装本で、謄写版印刷。本文は三百五十七頁。無刊記で、発行年次・発行所は不明だが、扉裏にある編者の「附言」に「本書ノ内容ハ大正四年ニ於ケル東大宮崎博士ノ講述ニカ、ルモノヲ輯シタルモノ也」とあれば、①の翌年の講義録であろう。内容的には、①や③とおなじである。

(b)　このほかにも、やはり無刊記の和綴の『日本法制史』がある。[13]　タテ二三・八センチメートル、ヨコ一五・七センチメートル、本文二百五十頁からなる。章節の立てかた・名称、叙述は、ほぼ①に等しいが、第三章第四・五節を欠いている。

(c) 題僉に「日本法制史　宮崎博士述」とある和綴本の一本。謄写版印刷で、タテ二三・四センチメートル、ヨコ一五・五センチメートル。本文は七十三頁からなり、他の宮崎氏の講義録にくらべると、記述が簡略である。これも、講義録の一つであろうか。なお、本書は、内容的には、後述の(d)に酷似している。ただし、(d)の巻頭には、「緒言」として総論的な記述があるが、こちらはそれを欠いている。

(d) なお、このほかにも、同志社大学図書館には、「宮崎博士述　日本法制史」と題する講義録を書写したものが残されているが、筆写の年次や何年度の講義録かは手がかりがなく、不明である。ただ、前述のように、内容的には(c)と酷似しているが、こちらのほうが首尾一貫している。

(5) 三浦周行「法制史総論」（三浦氏『法制史の研究』〈岩波書店、大正八年二月十五日〉所収）

京都帝国大学法学部において、日本法制史の講義を担当されていた三浦周行氏は、生前、日本法制史の概説をいくつか世に送っておられる。ただ、生前に単行本として刊行されたものはなく、いずれも氏の論文集などに収録されるかたちをとっている。[14]

この「法制史総論」は、明治四十二年に刊行された大日本百科辞書編輯所編纂『法律大辞書』第六冊（同文館、明治四十四年十一月二十八日、のち平成十年四月二十五日に日本図書センターより復刻）に氏が執筆された「日本法制史」をベースとしたもので、氏の最初の日本法制史の概説書である。原論文は、B5判三段組で二十頁に及ぶ長篇である。大正八年二月に刊行された三浦氏の『法制史の研究』（岩波書店、大正八年二月十五日）の第一編「総論」の最初に収められ、広く読まれたものと考えられる（なお、同書に附された「成稿年表」によれば、明治四十一年四月から六月にかけての執筆であるという）。「法制史総論」は、『法制史の研究』で六十二頁を占めるが、同氏の他の概説にくらべると、短文である。ちなみに、本概説の構成は、つぎのとおりである。

一　日本法制の系統
二　律令格式等の制定
三　現存せる律令格式等
四　律令格式の修正
五　律令の研究
六　近世に於ける律令学の勃興
七　中古法制の弛廃
八　武家法制の発達
九　武家制度の編纂
一〇　貞永式目と公家法制との関係
一一　武家制度の基礎
一二　貞永式目及び其追加
一三　貞永式目の影響と其研究
一四　戦国時代以後の法制的傾向
一五　江戸幕府の法制

これをみればあきらかなように、この「法制史総論」は、日本における法典編纂の沿革とその研究の歴史に的を絞った内容である。

（６）三浦周行述『法制史講義【大正九年度】』（無刊記）

いくつかある三浦氏の日本法制史の講義録の一つ。無刊記だが、扉には、

文学博士　三浦周行述

法制史講義

【大正九年度】

とるされている。現在京都大学附属図書館に所蔵される、三浦氏自身が寄贈した一本[15]（筆者が検索したかぎりではこれが現存する唯一の現物である）には、扉裏に大正十年五月十三日の受入印が捺されているので、大正九年か十年に刊行されたものであろう。この講義録は、Ａ５判上製本で、本文百六十六頁と附録六十六頁からなる。活版印刷で、目次も備わった首尾一貫した本だが、刊記がないため、誰がどのような目的で印刷に附したのかはよくわからない。

つぎに、目次にしたがって、本書の構成を示しておく。

（第一）式目以前の法制／（第二）御成敗式目の編纂
第十二章　御成敗式目の内容
一　公武関係／二　所領制度／三　訴訟法／四　武断的制裁／五　公家法の影響
第十三章　御成敗式目追加
一　式目其他の前令の修正／二　従来不文法なりしものを成文律とせるもの／三　式目の運用に資すべき細則／四　式目を始め其他の前令を繰返せるもの／五　幕府が朝廷の制定に係る法律を施行せるもの
第五期　戦国時代
第十四章　国法の制定
第十五章　国法の特質
第六期　江戸時代
第十六章　江戸幕府の立法
第十七章　御定書の編纂
第十八章　立法の精神

これにつづく「附録」には、『延喜式』「大祓詞」以下、都合二十二箇条の史料が原文で掲げられているが、その細目は省略する。附録として史料の原文を附す点は、後掲の「法制史概論」（三浦氏『續法制史の研究』〈岩波書店、大正十四年十月十五日〉所収）と共通するが、項目の立てかたや内容には、多少出入りがある。とくに、「法制史概論」では、明治時代にまで叙述が及んでいるが、この「法制史講義」は江戸時代までで終っている。本書が講義録であることを考慮すると、年度によって多少内容に出入りが生じることは、ある程度やむを得ないところである。なお、上横手雅敬氏は、三浦周行『日本史の研究』新輯一（岩波書店、昭和五十七年一月八日）の「解説」において、この講義録に言及し、「大正九年の『講義』、十年の「概論」の学説史的意義はもっと高く評価されてよい」とのべておられるが、本書の存在は、一般にはあまり知られていない。さきにものべたように、本書は現在京都大学附属図書館に所蔵される以外はみかけることがなく、その点から押すと、本書は、もともときわめて小部数しか作製されなかったのであろう。

（7）中田薫述『日本法制史（公法ノ部）』（文信社、大正十一年一月十五日）

東京帝国大学法学部における「日本法制史」の講義録である。中田薫氏は、日本法制史の講座において、隔年に公法と私法を講じられたが、大正十年度は「公法史」を講じられたようで、それがこのような講義録のかたちで残っている。この文信社版は、その表紙・扉に、

中田博士述　　（非賣品）

日本法制史　完

大正十一年度東大講義[16]

とあり、「公法」の講義録とは断わっていないが、目次・本文の末尾には、それぞれ「日本法制史（公法ノ部）目次終」・「日本法制史（公法ノ部）終」と明記されている。A5判並装で、謄写版印刷。本文は総四〇六頁に及ぶ。表紙にも奥附にも「非賣品」であることをうたっているが、これが営利目的で作製・販売されたことは疑いがない。[17]

ちなみに、中田氏の日本法制史の講義録は、公法のかぎっても、複数出版されており、おなじ大正十一年度のものが、のちに昭和三年三月二十五日附で辛酉社というところから発行されており（A5判並装、本文三百四十頁）、昭和

九年度のものが啓明社から（菊判並装四分冊。上巻は昭和八年九月六日発行で本文百六頁、中巻は昭和八年一二月八日発行で、本文百七頁、下巻（1）は昭和九年一月二十一日発行で本文七十九頁、下巻（2）は昭和九年三月四日発行で本文八十四頁）、昭和十一年度のものが東京プリント刊行会から（菊判並装三分冊。第一分冊は昭和十年十月一日発行で本文百二十七頁、第二分冊は昭和十一年一月十五日発行で本文百四十九頁、第三分冊は昭和十一年二月　日発行で本文二百十九頁）発行されている。[18] 辛酉社版は横組みだが、内容はまったく文信社版とおなじである。また、東京プリント刊行会版も、内容は文信社版とまったくおなじである。

参考までに、文信社版の目次にしたがって、本書の構成を示すと、つぎのとおりである。

第七章　兵制
第八章　法源
第九章　刑法

第二期　大化後代

序論
第一章　大化ノ改新
第二章　律令ノ編纂

本論
第一章　天皇及皇族
第二章　中央官制
第三章　官吏法及ヒ位階法
第四章　氏姓制度ノ変遷
第五章　人民ノ階級
第六章　地方制度
第七章　戸籍　計帳
第八章　土地制度
第九章　財政
第十章　兵制

第十一章　庄園（荘園）
第十二章　法源
第十三章　刑法
第十四章　裁判所

第二編　中世（鎌倉幕府開設ヨリ関ヶ原合戦マテ）

第一章　天皇及と朝廷
第二章　将軍及幕府
第三章　人民ノ階級
第四章　庄園ノ変遷
第五章　封建制度ノ変遷
第六章　地方制度
第七章　土地制度
第八章　財政
第九章　軍政
第十章　法源
第十一章　裁判所
第十二章　刑法

第三編　近世（江戸時代）

第一章　将軍及幕臣
第二章　天皇及朝廷
第三章　中央官制
第四章　人民ノ階級
第五章　地方制度
第六章　土地制度
第七章　財政
第八章　封建制
第九章　軍政
第十章　法源
第十一章　裁判所
第十二章　刑法

第二編第九章と第十章第三・四・五節と第十一章、第三編第九・十一・十二章は、いずれも記述が省かれている。あるいは、時間の都合で、実際の中田氏の講義では省略されたのであろうか。

なお、この大正十年度の中田氏の講義録は、のちに、私法史のそれとあわせて、中田薫述・石井良助校訂『日本法制史講義』（法制史学会、昭和五十八年十月十五日）として刊行された。

（8）中田薫述『日本私法法制史（大正十二年度）』（文信社、大正十二年二月十三日）

東京帝国大学法学部における中田氏の日本法制史の講義が大正十年度からはじまり、この年は公法史の講義が、翌年には私法史の講義がおこなわれ、以後、氏が停年で東京帝国大学を退職される昭和十二年まで続いた。[19]本書は、大正十一年度、すなわち中田氏の最初の私法史の講義録で、さきの中田氏の公法史の講義録おなじく、文信社から刊行されている。Ａ５判並装、本文三百六十八頁の謄写版印刷である。表紙・扉ともに「大正十二年度東大講義」としているが、これは十一年度の誤りと考えられる。

以下、目次にしたがって、その構成を示すと、つぎのとおりである（私法史のみの概説書としては最初のものなので、あえて款名まで示した）。

第一巻　上古
　第一期　大化前代
　　第一章　法源
　　第二章　私法
　　　第一節　権利及行為能力
　　　第二節　親族法
　　　第三節　財産法
　　　第四節　相続法
　第二期　大化後代
　　第一章　法源
　　第二章　私法

第三節　債権法

第一款　売買／第二款　交換／第三款　和与寄進（寄附）／第四款　消費貸借／第五款　使用貸借、賃貸借、寄託／第六款　為替／第七款　問屋（問丸）／第八款　頼母子講／第九款　海商法／第十款　不法行為／第十一款　債権の担保／第十二款　債務に対する強制執行

第四節　親族法

第一款　氏族及家／第二款　婚姻／第三款　親子／第四款　後見

第五節　相続法

第一款　家名相続／第二款　財産相続／第三款　隠居

第三巻　近世

第一章　法源

第二章　私法

第一節　人法

第一款　自然人／第二款　法人

第二節　物権法

第一款　不動産物権／第二款　準不動産物権／第三款　動産物権

第三節　債権法

第一款　売買／第二款　交換／第三款　譲渡／第四款　消費貸借／第五款　賃貸借／第六款　寄託、預り物／第七款　組合／第八款　問屋、仲買人／第九款　手形／第十款　海商法／第十一款　不法行

為／第十二款　債権担保／第十三款　債務に対する強制執行

第四節　親族法

第一款　親族／第二款　家／第三款　婚姻／第四款　親子／第五款　後見

第五節　相続法

第一款　封建法／第二款　普通法

この私法史のほうの講義録も、他の年度のものが学生の試験対策のために刊行されたようで、筆者の承知しているところでは、昭和十二年度のものが、啓明社（菊判並装、謄写版印刷で本文三百八十七頁、昭和十一年十月十八日発行）・帝大プリント聯盟[20]・東京プリント刊行会[21]からそれぞれ刊行されているが、内容的には大正十一年度のものとそれほどちがわない。

なお、この大正十一年度の中田氏の講義録が、のちに、公法史のそれとあわせて、中田薫述・石井良助校訂『日本法制史講義』（前掲）として刊行されたことは、さきにのべたとおりである。

(9)　堀田璋左右述『日本法制史』（國史講習會、大正十三年十一月十五日）

国史講習録の第十八巻として刊行されたもので、A5判並装、本文百四頁の小冊子である。本書には、ほかに川上多助「中古の浪人問題」と樹下快淳「山門と寺門の紛諍」の二篇が掲載されているが、これらは本篇とは直接関係ない。

本書の表紙には「日本法制史」とあるが、扉・柱・奥附では「日本法制史要項」となっている。あえて「要項」とした理由について、著者は、「緒論」で「日本法制の沿革を簡単に述ぶることは頗る難事で有る。少くとも十回以上の講演を要すると云ふ事が本講に於て単に要項のみに止めねばならぬに至った所以である」（一頁）とのべている。本書については、おなじく「緒論」に「本講習録の目的は、中等学校を修了したる者の、是より稍々高き課程に入らんとする、謂はゞ専門に入らんとする方々の為めにするのである」（一頁）とあることからも、受験参考書としての性格の濃いものであったことが知られる。したがって、当然のことながら、章立ても簡略で、

第一回　聖徳太子の十七条憲法
第二回　大化の改新
第三回　大宝令
第四回　大宝律
第五回　貞永式目
第六回　建武式目　建武以来式目追加
第七回　禁中条目及御定書百箇条

と、その叙述の範囲は中世にとどまっている。律令に頁を割いて詳しく解説しているが、その叙述は、依然現存の令を大宝令とする旧説を敷延しており、こんにちからみて古色蒼然の感が否めない。

（10）三浦周行「法制史概論」（三浦氏『續法制史の研究』〈岩波書店、大正十四年十月十五日〉所収）

さきにもふれたように、三浦氏は、大正四年から十五年までのあいだ、京都帝国大学法学部において日本法制史の講座を担当しており、そのおりの講義案をもとに、幾つかの日本法制史の概説を発表しておられる。その一つが、ここに紹介する「法制史概論」である。これは、『續法制史の研究』（岩波書店、大正十四年十月十五日）の巻頭、第一編

「総論」の第一に収録されているので、広く一般に流布した。同書に附された「成稿年表」には、「大正一〇・八」とあって、京都帝国大学における三浦氏の大正十年度の日本法制史の講義録である。

この「法制史概論」の構成は、つぎのとおりである。

緒論
第一期　上古時代（第一固有法時代）
　第一章　社会組織
　第二章　法源
第二期　中古時代（第一外国法模倣時代）
前期　律令時代（支那法採用時代）
　第一章　氏族制度の弊害
　第二章　法制編纂の経過
　第三章　令集解と令義解
　第四章　立法の精神
後期　格式時代（慣習法発達時代）
　第一章　格式の編纂
　第二章　法制の特徴
第三期　武家時代（第二固有法時代）
前期　鎌倉室町時代（式目時代）

第一章　武家の社会
第二章　御成敗式目及び追加の制定
第三章　武家法制の特色
第四章　朝廷の新制
中期　戦国時代（国法時代）
第一章　戦国時代の社会
第二章　国法の本質
後期　江戸時代
第一章　社会階級の整理
第二章　前期の立法
第三章　後期の立法
第四期　明治時代（第二外国法模倣時代）
第一章　前期の法制
第二章　後期の法制
第三章　結語
附録

この「法制史概論」は、『續法制史の研究』で百七十九頁を占め、氏の講義案のたぐいでは、分量的にはもっとも充実している。附録として、巻末には、参考史料を原文のまま附す周到ぶりである。まず、「緒論」で独自の時代区分を設定したうえで、各時代における法典編纂の沿革を叙述するが、それはたんなる法制の変遷にとどまらず、そうした法典を生み出した当時の社会情勢についても詳しく言及しているのが、大きな特色である。

なお、このなかで三浦氏の打ち出した時代区分については、「実はこれは日本法制史における最初の時代区分かと思われ、昭和三年に刊行された滝川政次郎氏の『日本法制史』の時代区分にも影響を及ぼしている。この点から見ても、博士は歴史学としての法制史のパイオニアということができるのである」という上横手雅敬氏の評がある。[22]

(11) 三浦周行「法制史講義」（三浦氏『續法制史の研究』〈岩波書店、大正十四年十月十五日〉所収）

さきに紹介した「法制史概論」とともに、三浦氏の『續法制史の研究』（岩波書店、大正十四年十月十五日）に収録される（第一編「総論」の第二に排列）。構成を示せば、つぎのとおりである。

総論
第一期　第一固有法時代
　第一章　国家の体制
　第二章　法制的事項
　第三章　私法的事項
第二期　第一外国法模倣時代
　前期　律令時代
　第一章　推古天皇以来の法制
　第二章　律令の制定

第三章　律令の内容
第四章　立法の精神
後期　格式時代
第一章　格式の編纂
第二章　法制の特色
第三期　第二固有法時代
前期　式目時代
第一章　幕府の組織
第二章　社会階級
第三章　貞永式目及び追加の制定
中期　戦国時代（国法時代）
第一章　社会状態
第二章　国法の発達
第三章　国法の特徴
第四章　法制の統一
後期　江戸時代
前期　法度時代
第一章　法度の制定

第二章　法制の傾向
後期　御定書時代
第一章　御定書の編纂
第二章　御定書等の法理

分量的には百五十二頁と、さきの「法制史概論」よりもやや短い。内容にも出入りがあり、とくに「法制史講義」のほうは、第四期「明治時代」の叙述が缺落している。上横手雅敬氏によれば、こうした不完全さは、本来これらの諸概説が講義録であることに起因するものであって、時間的な制約から、年度によって重点を変えたものと思われるという。(23)

なお、餘談になるが、筆者は、三浦氏の、大学における講義案とみられる草稿を、不完全ながら幾つか所蔵しており、これらは、ここにあげた「法制史総論」・「法制史概論」・「法制史講義」と密接なかかわりをもつものであり、同時に、三浦氏の講義案作成のプロセスを知るうえで貴重な資料でもある。ただ、整理が完全に終っていないので、詳細はべつの機会に譲ることとする。

(12) 瀧川政次郎『日本法制史』(中央大学、大正十二年四月？)

瀧川政次郎氏の執筆にかかる日本法制史の概説書は複数あり、「日本法制史」と題したものに限っても三書存在する。(24) 本書は、そのなかでももっともはやく執筆・刊行されたもので、A5判上製本、総八百六頁の大冊である。背表紙には「日本法制史　法學士瀧川政次郎述」とあり、目次にも「日本法制史目次」とあるが、本文第一頁には、

日本法制史講義案

とあり、本文柱も一貫して「日本法制史講義案」とする。序・奥付がなく、発行年月日・発行所などはいっさい不明であるが、これが、嵐義人「瀧川政次郎博士論著目録（稿）」（瀧川政次郎『律令の研究』〈名著普及会、昭和六十三年十一月二十日〉所収）の「I著書」の項に、

日本法制史講義案（非刊行）　中央大学　大正13年4月

とみえるものであることは疑いない。嵐氏がなにによって発行年月を承知されたかは不明だが、本書刊行のことは、瀧川氏の二冊目の『日本法制史』（有斐閣、昭和三年十一月十六日初版発行）の「序」でもふれられているので、以下にそれを引用しておく。

法學士　瀧川政次郎述

大正十二年四月、私は中央、法政、日本の三大学に於いて、日本法制史の講座を担当すると同時に、講義案の執筆にかかつた。其の講義案は、中央大学に於いて印刷に附したが、上古、中古の二編を終つたのみで、既に八百頁を超過してしまつた。故にこれを其の儘継続するときは、三千頁以上の大冊となつて、到底教室で使用するに堪へなくなるので、止むなくこれを中止した。其の後私は、九州帝国大学教授に任ぜられ、同大学法文学部で日本法制史を講ずる事になつたので、其れを機会に、全部が五百頁位で終る予定で、講義案を全部書き直した。本書は、即ち其の講義案を更に訂正増補したものである。五百頁と云ふ予定の頁数はとつくに超過して、六百十六頁と云ふ可成り長いものになつてしまつたが、旧講義案で八百頁以上あつた上古、中古の二編が、本書に於いては僅々百七十三頁に圧搾されてゐるのであるから、これでも内容を簡単にする事には、可成り成功した積りである。旧講義案の附録として、中央大学で印刷に附した法制史料古文書類纂は、既に昨年六月、本書に先立つて出版せられたが、本書は今年〔昭和三年〕三月に書上げる予定が、だんだ晩（ママ）れにおくれて、

春もたけ夏も過ぎて秋まさに闌ならんとするこの十月になつて、漸く出版の運びとなつた。(序二〜三頁)

つぎに、本書の構成だあるが、いま目次にしたがって、その概要を示すと、つぎのとおりである。

本書で省略された第一篇は、本書と姉妹の関係に立つ有斐閣版『日本法制史』のほうを参考にすると、それが、日本法制史の定義や研究方法についてのべた「総論」であったと考えられる。同様にして、第二・三篇は、有斐閣版『日本法制史』の「第二編　固有法時代」、「第三編　支那継受法時代」に相当する。したがって、本書は、日本法制史の古代篇ともいうべきものである。右の有斐閣版『日本法制史』の「序」に「旧講義案で八百頁以上あつた上古、中古の二編が、本書に於いては僅々百七十三頁に圧搾されてゐる」とあるように、本書の叙述はきわめて詳細で、有斐閣版『日本法制史』にくらべると、律令のこまかい規定の逐条解釈などがそうとう詳しくしるされている。律令格式の研究は、瀧川氏の専門であって、その叙述にも、ご自身の研究成果をふまえた独自のものが随所にみえ、古代法の概説書という点では、ある意味、有斐閣版『日本法制史』よりも利用価値が高いといえよう。

ちなみに、さきに引用した「序」のなかで、「旧講義案の附録として、中央大学で印刷に附した法制史料古文書類纂は、既に昨年六月、本書に先立つて出版せられた」とのべられている『法制史料古文書類纂』は、昭和二年七月三十日、有斐閣から発行されている。

(13) 瀧川政次郎『日本法制史』（有斐閣、昭和三年十一月十六日）

本書は、昭和三年十一月、有斐閣から刊行された。菊判上製本、本文六百十六頁の大冊で、巻末に五十頁に及ぶ索引と年表を附す周到さである。本書刊行の経緯については、すでに瀧川氏の第一冊目の中央大学版『日本法制史』のところでもふれたので、ここでは繰り返さないが、本書は、瀧川氏の三冊の『日本法制史』のなかでは、もっとも首尾一貫しており、記述も広範囲に及んでいる。いま、目次によって、その構成を示せば、つぎのとおりである。

第二篇　固有法時代
第一章　固有法の特色
第二章　氏族制度
第三章　家族制度
第三篇　支那継受法時代
第一章　総説
第二章　国家の組織
第三章　土地制度
第一節　班田収授法／第二節　荘園制度の発達
第四章　財政制度
第一節　総説／第二節　租税
第五章　刑法
第一節　律の刑法／第二節　使庁の流例
第六章　司法制度
第一節　総説／第二節　律令の訴訟手続／第三節　律令以後の司法制度
第七章　人権法
第一節　身分法／第二節　能力法
第八章　物権法

第一節　総説／第二節　不動産物権／第三節　動産物権／第四節　担保物権
第九章　債権法
第一節　総説／第二節　売買、交換／第三節　贈与／第四節　消費貸借／第五節　多年当事者の債権債務
／第六節　不法行為
第十章　親族相続法
第一節　戸及び家／第二節　親族／第三節　婚姻／第四節　親子／第五節　後見／第六節　相続法
第四篇　融合法時代前期（式目時代）
第一章　総説
第二章　幕府の組織
第一節　鎌倉幕府の組織／第二節　室町幕府の組織
第三章　朝廷及び寺社の組織
第一節　朝廷の組織／第二節　寺社の組織
第四章　封建制度
第一節　総説／第二節　御恩／第三節　奉公
第五章　土地制度
第一節　庄園制度の衰滅／第二節　土地丈量の制度
第六章　刑法及び司法制度
第一節　刑法／第二節　司法制度

第七章　人権法
第一節　身分法／第二節　能力法
第八章　物権法
第一節　不動産物権／第二節　動産物権／第三節　担保物権
第九章　債権法
第一節　売買、交換／第二節　贈与／第三節　貸借、寄託／第四節　多年当事者の債権債務／第五節　為替／第六節　頼母子講／第七節　不法行為
第十章　親族相続法
第一節　一門及び家／第二節　婚姻／第三節　親子／第四節　後見／第五節　家督相続／第六節　財産相続／第七節　隠居
第五篇　融合法時代中期（国法時代）
第一章　戦国諸家の法制
第二章　織豊二氏の法制
第六篇　融合法時代後期（定書時代）
第一章　総説
第二章　幕府の総説
第一節　将軍／第二節　中央の職制／第三節　地方の職制／第四節　諸藩の職制
第三章　封建制度

第一節　総説／第二節　俸禄／第三節　軍役公役
第四章　町村の組織
第一節　村の組織／第二節　町の組織／第三節　五人組
第五章　財政制度
第一節　総説／第二節　土地制度／第三節　租税制度
第六章　刑法及び司法制度
第一節　刑法／第二節　司法制度
第七章　人権法
第一節　身分法／第二節　能力法
第八章　物権法
第一節　不動産物権／第二節　准不動産物権／第三節　動産物権／第四節　担保物権
第九章　債権法
第一節　売買、交換／第二節　譲渡、寄進／第三節　消費貸借／第四節　多年当事者の債権債務／第五節　賃貸借、寄託／第六節　雇傭／第七節　商業手形／第八節　組合、無尽講／第九節　海法／第十節　不法行為
第十章　親族相続法
第一節　総説／第二節　家及び親族／第三節　婚姻／第四節　親子／第五節　後見／第六節　家督相続／第七節　財産相続／第八節　隠居

本書の内容には注目すべき点が多いので、ここでは、あえて節名まで掲げてみた。こうした本書の構成をみただけでも、本書が、日本法制史の概説書としていかに整った体裁を有しているかおわかりいただけると思うが、これは、中田薫氏の影響が大きい。瀧川氏は、東京帝国大学法学部において、中田氏の初期の日本法制史の講義を聴講したというが、その印象を、のちに、

中田博士の日本法制史はすこぶるドイツ風であった。ドイツでは法制史を法源史、公法史、私法史の三部に分けて、公法史を講義するときも、私法史を講義するときも、法源史を付設するという。中田博士の日本法制史の講義はそれに倣い、各時代ごとに最初に法源の一章を置き、次に朝廷・幕府の官制、職制、裁判制度、刑法等、公法に属する諸法制を述べ、最後に身分法、取引法、物権法、親族相続法日等、私法に関する諸法を述べるものであった。(25)

とのべ、さらに、

私は、世界法系の見地から、時代を固有法時代、支那継受法時代、融合法時代（前期・中期・後期）、欧米継受法時代の四期に分つが、本書では融合法時代までの三期を扱った。そのうち、支那継受法時代、融合法時代の前・中・後期に人権法、債権法、親族相続法の各章を設けたのは、中田博士の私法史を取り入れたものであって、各章中田博士の研究に負うところいこぶる大である。記してその学恩を謝すと爾云う。(26)

と回顧しておられる。「学術文庫『日本法制史』序」では、瀧川氏が中田氏に破門された経緯が語られているが、(27)それでも、学問上では、瀧川氏は、中田氏の大きな影響下にあったことはまちがいない。

本書は、こうした斬新な構成と、瀧川氏自身の独自の研究成果を盛り込んだ、劃期的な日本法制史の概説書であっただけに、研究者のみならず、一般にも広く受け入れられ版を重ねた。有斐閣版『日本法制史』は、昭和三年の初

版刊行以来、昭和十六年十月二十日発行の第七版まで重版がおこなわれた。

もっとも、瀧川氏は、当初から、記述が欧米継受法時代に及ばないことを遺憾とされていたようで、後述するように、乾元社版『日本法制史』の刊行は、その不備を補う目的をもっていた。しかし、同書も、結局は、下巻が未刊のままに終わり、欧米継受法時代はついに増補されなかった。[28]

なお、本書は、戦後、昭和三十四年に至って、新字体・現代仮名遣いにあらためた新版が角川書店から刊行された。終戦後、ながらく絶版状態におかれたのは、瀧川氏と版元の感情の行き違いが原因であったからだという。[29]ちなみに、この角川書店版も版を重ね、筆者が確認しえた範囲では、昭和四十六年六月十日に第四版が刊行されている。もっとも、この角川書店版も、その後品切れのまま、重版がおこなわれなくなるが、昭和六十年に至って、講談社学術文庫に上下二巻で収録された。同書は、原本を底本に、現代仮名遣いにあらため、ルビを増やすとともに、史料を書き下し文にするなどの工夫が施されており、読みやすいかたちに改訂されているが（こうした工夫は、瀧川氏の門下の嵐義人氏が担当した）、記述はもとのままである。同書は、現在も重版がつづいており、日本法制史の概説書のなかでは、もっとも息の長い一冊である。断続的にではあるが、刊行後七十五年を経たこんにちでも入手可能で、多くのひとびとに活用されているのは、まさに驚嘆に値する。

（14）牧健二『日本法制史論』朝廷時代上巻（弘文堂書房、昭和四年一月一日）

牧氏にも、日本法制史に関する複数の概説書があるが、本書は、そのいちばん古いものである。本書第一篇「緒論」の第二章「日本法制史の概観」では、牧氏による日本法制史の時代区分が開陳されているが、それによれば、氏は、まず、A朝廷法時代、B武家法時代、C立憲法時代、の三期に大別し（こうした時代区分そのものは、牧氏の恩師である三浦氏の強い影響下にあることがうかがえる）、さらに、Aを、①氏族不文法時代、②律令格式時代、③公家法時代、の三区分に、Bを①初期武家法時代、②大名領地法時代、③武家法完成時代、三区分に、Cを①立憲法準備時代、②立憲法成立時代、の二区分に分ける。朝廷時代上巻と題された本書は、このうちのA―①・②を扱ったものと思われるが、その構成を目次にしたがって示すと、以下のとおりである。

第一篇　緒論
　第一章　日本法制史の研究
　第二章　日本法制史の概観
第二篇　氏族不文法時代
　第一章　国家と法
　第二章　統治に関する法
　第三章　身分に関する法
　第四章　財産に関する法
　第五章　上古法の精神
第三篇　律令格式法時代（上）
　第一章　大化改新
　第二章　法源
　第三章　天皇
　第四章　統治組織

第五章　教化
第六章　階級
第七章　財政
第八章　兵備警察及び交通
第九章　刑罰
第十章　犯罪
第十一章　司法
第十二章　監察

この章節名をみただけでも、ひじょうに詳細な概説書であることが知られると思うが、分量的にも、これだけの記述に六百三十五頁を費やしており、全巻完結すれば、ほかに例をみない浩瀚な日本法制史の概説書となったであろう。ただ、惜しむらくは、この『日本法制史論』に関していえば、この一冊のみで終って、続刊はついに出版されることがなかった。

(15) 三浦周行「法制史」（末弘嚴太郎編集代表『現代法学全集』第二十二巻〈日本評論社、昭和五年一月十日〉）

この「法制史」は、三浦氏の単著ではなく、末弘嚴太郎編集代表『現代法学全集』第二十二巻（日本評論社、昭和五年一月十日）に、穂積重遠「親族法（二）」・我妻榮「物権法（三）」・加藤正治「破産法（二）」とともに収録されて出版された。同書は、A5判上製本、本文四百二十五頁からなり、三浦氏の「法制史」は諸論文のなかで最後を占め、二九七～四二五頁まで二十九頁に及ぶ。本稿は、三浦氏晩年の概説であり、氏がいくつか発表された日本法制史の概説のなかでは「量的に最大、内容ももっとも整って」いるという。[30] また、牧健二氏によれば、これは、三浦氏の東京商科大学における講義であったという。[31] この「法制史」では、これに先立つ「法制史概論」などで三浦氏の立てた時代区分がそのまま受け継がれているので、ここでは、重複を厭い、こまかい章節の紹介はおこなわない。ただ、各時代の記述を、法源・社会制度・財産制度・親族制度などの項目に分け、さらにそのなかで小見出しを立て、具体的に詳述するというスタイルは、この「法制史」ならではのかたちである。章節をこまかく分かちながら記述するのは、はやく『鎌倉時代史』（早稲田大学出版部、明治四十年八月十八月）などにみられる、三浦氏の概説の独自のスタイルといえる。

(16) 牧健二『日本法制史』（国史講座刊行会、昭和八年十一月五日）

昭和四年に出た牧氏の『日本法制史論』は第一冊を刊行しただけで終ったが、牧氏は、その後、昭和八年にあらたに『日本法制史』を執筆されている。これは、全二十一巻で国史講座刊行会から出版された「国史講座」の一冊として第八回配本にあたる。A５判並装で、本文の総頁数は三百八十九頁。正確には、編輯部編『国史問題質疑応答』と題する冊子とあわせて函に収められているが、こちらは直接牧氏の『日本法制史』とは関係がない。初版は並装だが、のち昭和十二年一月二十五日発行の分は、上製本である。本書の構成を、目次によって示せば、つぎのとおりである。

第三章　中古公的生活の法制
第四章　中古私的生活の法制
第五章　中古の公家法
第六章　中世公的生活の法制
第八章（ママ）　中世私的生活の法制
第九章　中世の大名領地法
第十章　近世の法及び国家
第十一章　近世公的生活の法制
第十二章　近世私的生活の法制
第十三章　明治の法律改革

初版では、本来、第七章とあるべきところが第八章となっており、以下、順に通し番号がずれているが、これは昭和十二年の版でも訂正されていない。

内容についていうと、冒頭には周到な緒論が附されており、また、公法・私法の両方にわたり、バランスのよい記述があり、叙述の範囲が明治時代にまで及ぶなど、日本法制史の概説書としてじつに首尾一貫している。とくに、第四章までのところは、さきに出た『日本法制史論』朝廷時代上の内容を巧みに吸収・要約しており、その意味で、両書の関係は、瀧川氏の中央大学における日本法制史講義案と有斐閣版『日本法制史』との関係に比すべきものである。

（17）牧健二『日本法制史概論』（弘文堂書房、昭和九年五月十日～昭和十年五月五日）

牧健二氏が、昭和八年に国史講座刊行会版『日本法制史』を出版された翌年に刊行されたのが、本書である。前著と発行年月が近接しているので、あるいは本書は前著の増補改訂版と錯覚されかねないが、じつはまったくべつの概説書である。本書刊行の意図について、牧氏は「序」のなかで、

日本法制史の叙述に就て私の有する希望は二つある。一つは徳川時代及び其れ以前の各時代の法律を、其の固有の本質に従うて明かならしめることであり、他は維新以後の法律の成立と発達とを、日本史的並に世界史的考察の基礎の上になるべく詳細に論述することである。そして本書は大学に於ける講述の便宜の為、徳川時代の末に至るまでの所謂旧日本の法律に就て、卑見の要旨を纏めて見たものであり、維新以後の法制史は他日之に追加して発表する予定である。

とのべておられる。

本書は、はじめ、昭和九年から翌十年にかけて、弘文堂書房から菊判並装の三分冊で刊行されたが、それは、つぎのとおりであった（各分冊が、どこまでの記述をふくむかは、あとにあげる本書の篇目のところに掲げた）。

第一分冊　昭和九年五月十日発行　一～一三三頁
第二分冊　昭和九年十一月二十五日発行　一三三《ママ》～二六六頁
第三分冊　昭和十年五月五日発行　二六九～三九八頁

同書は、のち昭和十年五月五日に若干の訂正を加えて一冊に合本された。こちらはA５判上製本で、あらたに附された索引もふくめ総四百三十九頁に及ぶ。そして、昭和十一年四月十五日には、一部に改訂を施した訂正三版が、さらに昭和十三年四月十日にはさらなる改訂を加えた訂正五版が刊行されている（三度にわたる改訂の箇所については、訂

正第五版の「第五版序」に詳しい)。

つぎに、目次にしたがって、本書の構成を示しておきたい。

(以上、第一分冊)

第三編　後期王朝時代
　第一章　総説
　第二章　国家の構成
　第三章　刑事民事の制度
　第四章　庄園制度
第四編　初期武家時代
　第一章　総説
　第二章　国家の組織
　第三章　封建制度
　第四章　家族制度
　第五章　土地財産制度
　第六章　雑種財産制度
　第七章　刑法及び司法制度
第五編　中期武家時代
　第一章　総説
　第二章　大名領地
　第三章　身分制度
　第四章　財産制度

（以上、第二分冊）

本書の時代区分は、国史講座刊行会版『日本法制史』とはいささかことなるが、本書にいう初期武家時代とは鎌倉・室町時代、中期武家時代とは戦国時代から安土桃山時代まで、末期武家時代とは江戸時代、をそれぞれ指している。叙述の対象としている範囲も国史講座刊行会版『日本法制史』と本書ではことなるので、いちがいに比較はできないが、概して国史講座刊行会版『日本法制史』のほうが細部にわたる記述があって、全体に詳細である。

ちなみに、戦後のことになるが、本書については、昭和二十三年二月に、初版の「序」にも予告されていた明治時代以降の叙述を加えた『日本法制史概論　完成版』（弘文堂書房、昭和二十三年二月二十五日）が刊行された。この完成版は、あらたに版を起こしたもので、Ａ５判上製本で本文は総五百四十二頁に及ぶが、索引はない。完成版執筆の経緯については、「完成版序」につぎのようにしるされている。

本書は、これ迄他の類書と同様に明治維新以後を缺き、著者は常に此事を遺憾に思つてゐた。近代法制史の執筆をして爾く困難ならしめてゐた主要な理由は、明治の帝国憲法以下の諸法典がまだ施行中であり、且又其等の実施後の年数も短かかつたので、諸法制を歴史的に客観することが困難であつた点に存在した。然るに昭和二十年八月十五日ポツダム宣言の受諾による太平洋戦争の終結あつて以来我が国情は一変した。国家は破滅に瀕し民力亦全く消耗した。聯合国軍最高司令官の指令を淵源とした諸般の法令は我国に未曾有の変革をもたらした。此の大変革の進行は翌昭和二十一年一月一日の詔書に於て一期を劃して発展した。

殊に日本国憲法の公布と施行とは我が国家体制を変更し、君主主権より国民主権へと転向せしめた。茲に於てか維新以後昭和二十年の末に至る迄七十八箇年の期間は短かしと雖も国史上の最も注目すべき一時代となつた。而して此の時代の諸法制も亦今日之を歴史的に客観することを得べき重要条件を具備するに至つた。依て本書は茲に第七編君主主権時代を追加し、初めて我が近代法制史を概観し、併せて民主立憲時代の開始を附記して、以て日本法制史の概論を完了することになつた。（一〜二頁）

なお、附加された部分の構成は、以下のとおりである。

第七編　君主主権時代
　第一章　総説
　第二章　国家の統治
第三章　立憲制度

第四章　行政諸法
第五章　司法制度
第六章　刑法
第七章　私法法理の受容
第八章　親族法及び相続法
第九章　物権法及び債権法
第十章　商法産業法社会法
第十一章　軍制
結論　民主立憲時代の開始

これらは、本文五百四十二頁の百四十四頁を占めており、これによっても、完成版における増補がかなり大がかりなものであったことが知られる。

(18)　細川龜市『日本法制史大綱』上下（時潮社、昭和十年十一月五日上巻発行・同十一年二月五日下巻発行）

法政大学専門部教授だった細川氏の執筆された概説書である。上下二冊に分かれる。上巻は、A5判上製本本文二百三十二頁で、第三編「中世」までを収録する。下巻は、おなじくA5判上製本本文百六十八頁で（ノンブルは上巻からの通し番号になっている）、第四編「近世」と「日本古法における進化的意義」の一篇を収める。なお、昭和十二年四月十四日には、上下を合本した一冊本が出版され、その後、昭和十五年四月一日には増訂版（通算八刷）が、さらに昭和十八年三月三十日には全訂版（通算十二刷）が出ている。その構成は、以下のとおりである。

序説
第一篇　古代
第一章　法律および法律思想
第二章　統治組織
第三章　氏族制度
第四章　親族相続法
第五章　刑法および司法制度
第六章　財産法
第二篇　中古
第一章　中古国家の成立と発展
第二章　法律・法律学および法律思想
第三章　統治組織
第四章　身分法
第五章　親族相続法
第六章　財産法
第七章　刑法
第八章　司法制度
第三編　中世

（以上、上巻）

第九章　刑法

日本古法における進化的意義

（以上、下巻）

「序」によれば、本書は、法政大学における著者の講義案を印刷に附したもので、これを公刊するのは、もっぱら教室での講述上の便宜によるものである旨がのべられている。たしかに、日本法制史の概説書としては、それほど分量的には多くないが、内容は多岐にわたり、節をこまかく分かって必要十分な解説を施している。下巻巻末の「日本古法における進化的意義」で近代法に言及するところがあるが、本文の叙述そのものは、江戸時代をもって終っている。ただ、細川氏は、亡くなる前年の昭和三十六年、本書とはべつに、明治維新の当初から昭和二十年の終戦までの法制をあつかった『日本近代法制史』（有斐閣、昭和三十六年四月三十日、A5判上製本、本文三百五十三頁・索引二十二頁）を刊行されている。

(19) **隈崎渡『日本法制史』**（章華社、昭和十一年一月一日）

中央大学で日本法制史を講じた隈崎氏の著作のなかには、日本法制史の概説書がかなりの数あり、その出版は戦後にまで及んでいるが、本書は、そのもっとも古いものである。本書は、菊判上製本で、総四百三十一頁に及ぶ大冊で、隈崎氏の概説書のなかでももっとも詳細なものの一つである。いま、目次にしたがって、その構成を示すと、つぎのとおりである。

緒論

前編　総論

第一章　総説

第八節　親族相続制度
第二章　中古
第一節　総説
第二節　大化改新と君主思想
第三節　官職制
第四節　法源
第五節　刑法と司法制度
第六節　土地制度
第七節　財政制度
第八節　人民の階級
第九節　財産制度
第十節　親族相続制度
第三章　中世
第一節　総説
第二節　朝廷と幕府の関係
第三節　官職制
第四節　法源
第五節　刑法と司法制度

第六節　土地制度
第七節　財政制度
第八節　人民の階級
第九節　財産制度
第十節　親族相続制度
第四章　近世
第一節　総説
第二節　朝廷と幕府の関係
第三節　官職制
第四節　法源
第五節　刑法と司法制度
第六節　土地制度
第七節　財政制度
第八節　地方制度
第九節　人民の階級
第十節　財産制度
第十一節　親族相続制度

「緒論」で法制史の意義や研究方法についてふれたのち、全体を前後二編に分け、前編で時代の変遷を大きく把握したうえで、後編の各論で各時代の法制について個別に詳しくみていくかたちをとる。

なお、叙述が明治以後に及ばなかったことについて、著者は、

尠くとも明治時代は我等に最も近い、且つ輝かしい歴史時代として種々史学の対象となつて居る。法制史の領域に於ても維新より明治中期に至る時代は特に興味深きものがあり、今日既に好著好論文も発表せられて居る。然し資料の聚集と整理のみで大事業である。況んや之を鳥瞰図視せんとする如きは当に冒険である。小著に於てこの時代に言及せざる理由は一に茲に存する。（二頁）

とのべている。

ちなみに、隈崎氏は、本書と前後して、中央大学教務課から『日本法制史講義案』を三分冊にわけて刊行しておられる。こちらは、頁数も本文が百五十七頁ときわめて短く、叙述も簡略であるが、章節の立てかた、内容からいえば、本書のダイジェスト版ともいうべき性格のものである。大学教務課から刊行されていることから判断すると、講義用に用意されたものであろう。[32]

(20) 牧健二「日本法制史」（末弘嚴太郎・田中耕太郎編『法律學辞典』第三巻〈岩波書店、昭和十一年三月十五日〉所収）

末弘嚴太郎・田中耕太郎編『法律學辞典』第三巻（岩波書店、昭和十一年三月十五日）に収められた牧氏執筆の項目である。B5判三段組で二十七頁に及ぶ長篇である。叙述は、

第一　法源及び法律体系

第二　国家の組織

第三　行政制度

第四　階級制度
第五　家族制度
第六　土地財産制度
第七　普通財産殊に金銭財産制度
第八　商事財産制度
第九　刑法
第一〇　司法制度
第一一　明治の法律改革

の十一項目に分けられる。総論的な第一と明治の法制についてのべた第一一をのぞく第二〜第一〇では、標題に掲げた事項を、時代ごとに叙述するという独自の記述のスタイルを採っている。たとえば、第六「土地制度」では、一「古代の土地総有及び私有」、二「前期王朝時代の土地法」、三「庄園の土地財産制度」、四「近世の所持地制度」、に分けるといったたぐいである。他の牧氏の日本法制史の概説書とは、ややかわった構成だけに、単行本ではないがあえてここに紹介しておく。

(21)　石井良助述『日本法制史（公法）昭和十二年度』（刊行年次不明、文精社）

昭和十二年三月末で退官された中田薫氏(33)のあとをうけて、東京帝国大学法学部で日本法制史の講義を担当されたのが、石井良助氏であり、本書は、その最初の講義の内容を記録した講義録である。石井氏は、前任の中田氏に倣って、公法史と私法史の講義を隔年におこなわれたが、後述するように、翌年おこなわれた最初の私法史の講義録も残されている。

昭和十二年度の日本法制史（公法）の講義録は、謄写版印刷で二分冊からなる。第一分冊は、Ａ５判並装で、本文は総六十六頁。文精社という出版社から発行された旨の奥附があるが、発行年次はしるされていない。表紙には、横組みで、「日本法制史（公法）石井良助助教授述　東京帝国大学法学部講義〔一〕　昭和十二年度」[34]とある。第二分冊は、おなじくＡ５判並装、本文は総百六十三頁（ノンブルは第一分冊からの通し番号になっている）。いま、目次にしたがって、[35]全体の構成を示すと、以下のようになる。

第三章　氏姓（ウヂ、カバネ）
第四章　人民ノ階級
第二篇　上世
序論
第一章　総説
第二章　法ノ淵源
第三章　法制史料
（本論）
第一章　天皇[36]
第一節　総論
第二節　統治権
第三節　皇位継承
第四節　監国
第五節　摂政
第二章　中央官制及ビ地方制度
第一節　総説
第二節　中央官制
第三節　地方制度

（以上、第一分冊）

第一款　総説／第二款　国司・郡司・里長（郷長）／第三款　京職、太宰府／第四款　官位法
第三章　人民ノ階級
第四章　土地制度
第一節　田積・田品
第二節　土地ノ所有権
第五章　財政制度
第一款　総説／第二款　財務官僚／第三款　各種ノ租税
第六章　軍政警察及ビ交通制度
第一節　軍政制度
第二節　警察制度
第三節　交通制度
第七章　刑法及ビ裁判制度
第一節　刑法
第二節　裁判制度
第八章　庄園制度
第三篇　中世
序論
第一章　総説

第二章　法ノ淵源
第三章　法制史料
本論
第一章　天皇及ビ朝廷
第二章　武家ノ棟梁及ビ封建制度
第三章　中央官制及ビ地方制度
第四章　人民ノ階級
第五章　土地制度
第六章　財政制度
第七章　軍政警察及ビ交通制度
第八章　刑法及ビ裁判制度
第九章　本所及ビ庄園

この公法の講義録と後述の私法のそれの内容は、やがてのちに石井氏が出版された『日本法制史要』（弘文堂、昭和二十四年八月十五日）・『日本法制史概説』（創文社、昭和二十三年十二月二十五日）などに発展せしめられている。

(22) 石井良助『日本法制史（全）－私法史－』（帝大プリント聯盟内「東大ノート交換クラブ」、昭和十五年七月十日）

前述の昭和十二年度公法史講義につづき、翌十三年度におこなわれた東京帝国大学法学部における日本法制史の私法の部の講義録である。奥附によれば、昭和十五年に帝大プリント聯盟内「東大ノート交換クラブ」が発行したとある。謄写版印刷で、Ａ５判並装。本文二百九十七頁からなる。本文最終頁に、「(以上、全部終了)　―二月四日―」とあるが、これは、この講義が昭和十四年二月四日に終わり、いちおう予定の講義案をすべて講義し終えたことを示すものであろう。講義録の構成は、以下のとおりである。

第一編　上代
序論
第一章　総説
第二章　法ノ淵源
第三章　公法史（省略）
本論
第一章　人法
第二章　財産法
第三章　親族法
第四章　相続法
第二編　上世（大化改新→文治元年）
序論
第一章　総説
第二章　法ノ淵源
第三章　法制史料

第二編　上世
序論（公法史）（省略）
本論
第一章　人法
第二章　物権法
第三章　債権法
第四章　親族法
第五章　相続法
第三編　中世
第一章　序説
第二章　法ノ淵源
第三章　法制史料
本論　私法
第三編　中世
第一章　人法
第二章　物権法
第三章　債権法
第四章　親族法

第五章　相続法

第四編　近世

序論

第一章　総説

第二章　法ノ淵源

第三章　債権法

第四章　親族法

第五章　相続法

なお、石井氏の講義録は、年次のことなるものがほかにも刊行されたようで、筆者の承知している範囲では、昭和十五年度の東京帝国大学法学部における講義の記録が『日本私法法制史』として三分冊で刊行されている。三分冊とも菊判並装で、発行所はいずれも啓明社。第一分冊は、昭和十六年一月二十八日発行で、本文百八十頁。第二分冊は、同年二月二十六日発行で、本文三百五頁。第三分冊は、第二分冊とおなじく、同年二月二十六日発行で、本文三百五頁。内容は、おおむね昭和十三年度のものとおなじである。

(23) **瀧崎渡『日本法制史要』**（大都書房、昭和十三年四月十五日）

章華社版『日本法制史』につぐ隈崎氏の日本法制史の概説書である。菊判上製本、本文二百二十頁、うち「註解」が五十六頁を占める。「序文」によれば、中央大学における隈崎氏の「講義案に多少加へたものであり、矢張り講義用に充てたい意図の下に努めて簡潔を旨とし、補足のある事柄は巻末の註解に譲った」（一頁）という。

章華社版『日本法制史』とも類似するが、むしろ同書の項目で紹介した中央大学版『日本法制史講義案』三分冊に近く、章節の分かちかた、内容ともに、ほぼ同書に等しく、「序文」ではとくに断っていないが、あるいはこれをもとに、詳細な「註解」を附したものが、本書であろう。

(24) 隈崎渡『新稿日本法制史』（巌翠堂書店、昭和十五年二月七日）

これも、「はしがき」によれば、「純然たる講義用のもの」（一頁）とある。A5判並装、本文百五十三頁。[37] おなじく、「はしがき」で「小著は旧著日本法制史要を一層簡単にした部分もある。然し両者は企画其他に於て種々異なる点があり、相互に補はれ得るものと思ふ」（一頁）とあるように、章華社版『日本法制史』・大都書房版『日本法制史要』とは、章節の出入りや章名の異同、叙述の繁簡、があるが、内容はだいたいおなじである。隈崎氏には、べつに出版年次および発行所不明の『日本法制史』と題する概説がある。これは、B5判並装、本文は百四十八頁。謄写版印刷で、無刊記で、序文もなく、刊行の経緯など、あきらかでないが、同書は、多少の章名の異同をべつにすれば、内容はまったく『新稿日本法制史』そのものである。そこから判断すれば、この無刊記の『日本法制史』は、昭和十五年に刊行された本書のもとになった講義録ではないかと推察される。

なお、本書で、第一章を「序論」とし、「日本法制史の意義」・「日本法制史の研究方法」についてのべるスタイルは、戦後、おなじ著者によって刊行された『日本法制史概論』（春秋社、昭和二十六年五月十日、のち昭和三十六年五月十日に改訂増補版が刊行）に近い。

(25) 金澤理康『日本法制史』（三笠書房、昭和十七年十一月十五日）

本書は、早稲田大学法学部教授の金澤理康《まさやす》氏によって執筆されたもので、三笠書房より昭和十七年十一月十五日に発行された（奥付によれば、初版は三千部）。当時、三笠書房が刊行していた新法律学全書の第二十七巻として刊行された。四六判本文二百五十九頁の比較的小型の概説である。構成は、以下のとおりである。

二九　式目の罪形制度
三〇　式目の裁判制度
三一　戦国時代に於ける法制一斑
第四章　武家法時代（下）
三二　法源
三三　江戸の職制
三四　遠国役人
三五　職制通則乃至名主、五人組
三六　封建制
三七　大名旗本制
三八　土地及年貢制度
三九　土地の質入書入制度
四〇　夫食種貸と助郷
四一　金銭及度量衡制度
四二　金銭財産の特殊性
四三　小作制度
四四　債権諸制度及請人・証人
四五　人別制と婚姻・養子縁組

四六　相続制
四七　服忌制
四八　刑罰一斑
四九　刑罰特則
五〇　犯罪総説
五一　犯罪の種類と刑罰
五二　公事訴訟
五三　執行手続

講座ものの一冊として刊行されただけに、小型のかぎられたスペースに、要領よく要点を盛り込んでいる。時代区分に象徴されるように、先行する瀧川氏らの概説書に負うところが大きく、その意味では、新味に掬すべき点が少ない。

本書も、江戸時代までを叙述の対象としているが、本文末尾の附記には、「論述は明治以後国家総動員法の施行迄及ぼす豫定であったが、締切及び紙数の都合で凡て割愛せざるを得ないことゝなつた」（二五九頁）とある。

ちなみに、金澤氏には、べつに『日本法制史講義』と題する謄写版印刷の講義用テキストがある。同書は、その第一分冊が昭和十三年九月十九日に巖松堂書店から発行され、その訂正再版が昭和十六年四月十日に発行されている。第二分冊以降は未確認であるが、第一分冊は、本文百七十二頁で、「緒論」・第一篇「法源通論」につづいて、第二篇「氏族法時代」・第三篇「公家法時代」までをあつかう。第一分冊のみについて、三笠書房版『日本法制史』と比較すると、両者は叙述のスタイルなどにおいてかなりことなっている。

(26) 三浦周行『日本文化名著選 日本法制史』(創元社、昭和十八年十二月十日)

本書は、創元社が刊行していた日本文化名著選というシリーズの一冊として、昭和十八年十二月に出版されたものである。B5判上製本、本文二百十頁の小型の概説書である。三浦氏の歿後に刊行されたもので、中村直勝氏の「序」がある。ただ、いつ、どのような事情で書かれた概説なのか、また、いかなる経緯で出版に至ったのか、中村氏の「序」ではあきらかにされておらず、三浦氏の『日本史の研究』新輯一(前掲)に附された上横手雅敬氏の「解説」にも、「昭和十八年、創元社から刊行された『日本法制史』はすぐれた内容のもので、晩年の執筆と見られるが、著作の事情が不明なため、収録には不適当であり」(六九三頁)云々とみえている。

なお、全体の構成は、以下のとおりである。

総論
第一期 固有法時代
第一章 氏族制度
第二章 社会階級
第三章 親権
第四章 法制に及ぼせる信仰の影響
第二期 支那法接摂取時代
前期 律令時代
第一章 憲法十七条の制定

第三章　商工業の座法
第四章　法制の統一的傾向
後期　江戸時代
第一章　前期の立法
第二章　後期の立法
第三章　社会階級
第四章　財産制度
第五章　家族制度

これによれば、時代区分や立項は、おおむね「法制史概論」（三浦氏『續法制史の研究』〈岩波書店、大正十四年十月十五日〉所収）などとおなじであるが、多少の出入りもあり、著作という点では、組稿の経緯が不明な点を除いては、本書のほうがよくまとまっている。

(27) 隈崎渡『日本法制史』（春秋社、昭和十九年五月十日）
隈崎氏の日本法制史の概説書のうち、戦前に出た最後のものである。四六判並装で、三百二頁の小型の本である。「序」において、「本書は旧著日本法制史（昭和十一年刊行）と同名である。しかしこれは旧著の単なる改訂増補にとどまるものでないばかりか、その過半に於て旧態を改めたものである」（三頁）と断っているように、両者にはずいぶんこんとなる点がある。なにより、分量的には、章華社版のほうがはるかに多く、そのぶん記述も詳細をきわめる（とくに、章華社版にあった総論は、この春秋社版ではなくなっている）。ただ、各時代の叙述における章節の立てかたなどは、氏のこれまでの概説書の構成を踏襲している。以下、目次に沿って、本書の構成を示しておく。

八　親族相続制度

第三章　武家法時代前期

一　総説

二　官職制

三　法源

四　土地制度

五　財政制度

六　社会階級

七　刑法と司法制度

八　財産制度

九　親族相続制度

第四章　武家法時代後期

一　総説

二　幕府の職制

三　法源

四　土地制度

五　財政制度

六　地方制度

七　社会階級
八　刑法と司法制度
九　財産制度
十　親族相続制度

これをみればあきらかなように、本書は、おおむね同氏によるこれまでの日本法制史の叙述のスタイルを蹈襲した構成と内容をもつ。大学でのテキストとして執筆されたもので、小型ながら、内容的にはよくまとまっている。ちなみに、隈崎氏は、戦後も、『日本法制史概論』（春秋社、昭和二十六年五月十日、のち昭和三十六年五月十日に改訂増補版が刊行）をはじめとする複数の日本法制史の概説書や講義用テキストを執筆されている。

(28)　瀧川政次郎『日本法制史』（乾元社、昭和二十四年一月十五日）

昭和二十四年一月に乾元社より発行された。Ａ５判並装、本文二百十七頁。表紙には、「日本法制史」としるされるが、背表紙および扉には、「日本法制史」の題目の下に「改訂増補」の四字が角書きのかたちで存在する。「序」によれば、上下二巻のうちの上巻にあたるという。[38]「序」の冒頭で、瀧川氏は、「本書は、昭和三年十一月、東京・有斐閣から出版した拙著『日本法制史』を改訂増補したものである」と明言しておられる。氏は、「旧著は缺陥の多い著作であつたが、当時にあつては、日本法制史の概説書が殆ど皆無であつた為に、幸に学界の歓迎を受け、幾度か版を重ねた。爾来二十年、著者はいろいろな事情の為に、旧著の序文で読者に約束した明治以後の法制史を書き足すことすらできなかつたが、旧版改訂増補のことは、一日といへども念頭を放れなかつたのである」（一頁）とのべ、さらに「併し、それは兎も角として、原稿は初めから終りまで全部新しく書いた。旧著をその儘原稿にしたところは、只の一節もない。固有法時代・大陸継受法時代・融合法時代・欧米継受法時代なる時代区分は、前著の儘であるが、その内容は面目を一新してゐる。首めに「日本法系」の一編を置いて、各時代に於ける法制変遷の概要と日本法の特色を述べ、末尾に明治以後の法典編纂の沿革と国家組織の変遷とを述べたことは、新著に於て初めて見るところである」（二頁）と、本書が、書き下ろしの新著であることを強調しておられる。そこで、つぎに、本書の構成を示しておく（有斐閣版『日本法制史』との比較の便宜を考え、節名まで紹介する）。

第一篇　日本法制史学

第二篇　日本法系

第一章　日本法系の認識

第二章　日本法系の発展

第三章　日本法系の特色

第三篇　固有法時代（不文法時代）

第一章　法源

第二章　ミカドの組織

第一節　大和朝廷の成立／第二節　大和朝廷と他の氏族との関係／第三節　スメラミコト／第四節　臣連伴造／第五節　国造国宰／第六節　カバネ

第三章　氏族制度

第四章　刑事制度

第一節　クガタチ／第二節　ツミとハラヒ

第八章　財産制度
　第一節　重要財産制／第二節　普通財産制
第九章　流通制度
　第一節　売買・交換・贈与／第二節　出挙・借貸・借物／第三節　担保の制／第四節　労働授受の制
第十章　氏族及び家族制度
　第一節　氏族制度／第二節　家族制度

これをみれば、あきらかなように、本書の構成や内容は、有斐閣版『日本法制史』とはかなりちがっている。瀧川氏が「序」において言及しておられる「日本法系」の箇所だけでなく、各章節において、本書独自の立項・叙述が随所に目立つ。

もっとも、残念なことに、本書の下巻はついに刊行されずに終った。上巻の記述は、大陸継受法時代にまで及んでいるから、残る融合法時代・欧米継受法時代の記述について知るすべがないのは、かえすがえすも遺憾である。

二、法制史学の発達と概説書の刊行

以上、明治以降戦前までに刊行された日本法制史の概説書について略述してきた。紙幅の制限から、きわめて大雑把なものとなってしまったが、これによって、概説書の刊行ならびにその普及のありさまが、おおむねみてとれるのではないかと思う。そこで、つぎに、こうした概説書の刊行の状況を、明治以降の日本法制史学の展開のなかでどのように位置づけることができるのかを考えておく必要があろう。(39)

周知のように、明治時代初期の日本法制史学は、江戸時代に発達した、いわゆる有職故実学から起こったもので、この時期の日本法制史学者を代表する栗田寛・黒川真頼・小中村清矩・内藤恥叟諸氏は、いずれも国学の系統から出て有職故実学の教養を受けたひとびとであった。とくに、明治時代初期においては、新政府が王政復古を標榜して、大宝令官制の復活を目指したことから、自然、古代法制に対する関心が高揚し、その知識に対する需要から、有職故実学の方面から古代法、とりわけ官職制度の研究に手を染めるひとを数多く輩出した。よくいわれるように、「法制史」という名称も、初期の法制史が研究の対象とした範囲が、官職制度などの公法的制度に限られていたことから生じたものである。

これに対し、明治十年代末から、西欧の法制史学の影響を強く受けた「比較法制史的法制史学」ともいうべき学風が生まれる。これは、このころ、海外留学を終えて帰朝した宮崎道三郎氏が、東京帝国大学法科大学において「日本法制沿革」の講義を担当し、さらには「法制史比較法制史講座」の発足にともなって、その最初の担任者に宮崎氏が任じられたことが原動力となっている。宮崎氏は、日本古語と朝鮮語の比較研究に力を注ぎ、比較法制史的な研究方法を応用した論文をつぎつぎと発表し、独自の日本法制史の確立に尽力されたが、その努力・工夫のあとは、さきに紹介した宮崎述『日本法制史』の講義録からもじゅうぶんうかがうことができる。[40] そして、大正十一年に法制史の講座を後任の中田薫氏に譲られてからは、中田氏が宮崎氏の学問を継承・発展させたといえるのであって、中田氏の日本法制史の講義は、東京帝国大学における比較法制史的な日本法制史学の到達点を示すものである。また、さらにいえば、中田氏の後任の石井良助氏の『日本法制史』、中田氏の初期の講義を聴講した瀧川氏の『日本法制史』などに強く影響を及ぼしているといえよう。

ところで、こうした比較法制史的法制史学の勃興に対し、旧来からある有職故実的法制史学も、けっして衰微したわけではなかった。とくに、急激な欧化主義に対する反動として、明治十年代に起こった国粋主義は、東京帝国大学文科大学における古典講習科や、山田顕義氏による古典講究所の新設をもたらしたが、これはこの学派の継承・発展に与って力があった。

瀧川政次郎氏は、比較法制史的法制史学を「法科派」と称するのに対して、有職故実的法制史学を「文科派」と呼んで、明治から大正にかけて、日本法制史学界に二つの学派の対立があったことを指摘されるが、とくに大正以降、後者の「文科派」を一手に担っていたのが、栗田寛氏の門下の京都帝国大学教授三浦周行氏であったという。三浦氏の学風は、「有職故実の学風を継いで手堅いことと、常に文化史的な広い観点から、研究対象たる法制を観ることを忘れない点」にあるというが、[41]三浦氏に先立って、講師の資格で京都帝国大学において日本法制史を講じられた池邊義象氏の『日本法制史』と比較すると、その取り扱う範囲が飛躍的に広がり、さらに内容のうえでも、旧来の有職故実的な皮相的・形式的解釈を超克していることが、一目瞭然である。

このようにみていくと、日本法制史学は、瀧川氏のいう「法科派」にせよ、「文科派」にせよ、きわめてわずかな数の研究者が、八面六臂の精力的な活躍によって、これを牽引し、発展させてきたといっても過言ではあるまい。東京帝国大学法科大学の流れを汲む研究者についていえば、その比較法制史法制史講座の担任者である宮崎道三郎・中田薫・石井良助諸氏が、その伝統を継承しつつ、各自が得意とする領域を中心に研究の深化をはかり、日本法制史の体系をまとめあげてきたといえる。石井氏が、日本法制史学の発展を展望した一文のなかで、明治以後の日本法制史学を四期に分けられた際に、宮崎・中田氏の東京帝国大学への着退任の時期を劃期とされたことは、[42]日本法制史学の発展がこれらの研究者を中心として展開してきたことを如実に物語っている。京都帝国大学の場合も同様であって、三浦周行氏と、大正の末年から氏の後任として着任した牧健二氏とに尽きるのである。

なお、法科派についていえば、瀧川政次郎氏の名を逸することはできない。氏は、大正十二年四月から、中央大学・法政大学・日本大学といった東京の私立大学で法制史の講座を開拓し、同十四年には九州帝国大学法文学部に助教授として着任され、その後、昭和二年に九大事件に連坐して休職を命じられ（のち昭和四年に免職）、東京に戻ってからはふたたび中央大学などで法制史の講座を担当された。瀧川氏の日本法制史は、法科派の学統をうけつつも、日本史全般にあかるい文科派の長所をも兼ね備えた独自のもので、氏が昭和三年に出版した有斐閣版『日本法制史』は、その特色を遺憾なく発揮した秀逸な概説書である。

このように、日本法制史の概説書も、多くは、官立大学に関係のある研究者が、その教育と後進の指導とを目的として執筆されたもので、ほかには、東京に比較的古くからあった私立大学において日本法制史の講座を担当する研究者が、概説書の執筆に手を染めた程度である。概説書の刊行などという問題は、日本法制史学の発展のなかでは、きわめて微細なことではあるが、こうした些細な問題についてみても、日本法制史という学問が官立大学に籍をおくわずかな数の研究者の手によってその基礎が築かれたことがよくわかるのである。

おわりに ―中国法制史との関聯―

以上、小稿では、明治初年から終戦までの日本法制史の概説書の刊行について俯瞰するとともに、そうした概説書が生まれた背景について考えてきた。きわめて大雑把な素描ではあるが、こうした準備を整えておけば、近代日本における法制史学の勃興と発展について考察する際の材料とすることができると思う。

なお、小稿ではふれることができなかったが、中国における中国法制史の概説書の刊行についても、小稿と同様の作業をおこない、日本の場合と比較してみることは、今後の課題である。中国では、法典編纂の必要上、過去の諸王朝の法典に関する研究は熱心におこなわれてきたが、「中国法制史」と銘打って概観した書物が登場するのは、中華民国の成立以後のことである。程樹徳『九朝律考』（民国十六年十二月）・楊鴻烈『中国法律発達史』（民国十九年十月）・陳顧遠『中国法制史』（民国二十五年十一月）などは、その早い例であるが、これらの概説には、日本を媒介とした西欧風の近代法制史学が看取される。これらの概説書は、科挙や獄訟といった制度史的な叙述が中心を占めるのは、伝統的にみてもやむを得ないところであるが、辛亥革命以後、新しい国家体制の建設に向けて中華民国が踏み出そうとした時期に、自国の法制を回顧する著書がつぎつぎと刊行されるようになったことは、けっして偶然ではあるまい。そこには、日本の場合と同様、現実的な要求が存したと考えられるのである。

しかも、こうした、中国における法制史の概説書の刊行には、日本の影響がすくなからず存在したと考えられる。仁井田陞氏が指摘されたように、中華民国成立当初の中国には、中国法制史の概説書はなく、むしろ浅井虎夫氏の『支那法制史』（前掲）や『支那ニ於ケル法典編纂ノ沿革』（京都法学会、明治四十四年七月五日、法律学経済学研究叢書第七冊、のち、昭和五十二年四月に瀧川政次郎氏の「序並びに解題」・嵐義人「浅井虎夫小伝」を附して汲古書院より復刻）が飜訳・普及しているのである。[43] このように考えると、「法制史」なる用語も、日本からの逆輸入はないだろうか。そして、その背景には、浅井氏の著書が存在したわけであって、近代的な西欧風の中国法制史の研究の勃興は、どうやら、明治以後における日本の法制史に負うところが多いといえそうである。[44]

予定の紙幅も大幅に超過したので、この問題については、べつの機会に取り上げることにしたい。

〔補註〕

（1）当初は、「法制史比較法制史講座」という名称のもと、明治二十六年九月九日から翌二十七年九月八日まで、宮崎道三郎教授が兼担し、同日から、明治三十五年十月二十五日まで宮崎教授が担任され、同日からおなじく宮崎教授が「法制史講座」を担任、「比較法制史講座」のほうは、同日から明治四十四年九月二十一日まで美濃部達吉教授が、同日以後は中田薫助教授が、それぞれ担任された（東京帝國大學編『東京帝國大學五十年史』下冊〈東京帝國大學、昭和七年十一月二十日〉一九五～一九六頁参照）。

（2）嵐義人「日本法制史の興隆と瀧川博士」（瀧川政次郎『日本法制史』下〈講談社、昭和六十年八月十日〉所収）二八七～二八八頁。

（3）嵐氏補註（2）論文、二八九～二九二頁。

（4）下限を昭和二十年としたことについては、①戦後、新制大学の発足にともなって、全国に法学部・法文学部が簇生し、学生が増加したため、教室でテキストとして用いることを目的とした日本法制史の概説書が多数出版されるようになったこと、②戦後は、学問の細分化にともなって、日本法制史の概説書も、一人の研究者が全体を叙述することが困難になり、その結果、複数の執筆者による概説書が増えたこと、など、概説書のもつ意味が、戦前までとずいぶんことなってきたことが、おもな理由である。

（5）小論では、読者の参考に資するため、刊行物については、発行年月日までしるした。年月しかしるしていないものは、奥附に日附がないものである。

（6）なお、筆者は、三浦氏の経歴・業績については、寡聞にして知らない。ちなみに、日本歴史学会編『日本史研究者辞典』（吉川弘文館、平成十一年六月一日）にも同氏の項目がなく、また、平田耿二編『古代日本研究文献総合目録』下（勉誠出版、平成十年十二月一日）を検索してみても、同氏執筆の論文はみあたらない。

（７）瀧川政次郎「明治以後に於ける法制史学の発達」（『研究評論歴史教育』七－九、昭和七年十一月二十八日、のち瀧川氏『日本法制史研究』〈昭和十六年三月五日、のち昭和五十七年四月二十日に名著普及会より復刻〉所収）六四〇頁。

（８）瀧川氏は、のちに「学術文庫『日本法制史』序」（『日本法制史』上〈講談社、昭和六十年六月十日〉所収）において、この点にふれ、「法制史の概説書としては、古く博文館の百科全書に収められた『日本法制史』があるが、これは宮崎道三郎博士の講義案を剽窃したものであって、学術書というに値しない」（七頁）とのべておられる。

（９）瀧川氏補注（７）論文、六三九頁。

（10）ちなみに、瀧川氏補注（７）論文では、日本法制史を通叙した概論を掲げた一節で、池邊義象『日本法制史』に先立って明治二十二年に刊行された萩野由之・小中村義象『日本制度通』全三冊（吉川半七、第一冊は明治二十二年九月一日、第二冊は同二十三年三月二十四日、第三冊は同年十月二十六日出版）が掲げられている。同書は、巻一では、「皇位御継承の事」・「三種神器の事」・「后妃の事」・「皇族の事」・「祭祀の事」・「朝礼の事」・「詔勅の事」・「印璽の事」・「改元の事」・「頒暦の事」・「宮殿の事」・「山陵の事」・「楽舞の事」・「服忌触穢の事」の十四項目について記述され、巻二は、「氏族の事」・「官制の事」・「位階勲位の事」・「俸禄の事」・「律令格式の事」・「刑法の事」・「学制の事」・「兵制の事」・「都府の事」・「国郡郷庄の事」の十項目について記述され、巻三には、「考積任叙の事」・「戸籍の事」・「田制の事」・「租税の事」・「貨幣の事」・「度量衡の事」・「服制の事」・「運輸の事」の八項目について記述されており、牧健二氏が指摘されているとおり、内容的に、池邊氏の『日本法制史』の基になる書物である。

（11）以下、日本法制史の概説書の構成を示す際には、原則として、篇名・章節名までを掲げたが、必要に応じてさらにこまかい項目まで紹介した場合もある。

(12) 石井良助氏も、『日本法制史概説』(創文社、昭和二十三年十二月二十五日) のなかで、この点にふれ、「宮崎博士の東京大学に於ける講義も時代的に平安時代末期迄であり、晩年の講義でも鎌倉時代の一部分に入つたと云ふ程度であつて、未だ全般的ではなかつたのである」(三頁) とのべておられる。

(13) 筆者がみたのは、中央大学図書館が所蔵する一本で (請求番号322.1/Mi88)、表紙の題僉に「日本法制史　上巻」とある。

(14) 三浦氏の日本法制史関係の業績については、勝田勝年『三浦周行の歴史学』(柏書房、昭和五十六年四月二十五日) 第六章「三浦博士の業績」第三節「法制史の研究」に詳しい記述がある。

(15) なお、この講義録が京都大学附属図書館に所蔵されることについては、上横手雅敬先生のご教示を得た。しるして謝意を評する次第である。

(16) これは、あきらかに、大正十年度の誤りである。中田氏は、大正十年度から、東京帝国大学法学部において、日本法制史の講義を担当され、その年には公法史を、翌十一年度には私法史を講じた。その後も隔年で、公法史・私法史の講義をおこない、氏が停年で東京帝国大学を退職される昭和十二年度まで及んだ。這般の事情は、中田薫述・石井良助校訂『日本法制史講義』(法制史学会、昭和五十八年十月十五日) の石井氏「あとがき」に詳しい。

(17) 中田薫述・石井良助校訂補註 (16) 論著の石井氏「あとがき」によれば、「中田先生の承諾を得ないで、学生の受験用に出版された」(四二八頁) とある。なお、石井氏は、「実際に点検してみると、数人のノートを利用したものと覚しく、思った以上によくできていることがわかった」(四二八頁) とものべておられる。

(18) さらに、筆者は、中央大学図書館において、中田氏述の『日本法制史』の一本を確認したが (請求番号322.1/N31)、無刊記で詳しい発行年次や発行所は不明。本書は、A5判並装、謄写版印刷。本文四百六頁で、内容的には他の講義録とかわりない。

(19) 中田薫述・石井良助校訂補註（16）論著の石井氏「あとがき」四二一頁参照。

(20) ただし、これについては、筆者は、夏休みまえまでの講義をあつかった第一分冊（A5判並装、本文百頁、昭和十一年九月十五日発行）ものしか確認していない。

(21) これについても、全四冊のうち、第二分冊（昭和十一年発行〈月日未記載〉、本文百十頁）・第三分冊（昭和十一年発行〈月日未記載〉、本文八十五頁）・第四分冊（昭和十一年発行〈月日未記載〉、本文百二頁）しか確認していない。

(22) 三浦周行『日本史の研究』新輯一（岩波書店、昭和五十七年一月八日）所収の上横手雅敬氏「解説」六九四頁。

(23) 上横手氏補註（22）解説、六九五頁。

(24) 瀧川氏の「日本法制史」は、著書としては、本文で紹介した三冊に尽きるが、このほか、氏には、「日本法制史概説」（瀧川政次郎・吉村茂樹・小早川欣吾・渡邊保著『新講大日本史』第十一巻〈雄山閣、昭和十四年九月十日〉所収、のち瀧川氏『日本法制史研究』〈有斐閣、昭和十六年三月五日、のち昭和五十七年四月二十日に名著普及会より復刻〉所収）などがある。

(25) 瀧川氏補註（8）序、五頁。

(26) 瀧川氏補註（8）序、七頁。

(27) この経緯は、筆者も、瀧川先生から直接うかがったことがある。

(28) ちなみに、瀧川氏補註（8）序のなかで、この点にふれ、「本書を手にして何人も不満に感ぜられるのは、欧米継受法時代である明治以後の法制について述べる所がないことであろう。しかし、それは、本書が成った昭和初年においては、明治時代史は現代史の一部であって、まだ完全な歴史時代に入っていなかったからであるしたがって東大における中田博士の法制史の講義も、京大における三浦博士の日本法制史の講義も、みな幕末時代をもって終わっていた。また昭和の初年には、明治の大法典である帝国憲法や、民法、商法、刑法典の編纂に従事した人々の約半数は生存しておられたから、それら法典編纂の功罪を論評することには憚りがあった」云々とのべておられる（八頁）。

(29)『日本法制史』（角川書店、昭和三十四年十二月十日）所収の角川書店版「序」一頁。

(30) 上横手氏補註（22）解説、六九三頁。

(31) 牧健二「三浦周行博士の逝去を悼む」（京都帝国大学法学会刊『法學論叢』二六－四、昭和六年十月一日）一六六頁。

(32) 同書は、本文でのべたとおり、三分冊からなる。ただし、現在では、発行所の中央大学の図書館にも、第二分冊と第三分冊しか保管されておらず、第一分冊は未確認である。幸い、第三分冊の巻末に六頁におよぶ全冊の目次があり、それによれば、第一分冊には、章華社版『日本法制史』の第二章の終わりまでに相当する叙述が存在したとみられる（ただし、章節の立てかたは、両者のあいだで若干の出入りがある）。また、第二分冊のノンブルが四九からはじまっているので、第一分冊の頁数は四十八頁であったことが知られる。

ちなみに、第二分冊は、表紙に、「隈崎渡講　日本法制史講義案（第二分冊）　中央大学教務課」とあり、昭和十一年十一月二十五日発行。奥付には、「非売品」の注記がある。この第二分冊は、A５判五十頁の活版印刷の小冊子で、章華社版『日本法制史』の第三章に相当する部分、すなわち鎌倉時代から織豊政権時代までをあつかう。さらに、第三分冊は、表紙に「隈崎渡述　日本法制史講義案（第三分冊）　中央大学教務課」とある。昭和十二年二月二日発行。奥付には、やはり「非売品」の注記がある。この第三分冊は、A５判五十八頁の活版印刷の小冊子で、章華社版『日本法制史』の第四章に相当する記述があるほか、巻末に「附　徳川時代の地方自治制」という一節と総目次六頁が附されている。

(33) 東京大学百年史編集委員会編『東京大学百年史』部局史一（東京大学、昭和六十一年三月）一二一七頁参照。

(34) ただし、筆者がみたものは、所蔵図書館のラベルが貼られており、「昭和十二年度」の文字は第二分冊のほうから類推した。なお、第二分冊は、「昭和十二年度」のうえにもう一行なにか記載があるが、やはり、所蔵図書館の貼附したラベルのせいで、よくわからない。

(35) ただし、第一分冊の目次には遺漏があるので、適宜類推して補った。

(36) この箇所は、目次も本文中にもとくに記載はないが、以下が「本論」となるか。

(37) 第一頁にある内題と巻末の一五三頁には、いずれも「新講日本法制史」としるされているが、表紙・奥付の「新稿」を採った。

(38) 表紙・扉・奥付には、「上巻」との断りはないが、目次最後の八頁には「(上巻目次終)」とあり、また、本文最後の二一七頁には「(上巻完)」とある。

(39) 以下の記述は、瀧川氏補註(7)論文・同『日本法制史』(乾元社、昭和二十四年一月十五日)第一編「日本法制史学」・石井良助編『新法律学演習講座日本法制史』(青林書院、昭和三十四年十二月三十一日)の第一章「序説」(一)「日本法制史研究の発達(日本法制史の体系を含む)」・小林宏「律令研究史　二　明治以後、終戦まで」(『法制史研究』十五、昭和四十年十月十日、のち、瀧川政次郎『律令の研究』〈刀江書院、昭和四十一年十月二十日発行の復刻版に、利光三津夫・瀧川政次郎両氏の執筆分とあわせて収録され、さらに昭和六十三年十一月三十日に刊行された名著普及会版の復刻版にも再録〉所収)などに負うところが大きいが、叙述の都合で、いちいち注記していない。ご諒解を乞う次第である。

(40) 宮崎氏の講義録が律令時代をもって終っていることは、明治時代初期における古代法制の知識に対する要求の高まりと無関係とは思われない。

(41) 瀧川氏補注(7)論文、六一一頁。

(42) 石井良助「日本法制史研究の発展」(東京帝國大學編『東京帝國大學學術大觀 法學部 經濟學部』〈東京帝國大學、昭和十七年四月十三日〉所収）二一七頁。

（43）『支那ニ於ケル法典編纂ノ沿革』（京都法学会、明治四十四年七月五日、法律学経済学研究叢書第七冊）の復刻版（汲古書院、昭和五十二年四月）に附された瀧川政次郎「序並びに解題」によれば、陳重民氏の漢訳が民国四年に出版されたという。また、仁井田陞「東洋法史学の諸問題」（『人文』四—一、昭和二十五年三月一日、のち仁井田氏『中国の伝統と革命』1〈平凡社、昭和四十九年三月一日〉所収、ここでの引用は後者による）には、「然し中国学界にあっても、当時未だこれ〔浅井氏『支那法制史』を指す＝荊木注〕に匹敵する著作はあらわれていなかった。それどころか中華民国となって後、本書の中国訳が出版されたのみならず、本書の主要な体系と内容とに於いて何等異なることのないまがいものが、浅井氏の名に依らずして中国で公刊された位である」（八頁）という。

（44）瀧川政次郎「序並びに解題」（前掲）は、程樹徳『九朝律考』（民国十六年十二月）が、浅井氏の『支那ニ於ケル法典編纂ノ沿革』第三章第三節「漢律令逸」、第四章第三節第二款「晋令附晋令逸」の影響を受けていることを指摘する。

〔附記〕

小論で取り上げた近代中国における法制史研究の展開については、東亜経済調査局から刊行されていた『東亜』六—一二（昭和八年十二月）に瀧川政次郎氏が「近代支那に於ける法制史研究素描」という有益な論文を書いておられる。同論文は、陳顧遠著・西岡弘訳『支那法制史』（原著は、人文閣より上下二分冊で、それぞれ昭和十六年十月・同十九年一月に刊行）が合本復刊（アジア学叢書65、大空社、平成十一年二月）された際に「参考文献」として巻末に附されたので、披瀝しやすくなった。

なお、小論では、「篇」と「編」を字義にしたがって使い分けているが、原著の執筆者の表記はそのまま尊重し、当該著書を引用・紹介する際には、原著の表記にしたがったことをお断りしておく。

第十章　いわゆる「三浦・瀧川論争」の一資料

――三浦博士の自筆原稿の出現――

一

昭和三年（一九二八）八月から翌年にかけ、およそ半年にわたって、『史學雜誌』・『法學論叢』誌上において、当時京都帝国大学文学部教授であった三浦周行博士と九州帝国大学法文学部教授（ただし、当時、博士は、いわゆる「九大事件」に連坐して休職中であった）瀧川政次郎博士とのあいだに、大宝律・養老律の異同をめぐって、激しい論争が展開された。一般に「三浦・瀧川論争」と称するものが、それである。

この論争は、三浦博士が大宝・養老律の異同について「法制史概論」（三浦博士『続法制史の研究』〈岩波書店、大正十年四十月〉所収）で言及した点について、

①瀧川政次郎「大宝律と養老律との異同を論ず」（『史學雜誌』三九―八、昭和三年八月）

で批判したことに端を発し、以下、

(a)三浦周行「大宝養老二律の異同論について」（『史學雜誌』三九―一〇、昭和三年十月）

(b)三浦周行「大宝費老二律の比較研究」（『法學論叢』二〇―五、昭和三年十一月）

②瀧川政次郎「再び大宝律と養老律との異同を論ず」（『史學雜誌』三九―一一、昭和三年十一月）

(c)三浦周行「再び大宝養老二律の異同論について」(『史學雜誌』三九－一二、昭和三年年十二月)

③瀧川政次郎「三浦博士の『大宝・養老二律の比較研究』を読む」(『法學論叢』二一－三、昭和四年三月)

の順で、両氏が意見を交換したものである。

この論争の、律令研究史上の位置づけについては、小林宏「律令研究史」(『法制史研究』一五、昭和四十一年三月、この論文は、のち瀧川政次郎『律令の研究』〈原本は、昭和六年九月に刀江書院より刊行〉が昭和四十一年に同社より再版された際に、同書の巻末に掲載され、さらに昭和六十三年十一月に名著普及会より増補して復刊された際にも再録された)・三浦周行『日本史の研究』新輯一(岩波書店、昭和五十七年一月)に附された上横手雅敬の「解説―三浦博士の鎌倉時代史と法制史について―」などに的確な評言がみえるほか、瀧川政次郎博士自身も晩年この論争を回顧したものを書き残されている(三浦周行・瀧川政次郎共編『令集解釈義』〈国書刊行会、昭和五十七年四月〉に附された瀧川政次郎博士による「序並びに解説」六～九頁参照)。

いま、小林氏の文章によって、論争の全貌を振り返ってみよう。

第二編［荊木注＝『律令の研究』第二編］以下の具体的内容は紙幅の関係上、割愛し、ここでは特に新古二律の異同をめぐる三浦、滝川論争について一言触れて置きたい。この論争は昭和三年八月以来、約半歳にわたって史学雑誌(三九の八、一〇、一一、一二)及び法学論叢(二〇の五、二一の三)上に於いて激しく展開されたものであって、我が律令研究史上逸することの出来ない意義を有するものである。両者の論点についてはすでに滝川氏が三点にまとめられているが、その第三点は令釈の性格をめぐる論争であって、論争中に両者の見解の歩み寄りが見られ、今日、第三者から見れば両者の見解がしかく隔っているとは思われない。(即ち、三浦氏は令集解中の令釈を養老令の註釈書であるとすると共に、大宝令の註釈書とも解する。滝川氏は令釈は大体に於いて新令の註釈書であって、古令の註釈である令釈も亦あったのではないかという疑は十分あるが、未だ確認するには至らないとする。)従って、結局第一と第二の点が問題となろう。第一点は三浦氏が大宝律は注のみ存して疏はなく、養老律に至って注の外に疏を加えたが故に、その巻数も増したとするのに対し、滝川氏は大宝律には注疏共に存し、六巻の大宝律が養老律に至って十巻となったのは別の事情にもとず《（ママ）》くものとする。第二点は三浦氏が大宝律と養老律とは大宝令と養老令とよりも一層変化がないとするのに対し、滝川氏は比較さるべき両律の条文さえ多く知らるれば、両律についても両令に於けると同数、もしくはそれ以上の差異点を発見し得るとする。右の第一点については近時、利光三津夫氏の研究（「律の研究」）によって、三浦氏の説が誤であり、大宝律も養老律と同様注疏が共に存し、養老に至って巻数が増加したのは養老令と巻数を揃える為であるとした滝川氏の見解が正しいとされるに至った。第二点はこれも利光氏が指摘された如く（前掲書）、両氏が両律の差の大小を言う基準の一として用いた大宝令は散佚して僅かに逸文を遺すのみであり、且つ律と令とはその性格を異にするから、この論争には論者の恣意的な主観が入り込む余地が多分にあり、結局第三者が論評を加える余地はないと言わざるを得ない。しかし、大宝律の形式と内容に関する戦前の研究はこの両氏のものが唯一であり、この論争の有する研究史上の意義は頗る大きいと言わねばならない。（前掲論文、三四～三五頁）

小林氏の評言は的確で、さらにこれに附け加えるべき点はないが、主観に左右されやすい問題を除けば、こんにちの研究水準から判断して、瀧川博士の主張のほうを是とすべきである。この点は、三浦博士の論文に主眼をおいた上横手氏の「解説―三浦博士の鎌倉時代史と法制史について―」（前掲）でも、「論争は概して滝川氏に有利であり、大宝令に《（ママ）》おける疏文存在説は通説化している」（六九六頁）とのべられているとおりである。

ただ、勝田勝年『三浦周行の歴史学』（柏書房、昭和五十六年四月）だけは、「三浦・瀧川両博士の見解の対立は其後見当らないから、三浦博士の所見を瀧川博士が是認されたと思われる」（一七六頁）と、ことなる評価を下している。

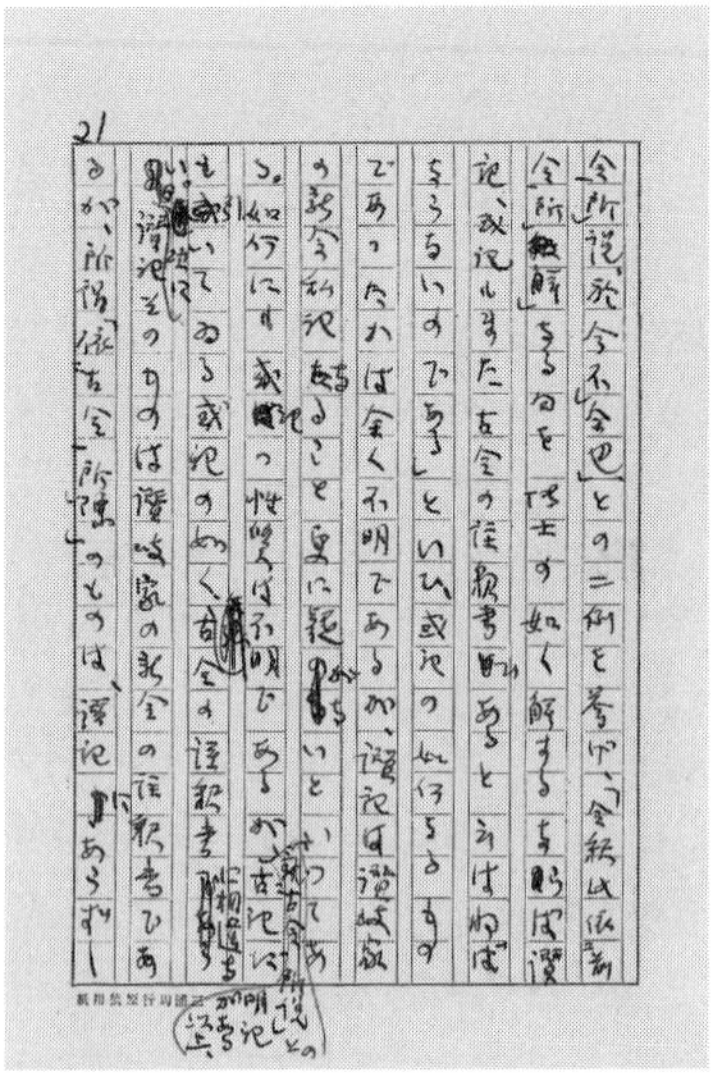

図 1

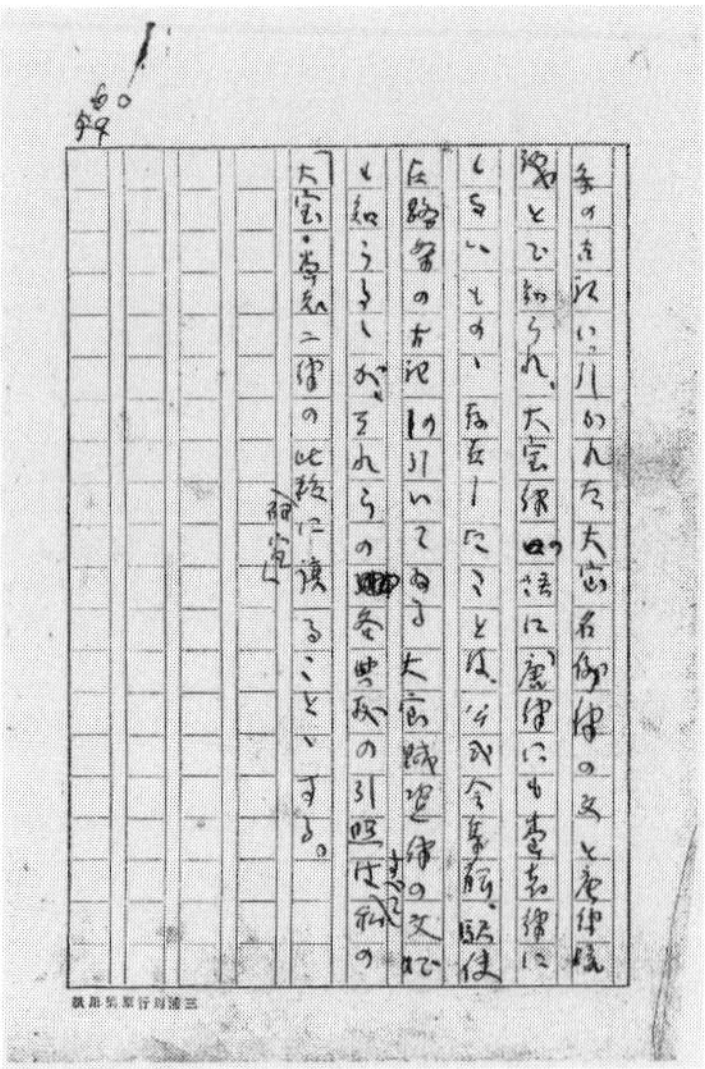

図 2

しかしながら、これはいささか見当違いの感がある。この点については、瀧川博士が、晩年、「この論争においても、最後に発言した者は三浦博士になっているので、勝田勝年氏の『三浦周行の歴史学』では、瀧川が論戦に敗れたことになっているが、事実はその反対である。私が三浦博士の最後の論文に対して答弁しなかったのは、長者に対する礼を重んじたからである。論争の勝敗を判定する者は第三者である。論争の当事者はおのれの主唱の拠るところを述べて、あとは第三者の批判に任せばよいのであって、口減らずに最後まで頑張る必要はさらにない」（「序並びに解説」〈前掲〉七頁）とのべ、さらに「勝田勝年氏は、新井白石研究の専門家であって、律令学の門外漢であるから、この論争の行衛がどうなったかは、勿論御存知がないのである」（同上、八頁）と発言されている。

二

以上、この論争のあらましについて回顧したが、じつは、最近になって、筆者は、この論争で応酬された両氏の論文のうち、三浦博士の(c)「再び大宝養老二律の異同論について」（前掲）の自筆原稿を、私蔵の資料のなかに見出した。研究史上、重要な資料かと思われるので、ここにその原稿について報告しておきたい。

(c)「再び大宝養老二律の異同論について」（前掲）の自筆原稿は、筆者がかつて一括して入手した、三浦周行の自筆原稿を中心とする「三浦周行関係資料」（以下、「資料」と略称する）のなかにふくまれていたものである。この「資料」は、なにぶん分量が多いので、詳細な報告はべつの機会に譲りたいが、「資料」の中身は、おおまかにいって、①自筆原稿、②別人が書写した原稿に三浦博士が手をいれたもの、③活字化された論文に添削を加えたもの、④原稿作成や講義のための準備メモ、④その他（京大関係書類・古文書の写し、など）、に分類できる。

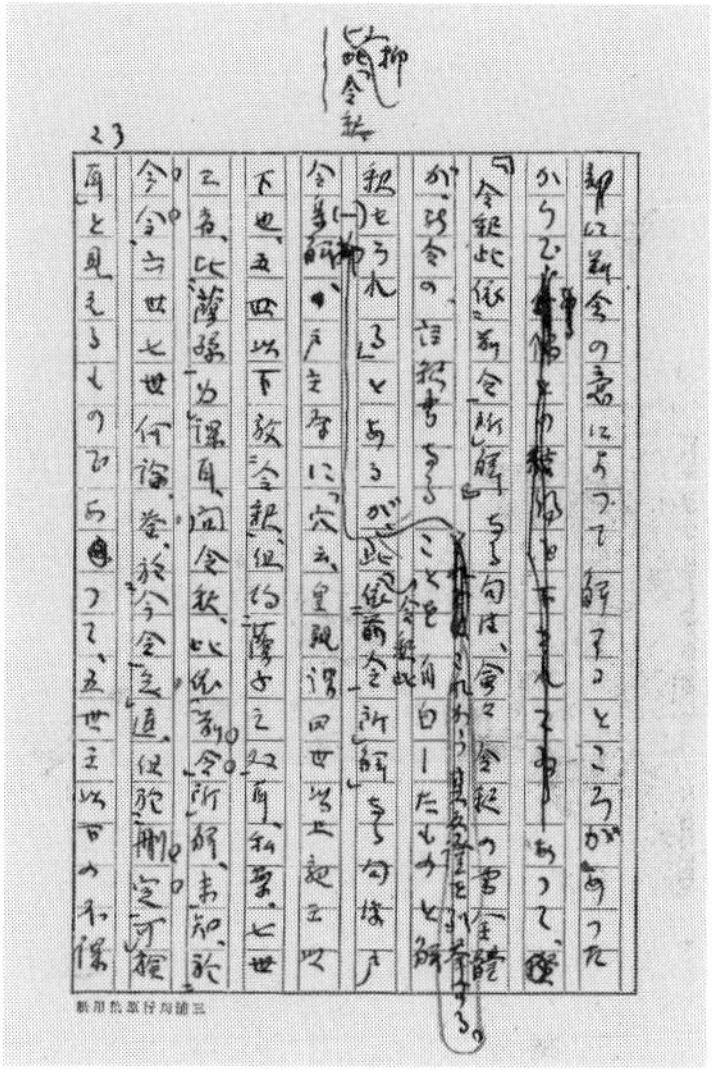

図 3

(c)「再び大宝養老二律の異同論について」（前掲）は、「資料」中の他の自筆原稿とともに一括して存在したもので、三浦博士の自筆によるものであることは疑いない。欄外に「三浦周行原稿用紙」と印刷された特製の原稿用紙（二十字×十行の二百字詰）にペン書きで、四十枚に及ぶ（欄外に頁数が記入されており、二一から六〇にわたるノンブルが附されている。図1・2参照）。ただ、惜しむらくは、巻首を欠き、全体の三分の一を失っている。そのため、これだけではなにの原稿かわからなかったかも知れない。しかしながら、筆者も、多少律令に関する知識をもちあわせていたので、これが(c)「再び大宝養老二律の異同論について」（前掲）の一部であ

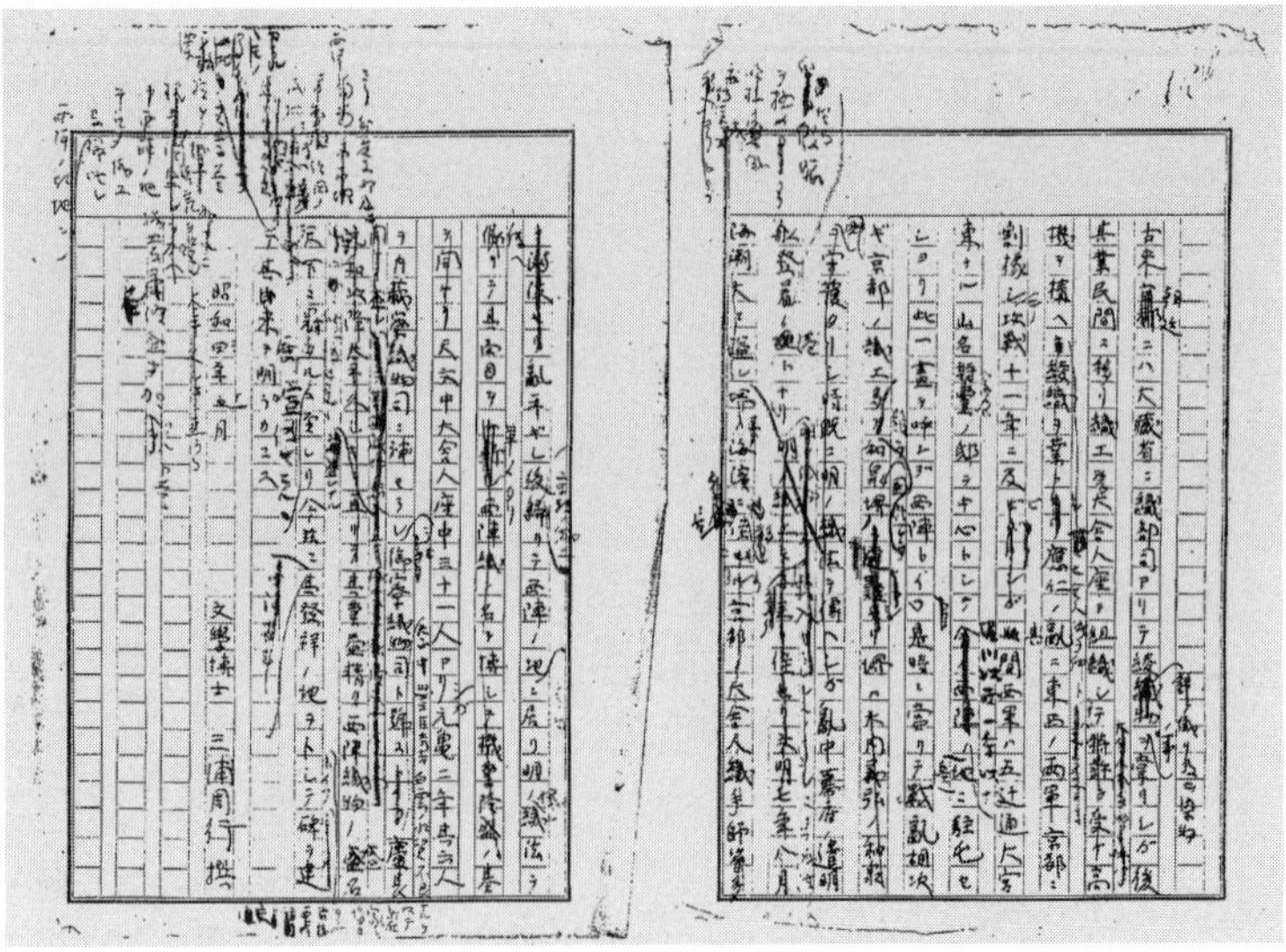

図 4

ることに気がついた。
この原稿がいつごろ執筆されたものであるかは不明だが、掲載誌が昭和三年（一九二八）十二月の発行であるから、それ以前の執筆であることはまちがいない。(c)「再び大宝養老二律の異同論について」（前掲）をふくむ自筆原稿の一群には、ほかに昭和四五年の執筆にかかる自筆原稿があり、この時期のものが三浦博士の手元にまとめて保管されていたのであろう。

図3にあげた二三頁などからもわかるように、原稿用紙の行間・欄外には夥しい加除のあとがあり、一見すると、下書きのようにもみえるが、原稿の文章と『史學雜誌』の文章を比較・校合してみると、完璧に一致するので、これが提出された完成原稿であったと判断してよい。おそらく、著者校正の際に、三浦博士にゲラ刷とともに返却されたのが、そのまま他の原稿類とともに、博士の手元に残ったのであろう。

三浦博士の自筆原稿は、「資料」のなかにも多数あるし、筆者は、これとはべつの機会に入手した博士の自筆原稿もいくつか所有しているが、その夥しい推敲の痕跡には圧倒される（図4に、べつの一枚を示した）。ここに紹介した(c)「再び大宝養老二律の異同論について」（前掲）にも同様の推敲のあとがあり、博士の論文が、熟考の末になったものであることをうかがわせる。

三

以上、近時、弊架の所蔵に帰した三浦博士の自筆原稿についてかんたんに紹介した。

この三浦・瀧川論争にかかわる両氏の諸論文は、三浦博士のものは同氏の『日本史の研究』新輯一（前掲）に、瀧川博士のものは同氏の『律令の研究』（前掲）に、ほぼ雑誌掲載当時のままのかたちで収録されているので、容易に披見することができる。したがって、いまさら三浦博士の自筆原稿が出現したからといって、それがそのまま学界に貢献するものではない。しかし、史学史的な立場からいえば、こうした資料はすこぶる興味のあるものだし、自筆原稿によって成稿に至るまでの推敲の過程をうかがうことができるのではないかと思う。近年の井ノ口哲也「松本にある仁井田陞旧蔵資料―旧制高校記念館調査報告―」（『汲古』三三、平成十年六月）などをみても、こうした自筆原稿や書翰の調査がいかに重要かを痛感させられるので、あえてここに私蔵の資料を公開した次第である。

なお、餘談だが、かつて瀧川博士の『律令の研究』の復刻が名著普及会で企画されたとき、筆者は、その準備の段階で、博士の門下の嵐義人氏の依頼により、同書の昭和六年（一九三一）刊行の原版と、雑誌掲載当時の論文とを対校する作業をおこなった。このとき、『律令の研究』に第三編第三章「同補遺の二」として収録された③「三浦博士の『大宝・養老二律の比較研究』を読む」（前掲）が、同書では三十七行分脱落していることに気がついた

（原著では四一六と四一七頁のあいだにあたる）。さっそく嵐氏に報告し、名著普及会版ではあらたに脱落部分を補っていただいたので、同社版ではこの部分を読むことが可能である。今回、三浦・瀧川論争にかかわる三浦博士の自筆原稿を紹介するために、『律令の研究』を再読していて、このことを思い出したが、三浦博士の自筆原稿が弊架に帰したこととといい、なにか因縁めいたものを感じずにはおれなかった。

〔附記〕

三浦周行・瀧川政次郎両氏の敬称については、便宜上「博士」で統一した。ご諒解を乞う次第である。

書後私語

本書は、筆者がここ十餘年のあいだに執筆した論文・覚書・書評、あわせて二十三篇を収録したものである。本書への採録にあたり、若干の補訂と調整を加えたが、他はなるべく旧稿の体裁を留めた。筆者は、これまでは、著書を出版する際には全体の調整にずいぶん気を遣ってきたが、今回は、個別論文の集成であるため、あえて旧態を保存した。無責任なようだが、けっして労を惜しんだわけではない。

ただ、十数年まえに発表した旧稿をそのままというわけにもいかないので、はやい時期に執筆したものについては部分的に手を入れた。とくに、図版は、頁数の調整のために掲載したようなものは今回削除し、採用したものもあらたに写真を撮り直した。書名は、内容が、いずれも古代史料にかかわりをもち、とりわけ記紀の研究が多いことにちなんだものであるが、いささか羊頭狗肉の感を免れない。

古代史料にかかわる筆者の研究としては、ほかに『令義解』にかかわるものと、風土記関係のものがかなりの分量ある。しかし、これらについては、他日旧稿をまとめて単行本を編む計画を捨てかねたので、本書にはあえて収録しなかった。ご諒解を乞う次第である。

個々の論文を執筆した動機などは、それぞれの論文のなかでのべたので、いまさらここで繰り返す必要を認めないが、初出書誌の紹介もかねて、以下、各篇の成立についてかんたんにコメントしておく。

第Ⅰ篇「記紀をめぐる諸問題」には、附論の短篇もあわせると、都合八篇を収録した。

巻頭に排したのは、『日本書紀』の系図を扱った第一章「日本書紀』「系図一巻」再論」(『金沢工業大学日本研究所 日本学研究』五、同研究所、平成十四年六月)である。筆者は、「古代天皇系図の世界」(荊木美行編著『古代天皇系図』附録、燃焼社、平成六年九月)以来、養老四年(七二〇)五月に撰進された『日本書紀』に附されていたという「系図一巻」について、いくつかの論文を公表してきたが、小論は、そのもっとも新しいものである。内田正俊氏の新説に対する批判もまじえながら、旧稿の考察を一歩進めている。

つぎに、この系図に関聯して、継体天皇の出自と即位の経緯について考えたのが、第二章「継体天皇即位前紀にみえる倭彦王をめぐって」(横田健一先生米寿記念会編『日本書紀研究』第二十六冊、塙書房、平成十七年十月)である。かつて筆者は、男大迹王やそれに先立つ倭彦王の擁立の根拠を、「誉田天皇五世孫」・「足仲彦天皇五世孫」という血統にもとめていた。これが擁立の一要因であったことはまちがいないと思うが、最近では、ヤマト政権が、かれらのもつ政治力や経済的基盤を取り込むことを目論んでいたのだと考えるようになった。小論では、そうした修正案を開陳しているのだが、これは、塚口義信先生の示唆によるところが大きい。

なお、小論は、関西大学名誉教授だった横田健一先生の米寿を記念して献呈された『日本書紀研究』第二十六・二十七冊のうち、二十六冊に収められた。先生には、筆者が若いころ、京都の日本書紀研究会を通じて、ずいぶんお世話になった。筆者が知遇を得た昭和六十年ごろは、まだ関西大学文学部教授(のちに佛教大学に転任)で、「横田健一」といえば、学界ではすでに〝大看板〟であった。初対面のときはさすがに緊張したが、偉ぶらない紳士的なお姿に接し、ほんとうの大家とはこういうものなのかと感動した。爾来、先生の態度をお手本としてこんにちに至っている。

なお、國學院大学ＯＢの藤森馨先生のお誘いで平成十一・十二年度の二年間、國學院大学日本文化研究所の共同研究員として、中臣氏の研究に携わった。この共同研究の成果は、のちに『大中臣祭主藤波家の研究』としてまとめられたが、筆者も需められて原稿を提出した。それが、**第三章「大化前代における中臣氏の動向—中臣烏賊津使主伝承を手がかりとして—」**（國學院大学日本文化研究所編『大中臣祭主藤波家の研究』、続群書類従完成会、平成十二年三月）である。小論では、『日本書紀』にみえる中臣烏賊津使主に関する伝承の史実性を取り上げ、検討を加えた。

第四章「倭の五王の一考察—南朝冊封体制における「王」と「国王」をめぐって—」（『ヒストリア』一五三、大阪歴史学会、平成八年十二月）・**第五章「元嘉七年遣使の「倭国王」をめぐって」**（『皇學館大学史料編纂所報　史料』一四四、皇學館大学史料編纂所、平成八年八月）は、ずいぶん古くから温めていたテーマで、神戸大学大学院で東洋史を専攻していた実兄計男の助けをかりてまとめたものである。前者は、関西学院大学の中西康裕先生のお勧めで、平成八年十月におこなわれた大阪歴史学会の大会で報告させていただいた。当日の司会は水谷千秋先生で、『ヒストリア』一五三号に掲載された拙論の末尾には、水谷先生の筆になる「質疑応答」が掲載されている（七〇頁）。その水谷先生が、今年の四月から、大会の会場だった堺女子短期大学に奉職されたのは、まことに奇縁である。ここは、塚口義信先生が、現在、学長をつとめておられる大学で、筆者が最初に非常勤講師のポストを得た、懐かしい職場でもある。

坂元義種先生の一連の研究以降、倭の五王の外交に関する研究はあまり振るわず、小論も、高森明勅先生が『謎とき「日本」誕生』（筑摩書房、平成十四年十一月）で言及してくださった以外は、話題にもならなかった。しかしながら、ここで展開した倭の対南朝外交の特殊性については、当時の国際情勢を考えるうえで重要な視点ではないかと、内心自負している。

第六章「『古事記』崩年干支と年代論」（上田正昭編『古事記の新研究』、学生社、平成十八年七月）は、初期ヤマト政権について考える際に、欠くことのできない年代論について、率直な考えを披瀝したものである。故松前健先生が指導にあたっておられた京都の古代研究会（現在は、上田正昭先生が引き継いでおられる）での報告がもとになっている。上田先生を中心に、『古事記』をテーマとした論文集を編むことになり、その準備のため、当時、研究例会が頻繁におこなわれていた。筆者も、白江恒夫先生のご推輓により、平成十七年五月二十八日、京大会館における研究会で発表させていただいた。小論でものべたように、こんにち、年代論を問題にしているのは、いわゆる「アマチュア」と称される研究者である。アカデミックな古代史研究者は、どちらかといえば、この問題に無関心だが、もっと活発に、そして真摯に議論されてもよいテーマではないかと思う。

第七章「戦後の記紀批判をめぐる覚書―最近の皇室典範改正問題に関聯して―」（『皇學館論叢』三九―四、皇學館大学人文学会、平成十八年八月）は、小泉純一郎首相の時代に過熱した皇室典範改正問題に関する一古代史研究者の観察である。初出が学内誌で、一般の目にはふれにくかったため、のち、安本美典先生にお願いして、「古代史の研究と皇室典範改正問題」と改題し、内容も若干補訂したうえで、先生が責任編集にかかる『季刊邪馬台国』九四号（梓書院、平成十九年三月）に転載していただいた。昨今の皇位継承問題が無意味だとはいわないが、戦後の古代史研究を棚上げしたような議論がまかり通るようになると、専家としては傍観もできない。それで、あまり気の進まないまま、この一文を草した。

ちなみに、拙稿に対する学問的反論は皆無だったが、小論で、槍玉にあげられたM氏が、「「大学赤化」は今も進んでいる　神武天皇を〝いなかったこと〟にしている人々」（『明日への選択』平成十九年二月号）というエッセイを書いて、筆者を攻撃している。

このなかで、同氏は、「〔皇室典範改正問題の〕賛成派、反対派の両者に共通している、ある種の〝尊王心〟を、そもそもこの人は理解していないようである」（二〇頁、括弧内は荊木）と筆者を叱るとともに、「日本に二つしかない神道系の大学から出されている「学術雑誌」にさえ、このような「論文」が何の抵抗もなく掲載されている、という事実は注目に値しよう。この一事をもってしても、日本史関係の学界の近年の〝赤化〟ぶりが、どれほどのものであるか、おわかりいただけるのではあるまいか」（二〇頁）と嘆く。さらには、筆者を指して、「神武天皇を〝いなかったこと〟にしつづけようとして、日々、研究や教育に勤む学者」と言い放ち、「神道を看板に掲げた大学が」、そうした学者を「大切に雇用している」（二〇頁）とまで書いている。いまの大学に転任したときに、筆者に対して「仕事欲しさに右傾化した」と揶揄するひとがいたが、それがいまでは「アカ」だと罵倒される。いやはや我が身も忙しい。

いま、M氏のエッセイについてあれこれ反論を書くつもりはないが、読者諸彦には、同氏のいうようなことが、はたして拙稿から読み取れるかどうか、ご判断いただきたい。筆者の感想を率直にいえば、この程度の読解力で、よく大学教授がつとまるものだと思う。こんな教員を雇用している大学こそ、お気の毒である。

なお、同氏のエッセイについては、掲載誌の翌月号の「読者の声」に、F氏が、「神武天皇を否定する神道系大学教授とは」という見出しのもと、つぎのようなコメントを寄せている。

聖母マリアの処女懐胎は「およそ学問的とはいえない」、故にイエス・キリストは実在しなかった、とキリスト教系大学の神学教授が唱えたらどうだろう。教授として生きていけるだろうか。二月号の「神武天皇を〝いなかった〟ことにしている人々」を読んでまずそう思った。こうした教授の存在を許す神道系大学。まことに

能天気なものである。（後略）

M氏の書いたものを受け売りして、こんな発言をするF氏こそ能天気である。拙稿を叮嚀にお読みいただければ、かかる馬鹿げたコメントは出てこないと思う。

神武天皇の実在性については、筆者も正面切って自説を展開するだけの研究の蓄積はないが、古代史研究者として関心を寄せている問題だけに、これまでもいくたびか言及した。一般向けの雑誌に載せた一文であるが、「附論」に掲げた**「神武天皇と東征伝説」**（『歴代天皇全史』、学習研究社、平成十五年五月）は、その一つである。

神武天皇東征伝承については、塚口義信先生が論じられたように（「神武天皇東征伝説成立の背景」『東アジアの古代文化』一二二、平成十七年二月、ほか）、四世紀末の内乱を経て、河内大王家が覇権を握るようになった時点で大きく改変されたと考えられる。ただ、そのすべてが、応神天皇新政権下での「創作」ではあるまい。塚口先生も指摘されるように、それ以前にも建国説話は存在したはずである。筆者は、天孫降臨神話や神代三陵などの伝承は、まさにそれではないかと思うし、そこにはなんらかの史実の核がふくまれているのではないかと睨んでいる。

ヤマト政権の祖先がかつて南九州に拠点をもっていたとする仮説については、たんなる神話・伝承として片づけるのではなく、文献・考古学の両面から、しっかりと検討してみる価値はあると思う。拙論は、取るに足りない掌篇だが、そうした素懐の一端をのべたものである。

○

ところで、筆者は、日本古代史の研究に携わるようになってから、研究にかかわるさまざまな資史料を蒐集してきた。それが家計と居住空間を圧迫してきたのは、いまも昔もかわりない。しかし、これは研究者ならだれもが経験することで、別段誇るようなことではない。ただ、蒐めた資史料をそのままにしておくのはいかにも惜しいので、ある時期から暇をみつけては、手持ちの資史料について考証し、あちこちの雑誌に発表してきた。**第Ⅱ篇「古代史料とその周辺」**には、そのなかから、日本古代史の研究に多少なりとも参考になりそうなものを、数点を択んで収録した。

第一章「承和九年十二月十六日附広湍秋麻呂売地券について―大和国広湍郡の条里と氏族―」（『藝林』五六―二、藝林会、平成十九年十月）は、『平安遺文』未収録の古文書（写）の紹介と考証である。この文書の支払いにはずいぶん苦しい思いをし、潮音堂の店主にはご迷惑をおかけした。それも、いまとなっては懐かしい思い出である。史料的価値の高い文書ではあるが、尊敬する角田文衞先生の旧蔵文書でなければ、おそらく購入する気にはならなかったであろう。**第二章「九條家本『延喜式』紙背文書に関する一資料―『九條家本延喜式裏文書』の紹介―」**（『皇學館大学史料編纂所報　史料』一七四、皇學館大学史料編纂所、平成十三年八月）は、『九條家本延喜式裏文書』という珍しい資料の紹介である。**第三章「『延喜式』複製本覚書―『諸神名書』をめぐって―」**（『皇學館大学史料編纂所報　史料』一七七、皇學館大学史料編纂所、平成十四年二月）は、内閣文庫所蔵の延喜神名式をめぐる覚書である。この内容については、法政大学の小口雅史先生のお計らいで、この年の六月三十日におこなわれた延喜式研究会の研究集会で発表させていただいた。**第四章「吉岡徳明『古事記伝略』について」**（『皇學館大学史料編纂所報　史料』一九八、皇學館大学史料編纂所、平成十七年八月）は、稿本『古事記伝略』と、そのもとになったと思われる『古事記伝抄』という未知の資料について紹介しつつ、『古事記伝略』の成立過程について考えたものである。**第五章「中東顕熙著「伊勢太神宮寺考」について」**（『皇學館大学史料編纂所報　史料』二〇二、皇學館大学史料編纂所、平成十八年四月）は、中東氏の原稿の飜刻と解題である。元神宮司庁職員の石井昭郎氏によれば、中東氏のご子孫のところには同氏の遺稿が残されているが、「伊勢太神宮寺考」の草稿は存在しないというから、筆者所蔵の分が唯一の原稿である。有意義な研究をこのまま埋もれさせておくのも惜しいので、ここに紹介した次第である。

貴重な史料を入手しても、べつの書籍の軍資金のために、さしたる研究もおこないえないまま、写真やコピーをとっただけで手放すことも少なくない。毎年送られてくる東京古典会の入札目録に、弊架旧蔵の史料が掲載されていて、恥ずかしい思いをすることも再三である。ただ、ここに紹介した資史料の現物は、吉岡徳明『古事記伝抄』六冊（研究費で購入し、のちに皇學館大学附属図書館に移管）を除いては、いずれも手元に保管している。お申し出くだされば、研究者のかたにはいつでもお見せすることが可能である。

○

最後の第Ⅲ篇「学史上の人々とその著作」には、書評六篇と追悼文二篇、さらには学史的な内容を扱った研究ノート二篇を収める。

第一章「『田中卓著作集』全十一巻（十二冊）を読む」（『藝林』四八－一、藝林会、平成十一年一月）・第二章「田中卓博士の姓氏録研究─『新撰姓氏録の研究』の刊行に寄せて─」（原題「田中卓著『新撰姓氏録の研究』」『皇學館論叢』二九－六、皇學館大学人文学会、平成八年四月）・第三章「田中卓博士の神道史研究─『神社と祭祀』を読んで─」（原題「『田中卓著作集』第11－Ⅰ巻」『皇學館論叢』二八－一、皇學館大学人文学会、平成七年二月）・第四章「田中卓評論集3『祖国再建』〈建国史を解く正統史学〉を読む」（『藝林』五六－一、藝林会、平成十九年四月）・第五章「虎尾俊哉編『訳注日本史料　延喜式』上について」（原題

「虎尾俊哉編『訳注日本史料　延喜式』上」『神道史研究』四九―一、神道史学会、平成十三年一月）・第六章「上田正昭監修・編集『日本古代史大辞典』の刊行に寄せて」（原題「上田正昭監修・編集『日本古代史大辞典』」『皇學館論叢』三九―一、皇學館大学人文学会、平成十八年二月）は、いずれも、当該著書の紹介ないしは書評である。筆者は、自身の勉強のためと思い、依頼された書評はいうに及ばず、自身が有益と判断した学術書についても、なるべく紹介の筆を執ってきた。田中卓先生のご本が多いのは、ふだん先生の謦咳に接し、著作のことをうかがう機会が多いことによるが、なにより、その内容がすぐれていると認めたからにほかならない。

なお、第四章の田中卓評論集3『祖国再建』の書評については、元来、べつな雑誌に投稿するつもりで、下巻の記述にまで筆を及ぼしていたが、急遽掲載が決まった『藝林』当該号には、三輪尚信先生が下巻の書評をお書きになっていたので、下巻にふれた部分は割愛した。いささか文脈に不自然なところがあるのは、あわてて途中を削除したためである。

第七章「村上四男博士を悼んで」（『古代文化』五一―六、古代學協会、平成十一年六月）・第八章「大庭脩博士の学徳」（『藝林』五二―一、藝林会、平成十五年四月）は、生前お世話になったお二人の先生に対する追悼文である。先生がたからうかがった貴重な談話を忘れぬよう書き留めた、いわば自身の備忘録ともいえる。村上先生については、『古代文化』に小文を掲載した際には、うろ覚えの記憶に頼ったために、逝去や葬儀の日、さらには享年の計算をまちがえてしまった。迂闊なことである。村上先生は、おなじ和歌山大学名誉教授の故村内英一先生とともに、もっとも早くから謦咳に接した学者のお一人である（村内先生には、中学生のとき、二年間先生のご自宅で国語を手ほどきしていただいた）。暖かい日差しが心地よい、庭に面した静かな書斎で、本に囲まれながら研究に打ち込む先生のお姿は、研究職を志していた若き日の筆者の憧れでもあった。

大庭脩先生に関しては、逝去の直後、『奈良新聞』平成十四年十二月二十八日附の朝刊に「追悼・大庭脩博士」と題する一文を寄せたほか、一周忌にあわせて刊行した『唐告身と日本古代の位階制』(学校法人皇學館出版部、平成十五年十一月)に附した「解説にかえて—大庭脩博士の人と学問—」がある。最後のものがもっとも詳細だが、紙幅の都合上、今回は『藝林』所載のものを択んだ。写真と自筆原稿は、原論文では割愛されたが、今回、手持ちのものから、筆者の気に入ったものを附した。

藤善眞澄先生は、大庭脩『象と法と』(大庭脩先生古稀記念祝賀会、平成九年一月)の「あとがき」において、「筆者ほど大庭教授に世話役を強いられたものもなければ、逆に見返りを多くせしめ、また盗み取らせていただいた者も他にはいまい」(六一六頁)と書いておられる。筆者は、世話役を仰せつかることこそあまりなかったが、藤善先生同様、大庭先生からはたくさんのものを学ばせていただいた。毎年、十一月二十六日のご命日には御仏前に献花を欠かさず感謝の誠を捧げている。

なお、第九章「近代日本における法史学の一側面—概説書の出版をめぐって—」(『皇學館大学文学部紀要』四一、皇學館大学、平成十四年十二月)・第十章「いわゆる「三浦・瀧川論争」の一資料—三浦博士の自筆原稿の出現—」(『皇學館大学史料編纂所報史料』一七六、皇學館大学史料編纂所、平成十三年十二月)は、いずれも取るに足りないノートだが、鶏肋捨てがたく、ここに収録した。前者は、かねてから蒐集していた宮崎道三郎先生や中田薫先生らの講義録をもとに、その後の調査結果をまじえて組稿したものである。こういう調査はほかにあるまいとタカを括っていたが、その後、伊能秀明「「日本法制史」概説書　細目次総覧—クロニクル日本法制史学　明治〜大正期—」(『秋田法学』三三、平成十一年十二月、のち伊能氏『法制史料研究』3〈巖南堂書店、平成十四年八月〉)の存在を知った。これは、明治から大正年間にかけての日本法制史の概説書を調査した労作である。旧稿執筆の当時は、この成果を知らず、伊能先生には申し訳ないことをしてしまった。伊能先生の論考は、拙稿と補完関係にあるので、併読を乞う次第である。

なお、筆者は、ほかに萩野由之先生が明治三十年に講述した「日本制度通」・「記紀参考王政史」などの筆記を所有している。日本法制史とかかわりの深い内容であるが、ここでは割愛した。機会があれば、あらためて紹介したい。

第十章で紹介した三浦周行先生の自筆原稿は、筆者が蒐めていた学史関係の資料にふくまれていたものである。三浦先生とは不思議に「ご縁」があって、ここ十五年ほどのあいだに蒐めた先生の自筆原稿・書翰（三浦先生あての書翰もふくむ）・辞令のたぐいは、かなりの分量にのぼっている。なかには、舞鶴にあった海軍機関学校在任中に三品彰英先生が三浦先生にあてた手紙など、学史上貴重と思われるものもある。時間の餘裕がなく、じゅうぶん整理・紹介するに至っていないことを所蔵者として申し訳なく思っている。

○

本書の編輯を終えて思うのは、やはり、「本作り」は愉しいということである。パソコンが普及した現在、原稿と印刷物の区別は、手書きの時代ほど隔絶したものではない。だから、原稿が活字化されたときの悦びも昔ほどではないにしろ、印刷所から届いたばかりのゲラ刷を拡げて校閲するときのわくわくする気持ちは、昔もいまも渝らない。

本書は、筆者にとって、平成十三年三月に出した『風土記逸文の文献学的研究』（学校法人皇學館出版部）以来の学術書である。公務の『續日本紀史料』の編纂が忙しく、しばらくは本作りをする心の裕りはなかった。しかし、それでも、最近になって、やはり、ある程度進んだところで来し方を見直すべきではないかと思い、旧稿の整理に着手した。

ただし、これは表向きの理由で、出版のほんとうの動機は、もっと現実的である。

じつは、このところ、他の研究者のかたから自著を頂戴する機会が多い。森田悌先生などは、毎年のように大著をご恵投くださる。先生の芳情はうれしいが、なにもお返しができず、いつも片身が狭い。最近、こうした「輸入超過」が精神的負担となっていたのだが、この「不良債権」を解消するには、自分も本をまとめて贈呈するしかない。そこで、本書の出版を思い立ったというわけである。準備が整ったころ、国書刊行会の奥山芳広氏より懇ろなお勧めを頂戴し、渡りに舟とお誘いにのった。いつにかわらぬ同氏の芳情に感謝申し上げる。また、索引作りでお世話になった杉野嘉則氏と、迅速な仕事ぶりで対応してくださる千巻印刷株式会社にもお礼申し上げたい。

○

いつものことではあるが、「あとがき」を書いていて思うのは、師友の学恩である。秋澤繁・金子修一・玉井力・福地惇・渡邊昌美諸先生、大学院時代の井上辰雄先生・芳賀登先生をはじめ、田中卓・嵐義人・植垣節也・廣岡義隆諸先生にもあらためてお礼申し上げたい。また、日頃お世話になっている知友人に至っては、芳名をあげることができないほどである。

学窓を出てからお目にかかる機会の少ない先生が多いのは残念だが、金子修一先生には、今月二十日から二十二日淡路島でおこなわれた唐代研究会のシンポジウムで久しぶりにお目にかかることができた。いつも若々しい先生のお姿を拝見して、なんだかこちらも昔にかえったような新鮮な気持ちになる。先生は、最近、國學院大学に転出されたが、同大学と皇學館大学は、平成十八年四月から教育・学術研究交流協定をかわしている。今後はお目にかかる機会も多くなりそうで、愉しみである。

桂米朝師匠の台詞ではないが（桂米朝『わたくしの履歴書』〈日本経済新聞社、平成十四年四月、のち平成十九年四月に日経ビジネス文庫に収録〉一九六頁）、筆者は、多くのかたの善意にすがって生きてきた。転びそうになると誰かが脇をかかえて助けてくれるということの繰り返しで、今日までなんとかやってきた。四代目桂米團治は、「芸人は米一粒、釘一本もよう作らんくせに、酒が良《え》えの悪いのと言うて、好きなことをやって一生を送るもんやさかい、むさぼってはいかん。ねうちは世間がきめてくれる。ただ一生懸命に芸を磨く以外に、世間へのお返しの途はない」と弟子の米朝師匠に語っていたという（前掲書、一四頁）。「芸人」を「学者」に置き換えると、そのまま通用しそう訓戒で、なんだか身につまされる。多くのかたの善意に応えるためにも、やはり、自分にできることはこの道で精進するしかないと思う。ここに芳名をあげた先生がたに、あらためてひたむきな精進をお誓い申し上げる次第である。

なお、本書の刊行にあたっては、学校法人皇學館大学から平成十九年度出版助成金の配分をたまわった。こんな教員をたいせつに雇用してくれる大学当局に深謝したい。

平成十九年八月二十八日

鳥羽安楽島において皆既月食を家族で観察した夜に

著者しるす

索　引

＊ この索引は、目次を補うもので、キーワードとなるような主要項目を択んで抽出した。
＊ 語句は、本文の地の文にあるものに限り、引用文・史料・補註からは原則として採択しなかった。
＊ 抽出にあたっては、多少字句を整えるとともに、たとえば、本文中に「本書」とあるものは、その書名の項目で頁数を掲げる、などの処置を施した。

あ行

か行

さ行

た行

な行

は行

ま行

や行

ら行

わ行

【著者紹介】
荊木美行（いばらき・よしゆき）

昭和34年和歌山市生まれ。高知大学人文学部卒業，筑波大学大学院地域研究研究科修了。四條畷学園女子短期大学専任講師・皇學館大学史料編纂所専任講師・同助教授を経て，現在，同教授。博士（文学）〔愛知学院大学〕。日本古代史専攻。『初期律令官制の研究』（和泉書院，平成３年）・『古代天皇系図』（燃焼社，平成６年）・『律令官制成立史の研究』（国書刊行会，平成７年）・『古代史研究と古典籍』（皇學館大学出版部，平成８年）・『風土記逸文の文献学的研究』（学校法人皇學館出版部，平成14年）ほか多数の著書がある。

記紀《きき》と古代史料《こだいしりょう》の研究《けんきゅう》

平成20年２月20日 印刷
平成20年２月29日 発行

ISBN4－336－04998－8
C 3021 ￥7000E

著 者　荊 木 美 行
発行者　佐 藤 今 朝 夫

〒174-0056 東京都板橋区志村２-10-５
発行所 株式会社 国 書 刊 行 会
電話 03（5970）7421（代表）FAX 03（5970）7427